中國 人民解放軍의 役割 變化

－改革開放時期 軍의 經濟活動에 관한 政策 變化－

中國 人民解放軍의 役割 變化

―改革開放時期 軍의 經濟活動에 관한 政策 變化―

나영주 著

한국학술정보㈜

저자 서문

군에 관한 주제는 필자가 정치학을 공부한 이유이기도 해서 학위 논문에 중국 인민해방군을 주제로 선택한 것은 당연한 것이었다. 이 책은 필자의 박사 학위 논문이다. 시의성 있는 주제여서 개작이나 보충할 엄두도 내지 못했다. 게으른 탓도 상당히 큰 요인일 것이다. 공부랍시고 하고 있는데 잘 하는지 아직 자신이 없다. 모르는 것이 더 많고 이런 저런 계획만 엄청나다.

유사한 주제로 세계적 유명세를 타는 두 권의 책이 있다. 한 권은 미국의 랜드(RAND)에 재직하고 제임스 멀비넌(James C. Mulvenon) 의 < Soldiers of Fortune, 2001 >이다. 멀비넌은 역시 미국 UCLA에서 중국 인민해방군의 경제활동과 관련한 주제로 박사학위를 받았다. 지금은 미국 내외에서 중국 인민해방군 연구의 권위자로 많은 연구 결과를 양산하고 있다. 다른 한 권은 <China's Entrepreneurial Army, 2001>로 중국 홍콩의 증권회사에 근무하는 타이 밍 층(Tai Ming Cheung)의 저작이다. 타이 밍 층 역시 중국 인민해방군 연구의 권위자로 평이 나있다. 연구의 초점은 약간씩 다르지만 연구의 대상은 중국 인민해방군의 경제활동이다. 이 두 권에 비추어 본다고 하더라도 나의 연구는 이론적 측면, 자료 및 사실 관계에서 그들의 연구에 한참 못 미치는 것이 사실이다. 앞으로의 연구에서 이 격차를 줄이는 것이 나의 소망이며 남아 있는 시간을 올인(all-in)할 것이다.

이만큼 성장하는데 주위에 빚을 너무 많이 졌다. 일일이 거명하기에는 지면이 부족할뿐더러 누락의 실수를 범하기 딱 좋다. 나를 아껴주는 모든 이에게 감사할 따름이다. 그럼에도 불구하고 단행본으로 책이 나오는 것을 기려 특별히 두 사람을 기록하고 싶다. 서울평화상의 김승채 박사님과 구례고등학교에 다니는 나문형이다. 그들은 필자가 지치고 힘들 때 영감을 주고, 밥을 사주고, 소망과 위로를 주었다. 새삼 감사한다. 마지막으로 출판 제안과 더불어 폼나게 책을 만들어준 한국학술정보와 권현옥 선생님께 감사의 말을 전한다.

2005년 10월
저자 나 영 주

目　次

表 目 次

그림 目次

제1장 序 論

제1절 硏究目的

본 연구는 중국 개혁개방정책 시기에 등장하게 되는 중국군의 경제활동 확대와 장쩌민(江澤民) 체제 공고화시기의 군의 경제활동 금지라는 군사정책의 변화를 통하여 중국 인민해방군의 역할 변화를 논증하는데 목적이 있다. 즉 본 연구는 개혁개방이 실시된 이후 중국공산당 지도부는 왜 중국군으로 하여금 경제활동을 확대하게 허용하였는가? 江澤民 체제 공고화시기에 중국공산당의 지도부는 왜 군의 경제활동을 금지하였는가? 라는 문제의식에 기반 한다. 이러한 문제의식은 개혁개방 시기 군의 경제활동이 어떻게 전개되었으며 그러한 경제활동이 끼친 정치군사적, 사회경제적 영향이 무엇인가라는 물음을 자연스럽게 제기한다고 할 것이다. 본 연구는 이러한 중국군의 역할에 대한 중국공산당의 정책 변화가 왜 발생했는가를 설명하고 그런 정책변화의 의미가 무엇인가를 논증하고자 하는 것이다.

1997년 2월 덩샤오핑(鄧小平)이 사망했을 때 세계는 鄧小平이 없는 중국이 어떻게 변화할 것인가에 관해 더 많은 관심을 보였다. 1978년 11기 3중전회를 통하여 개혁개방의 노선을 당의 공식적 입장으로 천명한 개혁의 총설계사인 鄧小平의 자연사가 가져올 중국의 격동을 모든 이들이 우려했기 때문이다. 12억의 인민과 막강한 경제 잠재력을 가진 중국이 어떻게 변화할 것인가 하는 문제는 비단 중국의 내정뿐만 아니라 세계 정치경제에 미치는 파급이 적지 않을 것이기 때문이었다.[1]

그 중 최악의 시나리오는 과거 1910-20년대와 같이 지방 토호세력과 군의 결탁으로 인한 군벌화[2]와 군웅할거 시대로의 회귀, 곧 중국의 분열이었다. 이와 같은 시나리오에는 군이 중요한 정치적 행위자로 중국 정치에 영향력을 행사하고 있다는 전제가 작용하고 있다.[3] 그런데 이런 설명의 이면에는 개혁개방 시기에 확대된 군의 경제활동으로 인하여 개혁개방의 실질적 혜택을 받고 있는 지방과 일부 군구가 당 중앙의 통제에 순응하지 않을 것이라는 전망에 기초한 것이기도 하였다.

사실 鄧小平 생전에 鄧小平의 공개적, 제도적 후계자로서 당·정·군의 수장인 江澤民이 인민해방군을 장악하는 것이 확실하지 못하여 그의 후원자인 鄧小平이 와병 중임에도 불구하고 인민해방군의 공작에 개입하겠다는 뜻을 밝히기도 하였다.[4] 그러나 鄧小平 사망 직후 인민해방군은 江澤民에게 충성을 서약했다.

다만 江澤民으로의 제도적인 정치적 승계 과정에서 인민해방군에 관한 두 가지 문제가 중요한 것으로 지적되는데 하나가 1989년 천

---

1) 鄧小平 사후 중국 정치의 문제와 향방에 관해서는 王兆軍·吳國光, 『鄧小平 이후의 중국』, 김태룡 역(서울: 조선일보사, 1995); 何頻, 『鄧小平 사후의 중국』, 허남익 역(서울: 연암출판사, 1995) 참조.

2) 1910-20년대 중국의 군벌 상황에 관해서는 陳志讓, 『軍紳政權』, 박준수 역(서울: 고려원, 1993) 참조.

3) Richard Baum, "Political Stability in Post-Deng China: Problems and Prospects", Asian Survey, vol.32, no.6(June 1992), pp.502-504. 이 논문에서 Baum은 鄧小平 사후 중국정치의 시나리오를 다음과 같이 들고 있다. ① 러시아와 동유럽과 같은 자유주의 정변 ② 브레즈네프 통치형태의 보수주의적인 통치형태 ③ 권력 승계 투쟁으로 파벌 간의 갈등과 정치적 마비 ④ 지역지방 간의 경제적 행정적 분열 ⑤ 위에서 언급한 ③이나 ④에 의한 군부쿠데타의 발생 ⑥ 동아시아 네 마리 용과 같은 강력하고 비이데올로기적인 지도자가 역동적인 시장경제를 주도한 Post-Leninist적 신권위주의.

4) 『중앙일보』, 1994. 4. 1.

안문 사건에서 나타났던 당의 명령에 대한 군의 신뢰성에 관한 것이다. 또 하나는 인민해방군의 경제적 활동에서 발생하는 만연된 군의 부패 문제가 그것이었다.[5]

군의 영리적 경제활동은 鄧小平 시기의 개혁개방정책과 밀접한 관련이 있다. 개혁개방정책으로 인하여 중국 4개현대화(농업, 공업, 국방, 과학기술)의 주요 항목으로 자리 잡고 있는 군의 현대화는 구체성을 띠기 시작한다. 그러나 중국은 경제발전을 위하여 군의 현대화를 우선순위에서 제쳐 놓았다. 경제발전이 되면 군의 현대화도 쉬우라는 설득과 회유를 통해서 군부를 설득하였다. 이러한 경제적, 군사적 요인으로 鄧小平은 80년 중반 100만 병력의 감축을 통하여 군조직의 축소를 단행하였으며 제반 군사개혁을 단행하였다. 자원의 분배문제에서 경제발전을 우선한다는 국정 전반의 전략 하에 부족한 국방현대화의 재원을 충당하기 위하여 확대된 시장의 공간 속에서 군의 경제활동을 용인하였다.

군의 생산경영활동은 중국 인민해방군에게 새로운 것은 아니다. 그러나 이윤을 창출하고 확보한다고 하는 것은 최근의 개혁개방정책 이후에 나타난 것이다.[6] 이것은 압도적인 국가적 목표인 경제발전을 달성하기 위한 고육책이었던 것이다. 급기야 안보전선에서 주체가 되어야 할 군이 그 전선을 시장으로 인식하고 엄청난 이익과 부를 창출하였다.

개혁개방정책 추진 과정에서 중국의 중앙 정부는 1980년대에 들어

---

5) Paul H. B. Godwin, "Party-Military Relations", in Merle Goldman & Roderick Macfarquher, eds., *The Paradox of China's Post-Mao Reforms*(Cambridge, Massachusetts: Harvard University Press, 1999), p.94.

6) Shaoguang Wang, "Estimating China's Defence Expenditure: Some Evidence From Chinese Source", *The China Quarterly*, No.147(September 1996), p.906.

와 국가 예산상의 부담을 덜기 위하여 국방예산을 과감하게 삭감하기로 결정하였다. 1980년 국방비 지출은 국가 지출의 15.98%였으나, 1985년에 이르러 국방비 지출은 불과 10.48%였다.[7] 이러한 감소 추세는 80년대 우호적인 국제환경이라는 인식하에 계속되다가 천안문 사건과 江澤民이 鄧小平의 뒤를 이어 중국 국정의 후계자가 되는 시점에서부터 다시 국방비는 증액된다. 따라서 80년대 인민해방군은 재정에서 중앙 정부로부터 상대적 소외를 강요당하고 있었다.

1980년대 중반 이후 90년대를 거치면서 인민해방군은 군부의 수요와 재정의 공급 부족의 간극을 보충하기 위하여 수많은 경제 활동에 관여하게 되었다. 그러한 행위 중에는 농업, 부업 생산, 군수공장의 민수공장으로의 전환, 새로운 대기업의 창출, 외국 기업과의 합작 사업, 무기 판매, 계약 서비스 등의 분야 등이 포함되어 있었다.

이러한 경제 활동 과정에는 군수산업체에서 민수생산을 개시함으로써 이윤을 남기려는 당과 인민해방군의 정치경제적 고려도 개입되었다. 군부는 시장을 통해 민간부문에 참여하여 이윤을 남기고 자신의 재정적 문제를 해결할 수 있을 뿐만 아니라, 인민들 역시 군기업으로부터 광범위한 영역에 걸쳐 필요한 물품을 획득할 수 있으므로 혜택을 볼 수 있을 것이라는 인식이 군의 경제활동을 가속화 시켰다.

인민해방군은 국내외의 이러한 경제활동을 통해 재정적인 문제를 어느 정도 해결할 수 있었다. 인민해방군은 최신무기 구입, 연구 개발, 장병의 후생복지 등의 영역에서 이와 같은 경제 활동을 통해 새롭게 창출된 재원으로 개선과 규모 확대의 기회를 얻었다.

그러나 군부는 이윤추구로 인하여 분파화가 심화 되었으며 단일

---

7) Stacy Solomone, "The PLA's Commercial Activities in the Economy: Effects and Consequency", *Issues & Studies*, Vol.31, No.3(March 1995), p.21.

한 지휘체계를 상실할 정도였다. 군은 전쟁준비라는 일차적 임무를 더욱 소홀히 하게 되었고, 군사적 신조에 더욱 무관심해진 것으로 드러났다. 인민해방군은 시장에서 이윤을 남기기 위한 사업에 초점을 맞추고 있으며 사업을 하는 경우를 제외하고는 단결의 요소는 더욱 찾아보기 어렵게 되었다.

물론 해방군의 초기의 경제활동에는 국가적 지원도 상당한 것으로 알려지지만 그런 활동의 역기능이 노출되자 당에서도 경제활동에 일정 정도 제한을 가하는 조치를 취하였다. 그러나 경제적 활동으로 인한 이윤 앞에서 이런 명령은 효력을 발휘하지 못했다. 중국 체제에서 군사적 문제에 정치적 개입이 상당 정도 줄어든 상황에서 인민해방군의 직업주의적 통합성(professional integrity)에 대한 새로운 위협이 등장했다. 다름 아닌 경제적 문제에 대한 군사적 개입(military intrusion) 현상이 발생한 것이다.[8]

이윤 논리에 길들여진 인민해방군은 자본주의 국가에서 나타나고 있는 군산복합체(military-industrial complex)[9]적인 양상을 나타내고 있었다. 제도로서의 군부 혹은 막강한 군부 내의 파벌적 이해를

---

8) Ellis Joffe, "The PLA and the Chinese Economy: The Effect of Involvement", *Survival*, Vol.37, No.2(Summer 1995), p.24.

9) 원래 軍産複合體(military-industrial complex)라는 용어는 미국의 아이젠아워 대통령이 그의 퇴임사에서 미국의 방대한 군사조직과 군수산업의 결탁을 우려한 표현에서 비롯된 것이다. 시드니 렌즈 외, 『군산복합체론』, 서동만 편역(서울: 지양사, 1985) 참조; 사회주의 국가인 중국의 경우는 중앙계획경제, 정치와 기업 간의 미분리 현상, 군의 당국적 속성으로 인해 하나의 거대한 복합적인 사업체를 구성하고 있다고 말할 수 있다. 중국의 군산복합체에 관한 구체적 정의는 Soloman M. Karmel, *China and People's Liberation Army: Great Power or Struggling Developing State?*(New York: St. Martin's Press, 2000), pp.91-94 참조; 개혁개방 시기 중국군의 경제활동과 관련해서는 최근 軍商複合體(military-commerce complex, military-business complex)라는 용어가 사용되어지고 있다.

고수하기 위해 당중앙의 경제정책과 명령을 일탈하는 현상이 나타
나기도 하였다. 여기에 지역적 불균등 발전은 군부의 분열을 가속
화시키는 촉진제로 작용할 수도 있었다. 鄧小平 사후 시나리오 중
에서 이러한 지방 군부와 지방 제후경제 세력들의 결탁으로 거대
중국이 분열되리라는 예측이 제기되었던 것도 이런 배경 하에서 나
온 것이다.

중국 인민해방군의 경제적 활동으로 군사재정의 조달은 어느 정
도까지는 당중앙의 공식적인 통제 하에서 조정될 수 있을 것이지
만, 지역적 불균등 발전에 따른 일부 군구의 소외현상과 시장에서
민간 국유기업과의 비효율적인 과당 경쟁과 부패, 사업 영역을 둘
러싸고 군부 내 파벌의 이해관계 등에 의해 갈등을 초래함으로써
중국 정정 자체를 혼미하게 만들 수도 있는 문제였다. 인민해방군
의 충성과 단결에 균열이 나타났으며 당의 군 통제라는 측면에서는
심각한 손상이 발생하였다.

이런 상황 속에서 1998년 7월 21일부터 22일까지 북경에서 인민
해방군의 4개 총부가 연합한 회의에서 江澤民은 전국적으로 문제가
되고 있는 밀수와 암거래의 퇴치에 군이 앞장서 줄 것을 당부하면
서 군이 이후 일체의 기업경영에서 손을 뗄 것을 지시하였다.10) 이
러한 정책결정은 중국의 정치군사적 상황과 사회경제적 구조에서
상당히 충격적인 군사정책이라고 할 수 있으며, 이것은 군의 경제
활동을 독려한 鄧小平의 군사정책을 전면적으로 수정하는 것이기도
하였다. 또한 중국 인민해방군의 본래적 속성인 전투대, 공작대, 생

---

10) 『人民日報』, 1998. 7. 23; 비단 군부만이 개혁개방정책의 산물인 시장
   이라는 공간에서 경제적 활동을 했던 것은 아니다. 공안, 검찰 기관 역
   시 그들의 관련 조직을 통하여 막대한 부를 창출하고 있었다. 다만 군
   은 다른 조직에 비해 군수산업과 무역회사 등 직간접으로 운영하고 있
   는 기업의 규모가 방대한 까닭에 그들이 창출하는 이윤의 규모도 엄청
   난 것이었다.

산대의 역할 중에서 생산대의 역할을 조정하는 것이기도 하였다.

江澤民은 98년 12월 15일자로 군부의 경제적 상업적 활동을 민간에 이양하라는 특별 지시를 내림[11])으로써 군부의 상업적 활동과 이에 따른 부패에 대해 단호하게 대처해 나가고 있다. 대신 군부의 상업적 활동에 대한 포기의 대가로 군사비를 증액할 것을 약속하였으며 이익의 손실에 대한 보상금을 지급할 것을 결정하였다.

중국군에 관한 기존의 연구가 중국공산당의 군 통제라는 역학을 중심으로 정치 공작, 이데올로기 교육, 조직 및 인사 구조를 통한 정치적 분석이거나 중국군의 조직과 장비의 현대화를 바탕으로 한 중국군의 현대화와 이에 따른 위협론, 군사교리 및 전략, 군 투사 능력에 관한 논의에 치중한 점이 없지 않다.

그러나 본 연구는 중국군이 생산대라는 전통적 역할에서 이를 확대하여 개혁개방의 공간 속에서 시장적 메커니즘을 어떻게 이용하였으며, 이러한 경제활동의 확대가 중국의 전반적 정치경제 속에서 어떠한 파장을 가져왔는가에 주요한 관심을 둔다. 개혁개방으로 확대된 시장에서 군의 확대된 경제활동이라는 역할에 주목한다는 것이다.

또한 군의 경제활동의 허용과 금지라는 군사정책의 배경으로서 중국 정치의 역동적인 한 축을 형성하는 당의 군에 대한 통제문제, 즉 당군 관계의 성격이 어떻게 변화하였으며 이러한 당군 관계의 성격변화와 군의 역할에 대한 당의 정책 사이에 어떤 상관성이 있는가를 살펴보고자 하는 것이다. 다시 말하면 군의 경제활동 확대를 허용한 鄧小平 시기의 당군 관계 구조와는 다르게 당정지도부가 테크노크라트적 성격을 지니는 江澤民 체제 공고화시기의 3세대 지도부와 군과의 관계가 어떤 특징을 나타내는 지를 비교함으로써, 당군 관계의 성격 변화와 군의 경제활동의 허용과 금지라는 군사정

---

11) 『한겨레』, 1998. 12. 1, 13면.

책의 상관성을 실제적이고 이론적으로 가늠해 보고자 하는 것이다.

정상적 정치 상황 하에서도 군의 안정과 문민통제의 제도화라고 하는 것은 정치 안정과 발전의 중요한 요인임에는 재론의 여지가 없다. 하물며 '현대화'라는 대의 하에서 사회체제의 전반적 변화를 추구하고 있는 중국의 상황에서는 거대한 군부의 효율적 통제와 제도화라는 것은 중국 정치 체제의 안정과 민주화 여부에 중요한 관건이 될 것이다.12)

특히 개혁개방 시기 이후 변화한 당군 관계와 군의 역할의 조명은 향후 江澤民 체제의 안정과 중국 민주화13)에 대한 전망을 예측하는데 중요한 예비적 작업이라 할 수 있다. 여전히 법적 제도적 장치가 부족한 중국의 정치상황에서 군의 역할에 대한 정체성의 문제와 당군 관계의 변화는 향후 중국의 정치상황을 변모시키는 주요한 변수가 되리라는 점에서 연구의 필요성이 제기된다고 할 것이다.14)

---

12) 티모시 부룩(Timothy Brook)이 1989년 천안문 사태를 분석하면서 어떤 당정지도자도 군으로부터 자유롭게 행동할 수 없으며 군을 지배하는 자가 당을 지배한다고 지적한 것은 중국정치에서 군의 역할이 중차대함을 지적한 것이라고 할 것이다. Timothy Brook, *Quelling the People: The Military Supression of the Beijing Democracy Movement*(Oxford: Oxford University Press, 1992), p.30.

13) 江澤民은 중국은 한국을 비롯한 아시아의 4마리 용들과 비슷한 수준의 경제발전이 이룩돼야 비로소 민주화가 광범위하게 실행될 수 있다고 인식하고 있다. 江澤民의 측근 참모들은 중국 민주개혁 출발점으로 부패추방에 언론 감시가 필수적이라는 논리로 관영언론을 다양화하고, 민간인이 제한된 범위 안에서 해방군을 장악하도록 허용하는 등 최소한 2가지 개혁의 실시를 건의한 것으로 알려졌다. *South China Morning Post, July* 4, 1997.

14) 중국군사 연구에서 가장 많은 정보를 축적하고 있는 미국에서 현재 중국 군사의 미래에 대한 주요한 논쟁 중에 중국군의 경제활동(Chinese military involvement in commerce)이 주요한 영역으로 자리 잡고 있다. James Lilley and David Shambaugh, "Introducton: China's *Military*

제2절 硏究의 對象, 範圍

본 연구의 연구대상은 중국 인민해방군이다. 연구의 주요 관심은 앞에서 언급한 바와 같이 중국 11기 3중전회 이후 鄧小平 체제와 그 권력을 승계한 江澤民 체제하에서 군이 주체가 되는 군의 영리적인 경제활동이다. 군의 본래적 역할이라고 할 수 있는 군사적 활동 이외의 중국 정치경제적 토양 속에서 성장하여 개혁개방 이후 급속하게 질적인 발전과 변화를 보인 군의 영리적 경제활동이 주요한 분석대상이 되는 것이다. 또한 이러한 군의 경제활동에 대한 상호작용으로 당의 군의 영리적 경제활동에 대한 정책과 그 정책의 변화가 주요한 분석대상이 된다. 물론 이러한 군사정책의 이면에는 변화된 당군 관계의 역학이 구조화되어 있으며 정치경제적 상황변화의 논리가 포함되어 있다.

요약하면 개혁개방 시기 군의 비군사적 역할 중에서 영리적 경제활동과 이러한 경제활동을 허용하고 금지하게 되는 당의 군사정책, 이러한 군사정책의 토양이 되는 당군 관계를 분석대상으로 삼는다는 것이다.[15]

먼저 군의 영리적 경제활동의 주체가 되는 군대기업에 대해 언급할 필요가 있을 것이다. 중국 측 자료에 의하면 군대기업은 광의의 군대기업과 협의의 군대기업으로 나뉜다.[16] 광의의 군대기업은 관련부문의 심사를 통과한 각 부대나 혹은 單位가 영리적 비영리적

Faces the Future", in James Lilley and David Shambaugh, China's Military Faces the Future(Armonnk, New York: M. E. Sharpe), p.3.

15) 군사정책과 당군 관계에 대해서는 이 책의 제2장 제3절의 분석틀을 참조할 것.

16) 陳炳福, 呂幼如, 錢建平, 焦春生, 編著, 『軍隊企業統計學』(北京: 經濟科學出版社, 1995), pp.27-28.

경제활동에 종사하는 것을 일컫는다. 그 범위를 볼 것 같으면 주요하게는 군대기업단위의 생산경영, 부대의 농부업 생산과 사업단위의 영리활동의 세부분으로 구성되어 있다.

첫째 기업단위의 생산경영은 부대가 운영하는 것으로 생산, 유통, 서비스 활동을 하는 기업을 지칭하는 것이다. 기업단위의 생산경영은 법에 의해 반드시 등기를 하여야 하며, 자주경영과 독립채산을 하며, 이익과 손해를 스스로 책임지며, 기업법인 자격을 갖추고 있다.

둘째 부대 농부업 생산은 각 부문이 종사하고 있는 농업, 목축업, 어업과 공부업(工副業) 등의 생산경영활동을 일컫는다. 생산품은 비영리로써 각 부문이 스스로 사용하는 것을 위주로 한다. 많은 부분이 지방에 공급되며 국가건설을 지원한다.

셋째 사업단위의 영리활동은 기업단위 이외의 부문이 현재 보유하고 있는 설비, 부동산, 기술, 인원과 각종 생산수단을 이용하여 부대의 작전훈련과 전쟁준비임무가 완성되었다는 조건하에 생산경영활동에 종사하는 것을 말한다. 이러한 경제활동은 일반적으로 경제단위나 경제실체가 책임을 지는 것이 아니며 경제적인 독립채산을 실행하지 않는다. 이러한 경제활동을 전개하는 것은 다분히 임시성, 계절성, 일차성의 성격을 가지며 소수만이 항상성을 갖는다. 주요한 활동은 각부대가 지방에 제공하는 운수, 노무, 기관이 운영하는 식당의 대외영업무문; 창고업, 유휴 부통산의 임내입, 초대소에 편재되어 있는 대외영업; 수리소, 대외적으로 민간 품 항목의 책임을 지는 기계 수리소; 부대의원의 대외영업; 지방에 과학기술의 성과를 이양하는 것; 군대의 교육기관이 지방을 대신하여 학생을 교육시키는 과학기술 서비스 등이다.

협의의 군대기업은 생산경영활동의 주요한 내용으로 독립채산을 실시하며, 스스로 이익과 손해를 책임지며, 기업법인 자격을 갖춘 군대기업의 생산경영을 지칭하는 것이다. 기업화공장과 군이 운영하는 공장과 광산(軍辦廠礦), 서비스업을 포괄한다.

기업화 공장은 군사위원회가 투자하여, 군대기업의 서열에 편입되며 기업의 번호(代号)를 받는다.17) 각 군구와 병종 그리고 총부의 유관부문이 별도 관리하는 중앙기업을 일컫는다.

군이 운영하는 공장과 광산은 각급부대가 투자하고 관리하는 공장, 광산, 건축기업을 일컫는다.

서비스업은 각급부대가 투자하고 운영 관리하는 것으로, 군 내외에 서비스 상업을 제공하며, 서비스업과 여행업 등의 기업단위이다. 구체적으로는 운수업, 상업, 공공 음식업, 창고업, 부동산업, 임대업, 여관업, 일용품 수리업, 대외의료업, 기술서비스업 등을 포함한다.

이러한 군대기업은 단위제와 독립채산제의 형태로 작동하고 있는 중국사회조직의 특수성과 인민해방군의 전통 속에서 형성된 중국특색의 기업형태라고 할 수 있다. 물론 이러한 기업들이 중앙 군사 총부의 지시를 받으며 생산경영활동을 하는 것이며 주로 부대 내의 자급자족적인 농부업 생산이거나 군에서 필요한 소모재를 생산하는 軍需企業이라고 할 수 있다. 그러나 개혁개방 이후 시장경제의 도입과 경제건설 우선의 국가 목표는 이러한 기업들에게 변화를 위한 새로운 전환을 제공하게 된다.

여기서 우리는 중국에서 군공기업(軍工企業)이라고 불리는 흔히 방위산업, 군수산업으로 알려지고 있는 기업과 중국 인민해방군의 직접적인 관할 하에 있는 군대기업(軍隊企業)을 구별할 필요가 있

---

17) 이것은 '人民解放軍 第OOOO廠'으로 표시된다. 일례로 沈陽군구에 예속되어 있는 瀋陽市의 松遼汽車車架廠은 '中國人民解放軍 第七四四六工廠'으로 불린다. 이러한 인민해방군 관할하의 일부 기업에 대한 소개로는 康帕斯(Kompass), 『中國1999: 公司信息』(中國國際信息服務有限公司, 1999), pp.1216-1222 참조.

24

다. 물론 군대기업이 통상적인 군수품을 생산하지 않은 것은 아니다. 그러나 기업의 관리를 상부의 어떤 기관이 책임을 지며 소유권이 어디에 귀속되어 있는가에 따라 차이가 있다.[18]

따라서 개혁개방 시기의 중국 인민해방군의 경제활동이라는 것은 개혁개방으로 확대된 시장 기제를 활용하여 군이 투자하고 운영하는 농장이나 기업, 혹은 서비스업에 종사하는 군대기업의 활동을 의미한다. 개혁개방 시기 군대기업의 행위는 과거 계획경제체제의 생산품이나 산출품의 교환 차원을 벗어나 이윤추구와 이윤확보 및 자본증식을 목적으로 하는 사업체의 영리적 성격을 강하게 갖는 것이었다. 물론 이것은 일반적으로 대민활동(civic action)이라고 일컬어지는 군대의 사회경제적 동원과 민간 재난 시에 봉사활동과는 그 차원을 달리하는 것이다.[19] 또한 전략 전술적 차원에서 군 기지를 건설하거나 군사용 도로, 교량, 항만, 진지 등을 건설하는 이른바

---

18) 중국에서는 국방과 관련된 산업을 국방공업(國防工業)이라고 부르며 국방공업 분야에서 생산 활동을 하는 기업을 군공기업(軍工企業)이라 통칭하는데 이들 기업은 제도적으로 국무원 산하의 각 공업부가 관리해왔다. 인민해방군이 경영하는 국방공업의 일부라고 할 수 있는 군대기업(軍隊企業)과는 그 성격이나 규모 등에서 다르다. *http://202.101.126.98/HTML/1ssc/newspage42.htm*(2000년 8월 접속) 참조; John Frankenstein and Bates Gill은 국무원 산하의 부와 공사들을 'defence industry'라 하고 인민해방군이 넝딩제세에 있는 기업을 'military industry'라 구별하고 있다. John Frankenstein and Bates Gill, "Current and Future Challenges Facing Chinese Defence Industries", *The China Quarterly*, No.146(June 1996), pp.398. 한편 우리들이 통상 사용하는 방위산업과 군수산업은 그 의미의 구별 없이 같은 의미로 사용되어 지고 있다. 이러한 개념에 관해서는 김형균, 『군수산업의 사회학』(서울: 세종출판사, 1997), pp.39-40 참조.

19) 일례로 중국 사회주의 건설을 지원하기 위한 중국 공군의 재난구조 활동과 대민사회경제 활동에 관해서는 當代中國叢書編輯委員會 編, 『當代中國空軍』(北京: 中國社會科學出版社, 1989), pp.619-635. ; 또한 한국군의 경우 국토개발과 대민직접 지원에 관해서는 백종천·온만금·김영호, 『한국의 군대와 사회』(서울: 나남출판, 1994), pp.75-122 참조.

군사건설(: 國防工程)에 동원되는 것과는 엄밀하게 그 개념을 달리 하는 것이라고 할 수 있다.[20]

이 책에서는 이러한 중국 인민해방군의 경제행위를 중국군의 경제활동으로 통칭하고 있지만 논자들에 따라서는 중국군의 기업(가) 활동, 혹은 상업적 활동이라고 말하기도 한다. 중국에서는 이런 군의 활동을 인민해방군의 고유한 역할인 생산대적 전통으로 파악하여 후근(後勤: 兵站)계통의 생산경영활동(生產經營活動)이라고 부르고 있다. 이 책에서 논지의 문맥에 따라 이러한 개념어를 적절하게 혼용하고 있으나 같은 의미라고 생각하면 될 것이다.

연구의 시기적 범위는 개혁개방 이후 4개현대화 정책이 실시되고 군의 현대화 정책이 가시화되는 鄧小平 영도시기와 정치적 승계와 권력의 공고화가 어느 정도 진행되었다고 판단된 江澤民 영도 체제의 시기를 포함한다. 이는 개혁개방정책 시기라고 아울러 말할 수 있을 것이다. 그러나 현 중국 상황으로 보았을 때 개혁개방정책을 돌이키기에는 그 정치경제적 상황이 허락할 수 없다고 판단되는바 개혁개방정책 이후의 시기적 구분이 또한 필요할 것이다. 편의상 鄧小平이 江澤民에게 중앙군사위원회 주석직을 이양하는 1989년 이후의 시기를 江澤民 체제라 부르기로 한다.

단 江澤民 체제라고 부를 수 있는 시기에서도 1997년 15차당대회 이전 시기가 鄧小平과 당원로들과의 영향력을 무시할 수 없었던 정치적 전환의 승계 기였다면 1997년 鄧小平이 사망하고 15차당대회를 열린 시기를 전후하여서는 江澤民의 권력 승계와 체제가 상당

---

20) 當代中國叢書編輯委員會 編,『當代中國軍隊的政治工作, 上』(北京: 當代中國出版社, 1994), pp.333~406. 여기에서는 일반적인 정치 공작 중 후근(後勤: 兵站)保障과 國防工程, 生産經營 중의 정치 공작을 별개로 다루고 있다. 따라서 인민해방군의 생산경영이라고 하는 것은 군사건설에 동원되는 것과는 구별되는 공작이라고 볼 수 있다.

정도 공고화되었다고 판단되는바 이후의 시기를 江澤民 체제 공고
화시기로 구별하고자 한다.

제3절 研究의 方法, 構成

1. 연구방법

먼저 이 책의 주제와 관련된 연구방법을 논하기에 앞서 지역연구
(area study)에 관한 몇 가지 연구방법을 검토하는 것이 우선일 것
이라고 생각한다. 지역연구자가 연구방법으로 취할 수 있는 방법은
다음 몇 가지를 생각해 볼 수 있으며 열거한 방법의 종합적인 고려
는 연구방법에서 이상적이라고 말할 수 있을 것이다.

먼저 서양문헌을 통한 정보의 획득이든 중국문헌을 통한 사실의
인지든 기본적으로 문헌조사(literature survey)를 통하여 분석할 이
론적 내용과 분석 주제에 대한 탐색이 우선일 것이다. 이러한 문헌조
사를 바탕으로 실증적인 내용을 구축하기 위해서는 현장조사(field
research)를 통한 사례연구(case study)의 개발이 연구의 중요한 자
원으로서 개발될 수 있을 것이다. 이러한 분석을 바탕으로 비슷한 주
제에 대한 다른 국가의 경험이나 시기를 달리하는 연구대상 국가의
경험을 비교(comparative method)하여 공통점과 상이점을 추출함으
로써 이론적 일반화에 근접할 수 있는 계기를 마련할 수 있을 것이
다. 물론 주제나 자료의 접근 여부에 따라서 통계적 방법(statistical
method)이나 설문조사(questionaire research), 인터뷰(interview) 등
의 방법이 지역연구에서 원용될 수 있을 것이다.

본 연구는 개혁개방 시기에 그 영역이 확장된 중국 인민해방군이 경영하고 있는 군대기업의 활동과 변화, 영향 등을 통하여 중국군의 역할변화를 논구하고자 하는 것이었다. 따라서 경험적이고 실증적인 연구가 되기 위해서는 현장조사를 통한 사례연구가 이상적으로 조직화되어야 할 것이다.

그러나 어느 국가나 그렇듯이 군에 관한 문제는 유독 보안에 신경을 많이 쓴다. 특히 중국의 경우는 군에 관한 자료 접근의 어려움과 설사 군에 관한 통계나 자료를 접근하더라도 그것의 신뢰성에 관한 논란이 많은 편이다. 덧붙이자면 군 연구에 관한한 현장연구라고 하는 것이 엄청난 '꽌시'(關係)를 요구하거나 상당한 지위에 있는 관계 방면의 인사의 도움이 없이는 접근하기가 용이하지 않다. 각 국에서 파견하고 있는 무관과 정보기관의 역할 역시 외교상의 준칙과 중국과의 관계를 고려하여 여간해서는 자료의 공개를 하지 않는 셈이다. 일반 연구자로서는 사실 현장 연구를 하기가 힘든 이유이다.

본 연구는 기술한 방법 중에서 문헌 연구를 주요한 연구방법으로 삼고자 한다. 현실적 제한으로 인해 위에서 기술한 몇몇 접근은 용이하지 않은 이유이다. 그렇다고 중국군대기업이라고 하는 정보에 대한 자료가 풍성한 것은 아니다. 특히 특정 군대기업에 대한 자료를 체계적으로 획득하기는 쉬운 일이 아니다. 중국군에 관한 일부 자료21)에서 군의 생산경영활동에 개괄적 사항과 군대기업의 개혁

---

21) 중국에서 발행하는 중국군사와 관련된 단행본은 解放軍出版社와 군사과학원에서 직영하는 군사과학원 출판사, 국방대학에서 직영하는 국방대학 출판사에서 거의 발행하고 있다고 해도 과언이 아니다. 그렇다고 중국군을 다루는 군소출판사가 없다는 이야기는 아니다. 중국군과 관련된 거의 모든 단행본들이 위의 세출판사에서 발행이 되고 있다는 것이다. 중국에서 발행된 군사관련 단행본을 구입할 수 있는 방법에 대한 소개는 안치영, "북경에서의 자료수집", 정재호 편, 『중국정치연구론』(서

방향 등에 관해서만 소개되어 있을 뿐이다. 서양(특히 미국)에서 중국군을 연구하는 자료 역시 특정 중국군대기업에 대해 체계적으로 소개하고 있는 자료도 현 상황에서는 그렇게 많은 것 같지 않다.

따라서 본 연구는 학술논문이나 단행본 등에 파편적으로 흩어져 있는 중국군대기업에 대한 연구를 나름대로 종합하고 그동안 대륙 신문이나 홍콩, 대만, 한국 등지에서 보도된 중국군의 기업 활동에 관한 정보를 취합하여 나름대로 군대기업의 활동 내용을 소개하려고 노력하였다. 특히 90년대 후반 활성화된 중국의 인터넷(internet)과 군대기업(軍隊企業)의 홈페이지—중국 인터넷의 발전추세와 관련이 있겠지만 추측컨대 많은 군대기업들이 군의 경제활동 금지 이후에 이러한 홈페이지를 개설한 것 같다—를 통하여 그들의 활동을 소개하고 분석함으로써 접근할 수 없는 현장연구를 대체하기 위해 나름대로 노력하였다.

연구의 논증을 위하여 먼저 중국군의 영리적 경제활동의 확대와 발전, 금지에 따른 군의 경제활동의 실태와 이에 따른 당의 정책과 지침에 관해서는 그 시기적 변화를 역사적(historical)으로 고찰하도록 한다. 또한 중국군의 역할에 관한 군사정책으로서 중국군의 영리적 경제활동이 확대된 鄧小平 시기의 당군 관계, 군사정책, 정치경제적 측면의 변수를 동원하여 중국군의 경제활동을 금지시키는 江澤民 체제 공고화시기의 당군 관계, 군사정책, 정치경제적 측면의 변수와 비교함으로써 중국군의 역할에 대한 당의 정책이 변하고 있음을 비교방법(comparative)을 통하여 보여주고자 하였다.22)

울: 나남, 2000), p.435. ; 그런데 이 글에서는 北京 平安里의 軍事書店만을 소개하고 있다. 北京 서북부 香山 근방의 軍事科學院과 國防大學에 가면 그들이 직영하는 讀者服務部가 있으면 그들이 발행한 책 이외에 중국군사에 관한 광범위한 책을 판매하고 있다. 외국인들에게는 원칙적으로 판매하지 않는 內部發行 도서도 판매하고 있다.

2. 연구 구성

앞서 연구 목적과 필요성에서 제기한 것처럼 본 연구는 중국 개혁개방 시기에 왕성하게 전개되었던 중국 인민해방군의 경제 활동의 확대 정책이 왜 발생하였으며 그러한 정책이 江澤民 체제 공고화시기에 왜 변화하였는가를 분석하는 것이다. 물론 그런 정책 변화에는 군의 경제활동이 어떻게 전개되었으며 그 영향이 어떠했는가하는 물음이 자연히 뒤따른다고 할 수 있다.

이 책의 주장은 개혁개방 시기에 확대된 중국군의 경제활동과 경제활동의 금지라는 정책을 통하여 중국군의 역할이 변화하고 있다는 것이다. 과거 인민해방군에게 요구되었던 생산대, 전투대, 공작대의 다기능적인 역할에서 군의 경제활동 금지로 인해 생산대 역할이 실질적으로나 규범적으로 축소되어가고 있으며 군의 직업주의적 역할을 강조하는 전투대로서의 기능이 강조되리라는 것이다. 결국 군의 경제활동의 확대와 금지라는 군사정책은 군사전문직업주의 시각에서 다음과 같은 맥락으로 파악할 수 있다. 鄧小平 시기의 군 조합주의에 대한 관리 정책이 군사비의 지출이나 군의 경제활동 확대에서 드러나듯이 군의 희생(犧牲)을 요구하는 것이었다면 江澤民 체제 공고화시기의 군 조합주의에 대한 관리 정책은 보상형(報償型)적이라고 말할 수 있다는 것이다.

이러한 군의 역할 변화는 우선 당군 관계의 변화와 상관성이 있는데 鄧小平 시기의 공생형적인 당군 관계가 군의 경제활동을 확대하는 구조적 요인이었다면 江澤民 체제 공고화시기의 연립형적인 당군 관계는 군의 경제활동을 금지하는 구조적 요인이라는 것이다.

또한 개혁개방 이후 군의 현대화 정책 역시 정책 변화의 중요한

---

22) 본 연구의 이론적 조직화와 분석틀에 관해서는 제2장 제3절 참조.

배경으로 자리 잡고 있다. 鄧小平 시기에는 대외환경의 변화를 전략적으로 이용함으로써 비대한 군 구조의 개편을 통해 군 현대화를 꾀하고 있다면 강택민 역시 이러한 鄧小平의 군사정책을 그대로 승계 발전시키고 있다. 다만 鄧小平 시기에는 경제발전 우선주의에 입각하여 중국의 경제발전에 군의 복종이라는 논리가 지배하는 시기였다. 반면에 江澤民 체제 공고화시기에는 군사전문화의 강화라는 맥락에서 군의 경제활동을 금지시키고 있는 것이다.

군 경제활동의 전개에 따른 상황 변화는 정책변화의 중요한 변수를 형성한다. 즉 군 경제활동 확대라는 정책결과가 산출하는 부정적 영향이 순기능을 압도함으로써 江澤民 체제 공고화시기에 이러한 정책의 변화가 도출된 것으로 파악할 수 있다. 특히 군의 경제활동 확대의 결과로서 군의 부패 연루와 군의 정체성의 문제는 대군 통제에 영향을 미치는 중요한 사안으로서 군의 경제적 역할을 재검토하게 만드는 정치경제적 요인이라고 할 수 있다.

이러한 연구방향의 논리성과 체계성을 확보하기 위해 이 책의 구성은 다음과 같이 설계하였다. 먼저 2장에서는 본 연구의 이론적 배경과 이에 바탕한 이 책의 분석틀을 도출한다. 3장은 개혁개방 시기 군의 경제활동의 구체적 양태와 이와 관련한 당의 정책 변화를 살펴볼 것이다. 4장은 鄧小平 시기 군의 경제활동이 확대되게 되는 역동성을 당군 관계, 군사전략적 측면, 성시성세적 상황의 변수로 분류하여 설명하고자 한다. 5장은 江澤民 체제 공고화시기의 당군 관계와 군사정책의 지속과 변화, 군의 경제활동과 부패에 따른 정치경제적 상황의 변수를 통하여 군의 경제활동 금지라는 정책의 산출과 그것이 갖는 함의를 검토할 것이다.

이러한 연구 내용을 좀 더 부연하자면

먼저 2장에서는 이론적 배경으로서 먼저 군의 역할에 관한 논의와 관련되어 중국군의 역할에 관해 살펴본다. 자본주의 민군관계의 고전적 논의와 발전, 그러한 논의에 바탕한 쟁점을 검토하고 이러한 논의의 사회주의적 적용에 관한 이론을 살펴보고자 한다. 또한 이런 논의의 연장선에 있는 중국 당군 관계의 여러 접근을 검토할 것이다. 이러한 이론적 검토를 바탕으로 개혁개방 시기 중국공산당의 인민해방군의 경제활동의 확대와 금지라는 군사정책의 변화를 설명하고 분석하기 위한 본 연구의 분석틀을 제기할 것이다.

사회주의 중국에서 당군 관계의 논의가 당의 군에 대한 정치적 통제를 파악하기 위해 군 조직의 메커니즘에서 살펴본 정치위원제(commissar)의 기능, 이데로올기적 정치 공작에 맞추어지고 있는 반면에 본 연구는 중국군의 전통 속에서 부여된 역할과 신시기의 건군 목표로서 당정지도자들이 핵심적 가치로 인식한 정규화 현대화 혁명화의 의제 속에서, 군의 경제적 활동의 확대와 금지라는 군사정책을 군사전문직업주의의 시각에서 군 관리 정책이라는 개념으로 설명하고자 한다.

3장에서는 역사적으로 인민해방군의 생산대적 전통과 이러한 군의 역할이 개혁개방 시기에 확대된 정책, 이에 바탕한 기업군으로서 전장이 아닌 시장에서 군의 경제활동의 변화와 발전을 개괄한다. 구체적으로 개혁개방으로 점차적으로 이식된 시장이라는 공간에서 군이 주체적 행위자로서 어떤 역할을 하였는가를 기술할 것이다. 총부급의 대규모 기업에서부터 단위부대의 소규모 기업에 이르기까지 다양한 중국군의 경제활동을 가능한 여러 자료를 취합하여 소개한다. 또한 이러한 수익의 규모와 그러한 수익이 어떻게 쓰여졌는가를 기술할 것이다. 그런데 이러한 중국군의 경제활동은 발전 과정에서 군기업의 정돈과 개혁을 요구받았으며 결국은 군의 경제활동에 따른 부패와 군 정체성의 문제로 인하여 일체의 상업적 활동을 금지 당하게 되는데 이러한 정책 변화를 생산경영공작회의와 당중앙의 결정을 통하여 살펴본다.

4장에서는 군의 경제활동이 확대되게 되는 요인과 배경으로 등소평 시기의 리더십에 바탕한 당군 관계와 군사정책, 정치경제적 상황을 검토할 것이다. 문화대혁명의 과정에서 상당 정도 정치화된 군을 병영으로 복귀시키고 새롭게 군의 현대화를 주창하게 되는 鄧小平 시기의 군사 개혁과 군 현대화의 노력 및 그것의 재정적 한계를 설명함으로써 군의 경제활동의 동인이 되는 鄧小平 시기의 당군 관계와 군사정책을 설명할 것이다. 또한 이와 관련된 정치경제적 변수로서 鄧小平의 대국론과 군사개혁과 군사비의 축소, 시장기제의 확대로 인한 기존 군수산업의 개혁과 군수산업의 민수전환 과정이 주요 내용으로 포함될 것이다. 결국 등소평 시기의 군 경제활동의 확대 정책은 비록 군 현대화를 주창하는 시기이기도 하였지만 경제발전이라는 국가적 대국 속에서 군의 경제활동 확대를 허용하고 있음을 설명할 것이다.

5장에서는 궁극적으로 중국군의 역할 변화를 가져오게 되는 중국공산당의 군의 경제활동에 대한 금지 정책의 구조적 요인으로 江澤民 체제 공고화시기의 당군 관계와 군사정책, 정치경제적 요인을 군의 경제활동의 금지 정책의 동인으로서 자리매김하여 설명하고자 한다. 특히 정치경제적 요인 속에서 군의 경제활동에 따른 부패와 그것의 궁극적 결과인 당의 군 통제의 문제를 거론함으로써 실국 江澤民 시기의 군 경제활동의 금지 정책은 달라진 당군 관계 속에서 군 통제를 확보하기 위한 체제 공고화의 정치적 시도였음을 밝히고자 한다.

결론에서는 앞서 분석한 내용을 토대로 경제뿐만 아니라 정치 구조의 질적인 변화를 경험하고 있는 중국에서 군의 역할 변화를 요약하고 전망해보고자 한다. 또한 이러한 분석 내용이 군의 역할과 당군 관계의 이론과 어떻게 관계되는지를 정리하고자 한다.

제2장 硏究의 理論的 背景과 分析틀

제1절 軍의 役割

1. 군의 비군사적(사회적) 역할

　군의 일차적인 역할은 본래 집단의 방위와 질서유지라는 사명에 국한된 것이었다. 그러나 시대의 변천과 그로 인한 군대조직 자체의 성격변화에 따라 군대의 역할과 기능은 확장되어 왔다. 즉 근대 민족국가가 성립되면서 민족주의의 발현과 국민개병제의 확대에 따라 군은 국민군으로 성격이 변화되었고 이에 따라 국가 전체를 대상으로 하여 인적·물적 자원을 동원하고 국가의 주권과 전 국민의 안전을 책임지게 된 군은 보다 다양하고 광범위한 역할을 수행하게 된 것이다.[1]

　더군다나 핵무기와 첨단 군사장비의 발달, 전쟁 억제 수단으로서 군사력의 중요성, 국민 총력전적인 현대전의 양상 등은 군의 역할을 전투 수행 자체뿐만 아니라 전쟁 억제 기능까지도 염두에 둔 부대의 운용과 관리, 유엔 평화유지군에의 참가, 군사 원조 및 군비관리에 대한 관여, 나아가서는 재해 통제, 우주 개발 및 남극 관측 등 비군사적 영역으로 까지 확대 시켰다. 따라서 현대사회에서 군은 국가 정책을 지원하기 위해 '폭력관리', '전쟁억제', '평화유지', '군비관리', '국토건설', '국민생활에의 협력'에 이르는 실로 다양한 기능과

---

1) 이동희, 『민군관계론』(서울: 일조각, 1998), pp.9-63.

역할을 수행하는 조직체로 변모하게 되었다.2)

군의 본래적 역할인 군사적 역할 이외의 거시적 의미의 군의 사회적 역할에 대한 연구와 평가는 2차 대전 이후 신생 개발도상국의 군사정권의 경험을 주요 근거로 삼는다. 주로 군사 쿠데타를 통해 집권한 군사 정권이 국가의 근대화와 사회 발전에 끼친 공과를 분석하는 것을 바탕으로 군의 사회적 역할에 대한 시각은 긍정적 관점과 부정적 관점으로 나뉜다.

개발도상국의 군대가 근대화의 역할을 담당할 수 있다는 견해의 대표적인 한 경우로 파이(Lucian W. Pye)를 들 수 있다. 파이에 의하면 아시아 지역 국가들의 군대는 근대적 조직체로 성장하여 그 사회에서 근대적 기술과 합리적 사고를 보유하게 된다. 군대는 민간관료보다 외부세계에 눈을 돌려 자국의 문제점을 명확하게 파악하고 다른 조직보다 근대화와 효율성 증대를 위해 노력하며 사회현실과 다른 근대적인 가치관을 보유함으로써 국민들의 정치적 자각과 적극적인 대민활동으로 정치적 경제적 사회적 근대화에 중요한 역할을 담당할 수 있다는 것이다.3)

리비(Marion J. Levy, Jr.)의 경우도 군의 사회적 역할에 관해 긍정적 견해를 표명하고 있는데 근대화하는 사회에서 군은 근대화의 최대비율을 안정과 통제의 최대 수준과 결합시킬 수 있다는 점에서 가장 효율적인 조직이라고 수장한다. 그는 그런 상황으로 ① 초기 근대화 단계에서 경쟁적 조직이 약하거나 존재하지 않는다. ② 형성기의

---

2) Z. B. Bradford, Jr. & J. R. Murphy, "A New Look at the Military Profession", *Army*(February 1969), p.69, 백종천 · 온만금 · 김영호, 『한국의 군대화 사회』(서울: 나남출판, 1994), p.14에서 재인용.

3) Lucian W. Pye, "Armies in the Process of Political Development", in John J. Johnson ed., *The Role of the Military in Underdeveloped Countries*(Princeton N. J. : Princeton University Press, 1963), pp.69-89.

사회의 역량을 흡수할 수 있는 사회적 동원을 위한 가능한 경로를 군은 제공한다. ③ 군은 상대적으로 정교한 기술적 장비를 갖춘 합리성에 기반한 조직이다. ④ 군부의 기술이라는 것이 근대화의 일반적 특징인 기술과 근본적으로 다르지 않다는 것을 전제한다.[4]

군대의 사회적 역할을 긍정적으로 바라보는 시각에서는 군대가 가장 발달된 제도와 과학 기술을 보유하고 있다고 본다. 군대는 서구의 발달된 제도와 현대적인 과학기술을 바탕으로 한 무기체계를 보유하고 있어 선진국의 발달된 지식과 기술을 받아들여 교육하고 현대사회에 필수적인 합리성, 계획성 및 조직 관리 능력을 제공하여 근대화의 추진기관으로서 중요한 역할을 할 수 있다는 것으로 요약된다.[5]

이에 반해 군의 사회적 역할에 관한 부정적 견해로는 헌팅톤을 들 수 있다. 헌팅톤에 의하면 군부의 주요가치는 본질적으로 현실적 보수주의를 지향하고 있어 과두정 세계에서는 급진파이고 중간계급 세계에서는 참가자 또는 조정자(arbiter)적 역할을 하며 대중사회가 출현함에 따라 군대는 기존질서의 수호자가 된다. 따라서 군은 사회가 후진적일수록 진보적이나 사회가 발달할수록 보수적 반동적인 세력이 된다. 또한 군대는 군사적인 차원에서는 전문가인지는 몰라도 정치적인 통치기술은 부족하다는 것이다. 사회가 복잡해지고 분화됨에 따라 군은 지지를 획득하고 협력을 이끌 능력도 없으며 더욱이 군은 복잡한 사회에서 정치적으로 요구되는 협상, 타협, 대중에의 호소력과 같은 기술이 부족하다.[6]

---

4) Marion J. Levy, Jr., *Modernization and the Structure of Societies* (Princeton, N. J. : Princeton University Press, 1966), p.603.

5) 이동희, 앞의 책, pp.331-332.

6) Samuel P. Huntington, *Political Order in Changing Societies*(New Haven: Yale University Press, 1968), pp.179-233.

  개발도상국 군대의 특징으로 지적되고 있는 군의 전문지식이나
기술 수준 등이 민간 관료체제나 기업체 또는 학계보다 결코 우수
하지 않다는 주장도 있다. 비넨(Henry Bienen)에 의하면 군의 전문
지식과 기술 수준이 낮기 때문에 군이 정권을 장악한 뒤 민간인의
군부정권에의 참여를 요구한다는 것이다. 더욱이 군이 보유하고 있
는 기술이나 전문지식은 사회발전이나 조직 운영에 전환될 수 있는
기술이나 지식이 아니라는 것이다. 오히려 군의 배타적인 조직의
특성 때문에 민간 전문지식의 활용이 배제되고 기업가의 이윤추구
정신이나 관료집단의 합리적인 문제접근 방식이 붕괴되어 전체 사
회의 지속적 발전에 방해가 될 수 있다고 지적한다.7)

  군에 대한 사회적 역할에 대해 부정적인 관점은 근대화와 사회변
화에 대한 군의 역할은 기껏해야 민간정부가 할 수 있는 역할 정도
이거나 그것보다 못하다는 것이다. 군부는 기본 성격상 보수적이거
나 반동적이어서 사회의 근본적인 변화를 추진하는데 적합하지 않
다는 것이다. 또한 군의 기술수준이나 전문지식의 정도가 민간영역
보다 결코 우수하지 않다는 것이다. 그리하여 군의 정치참여로 근
대화를 촉진하기보다는 군부정권하에서 자발적이고 창의적인 업무
수행을 저해해 관료집단 내에 또 다른 형태의 비능률을 야기시킬
수 있다고 지적하고 있다. 더욱 심각한 문제는 정통성의 문제로 전
반적인 불안정을 조래하여 국가발전에 부정적인 영향을 미칠 가능
성이 있다고 평가하고 있다. 이러한 관점의 극단적인 주장은 군을
사회발전과 개혁의 제1장애물로 파악하고 있다.8)

---

7) Henry Bienen, "The Background to Contemporary Study of Militaries
   and Modernization", in Henry Bienen ed., *The Military and Mo-
   dernization*(Chicago, Ⅲ. : Aldine · Atherton, 1971), pp.1-33.
8) 김경동 외, 『국민의식 함양과 군의 역할에 관한 연구』(현대사회연구소,
   1984), pp.37, 백종천 · 온만금 · 김영호, 앞의 책, pp.49-50에서 재인용.

군의 본래적 존재의의인 군사적 역할 이외의 군의 (넓은 의미의) 사회적 역할에 관한 연구는 주로 자본주의 체제 개발 도상국가의 군사정권에 관한 연구에서 해당국의 근대화와 군의 역할에 초점이 맞추어져 있다. 그런데 그 역할에 관한 연구는 군의 사회적 역할에 관한 긍정적 입장이 주로 2차 대전 이후 60년대에 이루어진 것이라면 60년대 이후에 제시된 견해는 그러한 국가에서 군의 사회적 역할에 관한 견해는 부정석이라는 것이다. 군의 역할에 관한 서로 다른 두 입장은 상호배타적이라기보다는 시간적 연속선상에서 사회경제적 발전 수준에 따라, 긍정적 관점은 초창기 군대의 역할을, 부정적 관점은 비교적 최근의 군의 역할을 파악하는데 유용한 관점을 제공해 준다.

즉, 군대의 주요 특성 가운데 하나인 엄격한 질서와 신속한 명령체계는 아직 사회의 전반적인 질서가 정착되지 않은 국가 건설 초기 단계에서는 전체 사회의 조직화와 관리에 긍정적으로 작용할 수 있으나 일단 국가의 기본적 틀이 갖추어지고 자체적인 힘에 의해 변화·발전되고 있는 현대화된 사회에서는 엄격한 질서나 명령체계가 도리어 사회의 자율적인 발전에 장애요소로 작용할 수 있다고 볼 수 있다. 따라서 군의 동일한 활동이나 역할도 시대상황에 따라서 사회에 서로 다른 결과를 가져올 수 있다.[9]

체계론(system theory)적 관점에서 볼 때, 국가는 서로 다른 기능을 가진 여러 개의 하위체계들이 유기적 상호 관계를 맺으며 일정한 균형을 이루고 있는 하나의 커다란 복합체라고 할 수 있다. 이 관점에 의하면 국가 내의 여러 제도나 조직들은 유기적 전체를 형성하는 상호기능성으로 엮여있다. 제도로서의 군(military as institution)은 모체사회로부터 요구받는 기능적 필수요건을 충족시킴으로써 '적합성'

---

9) 위의 책, p.53.

을 획득할 수 있다.

군의 역할은 크게 전쟁의 억제와 승전을 통한 국가 방위를 의미하는 군사적 역할과 군사부문 이외의 사회적 역할로 크게 나눌 수 있다. 그 두 가지 역할 모두는 모체 사회로부터 군에 부여되는 기능적 필수 요건이며, 모체사회의 변동에 조응하여 군의 역할 수행 방향 또한 달라져야 한다. 이 같은 모체사회로부터의 요구가 적절히 수용되지 않을 때-즉 군의 역할이 수정되지 않고 과거의 상태에 머물러 지체되고 있을 때-군은 사회 내 하위체계 혹은 제도로서 '적합성'을 상실할 수밖에 없으며, 갈등과 위기에 직면하게 된다.10)

체제와 군의 역사적 경험을 달리하는 사회주의 국가의 군의 역할을 분석하는데 주로 자본주의체제의 군의 역할을 바탕으로 한 이론을 그대로 적용할 수는 없을 것이나 적어도 한 국가나 사회에서 군의 역할이라는 것이 시대적 상황에서 따라서 모체 사회로부터 달리 요구되고 있다는 것은 시사하는 바가 크다고 할 것이다.

2. 중국에서 군의 역할

구소련의 군대와 중국의 군대는 그 역할에서 명백한 대조를 보인다. 소련 역사에서 적군은 병영 바깥에서 중요한 사회적 역할을 수행하지 않았으며 정치적 리더십에서 중요한 역할도 수행하지 않았을 뿐 아니라 경제적 생산에 광범위하게 참여하지도 않았다.11) 중

10) 김광식, "군-사회관계 50년: 회고와 전망", 『국방논집』, 제44호(1998, 겨울), pp.32-33; 적합성의 개념이 군이 기능과 역할에 관련된 것이라면, 이외에 군의 역할 규범이 적절하게 내재화되어 있는 상태를 의미하는 '정체성'은 군 구성원의 직업적 측면과 관련된 것이다. '통합성'은 전체 사회에서 다른 집단과의 유기적 연관성과 관련이 있는 것으로 군의 역할과 규범이 상호기능성을 충분히 획득할 때 발휘하는 것으로 설명하고 있다.

국 인민해방군의 활동과 역할은 다양하였다. 마오쩌둥(毛澤東)의 건군사상에 근거해 볼 때 군은 군사적으로 전투대일 뿐만 아니라 경제적으로는 생산대이기도 하고 정치적으로는 공작대이기도 하였다.12)

　　홍군의 임무가 백군과 다르지 않다고 생각하는 것은 단순하게 전쟁하는 것이다. 중국의 홍군은 혁명을 수행하는 정치임무를 지닌 무장집단이라는 것을 모르는 것이다. 특별히 현재는 홍군이 단순하게 전쟁을 해서는 안 된다. 홍군은 적을 소멸하는 군사역량 이외에 군중을 선전하고 군중을 조직하며 군중을 무장시키고 군중을 도와 혁명 정권을 건립하여 공산당의 조직을 건립하는 중대한 임무를 띠고 있다. 홍군의 전쟁은 단순히 전쟁을 위한 전쟁이 아니라 군중을 선전하고, 군중을 조직하며 군중을 무장시키고, 군중을 도와 혁명정권을 건설하는 전쟁이다. 군중의 선전과 조직, 무장과 혁명정권 건설 등의 목표로부터 유리되면 전쟁을 하는 의의를 상실하게 된다. 그것은 홍군의 존재의의를 상실하는 것이다.13)

　　우리는 싸우는 군대를 가지고 있으며 역시 노동하는 군대를 가지고 있다. 싸우는 군대로 우리는 팔로군과 신사군을 가지고 있다. 이 군대는 두 가지의 용도가 요구된다. 한 방면은 싸우는 것이요 또 한 방면은 생산하는 것이다. 우리는 이러한 두 가지 용도의 군

---

11) Jonathan R. Adelman, "Origins of the Difference in Political Influence of the Soviet and Chinese Armies: the Officer Corps in the Civil Wars", *Studies in Comparative Communism*, Vol.10, No.4(Winter 1977), pp.347-369; John Gittings, *The Role of the Chinese Army*(London: Oxford University Press, 1967) 참조.

12) Parris H Chang, "Political Role of the People's Liberation Army: An Overview", 『중소연구』, 제10권, 제2호(1986 여름), pp.135-156.

13) "關于糾正黨內的錯誤思想", 『毛澤東選集』, 第1卷(北京: 人民出版社, 1991) p.86.

대를 가지며 우리의 군대는 이러한 두 가지를 본령으로 삼는데, 거
기에 군중공작을 하는 하나의 본령을 더하면 우리는 곤란을 능히
극복할 수 있으며 일본 제국주의를 물리칠 수 있다.14)

　毛澤東은 중국공산당 제7기 중앙위원회 제2차 회의와 중앙인민정
부 인민혁명군사위원회에서 1950년 군대 생산건설공작에 관한 지시
중에 중국 인민해방군은 영원한 전투대이며 공작대이자 생산대이다
라고 재차 강조하였다.15)

　이렇듯 중국군은 항일전쟁과 국민당과의 내전을 거치는 중국사회
주의혁명과 건국과정에서 군사적 역할 이외에 정치적 경제적 역할
을 부여 받은 군대로 성장하였다. 이러한 전통은 문화혁명 직전에
중국의 대외 상황과 맞물리면서 혁명적 이데올로기를 강화하려는
림표 등 권력엘리트들의 욕구와 맞아 떨어지면서 '인민해방군에게
서 배우자'라는 슬로건까지 등장하게 된다.16) 즉 중국 사회를 다시
혁명적 분위기로 무장시키려는 의도 하에 온 사회가 군을 따라 혁
명 학습을 강화해야 한다는 것이다. 비록 정치색이 짙은 이념적 의
도에서 출발한 것이지만 중국 사회의 지향할 바를 군에서 제시하고
선도하는 중국 특유의 군의 사회적 역할의 일면이라고 할 수 있다.

　이런 군의 전통적 역할은 개혁개방의 공간 속에서도 중요한 논란
을 제공한다. 블러드와 오도우드(Monte R. Bullard and Edward C.
O'Dowd)는 중국의 개혁과 근대화에 인민해방군의 정치적, 경제적,
사회적 역할이 방해가 된다는 주장을 반박하면서17) 毛澤東 이후 군

---

14) "組織起來", 『毛澤東選集』, 第3卷(北京: 人民出版社, 1991), p.928.
15) 　張全啓・劉繼賢　主編, 　『毛澤東軍事思想原理』(北京: 　解放軍出版社,
　　 1995), pp.307-308.
16) 宇野重昭・小林弘二・矢吹晉, 『中華人民共和國』, 이재선 역(서울: 학
　　 민사, 1989), pp.190-191; 서진영, 『현대중국정치론: 변화와 개혁의 중
　　 국정치』(서울: 나남출판, 1997), pp.45-46.

의 역할을 바라보는 두 가지 시각을 <표 2-1>처럼 제시하고 있다.

<표 2-1> 인민해방군의 방해자 모델과 선봉자 모델의 비교

	방해자(obstructionist)	선봉자(vanguard)
정치적 역할	보수적 정치 이데올로기와 정책의 대의명분 속에서 정치적 행동주의로 근대화 과정을 방해하고 군사적 윤리의 이데올로기적 공식화를 수용한다.	정치적 행동주의를 제한하는 직업주의적 윤리를 개발함으로써 근대화를 지지하며 군과 민간의 정책결정 지위를 분리하는 지속적인 노력을 수용한다. 직업주의적 윤리는 이데올로기적 공식보다는 국가적 신화에 충성하는 것을 선호한다.
사회적 역할	평등주의적 정책을 위한 제도적 모델로서 행위한다.	실적주의 정책을 위한 제도적 모델로서 행위한다.
경제적 역할	대규모 '영향력이 낮은'(low impact) 계획의 미분화 노동세력으로 행위한다.	소규모의 특정하고 '영향력이 높은'(high impact) 계획의 기술적이고 특화된 경제적 단위로 행위한다.

출처: Monte R. Bullard and Edward C. O'Dowd, "Defining the Role of the PLA in the Post Mao Era", *Asian Survey*, Vol.26, No.6(June 1986), p.711.

이 책에서 살펴보고자 하는 중국군의 경제활동은 앞서 개괄한 것처럼 개혁개방의 공간 속에서 급작스레 조작된 것이 아니라 인민해방군의 역사적 전통 속에서 이미 그 역할이 이미 자리 잡고 있었던 것이다. 다만 그것이 과거와는 달리 군의 부식생산이나 재난구호,

---

17) Monte R. Bullard and Edward C. O'Dowd, "Defining the Role of the PLA in the Post Mao Era", *Asian Survey*, Vol.26, No.6(June 1986), pp.706-720

국토개발 등을 통한 자급자족적 전통이나 대민활동을 넘어 이윤을 추구하는 기업가적 행위를 보여준다는 데 있다. 개혁개방의 공간 속에서 중국 인민해방군이 보인 경제활동의 확대가 과연 위의 <표 2-1>이 제시하는 것처럼 근대화의 선봉적 역할을 했는가 혹은 방해자 역할을 했는가에 대한 평가는 시각에 따라 차이가 있다고 하더라도, 앞서 군의 역할에 관한 이론적 동향에서 살펴본 것처럼 중국군의 경제활동의 확대도 중국이 처한 시대적 상황의 요구에 적절하게 대응[18])하는 과정에서 발생한 것은 분명하다고 할 것이다.

---

18) 그런 예로서 천안문 사태 이후의 중국군의 경제적 동원을 예로 들 수 있다. 1989년에 있었던 천안문 사건으로 인하여 중국의 대서방 관계는 악화되었으며 중국의 경제 역시 이러한 관계 악화로 더욱 침체되어 있었다. 내부적으로는 그동안의 개혁개방정책에 대한 비판의 목소리와 함께 치리정돈(治理整頓) 정책이 실시되었다. 이러한 내외적 상황에서 중국의 삼총부는 연합하여 "군대가 의무적으로 국가 경제건설에 참가하는 것에 관한 통지"(關于軍隊義務參加國家經濟建設的通知)를 예하부대에 시달하였다. 통지는 국가의 사회주의 경제건설에 참가하는 것은 인민해방군의 우량 전통일 뿐만 아니라 인민군대의 존재이유를 구체적으로 실현하는 것이라고 하였다. 따라서 당중앙의 치리정돈 정책과 개혁개방을 심화시키는 정책 의지에 따라 국가 경제건설을 적극적으로 지원하고 인민들과 함께 고난을 극복하는 대열에 가담하여 당면의 곤란을 극복하는 것이 인민해방군에게 주어진 중요한 책무라는 것이다. 따라서 중앙군사위원회의 동의를 얻어 1990년부터 전군의 각 장병이 매년 의무적으로 국가 경제건설에 참가하도록 하였는데 노동시간은 평균 10일이다. 그중에서 연대급 이하의 작전부대와 각종 군사학교의 학생들은 10-15일, 과학기술연구단위에 종사하는 장병들은 7-10일, 사단급 이상의 기관에 근무하는 장병들은 평균 7일 정도를 국가 경제건설에 복무할 것을 시달하고 있다. 張馭濤, 『新中國軍事大事紀要』(北京: 軍事科學出版社, 1998), p.551. ; 그런데 중국군은 국가 경제건설에 참여하는 이러한 전통을 인민해방군의 공작대로서의 군중공작의 일환으로 보고 있다. 이에 관해서는 當代中國叢書編輯委員會 編, 『當代中國軍隊的政治工作, 下』(北京: 當代中國出版社, 1994), pp.218-252 참조.

제2절 民(黨)軍關係論

1. 민군관계론의 쟁점 검토

인간의 사회가 다원화되고 복잡해짐에 따라서 공동체의 질서와 안정이라는 목표의 성취를 위해 실제 또는 잠재된 내외적 무력 위협에 대비하여 특정집단을 무장화하는 것은 어느 사회에서나 사회의 존속을 위해 당연하고 필요한 노동분화적 공동 대체로 받아들여져 왔다.[19] 이로부터 시대와 지역에 따라서 제도나 형태상의 차이는 있지만, "조직화된 폭력을 합법적으로 수용하면서 그 사회의 군사적 안전을 책임지는 조직체"로서 군대가 존속해왔다.[20]

현대사회에서 군의 기능과 역할이 확대되고 다양해짐에 따라 군의 제도와 조직뿐만 아니라 군의 사회적 위상과 역할에 대한 보다 체계적이고 이론적인 관심이 고조되었고 이에 따라 많은 학문적 연구가 진행되었다. 하나는 민군관계를 군대가 하나의 제도로서 소속되어 있는 사회와의 관계를 중심으로 하여 군대와 사회와의 관계를 주요 분석 대상으로 하는 군대사회학의 분야이며[21], 다른 하나는 민군관계를 권력관계를 중심으로 하여 군대와 정치와의 관계를 연구하는 정치학적 민군관계론의 분야이다. 요컨대 민군관계를 정치학적으로 보면 권력관계로 한정되기 마련이고, 사회학적으로 보면

---

19) A. Iskenderov, "The Army, Politics, and the People", in Henry Bienen ed., *The Military and Modernization*(Chicago, Ⅲ. : Aldine · Atherton, 1971), pp.149~156.

20) Kurt Lang, "The Military", *International Encyclopedia of Social Science,* Vol.10(New York: Macmillan Co., 1974), p.205.

21) 이러한 군대사회학의 개괄적 소개로는 홍두승, 『한국 군대의 사회학』(서울: 나남, 1993), chap.1 참조.

44

군과 모사회와의 관계로 확대되기 마련이다.

정치학적 측면에서 민군관계를 보는 시각은 협의의 시각과 광의의 시각이 있는데 협의의 시각은 민군관계를 정책결정과정에서의 민과 군의 관계 또는 군부집단과 민간정치엘리트 간의 권력관계로 한정시키는데 반해22), 광의의 시각은 군부집단의 권위, 영향력, 이데올로기와 민간집단의 권위, 영향력, 이데올로기 사이의 복잡한 균형관계로 확대시킨다.23)

군의 구체적 특성은 폭력의 전문집단이라는 것이다. 군의 본래적 기능은 대외적인 위협으로부터 자국민의 생명과 자산 그리고 자유를 보호하는 것이다. 따라서 군은 유사시에 대비하여 이러한 임무에 만전을 기할 수 있도록 전투력을 배양하고 폭력을 관리하는 특정 사회집단으로 존재하는 것이다. 여기서 문제시 되는 것이 '지키는 자를 누가 지킬 것인가'하는 것이다. 제도적인 폭력 전문 집단이 그 본래적 임무에서 일탈하여 정치의 영역에 관여하게 될 때 정치적 퇴행과 민주주의의 역행 현상이 경험적으로 발생해 왔다는 것은 20세기 후반 제3세계의 빈번한 군사쿠데타의 경험이 증명하고 있다.

군을 문민 통제 하에 두려는 것은 어느 정도 역사적 경험에서 추출된 인류의 지혜인지도 모른다. 이것은 적어도 규범적 성격을 지닌다. 문민 우위와 문민 통제의 원칙을 헌정의 구조적 특성으로서 뿐만 아니라 개인의 도덕적 의무로 생각하는 것이 민군관계에서는 중요한 문제이다. 문민 우위와 문민 통제의 원칙은 민간 지도부의 도덕적이고 합법적인 명령에 복종하는 것뿐만 아니라 정치적 개입

22) Paul W. Zagorski, "Civil-Military Relations and Argentine Democracy", *Armed Forces & Society*, Vol.14, No.3(Spring, 1988), p.407.

23) Samuel P. Huntington, *The Soldier and the State: The Theory and Politics of Civil-Military Relations*(Cambridge, Mass: The Belknap Press of Harvard University Press, 1957), pp.Ⅷ.

을 피하는 것을 요체로 하는 것이다.24)

　군부의 정치적 개입에 대한 군사－제도적 맥락에서 설명25)할 수 있는 주요한 개념으로 직업주의(professionalism)라는 용어는 바람직한 민군관계를 구현해 내는 지침을 제공하기도 한다. 헌팅톤(Samuel P. Huntington)에 의하면 군 직업주의란 폭력의 관리에 전문적이고 국가의 군사안보에 책임을 지는 관료화된 공적 전문직이라고 할 수 있다. 헌팅톤은 군 직업주의가 정상적 기능을 수행하려면, 장교단이 정치적 중립을 지향하여 국가적 책임을 수행하여야 한다고 주장한다.26) 그러나 스테판(Alferd Stepan)은 헌팅톤의 명제를 '구직업주의'라고 규정한다. 그는 군의 직업주의적 기준들이 장교단의 정치화(politicization)의 증가와 공존해 왔으며 대외전의 구직업주의와 대내전의 '신직업주의'를 구별할 필요성이 있다고 주장한다. 스테판에 따르면 제도화 직업화된 군부가 국가와 군부에 대한 좌익 혁명의 위협 속에서 대 내전 중시의 신직업주의적 정향이 형성 강화되는 가운데 민간정부의 통치 역량이 취약성을 드러낼 때 군부의 집권으로 연

24) K. W. Kemp & C. Hudlin, "Civil Supremacy over the Military: Its Nature and Limits", *Armed Forces and Society,* Vol.21, No.2(1995), pp.7-26.

25) 김영명은 제3세계의 민군관계를 단일한 총체로서 설명할 수 있는 분석틀을 갖고 있지 못하다고 주장한다. 그는 군부의 쿠데타와 정치적 역할에 관한 연구는 크게 개인적 수준, 군사제도적 수준, 사회적 수준, 세계체제적 수준으로 나누어 볼 수 있다고 한다. 각 분석 수준의 통합을 주장하는 학자들의 공통적인 약점은 민군관계의 여러 국면을 설명하는데 각 분석 수준, 그리고 분석수준에 존재하는 여러 변수들의 상대적 중요성을 구별치 않고 각 변수 사이의 이론적 관계를 규명하지 못하는데 있다고 주장한다. 그들의 분석방법은 군사제도적 및 사회적 분석 수준을 무차별하게 병렬하는 수준을 크게 벗어나지 못하고 있다는 것이다. 김영명, 『제3세계의 군부통치와 정치경제: 브라질·한국·페루·이집트의 비교 연구』(서울: 한울, 1985), pp.21-35.

26) Samuel P. Huntington, *The Soldier and the State: The Theory and Politics of Civil-Military Relations,* pp.71-72.

46

결된다는 것이다.27)

민주주의 공고화를 위한 대 군부 정책은 민주적 통제에 의해 특징지어진 민군관계 체제를 창조하는 것을 자신의 장기 목표로 삼아야 한다. 민군관계의 민주적 체계는 세 가지 핵심적 특징을 지니고 있다. 첫째, 군대가 민주정부에 정치적으로 종속할 것. 둘째, 군대가 직업적으로 종속하는 것이다. 셋째, 군인이 법이라는 규칙에 따르는 것이다. 이러한 체계를 수립하기 위해서는 민주적 통제를 실행하고 유지하는 기구적 장치를 창출해야 하며 이 속에서 민주정부로 군대를 통합하고 민주적 체계에 대한 군사적 충성심의 함양을 군사정책의 중심적 과제로 설정하여야 한다.28)

헌팅톤에 의하면 문민우위 원칙을 확립하는 방법은 두 가지로 분류되는데 그 하나는 주관적 문민통제(subjective civilian control)이고 다른 하나는 객관적 문민통제(objective civilian control)이다. 주관적 문민통제는 군의 정치적 영향력을 최소화하는 대신 반대로 민간권력을 극대화하는 것을 의미한다. 주관적 문민통제 방식은 민간사회 내에서 가장 강력하거나 강력해지고자 하는 특정집단의 수단적 가치로 군이 전락할 위험성을 내포하고 있다. 즉, 어떤 특정 집단이 다른 집단을 누르고 자기 집단의 권력을 유지하거나 강화하려고 할 때 군을 이용하게 될 수도 있다는 것이다. 이와는 달리 객관적 문민통제는 군 전문 직업수의 극대화를 통해 전문직업화의 확립에 정말로 필요한 요소 외에 군이 가진 정치적 영향력을 최소화하

---

27) Alferd Stepan, "The New Professionalism of Internal Warfare and MilitaryR Role Expansion", in *Alferd Stepan ed., Authoritarian Brazil: Origins, Policies and Future*(New Haven: Yale University Press, 1977), p.47.

28) J. S. Fitch & A. Fontana, "Military Policy and Democratic Consolidation in Latin America", *Documento* CEDES, 58(1990), pp.2-4

는 것이다. 이는 군을 민간화함으로써 국가의 권력 배분 양상을 그
대로 반영하게 되는 주관적 문민통제와는 달리 군을 군대화함으로
써 국가의 도구로 만들 수 있다는 것이다. 또한 객관적 문민통제는
군의 전문성을 높이고 안보영역에 대한 독자성과 자율성을 보장해
줌으로써 군의 정치적 영향력을 최소화하는 동시에 군사적 안보를
최대화할 수 있는 장점을 갖게 된다는 것이다.[29]

  그러나 이런 헌팅톤의 주장과는 달리 자노비치(Morris Janowitz)는
군의 전문 직업주의만으로는 군에 대한 문민통제와 정치적 중립을 보
장할 수 없다고 주장하면서 민군 간에 비공식적인 친분과 인간관계를
맺게 하는 것이 군이 유사시 비합법적인 군사개입을 시도하려고 할
때 군인과 민간인들 사이에 존재하는 개인차원의 비공식적인 인간관
계가 이의 실행을 주저하게 만들 수 있다고 설명하고 있다. 군은 비공
식적인 친분관계를 통하여 시민사회의 가치와 원칙들을 보다 깊이 이
해하게 되고 민간사회에 통용되는 가치와 규칙들을 존중하게 될 것이
라는 것이다.[30] 또한 아브람슨(Bengt Abrahamson)도 헌팅톤의 객관
적 문민통제 방식만으로는 군의 정치적 중립을 보장할 수 없다고 주
장한다. 군의 직업화 정도가 높아질수록 전문성은 증가되겠지만 이와
동시에 전문직업주의의 또 다른 요소인 조합주의적 이익(corporate
interest)의 보장을 추구하게 되어 공공조직으로서의 공평성과 중립성
은 감소될 수 있다는 것이다. 그렇게 되면 군의 자신의 조합주의적 이
익이나 신념에 부합하거나 유리한 방향으로 정치적 행동을 취할 수
있게 되어 군의 정치적 중립성은 보장될 수 없다는 것이다.[31] 마찬가

---

29) Samuel P. Huntington, *The Soldier and the State: The Theory and Politics of Civil-Military Relations*, pp.80-85.
30) Morris Janowitz, *The Military Conflict*(Beverly Hills: Sage, 1975), p.279.
31) Bengt Abrahamson, *Military Professionalism and Political Power* (Beverly Hillis: Sage, 1972), p.17.

48

지로 펄뮤터(Amos Perlmutter) 역시 직업주의만으로는 군의 정치적 개입의 수준을 설명할 수 없으며 조합주의(corporatism)가 군부의 정치개입에 대한 설명력을 제공한다고 주장한다. 그는 군부의 직업주의는 배타적인 조합주의적 정향이나 행위 없이 달성되거나 성취될 수 있으며 직업주의가 아닌 조합주의적인 군부의 정향이 군부의 객관적이고 주관적인 정치적 행위를 결정한다고 주장한다. 직업주의보다는 조합주의에 대한 관여의 정도가 군부에 의한 정치적 개입의 수준을 결정한다는 것이다.32)

그런데 화이너(Finer)는 이런 주장들에 대하여 지나친 우려라고 비판한다. 군은 조직의 우월성, 고도로 내면화된 상징적 지위, 무기의 독점 등 민간조직보다 월등한 정치적 이점을 가지고 있으면서도 서구의 대부분의 국가에서는 군부가 민간 정부에 대해 반란을 일으키지 않고 국가에 복종한 예에서 볼 수 있듯이 서구의 문민우위의 원칙과 정착에는 군의 전문 직업화가 결정적인 역할을 했다는 것이다.33) 일종의 정치문화 결정론으로 시민사회의 성숙에 의한 높은 정치문화 수준이 군의 정치적 개입을 쉽지 않게 한 것으로 파악하고 있다.

군의 정치적 개입이라고 하는 것이 물리적 폭력을 동원하여 정권을 장악하거나 폭력으로 특정 정치노선을 강요하고 극단적인 경우 군부의 존재를 인식시키기 위해 전쟁을 시도하는 것이라고 말할 수 있을 때 군이 다른 행정부들처럼 군의 이익을 대변하거나 예산 편성 과정에서 압력 단체들처럼 입법부에 대하여 로비활동을 하는 경

---

32) Amos Perlmutter, *The Military and Politics in Modern Times: on Professionals, Praetorians, and Revolutionary Soldiers*(New Haven: Yale University Press, 1977), pp. ⅩⅤ - ⅩⅥ.

33) S. E. Finer, *The Man on the Horseback: The Role of Military in Politics,* 2nd ed.(Baltimore: Penguin Books, 1975), p.6

우는 헌정 질서 내에서 합법적인 방법을 통해 안보 정책에 관한 군의 의견 표시를 간주할 수 있는 것으로 문제가 되는 것은 아니라고 본다. 자유민주주의 체제라는 것이 다양한 이해와 주장들이 표출되어 공개적인 토론과 합법적인 경쟁과정을 통하여 합의에 도달하는 다원주의적 정치질서라고 한다면 기존의 정치질서 내에서 안보영역에 관한 군의 합법적인 의사 표시나 그것과 이해관계가 대립된 다른 집단이나 단체들이 내놓은 주장과의 공개적이고 공정한 경쟁은 염려할 필요도 없거니와 막을 수도 없는 것이다.34)

　군의 직업주의와 군의 정치화(politicization)라고 하는 것이 반드시 상호배타적인 것은 아니다. 흔히 비정치적이며 직업주의의 이상으로 인식되는 서구 일반의 군도 자유민주주의와 반공의 정치적 이데올로기로 무장되거나 주입된다.35) 군이 정치화되었다라는 의미는 통상 민군관계에서 군이 본연의 임무 외에 민간인에 의해 장악되고 있는 정치적 영역에 그 영향력을 행사하거나 행사하려는 정향을 가진 것으로 해석할 수 있다. 서구 자유민주주의 국가와 개발도상국에서 군이 정치화되었다라는 것은 민군관계의 대의인 군의 정치적 중립이나 국가의 안보와 이익에 복무하는 것이 아니라 일개 정치지도자나 정치적 파벌에 충성하는 것, 혹은 제도로서 군부가 대내외적인 국가의 안보와 발전을 책임지겠다는 성향을 갖는 것이다.

---

34) 백종천·온만금·김영호, 앞의 책, pp.257-259.
35) Amos Perlmutter & William M. Leogrande, "The Party in Uniform: Toward a Theory of Civil-Military Relations in Communist Political Systems", *American Political Science Review,* Vol.76, No.4(Dec., 1982), p.780; David Sambaugh, "The Soldier and the State in China: the Political Work System in the People's Liberation Army." *China Quarterly*, No.127(September 1991), p.527.

2. 사회주의 당군관계론

자본주의에서 개발된 이러한 이론적 명제 혹은 개념은 사회주의 체제의 민군관계를 설명하는데 원용되기도 한다. 그러나 한 가지 언급할 것은 좀 더 정교함을 좋아하는 학자들은 ― 물론 그것은 좁은 의미의 정치학적 관점이라는 반론도 있을 수 있겠지만 ― 사회주의에서의 민군관계라는 개념의 적용은 사회주의 체제가 당국가(party-state)적 특성을 지니고 있으며 당이 국가, 조직, 대중을 장악하고 있는 상황을 무시한 것이라고 본다. 그들은 자본주의 사회의 분석에 적용되는 민군관계라는 용어는 당군관계(party-military)로 언급되어져야 한다고 주장한다.36) 자본주의 체제의 국가들이 민군관계에서 문민우위의 원칙을 고수했다면 사회주의 체제에서의 민군관계의 원칙인 당 통제모델의 특성은 당내의 민군관계(civil-military relations within the party)모델로 적용되어야 한다는 것이다.37) 즉 마르크스 ― 레닌주의 정치체제에서 공산당은 국가와 사회를 지배하며 다른 사회 조직들과 마찬가지로 군제도 역시 당의 직접적인 통제 아래에 있다는 것이 그 이유이다. 또한 민군관계라는 패러다임(paradigm)은 유럽의 경험과 전통에서 나온 것이기 때문에 상이한 역사적 경험을 가진 공산주의 국가에서 민군관계는 그 상황을 달리한다는 것을 전제하고 있는 것이다.

따라서 구조적으로 볼 때 공산주의 국가에 있어서 당군관계는 민군관계라기보다는 전체(the whole)와 부분(the part) 간의 관계라고 보는 것이 더 타당하다. 결국 당에 의한 군의 통제 또는 지도라는

---

36) Paul H. B. Godwin, "Party-Military Relations", in Merle Goldman & Roderick Macfarquher, ed., *The Paradox of China's Post-Mao Reforms*(Cambridge, Massachusetts: Harvard University Press, 1999), p.78.

37) Cheng Hsiao-Shih, *Party-Military Relations in the PRC and Taiwan: Paradoxes of Control*(Oxford: Westview Press, 1990), p.5.

개념은 전체에 대한 부분의 복종을 유도하는 것으로서 이해될 수 있다. 부분으로서의 군부는 전체에 해당하는 당에 대하여 정치적 자율성을 발전시키는 것이 용납되지 않는다.[38]

사회주의 국가에서의 군은 흔히 자유민주주의 국가의 군과는 달리 본래부터 정치화된 군으로 인식되어진다. 그것은 사회주의 혁명 과정에서 배태된 역사적 형성물이다. 사회주의 국가의 군이 정치화되어 있다라는 의미는 비록 자유민주주의 국가의 군이 이데올로기적으로 어느 정도 교화되어 있다고 하더라도 그 정도에 있어서 좀 더 강하게 이데올로기적으로 교화되어 있다는 것이다. 그것은 모든 정치적 업무를 관장하는 당의 최후 보루적 역할을 한다는 의미에서, 즉 당의 정치적 입장을 지지하고 고수할 수밖에 없다는 점에서 정치적이라는 것이다. 기본적으로 사회주의에서 군은 국군이 아닌 당의 군대라는 속성을 지니고 있기 때문이다.

그럼에도 불구하고 사회주의 국가에서 당의 군에 대한 통제는 구소련의 경우는 MPA(main political administration)를 통해서[39] 중국의 경우는 당의 군에 대한 정치 공작 체계[40]를 통해서 유지되어 왔다. 청샤오스(Cheng Hsiao-Shih)는 2차 대전 이후 비사회주의 개발도상국에서 쿠데타가 빈번하게 발생했음에도 불구하고 사회주의 국가에서 군에 의한 쿠데타가 발생하지 않은 이유에 문제의식을 가진다. 그는 군에 대한 당의 통제 기제인 정치위원제(political commissar system)의 분석을 통하여 통제의 역설을 주장하고 있다.

---

38) Ibid., p.150.

39) Michael J. Deane, *Political Control of the Soviet Armed Forces*(New York: Crane, Russak & Company, Inc., 1977) 참조.

40) David Sambaugh, op. cit., pp.527-568; Li Nan, "Changing Functions of the Party and Political Work System in the PLA and Civil-Military Relations in China", *Armed Forces & Society*, Vol.19, No.3, (Spring 1993), pp.393-410 참조.

즉 통제하는 자가 통제하지 않더라는 것이다. 즉 통제는 불신을 전제하고 긴장을 조성하기 때문에 군을 효율적으로 통제하는 것은 과도하게 통제하지 않는다는 것이며 이것이 쿠데타를 피할 수 있는 역설이었다는 것이다. 군부가 정치에 개입(intervening)하는 것을 방지하는 것은 정치에 군부를 참여(participating)시키는 것이라고 주장한다.41)

민(당)군 관계에서 문제가 되는 상황은 민(당)의 정치적 결정에 군이 반항 혹은 저항을 하거나 정치적 결정에 제도적이고 합법적인 참여가 아닌 방식으로 정치적 영역에 개입할 때인 것이다. 공식적인 정치적 참여라고 하는 것은 군사적 혹은 외교상의 안보적 부문의 전문 영역에 국한될 때는 군이 그 직업주의적 기능을 충분히 발휘할 수 있으나, 다원화되고 복잡화되어가는 경제 사회 문제에 대한 정치적 결정의 참여는 그 전문가적 소양이 부족한 까닭에 자칫 실정과 혼란을 초래할 수 있는 것이다. 이것은 군의 정치적 참여의 제한 폭을 성립하는 조건이 되는 것이다.

정치적 개입은 군부가 가지고 있는 물리적 폭력기구의 배경 하에서 비합법적이고 당파적이거나 조합주의적 이익을 과도하게 주장하면서 정책결정을 동요시키거나 폭력을 동원하여 민간 정권이나 정부를 대신하는 경우이다. 이것이 정치적으로 문제가 되는 것이며 정치학적 측면에서의 민(당)군 관계의 핵심적 문제가 되는 것이라고 생각된다.

공산주의 체제의 군부에 대한 연구 역시 헌팅톤과 이전의 민군관계 연구에서 개발된 명제나 개념의 지적 세례를 받으면서 진행되었다고 해도 과언이 아니다.42) 특히 비교공산주의연구가 활성화되면

---

41) Cheng Hsiao-Shih, op. cit., pp.149-153.
42) 그러나 공산주의의 대군 통제에 대한 헌팅톤의 가설은 그 적실성에서 종종 비판되었다. 일례로 허스프링은 구소련과 동독의 예를 들어 헌팅

서 공산주의 당군 관계에 관해서 이전의 기술적인 한계를 극복하여
이론정립적인 노력이 활성화되었다. 앞서 개발된 공산주의 민(당)군
관계의 모델을 열거하면 다음과 같다.

콜코위츠(Roman Kolkowicz)의 제도적 갈등(institutional conflict)
모델(이익집단모델로 불리기도 함), 오돔(William E. Odom)의 제도적
일치(institutional concruence)모델, 콜튼(Timothy J Colton)의 참여
(particatory)모델, 허스프링과 볼기에스(Dale Herspring & Ivan
Volgyes)의 발전(developmental)모델, 올브라이트(David Albright)의
상황(contingency)모델, 아델만(Jonathan R. Adelman)의 역사적 발전
모델, 펄뮤터와 레오그란데(Amos Perlmutter & William LeoGrande)
의 당국가(party-state) 모델 등으로 발전되어 왔다.43)

톤의 이런 가설이 잘못되었다고 주장하고 있다. 즉 공산주의 국가에서
의 대군 통제도 주관적 통제에서 객관적 통제로 전이할 정도로 헌팅톤
이 가정하고 있는 것보다는 역동적이라는 것이다. Dale R. Herspring,
"Samuel Huntington and Communist Civil-Military Relations",
Armed Forces & Society, Vol.25, No.4(Summer 1999), pp.557-577.

43) Roman Kolkowicz, "Interest Groups in Soviet Politics: The Case of
Military", in Dale R. Herspring and Ivan Volgyes, eds., *Civil-Military
Relations in Communist Systems*(Boulder: Westview Press, 1978),
pp.9-26;William E. Odom, "The Party-Military Connection: A
Critique", in Dale R. Herspring and Ivan Volgyes, eds., *Civil-Military
Relations in Communist Systems*(Boulder: Westview Press, 1978),
pp.27-52; Timothy J Colton, "The Party-Military Connection: A
Participatory Model", in Dale R. Herspring and Ivan Volgyes, eds.,
Civil-Military Relations in Communist Systems(Boulder: Westview
Press, 1978), pp.53-75; Dale R. Herspring and Ivan Volgyes, "The
Military as an Agent of Politicalization in Eastern Europe", *Armed
Forces and Society*, Vol.3, No.2(Winter, 1977), pp249-269; Dale R
Herspring, "Introduction", *Studies in Comparative Communism,* Vol.11,
No.3(Autumn 1978), 207-212; Jonathan R. Adelman, "Toward a
Typology of Communist *Civil-Mililitary Relations", in Adelman, ed.,
Communist Armies in Politics*(Boulder: Westview Press, 1982),
pp.1-13; David E. Albright, "A Comparative Conceptualization of

54

이러한 비교공산주의연구에 입각한 당군관계의 일반화와 유형의
추출은 사회과학의 이론적 일반화에 기여한 바가 상당하나 이론적
일반화가 갖는 흔한 아쉬움이 그렇듯이 각 국가의 역사적 경험과
그로 인한 특수 정황을 다 포괄해 내지는 못하고 있다.[44] 더군다나
특정 시기에 한 국가의 정치적 사건이나 정책을 둘러싸고 진행되는
당군 관계는 적실성이 있다고 생각되는 기존의 연구 모델의 효용성
을 의심케 할 수도 있다.[45] 시간에 따라서 변하는 관계 속에서 이
론적 일반화를 꾀하기는 쉬운 작업이 아니다.

다만 자본주의 국가에서 민군관계의 중요한 주제는 대군 관계에서
문민통제(civilian control)와 문민우위(civilian supremacy)이고 사회
주의 국가에서 당군 관계의 중요한 의제는 당 통제(party control)로
집약될 수 있다.[46] 또한 정치적 영역을 어떻게 개념화하든 간에 자본

Civil-Military Relation." World Politics, Vol.32, No.4(July 1980),
pp.553-576; Amos Perlmutter & William M. Leogrande, op. cit.,
pp.778-789;이와 같은 공산주의 국가의 당군관계 모델에 대한 개괄적 설
명은 Lee Suck-Ho, *Party-Military Relations in North Korea:* A
Comparative Analysis(Seoul: Research Center for Peace and Unifica-
tion of Korea, 1989).pp.31-43; Zoltan D. Barany "Civil-Military Rela-
tions in Communist Systems: Western Models Revisited", *Journal of
Political and Military Sociology,* Vol.19, No.1, (Summer 1991),
pp.75-99; 최명, "중공에 있어서 당과 군의 관계: 민군관계의 공산권 모델
에 관한 일고찰", 『한국정치학회보』, 제17권(1983. 12) pp.263-269 참조.

44) Zoltan D. Barany, op. cit., pp.75-99.

45) Ellis Joffe, "Party-Army Relations in China: Retrospect and Prospect",
The China Quarterly, No.146(June 1996), pp.299-300; 펄뮤터와 레오그
란데가 중국 당군관계의 모델로 제시한 공생모델은 지금의 상황에서는
오히려 소련의 당군관계 모델로 제시한 연립모델이 더 적실성이 있지 않
은가 생각된다. 물론 그들도 당군관계의 변화를 부정하는 것은 아니며 직
업주의와 군부의 기술이 정교화 될 때 당군관계는 공생에서 연립으로 전
화될 수 있다고 본다. Amos Perlmutter & William M. Leogrande, op.
cit., p.784.

46) Cheng Hsiao-Shih, op. cit., pp.2-6.

주의 국가와 사회주의 국가 공히 군부의 정치적 역할 중에서 정치적 참여(political participation)는 정치적으로 문제될 것이 없으나 군부의 정치적 개입(political intervention)은 한 국가의 정치체제와 민주화와 관계되는 중요한 문제라 할 수 있을 것이다.[47]

3. 중국의 당군관계론

양종(Yang Zhong)은 중국과 소련의 당군관계를 제도적 갈등모델, 제도적 일치모델, 참여모델로 분석하면서 소련과 중국이 각각 개혁과 개방을 전후하여 당군관계의 성격이 변화하는데 소련의 경우는 세 가지 논의의 유용성에 한계가 있지만 참여모델이, 중국의 경우는 콜코위츠의 제도적 갈등모델이 더 적실성이 있다고 주장한다.[48] 중국의 당군관계에서 제도적 갈등모델에 가까운 시각을 보이고 있는 학자로 알라스테어 존스턴(Alastair I. Johnston)을 들 수 있다. 그는 중국공산당은 당의 이데올로기를 전파하고 합법화시키기 위해 군에 의존해야 한다고 한다. 드문 경우지만 당과 군이 경쟁을 하기도 한다. 당군관계는 정체적인 것이 아니며, 당으로서는 군의 정치적 역할을 제한할 필요성을 가지고 있는 동시에 군의 조

---

47) 민(당)군 관계의 설명에서 군의 통제(control), 개입(intervention), 참여(participation), 관여(involvement), 영향(influence)의 개념적 설명에 관해서는 Richard J. Latham, "China's Party-Army Relations after June 1989: A Case for Miles' Law?" in Richard H. Yang, ed., *China's Military: The PLA in 1990/1991*(National Sun Yat-sen University, Kaohsiung, Taiwan; distributed by Westview Press, Boulder, Colo., 1991), pp.105-106 참조.

48) Yang Zhong, "Civil-Military Relations in Changing Communist Societies: A Comparative Study of China and the Soviet Union", *Studies in Comparative Communism,* Vol.24, No.1(March 1991), pp.77-102.

직, 사회적 위신, 이념적 유산을 통해 정책을 시행할 필요성 사이에서 모순이 일어난다고 보고 있다.[49] 그는 鄧小平이 당군관계를 공생적 관계에서 군이 정치적으로 종속되고 군사적으로는 독립된 관계로 전환시키려고 했던 것으로 보고 있다.[50]

램(Willy Wo-Lap Lam)과 가버(John W. Garver)는 중국 인민해방군이 경제정책과 외교 정책에서 이익집단으로서 역할을 보여주고 있다고 예시하고 있는 반면에[51] 제랄드 세갈(Gerald Segal)은 중국의 군을 이익집단(interest group)으로 파악한 집단이론에 기초한 갈등 모델이 중국의 당군관계를 설명하는 데 적실성이 없다고 주장한다.[52] 그러나 이러한 상반된 시각은 분석의 시기가 다름에서 비롯된 것일 수도 있다.

스코벨(Andrew Scobell)은 중국의 천안문 사건을 분석하면서 향후 중국의 당군관계는 당원로들이 사망할 경우 펄뮤터와 레오그란데가 예시한 것처럼 모든 수준의 공생적 관계에서 단지 상층부의 연립적 관계로 전화하리라고 진단하고 있다.[53] 한편 고드윈(Paul H. B.

49) Alastair I. Johnston, "Changing Party-Army Relations in China, 1979-1984." *Asian Survey*, Vol.24, No.10(October 1984), p.1012.

50) Ibid, p.1039.

51) Willy Wo-Lap Lam, *The Era of Jiang Zemin*(Singapore: Simon & Schuster, 1999), pp.153-212, 존 W. 가버, "중국의 대외 정책과 PLA의 영향력", 제임스 R. 릴리 외, 『중국 인민해방군, 지금 어디로 가고 있는가-중국의 국방현대화를 중심으로』, 김형배 역, (서울: 홍익출판사, 1997), pp.93-131 [C. Dennison Lane, *Mark Weisenbloom,* & Dimon Liu, ed., Chinese Military Modernization.(London and Washington, DC: Kegan Paul International and The American Enterprise Institute for Public Policy Research, 1996)]

52) Gerald Segal, "The Military as a Group in Chinese Politics", in David S. G. Goodman, ed., *Groups and Politics in the People's Republic of China*(Armonk, New York: M. E. Sharpe, Inc, 1984), pp.83-101.

Godwin)은 중국의 당군관계가 공생에 입각해 있지 않다고 한다. 공
생적 관계란 두 개의 서로 다른 유기체가 상호 호혜적 관계 속에서
통일되어 있을 때 존재하는 것인데, 중국에서 공산당은 국가와 군을
지배하고 있으며 군은 당의 확장 기제이기 때문이라는 것이다.54)

　이렇듯 중국의 당군관계를 보는 시각은 학자마다 다르며55) 또 한
가지 시각으로 정확하게 중국의 당군관계를 정확하게 설명할 수 없
다.56) 죠페(Ellis Joffe)는 중국의 당군관계에 관한 접근을 크게 당
통제(party control), 공생(symbiosis), 직업주의(professionalism)로

---

53) Andrew Scobell, "Why the People's Army Fired on the People: The
　　Chinese Military and Tiananmen", *Armed Forces & Society,* Vol.18,
　　No.2(Winter 1992), p.207.

54) Paul H. B. Godwin, "Party-Military Relations", in Merle Goldman &
　　Roderick Macfarquher, ed., *The Paradox of China's Post-Mao Re-*
　　forms(Cambridge, Massachusetts: Harvard University Press, 1999),
　　p.78-79. 중국 당군관계의 공생론에 대한 그의 비판은 공생의 의미를 생
　　물학적인 사전적 의미로 해석한 데 있다고 할 수 있다. 제도로서 폭력을
　　관장하는 군의 특수한 위치를 고려한다면 설사 중국에서 군이 당의 확장
　　기제에 불과하다고 하더라도 조직상, 정치상에서 갈등과 협력이라는 역
　　동성이 부여될 수 있다고 본다. 혁명세대가 국정을 장악한 시기가 조직
　　상으로나 정치상으로 이중적 역할에 의한 공생관계였다면 혁명세대의
　　퇴조는 당정군의 기능적 분화를 유발하여 정치적 연립을 유지하고 있다
　　고 볼 수 있다.

55) 라담(Richard J. Latham)은 미국의 관료정치를 설명하는 마일(Arnold
　　Mile)의 유명한 명제인 "Where you stand depends on Where you sit"
　　를 인용하면서 중국 당군관계의 설명과 결론(Where we stand)은 연구
　　자의 가정과 접근방법(Where we sit)에 근거하고 있다고 설명하면서 연
　　구자의 시각과 접근 방법에 따라 중국 당군관계의 다른 설명이 가능하
　　다는 것을 예시하고 있다. Richard J. Latham, op. cit., pp.103-124.

56) 중국의 민(당)군관계에 대한 학자들의 견해를 개괄적으로 소개한 글로는
　　Jeremy T. Paltiel, "PLA Allegiance on Parade: Civil-Military Relations
　　in Transition", *The China Quarterly,* No.143(September 1995), pp.784-
　　800; 이양호, 『중국 어디로 갈 것인가: 중국의 국가와 사회』(서울: 동방,
　　1997), pp.225-234 참조.

나누면서 이 세 가지 접근법을 종합적으로 고려할 것을 주장한다. 그는 중국 인민해방군은 직업주의적 특성을 갖는 당군(Party-army) 이라고 요약하고 있다.[57]

구르토프(Mel Gurtov)와 황병무는 중국의 당군관계를 보는 시각을 당 통제(party commands the gun), 당군공생론(party-army symbiosis), 민 군이분법적 접근(civil-military dichotomy), 군사적 직업주의(military professionalism) 등으로 소개하고 있으나 이러한 모든 접근이 결국은 인 민해방군이 정치적 참여자라는 결론에 수렴한다고 주장한다. 즉 정상적 인 국가나 당의 통로를 통하여 군의 이익을 표출하는 한, 군이 어떤 자원 에 대해 경쟁하거나 정책결정에 영향을 미치는 것은 중국정치체제에서 정당하다는 것이다.[58] 콜튼의 논의를 연상시킨다고 할 수 있는 주장이다.

---

57) Ellis Joffe, op. cit., pp.299-300; 한편 당 통제모델과 공생모델에 대한 죠 페의 비판은 Ellis Joffe, "The PLA and Succession Question", in Richard H. Yang, ed., *China's Military: The PLA in 1992/1993*(Chinese Council of Advanced Policy Studies, Taipei, Taiwan; distributed by Westview Press, Boulder, Colo., 1993), pp.150-153을 참조할 것.

58) Mel Gurtov, Byong-Moo Hwang, *China's security: the new roles of the military*(Boulder: Lynne Rienner Publishers, 1998), pp.25-27; 뒤에 황병무는 중국의 당군관계를 분석하는 모형으로서 '당지도자 성격모형' 을 첨가하고 있다. 중국군 내에서 지도자의 위상과 리더십으로 당군관 계를 보완하는 것이다. 모택동과 등소평과는 군내에서의 위상이 다른 강택민 시기의 당군관계를 분석하기에 적절한 접근 장치라고 생각된다. 황병무, "등소평 사후 정치변동과 군부의 역할 변화", 서진영 외, 『등소 평과 중국(Ⅱ): 등소평 사후의 중국정치경제』(서울: 고려대학교 아세아 문제연구소, 2000), pp.131-163.

제3절 研究의 分析틀

당군관계는 당과 군 사이의 관계다. 관계라고 하는 것은 관계 주체가 어떻게 구조화되어 있는가라는 구조적 측면과 관계 주체 사이의 좋고 나쁨을 나타내는 현상적 측면을 함축하고 있다. 구조적 측면은 당과 군의 결합구조로서 군부의 제도적 자율성과 관계가 있는 문제이며 현상적 측면은 특정 정책이나 이슈에 대한 당과 군의 이해일치 여부와 관계한다고 볼 수 있다.

당군관계의 이론적 논의에서 몇 가지 사실을 확인하자면 첫째 당군관계는 고정적인 것이 아니라 시기적으로 변한다는 것이다. 당군관계는 완전갈등에서부터 완전협력까지 어느 연속선상에 위치한다는 것이다. 완전갈등의 경우는 군부가 집정관(praetorian)이 되는 시나리오도 가능한 것이다. 둘째 당군관계 변화의 가장 큰 추동력은 어느 시점에서 당(혹은 당의 권위를 빈 지도자)의 가치체계를 받아들이도록 장교단을 사회화시키는 데 성공했는가 하는 것이다. 셋째, 어떤 접근 방법의 강조를 떠나 사회주의에서 민(당)군관계의 핵심은 당의 통제라는 것이다. 즉 당의 군에 대한 통제는 하나의 모델이자 사회주의 당군관계의 규범적 목표인 것이다. 당의 통제, 혹은 통제의 회복을 놓고 당, 혹은 당의 민간지도자와 군부가 갈등을 빚거나 협력하거나 하는 것이다.

당군관계의 변화에 영향을 주는 변수로서 올브라이트(David E. Albright)는 몇 가지의 변수를 열거하고 있다.59) 그는 열거한 변수들의 어떤 하나라도 변화가 있을 경우 특정국가의 당군관계의 협조와 갈등 정도에 변화를 가져올 수 있다고 지적한다. 그러나 특정 시기의

---

59) David E. Albright, op. cit., pp.564-573.

당군관계에 영향을 미치는 개별 변수들의 민감성(susceptibility)을 거론한다. 예를 들어 그가 거론한 변수 중에서 정치 영역에서 군부의 역할에 관한 역사적 태도나 사회의 제도적 구조는 당군관계에 좀 더 지속적인 성격을 갖는다는 것이다. 그런 변수들은 변화가 있다고 하더라도 완만한 방식으로 변한다는 것이다. 반면에 외국과의 관계나 지배엘리트 내의 파벌 투쟁의 정도는 짧은 시간 내에 급격하고 빈번하게 변할 수 있다. 따라서 그는 변수들 중 군부에 관한 역사적 태도나 사회의 제도적 구조와 같은 변수가 당군관계의 기본적(basic) 조건이라면 외국과의 관계나 파벌 투쟁은 당군관계의 역동성을 형성하는 주요한(prime) 변수라고 지적하고 있다.

요컨대 올브라이트는 특정 시기 당군관계의 특성을 평가하는데 이런 관계가 갈등과 협조의 광범위한 영역에 걸쳐 있다는 것과 특정 시기의 당군관계의 특성은 이런 변수들의 복잡성에 달려 있다는 것을 인식하는 것이 중요하다 라고 주장한다. 즉 관계의 변화를 이해하기 위해서는 특정 상황에서 작동되고 있는 변수들을 충분하게 파악해야 한다는 것이다.[60]

그의 이러한 주장은 그가 제시한 변수들을 분석기준으로 삼아 국가 간 당군관계의 비교와 유형화에 도움이 될 수 있을 것이다. 그런데 시기적으로 협력과 갈등의 연속선상에 있는 당군관계에서 특정국가의 (과거)특정 시기와 (현재)특정 시기를 비교하는 데는 그 변수들의 지속과 변화라는 측면이 있기 때문에 ─ 즉 장기적 영향력을 갖는 구조적 변수와 급격하게 변하는 가변적 변수 ─ 제시한 모든 변수들을 분석할 필요는 없을 것이다. 즉 여타의 변수들은 여전히 지속성을 가지고 있기 때문에 시기적으로 어떤 변수가 (과거)특정 시기의 당군관계의 특성에서 (현재)특정 시기의 당군관계의 특성으

---

60) Ibid., p.576.

로 변화시켰는가가 중요하다는 것이다.

　그러나 그의 주장은 당군관계에 영향을 미치는 중요한 변수들을 나열한 것과 이러한 변수들이 시기적으로 불균등하게 영향을 미치고 있다는 점을 인정한 것 외에 특정 시기의 당군관계의 협력과 갈등 국면을 형성하는 변수들의 가중치를 고려하지 않고 있다. 다시 말하면 특정 시기 당군관계의 협력과 갈등을 형성하는 변수 중에서 어떤 변수는 좀 더 그런 관계에 영향을 더 미칠 것이고 다른 변수는 덜 영향을 미칠 수 있다는 것이다. 또 다른 비판은 그는 변수들 간의 상호 관계에 대해서 언급하지 않고 있다. 이는 당군관계의 변수들 사이의 복잡성을 의미하는 것인데 당군관계를 형성하는 변수들 사이에는 변수들끼리 영향을 주고받는 경우가 있을 것이다. 당 내의 파벌투쟁을 통해 지배엘리트 상층부의 기능적 분화가 형성되거나, 군사교리가 변경되면서 당군관계에 영향을 미치는 경우가 그 예가 될 수 있을지 모른다.61)

　그런데 무엇보다도 특정 시기의 당군관계가 이런 변수에 역으로 영향을 미칠 수 있다는 것을 간과한 것 같다. 예를 들어 鄧小平 시기의 당군관계에서 전통적인 중국의 전략인 인민전쟁전략을 수정하는 경우가 이에 해당될 수 있을 것이다. 즉 전략수정이 먼저 이기보다는 鄧小平 시기의 당군관계의 기본적 성격과 구조가 인과적으로 앞선다는 것이다. 물론 鄧小平 시기라는 시간적 범주 내에서 전략의 수정을 놓고 당군 간의 협력과 갈등이 있을 수 있다. 이것은 연속적 접근에서 시기적 범위를 어떻게 설정하느냐에 따라 달라진

---

61) 그런데 이런 비판적 지적은 논리상으로 가능할지 모르지만 당군관계에 영향을 미치는 변수들을 계량화하거나 그 변수들 사이의 인과관계나 상관관계를 파악하여 당군관계를 평가하기는 사실 어려운 셈이다. 따라서 논리적으로는 이런 지적이 가능할 수 있지만 당군관계의 대부분의 분석이 지도자의 당군 내의 위상과 당군 엘리트의 구조, 역학 관계 분석에 집중되는 이유이기도 하다.

다고 변론될 수 있다. 그러나 鄧小平 시기라는 좀 더 장기적인 시기적 범위에서는 鄧小平 시기의 당군관계의 환경이 전략의 수정이라는 당군관계에 영향을 미치는 변수에 영향을 미치는 구조적 요인으로 작용하고 있는 것이다. 즉 이것은 특정 시기의 당군관계가 특정 시기의 당군관계에 영향을 미치는 변수에 영향을 미칠 수도 있다는 것이다.

펄뮤터(Amos Perlmutter)와 레오그란데(William M. Leogrande)는 당군관계의 이슈를 세 가지로 분류하고 있다. 첫째, 군에 대한 당 통제의 문제, 둘째, 군부가 부분적으로 이해관계를 가지고 있기 때문에 영향력을 행사하고 있는 특정한 정책 문제, 셋째, 근본적 이데올로기에 대한 의문, 엘리트 구성, 일반적인 정책 방향 등이 문제가 되어 전체 정권의 미래에 영향을 미치는 광범위한 정치적 문제 등이다.[62) 이것은 특정 시기의 군과 관련된 정책이라는 것이 당군관계의 중요한 이슈이고 당군관계의 성격과 역학에 따라서 형성된다고 할 수 있다.

한편 올브라이트가 지적한 당군관계에 영향을 미치는 변수군의 하나로서 (과거)특정 시기의 군사정책은 (현재)특정 시기의 당군관계에 영향을 미친다.[63) 그런데 그것의 지속과 변화, 존폐는 군에 대한 당 통제의 효율성이 판단의 준거가 된다고 할 수 있다. 즉 사회주의 국가에서 당의 군 통제는 당군관계의 원칙이라고 할 수 있나. 이는 자본주의 국가에서 문민통제나 문민우위가 민군관계의 원칙이며 문민통제나 문민우위가 위협을 받을 경우 여러 시각에서 이것을 어떻게 회복할 것인가에 논의의 초점이 형성되는 것과 같다.

당의 통제는 당의 명령과 지시에 대한 군의 일방적 복종과 순응

---

62) Amos Perlmutter & William M. Leogrande, op. cit., p.786.
63) 올브라이트는 군사 독트린(military doctrine)의 변화라고 언급하고 있으나 이는 좀 더 포괄적 의미에서 군사정책이라고 말할 수 있다.

만을 뜻하는 것은 아니다. 거기에는 군의 저항이나 당의 명령에 대한 무시 등 반작용이 있을 수 있으며, 이러한 군의 일탈이 잠정적으로 용납되기도 하는 당과 군의 동태적 상호작용이다. 군의 일탈에 대한 잠정적 용납 범위가 당의 통제를 심각하게 저해한다고 판단될 경우 당은 군 통제의 회복을 위하여 나름의 정책을 제시한다는 것이다. 이것은 결국 특정 시기 당군관계의 상황에 달려 있다고 할 수 있다.

펄뮤터와 레오그란데 역시 연속적 접근법을 강조하지만 올브라이트가 의미하는 갈등과 협력의 연속점이 아니다. 그는 특정 시기의 특정 공산주의 체제는 군부가 향유하고 있는 자율성의 정도에 의해 정의되는 연속선에 위치할 수 있다고 본다. 그 연속선상의 특정국가의 위치는 군부의 정치적 의존도와 제도적 자율성 사이의 긴장의 산물이라는 것이다.[64] 그들은 편의상 그런 연속선을 연립적, 공생적, 융합적으로 분류하고 있다. 군부의 자율성이 강화될수록 융합에서 공생으로 그리고 연립으로 발전한다는 것이다.[65]

소위 군부의 자율성이 강화될수록 당군 이중적 엘리트들의 기능적 분화가 심화되는 것을 의미하며 이것은 주어진 제도 내에서의 정치의 관료화 정도가 강화되는 것을 뜻한다. 당과 군의 제도적 경계가 강화되고 군과 비군사적 직위의 엘리트 순환이 점점 어려워질 때 공생적 당군관계는 지속하기 어려워진다. 군부가 점점 더 직업주의화되고 군부의 기술이 점점 더 정교화 될수록 당군관계는 공생적 관계

---

64) 그들은 당군관계의 좀 더 지속적이고 구조적 측면으로서 군부의 정치적 의존도와 자율성의 긴장을 나타내는 변수의 영역을 첫째, 정치체제의 정통적 권위에 대한 가치정향과 관계되는 이데올로기 수준 둘째, 엘리트의 구성과 관계되는 미시적 정치 수준, 셋째, 관료적 구조사이의 기능적 관계와 연관이 있는 정치의 체제적(systemic) 수준을 전제로 하고 있다. Amos Perlmutter & William M. Leogrande, op. cit., p.781.

65) Ibid., p.782.

64

에서 연립적 관계로 전화할 것이라고 그들은 주장하고 있다.

본 연구는 개혁개방 시기 중국공산당의 군 경제활동 확대의 허용과 군 경제활동의 금지라는 군사정책을 통하여 중국군의 역할이 변화하였다는 것을 논증하는 것이다. 이러한 주장을 논증하기 위해 본 연구는 앞에서 검토한 이론적 논의를 바탕으로 당군관계를 본 연구의 주요한 변수로서 취급할 것이다. 즉, 특정 시기의 군사정책을 설명하려면 그런 정책이 실시된 특정 시기의 당군관계의 구조를 파악할 필요가 있다는 것이다. 특정 시기의 당군관계는 특정 시기 군사정책을 설명하기 위한 필요조건이라는 것이다. 또한 당군관계의 주요의제를 형성하는 (과거)특정 시기의 군사정책은 (현재)특정 시기의 당군관계에 영향을 미친다. 이러한 정책의 지속과 변화, 존폐는 당 통제의 효율성이 판단의 준거가 된다고 할 수 있다.

여기서 군사정책은 국가의 안전과 안보를 유지하기 위한 전략적 고려 속에서 창출되는 군사적 문제와 관련된 대내외적인 제반 정책이라고 말할 수 있다. 이와 관련하여 이 책에서 군의 경제활동 허용과 금지라는 당의 군사정책을 개념화하기 위해 군 관리[66](management) 정책이라는 개념을 사용하고자 한다. 군 관리 정책은 영도기구와 주권 최고 기구에게 군의 충성을 확보하기 위한 군과 관련된 대내적 제반 군사정책이라고 말할 수 있다. 군의 경제활동 확대의 허용과 금지라고 하는 군 관리 정책은 중국 특유의 군에 대한 자원배분과 관련되

---

66) 당군관계에서 당의 군에 대한 '통제'가 목적가치를 갖는 개념이라면 '관리'는 이를 실현하기 위한 수단가치적 개념이라고 할 수 있다. 즉 당의 군에 대한 통제를 유지하기 위해 군을 어떻게 관리한다는 의미관계를 가진다는 것이다. 사상측면에서는 정치 이데올로기적 교화를 통한 혁명성 강조의 강약, 정치군사적 측면에서는 군의 직업주의와 조합주의의 신장 여부와 전문적 영역에 대한 정치적 참여와 호선의 제공 여부, 경제적 측면에서는 재정상의 분배와 부담의 문제가 관리방식의 유형이라고 할 수 있다. 이는 시기와 상황에 따라서 그 유형이 달라질 수 있다.

면서 군의 역할과도 관계되는 정책이라고 할 것이다. 이것은 궁극적
으로는 군의 전문직업주의를 정착시키는 데 일 요소를 담당하고 있는
군의 조합주의(군에 대한 자원배분에서 군의 단체적 이익과 관련된)
에 대한 정책이라고 말할 수 있다.[67]

  본 연구에서 鄧小平 시기와 江澤民 체제 공고화시기의 당군관계
의 분석은 鄧小平 시기와 江澤民 체제 공고화시기에 질적인 변화를
보이고 있는 鄧小平과 江澤民의 군내 위상과 당군의 엘리트의 구성
변화를 중심으로 분석할 것이다. 특히 엘리트의 구성변화에서는 鄧
小平 시기에 실질적 권력을 행사한 이중적 역할의 엘리트들이 江澤
民 체제 공고화시기에 상대적으로 퇴조하면서 당과 군의 엘리트들
의 기능적 분화가 이루어지고 있음을 분석하고자 한다. 이는 江澤
民 체제의 기본적 성격이 이데올로기적으로 鄧小平 시기의 개혁개
방정책을 충실하게 승계하고 있으며 군사정책에서도 鄧小平의 군사
노선과 이론을 충실히 승계하고 있기 때문이다.[68] 따라서 鄧小平
시기와 江澤民 시기의 정치 구조 하에서 질적인 차별성을 보이고
있는 鄧小平과 江澤民의 대군부 위상과 관계 및 당군의 엘리트 구
성 변화를 중심으로 하는 정치 구조를 분석의 중심에 둘 것이다.[69]

---

67) 군사전문직업주의의 정착은 군의 공공조직적 가치와 군의 조합주의적
    이익을 수반하는 직업적 가치, 전문가적 가치의 조화에 의해서 이루어
    진다고 할 수 있다. 이에 관해서는 백종천·온만금·김영호, 앞의 책,
    pp.255-262; 군의 조합주의에 관해서는 Amos Perlmutter, op. cit., 이
    책의 일부 번역은 아모스 펄뮤터 외, 『군부정치: 기원, 과정, 전망』
    고려대학교 정치외교학회 편역(서울: 인간사랑, 1985), pp.14-35 참조.
68) 다만 중국 당군의 지도부는 현재의 전쟁양태가 현대적 조건하의 제한
    전쟁에서 하이테크조건하에서의 제한전쟁으로 변하고 있음을 인식하고
    이를 전략이론으로 정치화시키고 있다.
69) 위에서 언급한 펄뮤터와 레오그란데의 3가지 변수로 보자면 그들은 구체
    적으로 언급하지 않고 있지만 첫 번째 이데올로기의 수준은 지도자의 위
    상과 지도자의 정통성 및 여기에서 발생하는 체제 발전의 가치정향에 대
    한 군부의 사회화의 강하고 약함, 두 번째의 엘리트 구성에서는 이중적

66

특정 이슈를 중심으로 한 당군관계의 분석이라는 것은 특정이슈를 중심으로 한 이면의 정치권력의 구조(alignment)를 분석하는 것이 중요하다고 여겨지기 때문이다.[70]

본 연구를 분석하는 데 주요한 또 다른 변수는 鄧小平 시기와 이를 정치적으로 승계한 江澤民 시기의 대외환경의 인식과 이에 바탕한 대외 군사전략을 포함한 군사정책의 변화이다. 이는 중국군이 비군사적인 경제활동을 확대하게 되는 주요한 동인이 되기 때문이다. 또한 역설적이게도 군의 경제활동을 금지하게 되는 주요한 요인으로 자리 잡고 있다. 鄧小平 시기에 구체적으로 전개되는 중국군의 현대화와 정규화 노선은 江澤民 시기에도 그대로 승계 발전된다. 오히려 江澤民 시기에는 전쟁 양태의 변화로 인하여 군사전략을 보다 정치화시키고 있으며 군의 전문화를 강조하게 된다.

세 번째의 주요한 변수로는 경제활동이 확대되는 鄧小平 시기와 군의 경제활동이 금지되는 江澤民 시기의 정치경제적 변화요인이다. 鄧小平 시기의 경제발전 우선주의에 바탕한 정책의지와 군사개혁이 경제활동 확대의 주요한 동인으로 자리 잡고 있다. 반면에 江澤民 시기에서는 이러한 확대요인의 정치경제적 변수가 소멸되지 않았음에도 불구하고 군의 경제활동에 따른 역기능으로서 군의 부

여러의 지도자들이 당군에 길쳐 많을 경우와 긱긱이 분회되이 있을 경우, 세 번째로는 체제적 수준에서 관료정치가 비활성 되어 있을 경우와 활성화되어 있을 경우로 생각할 수 있을 것이다. 여기서 그들이 제시한 유형의 변화는 군부의 자율성이 강화되어 갈수록 연립형으로 이행하고 있기 때문에 위에서 제시한 조건의 변화, 즉 지도자의 정통적 권위와 위상, 이로부터 주조되는 전체 체제의 발전에 대한 가치정향의 사회화가 약할 경우, 이중적 역할의 엘리트들의 분화 정도가 강할수록, 관료정치가 활성화되어 있을수록 연립형으로 전이한다고 할 수 있을 것이다.

70) Hwang Jin Hwoan, "Party-Military Relations Under Deng Xiaoping And Its Implication For Leadership: Focused on Military Modernization and Reforms", 『陸士論文集』, 제30집(86. 6), p.101.

패문제와 체제개혁의 확대에 따른 경제개혁의 심화는 군의 정체성 문제를 야기하며 江澤民의 황량론(皇糧論)의 근거가 된다. 결국 군 경제활동의 금지는 江澤民 체제 공고화를 강화하기 위한 주요한 동 인으로 자리 잡고 있다고 할 수 있기 때문이다.

따라서 본 연구의 논의는 리더십을 중심으로 한 당군관계의 변 화, 군사전략의 승계와 발전, 군 경제활동의 허용과 금지 시기의 정 치경제적 상황을 군의 경제활동 확대 허용과 금지라는 군사정책 변 화의 주요한 변수군으로 설정하여 논지를 전개하고자 한다. 이러한 변수들 간의 관계가 각각 독립적인 것은 아니며 군의 경제활동에 관한 정책변화에 동일한 비중으로 원인을 제공한 것은 아니다. 앞 서 살펴보았듯이 당군관계의 구조적 요인이 각 시기의 군사정책과 정치경제적 상황에 영향을 미치고 있다고 할 수 있으며, 군의 경제 활동에 관한 정책변화의 우선적 원인을 당군관계의 변화에서 찾을 수 있다는 것이다.

<그림 2-1 연구의 분석틀>

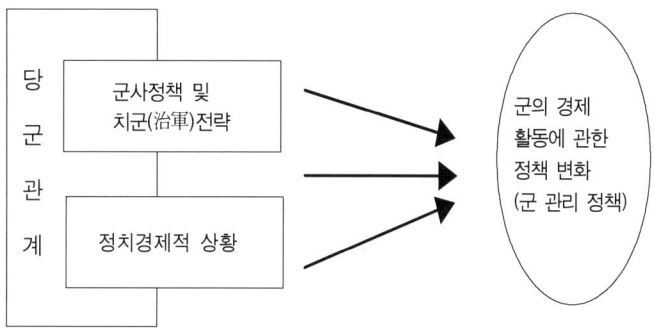

개혁개방 시기의 중국군의 경제활동 확대를 허용하는 鄧小平 시기의 당군관계가 그러한 정책의 구조적 요인이었다면, 대외인식에 바탕한 군사개혁과 군사전략의 변화, 정치경제적 상황이 군의 경제활동의 확대의 배경이라고 말할 수 있다. 군의 경제활동의 금지가 이루어지는 江澤民 체제 공고화시기의 당군관계가 역시 이러한 군사정책의 변화를 추동하는 구조적 요인으로서 자리 잡고 있다면, 군사정책의 전반적인 기조와 발전, 江澤民 체제 공고화시기의 군의 경제활동 확대 정책의 결과에 따른 정치경제적 변수가 군 경제활동 금지의 배경으로 검토될 수 있다. 즉 군 경제활동의 확대 허용과 금지라는 당의 군사정책－군 관리 정책－의 변화를 시기적으로 비교함으로써 본 연구의 주장인 군의 역할이 변화하고 있음을 입증하고자 하는 것이다.

제3장 改革開放時期 人民解放軍 經濟活動의 變化

개혁개방 시기의 군의 경제활동은 여러모로 과거와 다른 특색을 보여준다. 개혁개방으로 인한 전반적인 경제개혁은 군의 경제활동에도 적용되었다. 생산성과 효율성을 높이기 위한 다각적인 기업경영방법이 도입되었다. 공장장 책임제의 실시와 기업의 집중적 관리 등은 기업의 채산성과 관리를 향상시키기 위한 것이었다. 그러나 무엇보다도 개혁개방 시기의 군의 경제활동의 특색은 이런 기업들의 대규모화다. 특히 총부수준에서 운영하고 있는 기업은 그 규모에 있어 한국의 재벌을 능가할 정도로 종합기업적 성격을 띤다. 이들은 대외무역과 무기거래뿐만 아니라 국가 건설업과 부동산업종까지 경제의 전 영역에서 수익을 올리기 위해 군이 가지고 있는 자원을 동원하였다.

개혁개방 시기 군의 경제활동의 확대는 경제건설의 우선적인 국가 목표 상황에서 군이 가지고 있는 자원을 최대한 개발하여 군사비를 보충하고 국방현대화를 실현하고자 하는 의도 속에서 나온 사고였다. 군의 경제활동으로 인한 수익은 장병들의 실질적인 후생을 위해서 사용될 뿐만 아니라 군 무기의 현대화에도 상당 정도 기여한 것으로 파악된다. 그러나 개혁개방으로 인한 전반적인 중국사회의 부패와 역기능의 현상은 군의 경제활동에도 그대로 침투되었다. 오히려 군이 가지고 있는 여러 가지 특권적인 조건과 혜택으로 인한 부패는 정치적, 사회경제적, 군사적으로 역기능을 노출하였다. 해방군의 우량 전통은 침식당하였으며 군의 경제활동으로 인한 군의 정체성이 혼란스러워졌다. 이러한 군의 경제활동에 대하여 당중앙은 끊임없이 규제와 개혁을 통하여 통제를 하려고 하였으나 크게 성과를 거두지는 못한다. 급기야 이런 군 경제활동의 역기능은 江澤民의 정치적 승계과정에서 대군 통제의 중요한 문제로 작용하게 된다. 이에 당중앙은 98년 7월 전군의 상업적 활동을 금지하는 명령을 내리게 되는 것이다.

제1절 人民解放軍 經濟活動의 擴大

1. 인민해방군의 생산대적 전통

인민해방군의 경제활동은 비단 개혁개방 이후에 실시된 것은 아니다. 그것의 역사적 연원은 이미 중국혁명 시기에 비롯되었다고 할 수 있다. 제2장에서 살펴본 바와 같이 인민해방군은 중국의 혁명적 상황 속에서 군의 본래적 속성인 전투대로서의 역할뿐만 아니라 군중을 동원하고 조직하는 공작대, 또한 인민들의 군수부담을 경감하고 대민피해를 최소화하기 위해 자력갱생의 생산대적 전통을 보유하고 있었다.

이와 같은 중국군의 특성은 건군 초기부터 일관되게 지니고 있었던 것으로서 최초의 중국 홍군은 일정 기간을 군사훈련 기간에서 할애하여 농민을 도와 전답을 가는 일, 논에 모심는 일, 추수 돕기에서부터 식목, 축대 쌓는 일, 치수사업, 관개사업 그리고 도로와 비행장의 측량과 건설에 이르기까지 다양한 대민 활동을 전개하였다. 이러한 전통은 고대 중국의 많은 군대가 병농일치제의 성격을 띠고 있었던 점에서도 그 유래를 찾을 수 있다. 이들 군대는 한편으로 전투행

위를 하고, 다른 한편으로는 자급자족을 위한 농업생산에 종사하도
록 하여 둔전군(屯田軍)으로서의 특징을 발휘케 하였다.[1]

중국군의 자급자족도를 1939년부터 1943년까지의 예를 들어 표시
하면 <표 3-1>과 같다.

<표 3-1> 중국홍군의 자급자족도(1939-1943)

연도	1939	1940	1941	1942	1943
%	100	88	84.2	96.3	125

출처: Harrison Forman, *Report from Red China*(New York: Henry Holt
and Company, 1945), p.74, 송인영, 『중국정치와 군』(서울: 한울아카
데미, 1995), p.51에서 재인용

포먼(Forman)의 보고에서와 같이 중국군은 항일전쟁 기간 동안
거의 100%에 가까운 자급자족률을 이룩하였다. 이는 중국 홍군이
항일전 및 내전을 치루면서 그들의 생존을 위하고 기존 점령지 및
해방지역에서 인민들로부터 지지를 획득하기 위해서는 전적으로 자
급자족에 의존하지 않을 수 없음을 의미하는 것이다.[2]

그러한 좋은 예로서 지금도 인민해방군이 우량 전통으로 생각하
고 있는 南泥灣의 신화가 있다. 南泥灣의 신화란 王震이 이끄는
359부대가 연안의 남서쪽에 있는 南泥灣의 황폐한 토지를 외부의
지원을 조금도 받지 않고 근고분투(勤苦奮鬪)의 정신으로 개간하여
농사를 짓고 목축을 하며, 각종 소규모 공장을 지어 자신들이 필요

---

1) 중국의 屯田 제도에 관해서는 庫桂生·姜魯鳴, 『中國國防經濟史』(北
   京: 軍事科學出版社, 1991), pp.55-67, 135-146; 고대로부터의 중국군사
   제도에 관해서는 백기인, 『중국군사제도사』(서울: 국방군사연구소,
   1998) 참조.

2) 송인영, 『중국정치와 군』(서울: 한울아카데미, 1995), p.51.

한 양식과 부식은 물론이거니와 모든 경비와 물품을 거의 완전히 자급자족할 수 있게 된 것을 말한다. 王震은 후에 南泥灣의 신화가 탄생하는 과정을 다음과 같이 기술하였다.

    4년 전 내가 우리 부대를 이끌고 이곳에 와서 처음 군대의 생산 작업을 시작할 때는 우리들이 거주할 수 있는 동굴이나 집도 없었고, 먹을 음식도 없었고, 연장도 없었으며, 도움을 청할 수 있는 농부들도 없었다.
    그 당시 변구지역은 대체로 빈곤했기 때문에 우리는 음식이나 연장을 가지고 올 수 없었다. 우리는 연안정부로부터도 별로 자금지원을 받지 못했다. 처음부터 우리는 우리가 필요한 거의 모든 것들을 스스로 조달하지 않으면 안 되었다. 우리는 나무를 잘라서 원시적인 거처를 마련했고, 몇 개의 동굴을 팠다. 우리는 한번에 땅을 조금씩 개간하여 채소들을 재배하였다. 그 사이에 우리는 먹을 것이 충분하지 않았다.
    우리는 절실하게 필요한 물품을 구입하는 데 필요한 자금을 마련하기 위하여 주변의 마을 사람들이 관을 만들기를 좋아하는 단단한 소나무를 벌채하여 마을 사람들에게 팔았다. …… 우리의 연장문제는 우리 병사 중의 하나가 오래 버려진 절터에서 낡은 큰 종을 발견함으로써 결국 해결되었다. …… 우리는 대장장이들의 도움을 받아서…… 우리병사가 발견한 그 큰 종과 우리 병사들이 여러 마을에서 수집한 고철을 녹여서 연장 만드는 법을 배웠나.[3]

이와 같은 南泥灣의 정신, 즉 자력갱생과 근고분투의 정신은 延安시대를 상징하는 것이 되었으며, 모든 단체들은 남니만의 정신을 학습하고 자력갱생과 자급자족을 달성하기 위해서 동원되었다. 특

---

3) Mark Selden, *The Yenan Way in Revolutionary China*(Cambridge: Harvard University Press, 1971), p.252, 서진영, 『중국혁명사』(서울: 한울아카데미, 1992), p.254에서 재인용.

히 군대가 앞장을 서서 南泥灣의 경험을 본받아 자급자족을 달성하기 위한 대생산운동을 전개하였다. 1943년에 본격적인 대생산운동이 전개되면서 변구지역의 모든 군부대들에게 토지가 할당되었고, 각 군부대와 병사들은 필요한 식량과 물자에 대한 자급률을 높이기 위한 생산투쟁을 선언하였다.[4]

　毛澤東에 의하면 변구지역에서 병사 1인당 18무(畝)의 토지를 경작하였고, 그들은 필요한 거의 모든 것들을 생산해내거나 만들어냈다는 것이다. 또한 각각의 전사들은 1년 중 3개월은 생산에 종사할 수 있고 나머지 9개월은 훈련과 작전에 종사한다는 것이다.[5]

　毛澤東은 45년 延安에서 이런 군대의 생산자급 활동이 생활의 개선뿐 아니라 인민의 부담을 경감시키며 그로 인해 군대를 확대시킬 수 있다고 하였다. 또한 이러한 생산자급 활동은 다른 많은 부대적 효과를 군에 가져다주는데 첫째, 장교와 사병이 함께 노동을 통하여 형제애를 나눔으로써 장교와 병사의 관계를 개선시키는 것이고 둘째, 생산자급을 통하여 노동의 관념을 강화함으로써, 모병과 징병이 아닌 동원을 통해 형성된 군내의 건달 같은 습관을 개조할 수 있다. 셋째, 생산 중에 노동기율을 강화함으로써 전투기율을 증강할 수 있다. 넷째, 생산을 통하여 군과 민이 서로 협력함으로써 군과 민의 관계를 향상시킬 수 있다. 다섯째, 군대가 정부를 원망하는 일이 적지 않았으나 생산을 통한 자급으로 군과 정부와의 관계가 좋아질 수 있다. 여섯째, 군대의 생산 활동은 인민의 생산운동을 촉진함으로써 전체인민의 보편적인 증산운동으로 확대될 수 있다[6]는 것이다.

---

4) 서진영, 같은 곳.

5) 毛澤東, "組織起來", 『毛澤東選集, 第3卷』, 第2版(北京: 人民出版社, 1991), p.929.

6) 毛澤東, "論軍隊生産自給, 兼論整風和生産兩大運動的重要性", 『毛澤東選集, 第3卷』, 第2版(北京: 人民出版社, 1991), p.1107.

74

또한 毛澤東은 1947년 10월 10일 <3대 기율·8항 주의를 재공포하는 것에 관한 중국 인민해방군총부훈령>(中國人民解放軍總部關于重行頒布三大紀律八項注意的訓令)을 하달하고 전군이 이를 엄격히 실행할 것을 요구하였다. 당시 공포된 3대 기율은 ① 모든 행동은 지휘에 따르고 ② 대중의 바늘하나 실오라기 하나도 가져오지 않으며 ③ 모든 노획물은 공유로 해야 한다는 것이었다. 8항 주의는 ① 부드럽게 말을 하고 ② 물건을 사고 팔 때는 공평하게 하며 ③ 물건을 빌리면 반드시 되돌려 주어야 하고 ④ 물건을 손상시키면 반드시 배상해 주어야 하고 ⑤ 욕하지도 않고 때리지도 않으며 ⑥ 농작물에 피해를 입히지 않고 ⑦ 부녀자를 희롱하지 않으며 ⑧ 포로를 학대하지 않는다는 것이었다.[7]

이런 3대 기율 8항 주의는 중국공산당 군대의 3대 임무가 집중적으로 구현된 것으로서, 이른바 3대 기율은 3대 임무 중의 하나인 전투대로서 "모든 행동은 지휘에 따른다."로, 3대 임무 중의 하나인 공작대로서 대중사업에서 "대중의 바늘하나 실오라기 하나라도 가

---

7)   毛澤東, "中國人民解放軍總部關于重行頒布三大紀律八項注意的訓令", 『毛澤東選集, 第四卷』, 第2版(北京: 人民出版社, 1991), p.1241. 이 3대 기율 8항 주의는 시기에 따라 부대에 따라 약간의 차이가 나타난 것을 47년 인민해방군 총부에서 정리하여 각 군에 전달한 것이다. 홍군 초창기에는 ① 시휘에 따라 행동하고 ② 백성의 고구마 하나라도 가져오지 않으며(뒤에 노동자와 농민의 조그만 물건이라도 가져오지 않는다, 군중의 바늘하나 실 한 오라기도 가져오지 않는다로 바뀜) ③ 토호를 쳐서 얻는 것은 모두 공적인 것으로 한다(뒤에 돈을 조달한 것은 공적인 것으로 한다. 일체의 노획물은 공적인 것으로 한다로 바뀜)는 3대 기율을 선포하였다. 이어서 ① 소상인을 위해 상점의 덧문을 달아주며 ② 농민을 위해 벼를 묶어주며 ③ 주민과 대화할 때는 부드럽게 하고 ④ 물건을 사고 팔 때는 공평하게 하며 ⑤ 빌린 물건을 반드시 반환하고 ⑥ 물건을 손상시키면 반드시 배상한다고 하는 6항 주의를 제정하였다. 뒤이어 이 6항에 "목욕을 할 때는 부녀자를 피하며", "대변을 보고자 할 때는 변소를 찾는다." (혹은 포로의 전대를 뒤지지 않는다)를 추가하여 8항 주의로 바꾸었다.

져오지 않는다."로, 그리고 3대 임무 중의 하나인 생산대로서의 생
산 활동이 "모든 노획물은 공유로 해야 한다"로 집중된 것이라고
할 수 있다.8)

毛澤東은 신중국 건설 후에도 해방군의 역할의 하나인 군의 생산
과 경영활동에 관하여 문화대혁명이 개시되는 시기인 1966년 이른
바 5·7지시9)를 통해서 군의 생산경영활동을 고무하였다.

> 인민해방군은 마땅히 대학교가 되어야 한다. 이 대학교에서
> 우리 병사들은 전투하는 것 외에 정치학, 군사문제, 그리고 문화
> 를 배워야 한다. 그들은 또한 농업생산과 부업에 참여할 수 있으
> 며, 중간 규모나 소규모의 공장을 경영할 수 있고, 그들 스스로
> 의 필요에 의해서나 혹은 동등가치로 국가와 교환할 필요성에서
> 얼마간의 상품을 생산할 수 있다. 이 대학교에서 병사들은 군중
> 공작에 종사할 수 있고, 공장과 농촌의 사회주의 교육 운동에 참
> 여할 수 있다. 사회주의 교육운동을 마치면 수시로 군중공작을
> 실시해 군과 민이 영원히 일심단결하게 하여야 한다. 병사들은
> 수시로 자산계급을 비판하기 위한 문화대혁명의 투쟁에 참가하
> 여야 한다. 이와 같이 군대는 학습과 농업종사, 공장경영, 군민의
> 단결을 동시에 할 수 있어야 한다.10)

---

8) 이건일, 『중국공산당의 인민군대 통제론』 (서울: 다다미디어, 1998), p.164.

9) 毛澤東의 이런 지시에 관한 설명은 鄧小平, "軍隊整頓的任務", 『鄧小
平文選, 第二卷』, 第2版(北京: 人民出版社, 1994), p.19, 주7 참조.

10) 張馭濤 主編, 『新中國軍事大事紀要』(北京: 軍事科學出版社, 1998),
p.213. 1966년 5월 2일 인민해방군 총후근부는 중앙군사위원회에 <부대
농부업 생산을 더욱 발전 진일보시키는 것에 관한보고>(關于進一步搞幹
好部隊農副業生産的報告)를 제출하였다. 그 보고 내용은 전군이 실행한
수년 동안의 생산실적과 장기간의 경영을 지속하여 생산규모를 안정시
킬 것을 강조하면서, 단위면적의 산출량을 향상시키는 발전 방침에 관한
것이었다. 또한 거기에는 전쟁준비 시기에 군대의 생산을 향상시키는 것
과 전쟁준비를 위하여 병참을 제공하는 계획이 제출되었다. 毛澤東은 군
의 이런 보고를 접하고 1966년 5월 7일 림표(林彪)에게 이런 보고에 대
한 답신 형식의 편지를 보냈는데 이것이 이른바 통칭 毛澤東의 57(五七)

76

　이렇듯 중국의 혁명과정뿐만 아니라 정권 수립 후에도 인민해방
군의 생산대적 역할은 강조되었으며, 건국 후에도 군은 이러한 역
할을 해방군의 우량 전통으로 인식하고 승계하였다. 즉 군대가 작
전과 훈련 등 군 본연의 임무에 충실하다는 전제하에서 국가의 부
담을 경감하고, 군사비의 부족을 충당할 뿐 아니라 장교와 사병의
생활을 개선하고 군대에 적절한 군수를 제공하기위해서 국가 관련
영도기관의 정책과 비준 하에서 군이 적극적으로 생산경영 활동에
임하는 것이 용인되었다. 인민해방군이 자체적으로 운영하는 경제
적 활동은 농업, 임업, 목축업, 어업, 뿐만 아니라 군수품 생산, 장비
수리, 군용기자재를 제조하는 각종 공장, 농부산품 가공공장, 군이
경영하는 공장과 광산, 그리고 3차 산업에 이르기까지 전 경제를
망라한 것이었다.11)

　군대의 농부업 생산은 중국혁명과정에서의 오랜 전통일 뿐 아니
라 신중국 건설 이후에도 지속적으로 발전해 왔다.12) 1970년대 후
반에는 문화대혁명을 거치면서 비효율적으로 비대해진 농부업 생산
을 개혁 발전 시켰다. 1978년에는 전군의 농부업 생산면적이 471만
무(萬畝)에 달하며 여기에 종사하는 병력이 23만 7천여 명이었다.
1978년 전군의 농장에서 얻는 수익은 3247만 위안(元)에 달하였
다.13) 또한 중국군은 중국 지형의 특성상 군마를 육성하는 것을 주

지시라 불리는 것이다. 문화대혁명의 전야에 毛澤東이 군에 내린 군의
역할과 임무에 관한 지시인 것이다. 물론 지시에는 노동자, 농민, 학생,
상인, 서비스업 종사자, 당정기관 간부 등에게 조건이 갖추어지면 자산
계급을 비판할 것이 요구되었다.

11) 當代中國叢書編輯委員會 編, 『當代中國軍隊的政治工作, 上』(北京: 當
代中國出版社, 1994), p.391.

12) 空軍後勤部軍需部 編, 『連隊業餘生産管理』(濟南: 黃河出版社, 1993),
pp.1-9 참조.

13) 當代中國叢書編輯委員會 編, 『當代中國軍隊的後勤工作』(北京: 中國社
會科學出版社, 1994), p.564.

요한 생산경영활동의 하나로 간주하고 있었다. 개혁개방이 본격화
되기 이전인 1978년에는 전국에 17개 군마장이 있었으며 4만 2천7
백 匹의 군마를 사육하고 있었다.14)

1985년 이전 전군의 군수공장(軍隊企業化工廠)에서 산출한 생산
품 중에서 16종은 국가에서 주는 금상과 은상을 받았으며, 342종의
상품은 국가의 부급 혹은 성, 시나 총후근부에서 수여한 우수상품
칭호를 획득하였다.15) 毛澤東의 <5・7>지시는 문화대혁명 기간 동
안 군의 생산경영활동을 적극 촉진하여 무수한 군판창광(軍辦廠鑛)
을 양산하였다. 1966년에서 1971년 사이에 군판창광(軍辦廠鑛)은 엄
청나게 증가하여 2400여 개 정도가 되었으며 농부업 가공 상품을
생산하는 공장은 5000개에 달했다. 연 총생산액은 4억 위안에 달하
였다.16)

군이 운영하는 서비스업종은 원래는 부대의 일상생활의 수요를
만족시키기 위하여 발전해왔다. 정권 수립 이후 연대급 이상의 단
위는 정식으로 군인복무사(軍人服務社)를 편제하여 군대내부의 생
활일용상품을 제공하고 농부업상품의 제조를 책임지게 하였다. 동
시에 부대의 영내나 원내에 각종 서비스 시설을 건립하였다. 초대
소, 목욕탕, 예식장, 의료기관 등은 군 생활을 편리하게 하였으며
부대의 전쟁준비와 훈련, 시공, 생산 및 기타 임무를 완성하는 것을
보장하는 중요한 작용을 하였다.17)

---

14) 上揭書, p.576 <표 3> 참조.
15) 上揭書, p.596.
16) 上揭書, p.603.
17) 上揭書, p.606. ; 군내의 이런 시설들이 사회주의 상품경제의 발전과 함
    께 사회에 개방되어 상업적 행위를 하게 된 것이다.

2. 개혁개방 시기 군의 경제활동의 확대

앞에서 살펴 본 바와 같이 군의 생산경영활동은 인민해방군의 오랜 생산대적 전통이었다. 이러한 생산대적 전통은 그러나 鄧小平 시기 이전에는 규모나 수익 면에서 영세성을 면치 못하였다. 개혁개방 이전의 생산경영활동이라는 것이 군부대의 양식을 보조하거나 군 간부의 가솔들에게 직업을 제공하는 정도의 소규모 공장에 지나지 않았기 때문이다. 그러나 鄧小平 시기의 개혁개방정책과 국방현대화 건설이라는 국가 정책적 과제에서 도출된 군의 생산경영활동의 강화는 군이 산출한 생산품에 상품이라는 시장적 기제를 부과하였으며 과거와는 달리 산업의 전 분야를 망라한 수익성 사업에 군으로 하여금 뛰어들게 만들었다.

이러한 군의 생산경영활동은 개혁개방정책의 실시와 함께 경제건설이라는 국가적인 대국적 목표에 복종하자는 논리와 함께 확대 가속화된 것이다. 국방건설은 국가의 경제건설의 조건이 충족된 다음에 그것에 부응하여 건설되어야 한다는 논리가 지배하고 있었기 때문이다. 따라서 군의 제한된 군사비를 효율적이고 절약하여 사용할 뿐 아니라 국가적 부담과 인민들의 수고로움을 덜어준다는 견지에서 농부업의 생산 활동을 강화시키는 데서부터 개혁개방의 바람을 타게 되는 것이다.

경제건설이라는 국가적 목표에 대한 구체적 실천으로서 1981년 중앙군사위원회는 "군비지출을 긴축하고, 기구를 간소화하고 물자 절약을 엄격히 실시하는 것에 관한 지시"(關于緊縮軍費開支, 厲行精簡節約的指示)를 각 군에 통지하였다. 국방건설은 반드시 경제건설이 기초가 되어야 하며 국가가 제공하는 재정과 물질적 재원에 서로 상응해야 한다는 것이다. 군사비용을 긴축하기 위해 전투태세를 위한 국방건설의 규모와 속도를 조정하고, 군 조직과 기구의 정간정편의 방침과 임무를 이행하며, 장비를 구매하고 설치하며 보수하고 유지하는 데 드는 비용을 합리적으로 사용하라고 지시하고 있다.

또한 꼭 필요한 기본건설 이외의 공사는 대규모로 줄이며, 군대가 운영하는 기업과 농부업 생산을 계속적으로 잘 경영하도록 해야하며 관리를 강화하고 절약을 엄격하게 실시하여 낭비를 반대해야 한다는 것이다. 지시는 전군이 반드시 대국에 복종할 것을 호소하고 있으며 중공중앙과 국무원의 국민경제조정방침에 적극 호응하여 현재 보유하고 있는 군사물자를 적극 활용하여 지출을 줄이면서 군대의 전투태세와 건설을 잘 할 수 있는 방법을 강구할 것을 예하군에 지시하고 있다.18)

개혁개방이 어느 정도 궤도에 오른 1984년 12월 중공중앙과 국무원이 개혁개방으로 일부 당정 기관과 간부들 사이에 직권을 이용한 부패현상이 만연하자 "당정기관과 당 간부들의 상업적 활동과 기업 경영활동을 엄금하는 결정"(關于嚴禁黨政機關和黨政幹部經商, 辦企業的決定)을 내린다. 뒤이어 중공중앙기율검사위원회는 "새로운 형세하에서 출현하는 부정한 풍기현상을 견결하게 교정하는 것에 관한 통지"(關于堅決糾正新形勢下出現的不正之風的通知)를 각 기관에 시달하였다.19)

이에 중국중앙군사위기율위원회는 동년 12월에 각 예하에 당중앙과 국무원이 내린 결정과 중앙기율검사위원회에서 시달한 통지를 성실히 학습할 것을 알리는 "법을 어기고 기율을 문란 시키는 행위를 조사하여 생산경영활동의 건강한 발전을 보증하는 것에 관한 통지"(關于查處違法亂紀行爲保證生産經營健康發展的通知)를 내렸다.

---

18) 張馭濤 主編, 前揭書, p.360.

19) 新華月報編輯部 編, 『新中國五十年大事記, 下』(北京: 人民出版社, 1999), pp.742-743.

통지의 내용은 생산경영활동에 종사하는 군대는 국가건설의 대국에 성실히 복종하여 개인이나 작은 단체의 이익을 위하여 국가와 인민의 이익에 손해를 입혀서는 안 된다는 것이다. 따라서 각 단위는 소속기관과 단위, 개인의 상업적 활동과 기업경영활동의 정황을 자세하게 조사하여야 한다. 통지는 개혁의 빈틈을 노려 군대의 유리한 조건을 이용하면서 긴요한 상품을 불법으로 구매하여 매매하거나, 폭리를 취하거나, 밀수를 통하여 탈세하는 행위 등을 엄격하게 조사하여 시정할 것을 담고 있었다.[20]

그러나 이러한 당중앙과 군의 명령도 별다른 효과를 발휘하지 못하였다. 개혁개방의 가속과 함께 시장기제의 도입은 군대의 생산경영 활동에 종사하는 기업을 급속하게 신장시킨다. 급기야 당중앙군사위원회와 국무원은 85년 5월에 제도적 테두리 안에서 군의 생산경영활동을 활성화하는 조치인 "군대가 생산경영과 대외무역에 종사하는 것에 관한 임시규정"(關于軍隊從事生産經營和對外貿易的暫行規定)을 3총부에 시달하였다. 군대의 생산경영의 필요성을 충분히 긍정하면서 개혁개방 이후 생산경영활동의 경험을 총괄하여 새로운 정황과 문제에 근거하여 구체적인 정책을 시달하는 것을 내용으로 하고 있다.

규정은 군대가 생산경영과 대외무역활동에 종사하는 것에 있어서 당과 국가, 군대의 유관 정책과 법령, 기율을 엄격히 준수하고 선생 준비와 훈련, 국방건설 등의 임무와 군사기밀의 안전을 보증하고 완성한다는 전제하에 군대건설과 국가 현대화건설에 공헌하기 위하여 생산경영과 대외무역활동을 활발하게 전개한다는 것을 목적으로 하고 있다. 각 부대의 구체적 실정을 고려하여 여러 형태의 경영방식을 운용하며, 군대의 우수한 점을 십분 이용하여 점진적 발전을

---

20) 張馭濤 主編, 前揭書, p.423.

꾀한다는 것을 방침으로 하고 있다. 공농업, 운수업뿐만 아니라 지력과 기술 개발 위주의 개발성, 생산성 활동을 힘써 발전시킬 것을 장려하고 있다.

규정은 현역군인의 경우 경제와 상업 활동을 할 수 없으며 퇴역하거나 휴직한 간부가 생산경영에 종사하는 경우 등의 문제에 대해서 구체적 요건을 명시하였다. 규정은 군대의 생산경영활동이 건강한 방향으로 발전하는 것을 보증하고, 군대현대화건설을 촉진하며, 국가의 경제건설을 지원하기 위해 국가 경제건설의 대국에 복종하고 수호할 것을 군에게 요구하였다.21)

이러한 당중앙과 국무원의 정책적 지원에 힘입어 85년 11월 북경에서 전군생산경영공작회의가 개최되었다. 이 회의에서는 군대가 생산경영에 종사하는 방침과 목적, 그 범위와 정책을 명확하게 하는 회의였다. 생산경영의 관리체제를 순조롭게 하고 편제문제를 해결하였으며 정리해야할 공사들을 분류해 내고 군대기업의 재무관리를 연구토의하였으며 수익과 배분 등의 문제가 의제로 다루어졌다.22)

특히 이 회의에서는 군대의 생산경영활동 중 농부업 생산에서 향후 2~3년 내에 하루에 각 장병들에게 야채 1근반(斤半), 고기 1량(兩), 계란 1량, 두부 1량, 동식물기름 1량 등을 제공한다는 이른바 "한 근 반에 네 량을 더하기"(斤半加四兩) 목표를 제시하였다.23)

군은 국가의 경제건설이라는 대국에 복종하여한다는 중앙의 지시

---

21) 當代中國叢書編輯委員會 編, 『當代中國軍隊的後勤工作』, p.551; 張馭濤 主編, 前揭書, p.427.

22) 張馭濤 主編, 上揭書, p.438; 當代中國叢書編輯委員會 編, 上揭書, p.89.

23) 當代中國叢書編輯委員會 編, 上揭書, p.89; Jianxiang Bi, "The PLA: Mobilization for Economic Survival", *Issues & Studies*, Vol.33, No.8, (August 1997), p.117;이 계획은 그동안 물가가 상승했음에도 불구하고 기본 생활수준을 보장하기 위한 노력 끝에 87년 말 전군의 대다수 중대(: 連隊)에서 실현되었다고 한다. 張馭濤 主編, 前揭書, p.438.

를 중국의 각 군은 충실하게 관철하여 1987년에는 군대의 기층단위에서 보편적으로 전개되고 있는 농부업 생산을 제외하고도 군수생산이나, 장비의 수리, 군용 기기와 재료를 제조하는 대중형 기업화 공장이 242개, 등록되어 편제된 농장이 575개, 군마장(軍馬場) 16개, 상당히 많은 수의 중소형 군판창광기업(軍辦廠礦企業), 3차산업, 농공 생산품의 경제무역 단위 11,500여 개가 생산경영의 실체가 되기에 이르렀다. 종업인원은 67만 명이었으며 생산경영의 총수익은 24억 천오백만 위안에 달해 1978년의 7배가 넘을 정도로 성장하였다.[24]

살펴보았듯이 개혁개방 시기 군의 경제활동이 확대되게 된 것은 전적으로 개혁개방으로 인한 국가 경제건설의 대국이었다. 경제건설이 국정의 최우선 목표가 되는 상황에서 4개현대화의 주요의제인 국방현대화는 자원배분에서 희생을 감내해야 했다. 개방과 함께 확대된 시장적 기제의 개혁은 군이 소유하고 있는 기업들로 하여금 과거와 같은 현상유지의 생존뿐만 아니라 부족한 자원배분에 대하여 이것을 보충할 수 있는 보다 나은 이윤의 확보를 추구하게 만들었다.

죠페(Ellis Joffe)는 인민해방군이 개혁개방 이후 과거의 생산 활동을 벗어나 이윤을 추구하는 상행위를 하게 된 요인을 다음의 두 가지로 언급하고 있다. 첫째는 鄧小平과 당의 원로들이 인민해방군이 현대화되어야 한다는 것은 분명한 목표이나 값비싼 군 장비와 무기의 급속한 혁신은 배제하였고, 대신 군의 기술적 향상은 중국의 경제와 기술의 진보에 뒤이은 좀 더 완만한 과정이어야 한다고 결정했다는 것이다.

둘째는 鄧小平 지도부의 경제개혁의 영향이다. 중국에서의 군사

---

24) 當代中國叢書編輯委員會 編, 『當代中國軍隊的後勤工作』, p.551; 當代中國叢書編輯委員會 編, 『當代中國軍隊的政治工作, 上』, pp.394-395.

정책은 항상 국가 정책에 순응해왔는데 새로운 경제정책이 없었다면 역시 군부가 비영리적인 생산경영활동으로부터 그렇게 급격한 이탈은 없었을 것이라는 것이다. 毛澤東의 반물질주의적 유산의 거부와 평균주의를 지양하여 개인이 부자가 되는 것이 국가에도 좋다는 선부론은 鄧小平 경제개혁의 핵심이었다. 경제의 모든 부문에서 실행된 개혁은 중국 인민해방군으로 하여금 자체적인 영리 사업을 추진할 수 있도록 하였으며 하나의 모델이 될 수 있었던 것이다.[25]

결국 군의 경제활동의 확대는 개혁 초기에 자원배분에서 소외된 군으로 하여금 자체적으로 군비를 충당할 수 있는 기회를 열어 준 것이다. 물론 그것은 개혁개방으로 인한 이념적이고 정책적인 전환이 중요한 근거를 제공한 것이다. 그러나 85년의 당의 결정에서 보듯이 군의 생산경영활동과 대외무역은 잠정적인 것이었다. 국가에서 보상하지 못한 군의 이익을 자체적으로 확보하게하기 위한 고육책이었으며 고식책이었던 것이다.

제2절 人民解放軍 經濟活動의 發展

1. 군 경제활동의 유형과 특성

먼저 사회주의 계획경제하에서 소규모의 농부업 생산과 군대기업을 가지고 있던 해방군의 생산경영 활동이 개혁개방정책 이후 도입된 시장경제 조건하에서 해방군이 직접 관여하고 있는 생산경영의

---

25) Ellis Joffe, "The PLA and the Chinese Economy: The Effect of Involvement", *Survival*, Vol.37, No.2(Summer 1995), pp.29-30.

형식부터 정확하게 파악할 필요가 있을 것 같다. 이러한 작업은 중국에서 개혁개방 이후에 정치경제적 문제로 자리 잡은 군의 경제적 활동의 영역을 파악하는데 우선 그 기초가 되기 때문이다.

앞에서도 언급했지만 인민해방군의 생산경영활동이라는 것은 개혁개방 시기에 특출하게 불거진 것은 아니며 그것은 이미 중국혁명 시기에 군의 하나의 우량 전통으로서 하나의 임무로서 부과된 것이었다. 신중국 건설 이후에도 이러한 군의 생산경영활동은 전체 군 내에서 혹은 각 단위부대에서 진행되어 온 것이다. 다만 개혁개방 이후 시경경제 조건하에서 군의 생산경영은 질적인 변화를 거듭하게 된다.

인민해방군 생산경영 기업은 형식에 따라 생산형(生産型), 복무형(服務型: 서비스형, 제3차산업형), 노무형(勞務型), 기술형(技術型), 지력형(智力型)으로 나뉘기도 한다.26)

생산형은 직접 물질 생산과 상품 생산 활동에 종사하는 공장, 광산, 기업 등을 말한다. 각각 서로 다른 성질로 인해 대체로 세 가지로 나눌 수 있다. 첫째는 군공생산(軍工生産: 군수생산)으로 중앙군사위원회와 국무원의 이중적 영도를 받으며 국방공업을 생산하는 부문이다.27) 이 부문은 평화 시에는 군수품과 민수품을 생산하는 것을 임무로 한다. 둘째는 군대기업생산(軍隊企業生産)으로 인민해방군의 총부, 각 군과 병송, 군구와 부대가 경영하는 각종 공장, 광산 등의 생산 기업을 포괄한다. 여기에 속하는 공장과 기업의 일부분은 부대가 필요로 하는 각종 복장, 기재, 수리부대의 기술 장비를

---

26) 余用哲, 『後勤建設槪論』(北京: 軍事科學出版社, 1993), pp.198-201.
27) 이 부문은 사실 국무원의 관리와 지도를 받는 국무원 산하의 군수산업의 기업(: 군공기업)을 말하는 것이며 인민해방군이 직접 생산 운영하는 것은 아니다. 다만 무기와 군 장비의 생산과 군의 획득 과정에서 중앙군사위원회의 형식적인 영도를 받는 다는 것뿐이다.

생산하는 것에 종사하며 여기서 생산하는 것은 시장에 내놓기 위한 상품이 아니다. 또 다른 일부분은 시장에 내놓은 상품을 생산하는 데 피복공장, 방직공장, 약품공장 등이 그 예이다. 셋째는 농부업 생산으로 집단군(集團軍), 사단(師), 여단(旅), 연대(: 團)가 경영하는 농장과 중대(: 連)의 농부업 생산을 일컫는다. 농부업 생산의 주요 산출품은 부대생활을 보조하는 데 사용하고 잉여부분의 산출물은 시장에 내놓는 상품이 되기도 한다. 그러나 대부분은 자급자족의 성질을 띠고 있으며 더욱이 중대의 농부업 생산은 중대생활을 개선하는데 기본 목적이 있으며 상품 생산으로는 타당하지 않다.

복무형은 군대가 보유하는 기술 장비와 시설을 충분히 이용하여 사회에 봉사하거나 경제건설을 위하여 봉사하는 일종의 경영활동이다. 예를 들어 군병원을 대외 개방하여 지방의 환자들을 치료하거나 군의 기계수리 기구는 지방의 공사 기계 설비나 차량, 측량기 등을 수리할 수 있다. 비행장, 부두 등 군 전용선을 지방이 사용하게 제공하며 군 창고는 지방의 물자를 저장할 수 있다. 운수부대는 지방의 운수에 참가할 수 있으며 호텔이나 여관을 대외 개방하여 사회에 봉사할 수 있다. 군에서 사용하지 않는 병영을 이용하여 부동산업을 경영할 수 있다. 상점, 음식점, 식품가공공장 등을 경영하여 사회 군중에 봉사하는 것 등이다. 복무형 기업은 평화시기의 한가한 기술 장비와 설비를 이용하여 사회에 봉사하고 경제건설에 봉사하는 것인데, 부대의 수익을 증가시키며 이로써 부대발전능력을 증강시키는 주요한 경로이다.

노무형은 부대의 우세하고 밀집된 노동력을 이용하여 국가와 지방 경제건설의 중요한 공사를 청부 맡아 공사를 진행하는 일종의 군 생산경영활동이다. 예를 들어 댐이나 저수지, 철로, 도로, 비행장, 부두, 탄광, 유전, 철강공장, 교량 등의 공사를 청부 맡는 것이다. 이렇게 유상으로 지방경제건설을 지원하는 노무생산경영활동은 군대의 밀집된 노동력과 군부대의 돌격력, 전투력을 충분히 발휘하는 특징을 지닌다. 따라서 제 때에 국가와 지방경제건설의 중요한 공사를 완성하는 것이다.

기술형의 생산경영은 군의 과학연구기술부문이 지방의 경제기술부문에게 유상으로 과학기술정보자료를 제공하거나 기술을 양도하는 활동이다. 예를 들어 군의 과학연구 부문이 기술성과나 계산기의 소프트웨어를 양도하거나 직접 군의 기술요원을 파견하여 지방경제건설을 돕는 것이다. 또한 지방의 관련부문과 과학기술프로젝트를 공동으로 진행하거나 국가가 하달하는 과학연구 임무 등을 맡는 것이다.

지력형의 생산경영은 군대계통의 각급 단과 대학이나 대학교, 과학연구기구와 부대의 유관 훈련 기구가 지방경제건설부문이나 다른 부문을 위하여 유상으로 각종의 인재를 배양하는 것을 말한다. 예를 들어 군의 기술대학은 지방을 위하여 기술 인재를 대신 훈련시킨다. 군의 의·약대는 지방을 위하여 의무요원을 양성하거나 군의 지휘관리대학은 지방을 위하여 관리, 회계 요원을 양성하며 항공대학은 비행과 지상 근무요원을, 군의 운전 훈련대는 운전기사를 양성하는 것 등이다.

그런데 중국의 방위산업담당부서, 방위산업체와 인민해방군, 인민해방군이 생산 경영하는 기업과의 관계를 파악하는 것이 필요하다.[28] 통상 우리들이 부르고 있는 방위산업, 혹은 군수산업은 중국에서는 국방공업으로 불린다. 국방공업은 군사공업으로 불리기도 한다. 국방공업은 국방건설에 봉사하며 군대를 위하여 연구, 생산과

---

28) Soloman M. Karmel, *China and People's Liberation Army: Great Power or Struggling Developing State?*(New York: St.Martin's Press, 2000), chap.3 참조.

무기장비 및 기타 군용물품을 제공하는 공업기업의 총칭이다.[29] 그런데 인민해방군은 제도적으로 군수산업(defence industries)을 담당하는 부서와 분리되어 있다. 중국의 군수산업은 두 개의 범주로 구별할 수 있는데 그 하나가 국무원의 군수산업을 담당하는 부서에 의해 관리되는 군공기업(軍工企業)과 인민해방군에 의해 경영되는 군대기업(軍隊企業)이다.[30]

중국의 군수산업을 담당하는 일반 산업부서는 별도로 국무원에 존재하였으며 개혁개방 이후에도 수차례의 기구 변화를 통하여 현재에 이르고 있다.[31] 인민해방군과의 협조는 과거 국무원 각 국방

---

29) 萬偉鋒, 『軍事統計學槪論』(北京: 國防大學出版社, 1997), p.256.

30) Fan Gonggao, *Guofangjingjixue* [國防經濟學](Fuzhou: Fujianrenmin-chufanshe, 1988), pp.163-164, Shaoguang Wang, "Estimating China's Defence Expenditure: Some Evidence From Chinese Source", *The China Quarterly*, No.147(September 1996), p.902에서 재인용.

31) 中國社會科學院工業經濟研究所, 『中國工業發展報告』(北京: 經濟管理出版社, 1998), pp.144-145. ; 개혁개방 시기에 국방공업을 담당하는 과거의 국무원의 부서들은 경제개혁의 필요성으로 인해 국무원의 부급 수준인 일반 공사형태로 분리되어 나간다. 중국선박공업총공사는 1982년 기구개혁에서 제6기계공업부가 전환한 공사이다. 중국핵공업총공사 역시 1988년 기구개혁에서 핵공업부가 전환한 공사이다. 중국병기공업총공사는 1988년의 기구개혁에서 병기공업부가 전환한 공사이다. 중국항천공업총공사와 중국항공공업총공사는 1993년의 기구개혁에서 항공항천공업부가 전환한 공사이다.

국가조직의 하나의 부를 담당하던 부서에서 비록 그 급은 변하지 않았지만 자본주의 국가에서 볼 수 있는 하나의 법인인 회사 형태로 운영이 되고 있다는 것은 중국의 개혁개방정책 진행과정에 군수산업의 활로 모색과 군수산업의 민수전환에 대한 나름의 의지를 나타낸다고 할 수 있다. 즉 기업의 사장이 행정부의 장을 겸임하는 유래 없는 이러한 실험은 군수산업에서 획득된 기술의 민간 이전과 기술 마케팅에 경직적인 관료조직으로는 한계가 있다는 인식에서 이러한 행정조직의 개편이 이루어지고 있는 것이라고 볼 수 있다.

물론 이 공사 산하에는 <표 3-2>에서 보듯이 많은 수출입을 담당하는 공사(회사)를 가지고 있다. 이런 공사들은 국가가 독점투자하거나

공업부 소속하에 있는 군수공장에는 군의 대표실이 설치되어 공장
과의 연락 및 생산품의 품질 및 수량 등에 대한 감독 지도의 책임
이 부과되어 있었다.[32]

외국과의 합작, 합자, 민간자본 유치 등으로 주식회사(股分有限公司)
형태로 그 소유권이 바뀌고 있다. 과거 국방공업에서 부급 위치에 있
었던 총공사들은 일종의 持株(: 控股)회사 역할을 한다고 할 수 있다.
그런데 이런 기업들은 군이 운영하는 기업들과는 별개의 통제와 지도
를 받는 기업이라는 것이다. 98년의 기구개혁에서는 국방과학기술공업
위원회가 이러한 공사들을 관리하는 직능을 맡았다.

<표 3-2> 국방공업부문 산하 수출입 공사

국방공업부문	산하 수출입 공사명	취급품목
국방과학기술공 업위원회	중국북방공업총공사 중국신시대공사	차, 화약, 탄약, 기타 대외 군 사 교역 창구
기계전자공업부	중국전자수출입공사 熊猫집단공사 振奪집단공사	레이더, 통신 등 전자 방위 장치
항공항천공업부	중국정밀기계수출입공사 중국항공기수출입공사 중국서안비행기집단공사 중국남방동력집단공사 중국장성공업공사 중국장정항천집단공사	각종미사일, 항공설비 등 각종군용기, 수송기 등 대중형기, 소형자동차 등 중소형기, 오토바이, 위성발사 국제협력 위성발사, 첨단 전 자 기술 등
핵공업총공사	중국원자능공업공사	원자력발전관련 설비, 기술
선박공업총공사	중국선박공업총공사	군용, 민용 선박

출처: Mel Gurtov, "Swords into Market Shares: China's Conversion of
Military Industry to Civilian Production", *The China Quarterly*,
No.134(June 1993), p.219, 그림1; 홍성범, 김기국, 서행아, 『중국 민수
전환의 패러다임 변화와 전략적 대응』(정책연구 시리즈)(과학기술정
책관리연구구소, 1997. 10), p.81 <표3-2>; 宇佐美曉, 『中國の 軍事
力』(東京: 河出書方新社, 1996), p.143, 그림86; Eric Hyer, "China's
Arms Merchants: Profits in Command", *China Quarterly*, No.132
(December 1992), p.1110; John Frankenstein and Bates Gill, "Current
and Future Challenges Facing Chinese Defence Industries", *The
China Quarterly*, No.146(June 1996), pp.401-402 참조.

그런데 앞의 국방공업의 정의에서 보듯이 인민해방군에 의해 경영되는 군대기업도 국방공업의 중요한 일부분인 것이다. 군대공업(혹은 기업)은 군대기업화공창(軍隊企業化工廠)과 군판 창광(軍辦廠礦: 군대가 운영하는 공장과 광산 혹은 기업)으로 나누어지기도 한다. 군대기업화공창은 군대가 투자하여 통일 계획하에서 기업화관리를 실행하며 군수제품을 담당 생산하며, 군 훈련기자재를 생산하거나 무기장비수리를 임무로 하는 전군적 성질의 대형 핵심기업이다.

군판 창광은 각 군부대가 투자하여 관리, 경영하며 수익을 보는 중소 공장으로 채굴, 건재, 기계, 화공, 의약, 식품, 경방직 등의 공장을 일컫는다. 종업원은 주로 군인 가속(家屬)과 자녀 그리고 직장을 대기하고 있는 청년들이다. 군부대는 업무 기술의 골간을 유지하기 위해 소규모의 인원을 파견한다.[33] 위의 개념에서 보듯이 군판 창광은 규모면에서 군대기업화공창보다 작다고 할 수 있다.

서로 다른 성질과 형태의 기업체들은 다른 조직에 의해 감독된다. 국무원 산하의 방위산업을 관장하는 부서는 기본적으로 군공기업에 대하여 관할권이 있으며 중국공산당중앙군사위원회는 군대기업에 기본적으로 관할권이 있다. 따라서 군공기업은 인민해방군에 의해 통제되는 것이 아니다. 인민해방군은 군공기업의 일상적인 활동을 지시할 수 없다. 다만 인민해방군은 국방과학기술공업위원회나 방위산업을 담당하는 부서를 통해 인민해방군의 생산요구를 군공기업에 전달한다.[34]

---

32) 황병무, 『신중국군사론』 (서울: 법문사, 1992), p.305; 小名孝雄, "中共の 軍事工業の 實態", 『軍事研究』, 1970년 6월, pp.80-81, 白桓基, "中共의 軍需産業에 대한 考察", 『國防研究』, 제25권, 제2호(1982. 12), p.18에서 재인용.

33) 當代中國叢書編輯委員會 編, 『當代中國軍隊的後勤工作』, p.592, 601.

34) Joseph P. Gallagher, "China's Military Industrial Complex: Its Approach to the Acquisition of Modern Military Technology", *Asian Survey*,

그러한 각각의 체계는 각자의 예산체계를 갖는다. 인민해방군의 예산과 방위산업 담당부서의 예산이 직접적으로 연계되어 있는 것은 아니다. 방위산업 담당 부서 산하에 있는 군공기업들이 이익을 낸다하더라도 인민해방군은 이런 군공기업의 이윤을 나누어 가질 수 없다. 반대로 군공기업이 재정적 곤란에 처했을 때 군공기업은 인민해방군이 그 재정적 문제를 해결하기를 기대할 수도 없다. 인민해방군은 대부분 군대 장병의 일상적 필수품을 생산하거나 무기가 아닌 약간의 소비재를 생산하는 군대기업의 이익과 손실에만 책임이 있을 뿐이다. 그러나 개혁개방정책의 중요한 산업 정책의 하나인 방위산업의 민수전환(: 軍轉民)은 공히 군공기업이나 군대기업에서 요구받고 있는 것이다.35)

2. 군 경제활동의 기조와 발전

개혁개방정책의 서막을 예고한 중국공산당 78년 11기3중전회 이후에는 국가 경제건설의 대국적 측면에 복종하여 인민해방군은 개혁개방으로 인한 시장적 수요에 적응하여 군대의 생산과 경영활동을 적극적으로 발전시켰다. 개혁개방 시기 인민해방군은 국가가 아직 경제적으로 부유하지 않고 경제적으로 곤란하며 '황량'(皇糧)이 충분하지 않은 특정한 조건하에서 부족한 군비를 보충하기 위해서 일종의 특수한 조치로서 군의 경제적 활동을 조치하였다.36)

Vol.27, No.9(September 1987), pp.992-995.

35) 군수산업의 민수전환과 인민해방군이 직접 생산 경영하는 기업의 구별에 관해서는 Ellis Joffe, op. cit., p.25. ; 홍성범, 김기국, 서행아, 『중국 민수전환의 패러다임 변화와 전략적 대응』(정책연구 시리즈)(과학기술정책관리연구소, 1997. 10), p.12.

36) 當代中國叢書編輯委員會 編, 『當代中國軍隊的政治工作, 上』, p.391.

이처럼 중국군이 대규모로 경제활동에 참여하게 된 배경은 당이 주장하는 바와 같이 '인민의 군대', 또는 '군민일치'에 걸맞은 민군관계의 긴밀화를 도모하는 한편 군대의 기동성과 조직력을 이용하여 국가산업발전에 기여하게 하는데 그 목적이 있는 것으로 볼 수 있다. 그러나 무엇보다도 주된 요인은 국방비의 충당과 경제건설의 지원이라는 차원에서 군의 경제활동을 이해해야 할 것이다. 이는 1981년 중국공산당중앙군사위원회가 "군사비 지출을 줄이고, 기구를 간소화하고 물자를 절약하는 것에 관한 지시"(關于緊縮軍費開支厲行精簡節約的指示)를 통하여 국방건설은 반드시 경제건설이 기초가 되어야 하며 국가가 제공하는 자본력과 물질적 조건이 서로 상응해야한다고 강조하면서 이에 군은 경제건설의 대국에 동참하여 제한된 국방비 내에서 군대건설을 이룩하고 군대기업과 농부업 생산을 계속적으로 잘 실시하도록 요구한데서 잘 알 수 있다.[37]

사실 중국 인민해방군의 생산경영이라고 하는 것은 중국 측의 입장에서는 첫째 기본적인 군의 직능일 뿐 아니라 영광된 전통인 것이며 둘째, 군대에 필요한 군수의 공급을 보조함으로써 국가의 부담을 경감하고 국가 경제건설을 지원하는 것이다. 셋째, 군대가 생산경영에 종사하는 것은 부대의 가속과 자녀들의 취업 문제를 해결할 수 있기 때문에 부대건설에 유리하고 사회의 취업난 문제를 부분적으로 해소할 수 있다. 넷째로는 군의 생산 활동은 군에서 뿐만 아니라 군 제대 후 사회에 봉사할 수 있는 양용인재(兩用人材)를 훈련시키는 군의 기본적인 정책과 결합하기에 좋다는 것이다.[38]

군이 생산경영활동을 하는 과정에서 준수되어야 할 기본원칙[39]은 첫

---

37) 張馭濤 主編, 前揭書, p.360.
38) 徐根初 主編, 『鄧小平軍隊後勤建設思想研究』(北京: 國防大學出版社, 1997), pp.123-127; 余用哲, 『後勤建設槪論』(北京: 軍事科學出版社, 1993), pp.195-198.

92

번째로는 당과 관련 부대의 영도를 충실히 받들어 생산경영의 건강한 발전을 꾀하는 것이다.

둘째는 건전한 경영체제를 발전시켜 생산경영의 안정적인 발전을 보증하는 것이다.

셋째는 군대생산경영체의 횡적 유대를 강화하여 국가의 경제발전 정책에 부응하여 민수품 생산을 더욱 발전시켜야 한다.

넷째 군대생산경영의 지역적 특성을 고려하여 지역에 알맞게 여러 형태의 경영방식을 발전시켜 경제적 실익을 제고해야 한다.

다섯째 부단히 신기술혁명이 이루어지고 있고 원재료의 가격상승과 시장경쟁이 치열해지고 있는 상황에서 끊임없는 기술혁신을 이루어 낼 뿐만 아니라 증산과 원재료의 절약 정책을 동시에 실시하여야 한다.

여섯째 평화 시에 전쟁준비 훈련과 국부전쟁에서 요구되는 기술과 훈련을 충분히 습득하고 완성한 이후에는 국가 경제건설을 지원하기 위해 군에서 보유한 인력과 기술 장비가 여타부문보다 우세한 이점을 충분히 발휘하여 노무시장을 더욱 개척할 필요가 있다.

일곱째로는 군은 수백만 무(畝)의 경작 토지를 보유하고 있는데 과학적인 영농기법을 사용하여 안정적인 생산과 높은 생산성을 실현해야 한다.

개혁개방정책으로 인한 시상경제의 노입으로 중국군의 생산경영도 과거의 생산경영 방식에서 나름의 변모를 꾀하고자 하였다. 그 변화 발전 방향40)은 첫째, 군의 생산경영이라는 것이 폐쇄적이고 자급자족인 생산경영에서 개방적인 상품 생산 위주로 발전해야 한다는 것이다.

---
39) 余用哲, 上揭書, pp.205-216.
40) 余用哲, 上揭書, pp.201-205.

둘째는 단일 성격의 생산에서 종합적인 성격의 생산과 다종의 경영방식을 변화 발전해야 한다는 것이다.

셋째, 생산조직이나 산출제품, 노동력의 구조 등의 면에서 조직을 집약화 시키며 통일 관리를 이룩하고 산출제품도 저급한 수준으로부터 좀 더 고급화되고 정밀하며 첨단적 성격을 지닌 제품을 산출하도록 하며 조방적인 단순노동으로부터 과학기술위주의 복잡노동으로 발전시켜야 한다.

넷째 과거 간부들의 경험에 바탕한 지도에서 과학적 관리체계로 발전시켜야 한다.

다섯째 과거 군의 생산경영활동이라는 것이 부대의 생활을 개선하기 위한 것에 머물렀다면 이후에는 부대의 물질생활과 정신생활뿐만 아니라 군의 현대화를 위해서 필요한 군의 기술 장비와 신기술의 도입에 생산경영으로 인한 수익이 쓰여져야 한다는 것이다.

이런 군대생산경영의 질적인 전환과 모색은 개혁개방으로 인한 전반적인 국가 목표의 전환과 더불어 과거의 경험에 대한 교훈으로부터 창출된 것이라고 할 수 있다. 문화대혁명 직전 毛澤東의 5·7 지시에 따라 당시 총후근부장이던 丘會作은 전군에 농부업 생산을 포함한 군의 생산경영업체를 엄청나게 증식하였다. 문화대혁명의 좌파적 사상에 영향을 받아 군에서 농부업 생산에 동원된 병력이 71년에는 60만에 이를 정도였다. 어떤 부대는 5, 6년 이상 연속 생산에 참여하였는데 특히 논농사를 짓는 부대는 생산임무가 막중하여 노동 강도가 높았으며 쉬는 시간을 확보할 수 없을 지경이었다. 이러한 생산행태로 인해 많은 부작용과 기율침식이 발생하였다.[41]

군대기업화공장의 생산경영 역시 문화대혁명으로 혼란에 빠져들어 무정부주의 사조가 팽배했으며 공장 생산품의 품질은 저하되고

---

41) 當代中國叢書編輯委員會 編, 『當代中國軍隊的後勤工作』, p.561.

94

경제수익은 보잘 것이 없었다. 많은 수의 공장들이 엄청난 손해를 보았다. 군판 창광 역시 문화대혁명으로 그 수에 있어서는 엄청나게 증가하였으나 맹목적 발전으로 인하여 과다한 병력이 동원되었다. 어떤 공장은 원재료를 보장받지 못하여 정상적으로 생산을 하지 못하였으며, 공장의 기술이 취약하고 관리수준이 저급하여 생산단가가 높아지고 제품의 품질은 낮았으며 제품의 판로는 활성화되지 못해 손실이 엄청났다.[42]

문화대혁명이 종결될 무렵 鄧小平과 군 원로들이 이러한 병폐를 지적하고 군 소유의 기업을 정돈하고 개혁하려고 시도한 것은 이런 맥락에서였다.[43] 70년대 중국군의 생산경영활동이 문화혁명으로 인한 과도한 군의 생산경영을 정돈하고 정상의 생산 질서를 회복하는 시기[44]였다면 11기 3중전회를 기점으로 이러한 군의 기업경영방식과 농부업 생산은 질적인 변화를 꾀하고 있다.

전반적인 중국의 상품경제의 도입과 시장 확대에 따라 과거 지령성 사회주의식 경제운용은 점차적으로 개혁되었다. 구체적으로 농촌에서 생산책임제의 실시로 시작된 개혁은 국영기업의 개혁으로 확대되었으며 이에 따라 군의 농부업 생산과 군대공업의 생산경영 활동 역시 개혁개방 시기에 개혁을 통하여 변화 발전된 모습을 보여주고 있다.[45]

먼저 군대의 농부업 생산에 관한 개혁[46]을 살펴보면 첫째, 양식

---

42) 上揭書, pp.594-595, 603; 當代中國叢書編輯委員會 編, 『當代中國軍隊的政治工作, 上』, p.396.

43) 鄧小平, "軍隊整頓的任務", 『鄧小平文選, 第二卷』, 第2版(北京: 人民出版社, 1994), pp.18-19.

44) 當代中國叢書編輯委員會 編, 『當代中國軍隊的後勤工作』, pp.562-564; 594-596.

45) 시장경제의 확대에 따른 군대기업의 개혁에 관해 기업, 상품, 재무, 브랜드의 관리 등에 관하여 좀 더 미시적인 분석은 劉三省, 『軍隊企業改革管理縱橫』(北京: 軍事科學出版社, 1997) 참조.

을 생산하는 단순한 생산방식으로부터 경제작물과 양식업, 목축업, 농부업 생산 등 다양한 종류의 생산경영 방향으로 변화하였다. 둘째, 폐쇄식의 자급생산으로부터 자급 생산과 상품성 생산을 결합하는 방향으로 전환하였다. 셋째, 주로 행정수단에 의해 관리하던 방식에서 가격, 비용, 이윤 등을 고려한 경제수단 관리방식으로 변화하였다. 넷째, 선진농업과학기술의 전문가나 성과를 이용하여 과거의 단순한 경험에 바탕한 지도로부터 과학기술에 바탕한 지도를 실시함으로써 경제적 효율성을 제고하였다.

군대의 농부업 생산이 단일 경영으로부터 다종의 경영방식으로 개혁함으로써 농부업 생산의 새로운 국면을 창출하였는데 첫째, 수산양식업과 해상어로작업이 고속도로 발전하였다. 둘째, 목축업의 과학화를 도모하여 비교적 대규모의 목축기지를 운영하게 되었다. 셋째, 지역의 형편에 따라 양식을 생산하는 것을 소홀히 하지 않으면서 다양한 종류의 경제작물의 재배 면적을 확대하였다. 넷째 농부업 생산에서 다양한 경영방식이 활성화됨에 따라 농부업 생산품을 가공하는 농부업 생산품 가공업이 발전하여 수익을 제고하게 되었다. 다섯째, 지역의 형편에 따라 다양하게 식량을 생산하거나 수산양식 경영을 하거나 목축을 함으로써 중대단위에서 여가를 이용한 생산이 더욱 활성화되어 자급자족의 비율을 향상하였다.

군대기업의 개혁상황47)을 살펴보면 우선 상품경제의 도입과 시장의 개혁에 따라 먼저 군대기업의 자주권을 확대시켰다. 1985년 5월 국무원에 의해 공포된 <국영공업기업의 자주권 확대를 진일보 시키는 것에 관한 임시규정>(關于進一步擴大國營工業企業自主權的暫行規定>에 따라 군대공장계통의 지도기관의 대부분의 권력이 이양

---

46) 當代中國叢書編輯委員會 編, 『當代中國軍隊的後勤工作』, pp.565-573.
47) 上揭書, pp.596-601에서 요약정리.

되었으며 기업의 자주권을 확대시켰다. 이전 군대기업은 다른 국영기업과 마찬가지로 재료의 수급, 상품 판매, 공장설비의 갱신과 개조, 노동력의 보충 등에서 상급지도 기관이 통일적으로 계획하고 물자를 공급하였기 때문에 기업은 관여할 권한이 없었다. 그러나 이러한 제도의 실시와 함께 군대기업 역시 생산방면, 물자관리방면, 인사관리방면, 재무관리, 노동임금과 기구의 설치 문제 등에서 과거와 달리 기업의 자주권을 확대 시행하였다.

둘째는 공장장 책임제의 실시다. 중국은 1984년부터 부분적으로 공장장 책임제를 실시하여 왔는데 비교적 효율적 성과를 나타내었다. 이에 군대기업 역시 이러한 경험을 바탕으로 군대기업에서도 점차적으로 공장장 책임제를 실시하여 1987년 말에는 168개의 기업화 공장에서 공장장 책임제를 실시하였는데 비율상으로 기업화 공장 총수의 77%이다. 먼저 기업경영에서 당과 행정의 역할을 분화하여 당위원회, 행정기구, 직공대표대회의 직능을 명확하게 분화시킴으로써 민주적 관리를 강화하였다. 또한 공장장의 임기목표책임제를 실시하여 생산의 책임과 효율성을 강화하였다. 공장장의 지도하에 기업 내에 총공정사, 총경제사, 총회계사를 설립하여 그에 상응한 권력을 부여함으로써 직무를 효율적으로 분담하였다.

셋째는 공장장 책임제의 실시와 동시에 청부경영책임제를 점차적으로 확대 실시한 것이다. 상납기관에 납부할 것을 확보하고 초과수입을 많이 남기며 모자란 수입은 스스로 보충하는 것이 청부경영의 핵심이라고 말할 수 있다. 이런 식의 경영이 군대기업에 도입된 까닭에 책임과 권리 그리고 이익은 상호 밀접하게 연관되어 기업으로 하여금 상대적으로 독립적인 자주경영과, 스스로 이익과 손실에 책임을 지는 경제실체가 되게 하였다. 또한 군대공장은 군대기업내부의 각종형식의 경제책임제를 실시하여 개혁을 진행하고 있다. 우선 기업내부의 분배 제도를 개혁한 것이다. 기업의 임금 총액과 경제 이익을 상호 연계시켜, 고정임금을 감소하고 유동성 임금을 증가시켰다. 이는 종업원의 임금수입과 종업원의 노동성과를 연계함으로써 노동 분배의 원칙을 진일보 실행한 것으로 평가되고 있다. 둘째는 간부 평가제, 선거제, 초빙제, 임시제를 실시하여 간부의 능력에 따라 직무에 배치함으로써 간부의 소질을 배가시켰다. 셋째는 기업생산경영의 직능을 경영개발, 상품판매, 기업관리 등으로 나누어 기업생산경영의 발전을 꾀하였다.

기업관리를 강화하려는 국무원의 결정에 따라 1986년부터 군대기업의 경제적 효율성을 강화하려는 시도가 전개되었다. 총후근부는 기업관리영도소조를 설립하여 군대기업의 승급활동을 전개하였는데, 관련부문이 경제적 효율성을 제고하고 비용과 소모적 현상을 줄이며 품질향상과 안전생산을 제고시키는 것에 관한 승급표준과 규정을 만들었다. 이러한 승급활동에 따라 전군에 50여 개의 기업이 국가 2급 기업으로 평가되었으며, 100여 개의 군대기업이 성이나 시 혹은 군대의 선진기업으로 평가받는 성과를 거두었다.[48]

또 하나 특기할 만한 사실은 앞장에서도 언급하였지만 중국이 개혁개방정책으로 전환하면서 군대기업이 민수품생산을 강화하고 있다는 것이다. 군대의 구조조정으로 인해 1979년부터 군대공장의 군수품생산의 임무가 대량으로 감소하고 다수의 군대기업이 민수품생산을 증가시키고 있는 것이다. 군대기업의 민수품 생산에서 기본적인 실천 방침은 먼저 군수품을 우선으로 하고 민수품 생산을 유지한다는 것이다. 둘째는 지령성 계획에서 탈피하여 지도성 계획과 시장조절을 결합하여 시장경쟁 하에서 우수한 상품은 살아남고 조악한 상품은 도태시키는 것이다. 셋째는 시장예측을 강화하여 상품

48) 當代中國叢書編輯委員會 編, 『當代中國軍隊的政治工作, 上』, p.402.

구조와 산업구조를 적시에 조정한다는 것이다. 예를 들어 군 자동차 수리공장은 수리만 하는 경영으로부터 수리 제조형으로 기업을 전환하여 전군 차량의 수리뿐만 아니라 동시에 완성차와 부품생산 능력을 달성함으로써 질적인 변화에 성공하였다. 넷째로는 기업이 보유하고 있는 기술을 개조하거나 내외의 선진기술을 도입하여 군대기업의 발전에 노력하였다. 예를 들어 전군의 인쇄공장은 레이저와 칼라인쇄, 자동장정의 선진기술 설비를 도입하여 중국 내 업계에서 최고의 품질을 자랑하고 있다. 다섯째로는 끊임없이 신상품을 개발하여 시장의 수요를 만족시킨다는 것이다. 여섯째로는 군뿐만 아니라 중국 내 더 나아가서는 국제시장을 겨냥하여 제품을 생산함으로써 기업의 생산력과 품질향상에 노력한다는 것이다.

개혁개방 시기 군의 경제활동은 군의 농부업 생산과 군대기업의 개혁으로부터 살펴보았듯이 중국의 전반적인 경제개혁과 더불어 변화 발전해 나가고 있었다. 이것은 과거 문화대혁명을 거치면서 생산성과 관계없이 증식되어온 군대소유의 기업을 정돈 개혁하는 것이기도 하였으며, 새로운 국가 목표 하에서 군대기업을 중국식 사회주의 건설에 적극 적응 활용하는 것이기도 하였다. 毛澤東은 군대를 "사회의 큰 학교"로 정의하고 군대는 毛澤東주의와 정치교육화 과정을 통해 국민의 동질화를 담당해야 한다는 점을 강조했다. 鄧小平 체제하에서는 이러한 군대의 개념을 대폭 수정하였다. 毛澤東은 군대를 가치전파의 대행자, 즉 국민통합자로 인식하면서 정치교육의 제1주의를 표방했지만, 鄧小平은 군을 중국경제향상에 필요한 기술전달의 대행자로 인식한 것이다.

따라서 인민해방군의 '기업군(企業軍)'화를 통해 군의 생산시설과 장비의 최대한 활용, 민군겸용기술의 연구개발 장려, 군수공장의 민수용품 생산, 국방과학기술의 상업화, 군 시설장비의 민수용 전환을 추진했다. 시장의 확대에 대한 군대기업의 적응과 군대기업의 민수전환은 중국혁명과정과 毛澤東시대에 유지되었던 '생산대'로서의 군의 역할을 '기업군'의 역할까지 확대시킨 것이며, 국방건설을 소모형이 아닌 증식형 또는 부가가치형으로 발전시키려고 한 개혁파의 기본철학을 반영한 것으로 볼 수 있다.49)

3. 군 경제활동의 구성

(1) 군 경제활동의 규모와 관리체계

인민해방군의 생산경영 활동은 본래 총후근부의 관할 영역이다. 따라서 군이 운영하는 기업의 생산과 경영활동을 통제하고 관리하는 데는 총후근부의 책임이 중요하다고 할 수 있다. 그러나 총후근부는 군부대의 은밀한 불법 활동과 상급부대로의 통합을 회피하기 위한 축소보고 등으로 관리에 어려움을 겪었다.

군의 생산경영활동에 관한 통제를 강화하기 위해 총후근부 산하의 생산관리부가 군기업의 경영감독 책임을 지고 있다. 이 부서는 성군구 및 집단군과 같은 중요한 작전부대까지 관할한다. 이 부서는 원래 해방군의 생산 활동인 영농과 산업생산 활동을 감독하기 위해서 창설되었는데 소장(小將, 한국 계급으로는 准將)에 의해 지휘되고 있다. 군구 및 각 군과 국방과학기술공업위원회도 그들의 보급부서와 함께 자체 생산관리부를 가지고 있으며 집단군, 사단까지도 그들이 소유하고 있는 기업의 사업 활동을 감독하기 위해 생산 및 관리 부서를 가지고 있으나 군기업의 폭발적 증가를 따라갈 수 없을 지경이었다.50)

---

49) 황병무, 『신중국군사론』 (서울: 법문사, 1992), pp.508-510.

100

    총후근부의 재정부는 군기업의 회계 관리를 감독하고 수행하기 위해 재정부서를 두었으며 중국의 은행과 협조하여 전 군구에 특별 회계 본부를 세웠다. 이 부서는 본질적으로 은행과 같이 기능하며 군부대는 모든 수입을 이곳에 예치하도록 요구되었다. 재정부의 회계감사반은 정규적으로 각 기업과 부대의 경영을 감독하고 회계감사를 실시하였다.

    총후근부의 군수품생산부는 총후근부 공장들이 생산하는 군복, 침구 및 사무용품과 같은 군수품의 생산을 감독한다. 그러나 이 기업들의 대부분은 수입이 보다 더 많은 민수품에 주관심을 두고 있으며 군 관련품의 매출은 그 기업들의 총생산 비율에서 점차 감소하고 있다.51)

---

50) 기업의 난립을 막기 위하여 기업 유형별로 90년대에는 우선 상급기관이 심사하여 허가하는 방식을 도입하고 있다. 군대기업(혹은 軍辦企業)이 기업으로 등기하기 위해서는 먼저 각 군구, 각군병종, 각총부, 국방과공위, 군사과학원, 국방대학 등 각 대단위의 생산관리부문의 심사 허가를 받아야 한다. 다음으로는 총후근부생산관리부에 통보하여 심사허가를 받아야 한다. 이런 심사 허가과정이 끝나면 해당기업은 <軍辦企業設立批准書>, <軍辦企業法定代表人審批書>, <企業財務主管人員合格證書> 등 세 가지의 증서가 발급된다. 해방군총후근부와 國家工商行政管理局의 <軍隊企業單位國有資産産權登記管理試行辦法>(1993)의 규정에 따라 군대기업국유자산산권은 군대기업국유자산관리부문의 등기에 의해 <軍隊國有資産授權占用證書>이 발급된다. 이외에 건설부, 국가공상행정관리국, 국가물가국, 해방군총후근부의 <軍隊利用房地産開展經營活動的規定>(1991)의 규정에 근거해 군의 부동산을 이용한 경영활동은 당연히 군대부동산관리부문에 신청하여 <中國人民解放軍利用房地産開展經營活動許可證>을 받는다. 군대 생산관리부문은 심사하여 허가증을 발급한다. 總後勤部物資油料部는 심사하여 허가증을 발급하게 된다. 이와 같은 절차는 국가공상행정관리국과 중국 인민해방군총후근부가 軍隊企業登記管理工作의 관련문제에 관한 通知(1994)와 軍辦企業登記管理工作 관련문제에 관한 規定(1990)에 근거하고 있다. *http://www.wznet.zj.cn/gongsi/fagui/s1020.htm*(00. 10. 8 접속) 참조.

51) Arthur S. Ding, "The Nature and Impact of the PLA's Business Activities", *Issues & Studies*, Vol.29, No.8(August 1993), pp.93-96; 이

군기업의 관리와 통제를 강화하기 위한 또 다른 방법은 각 군 예하부대의 기업은 중앙의 총 후근부와 대군구에 소속된 집단기업의 계열이 되도록 요구 받는 다는 것이다. 그와 같은 통합은 경제의 규모나 수평적 연계 면에서 유리하다는 것이 중요 이유지만 실제는 예하 부대 기업의 생산경영활동을 감독하기 위한 것이기도 하였다. 따라서 많은 기업들이 총부나 군구의 보다 큰 기업의 계열로 편입되거나 수익성과 자본동원이 비교적 큰 군기업의 업종 다각화로 인해 군기업의 재벌화가 형성되기도 하였던 것이다.

1) 3총부 및 국가 수준의 군 집단기업

인민해방군의 3총부 및 국가 수준의 군 집단기업은 군이 경영하는 모든 기업 중 규모가 가장 크고 수익도 높은 편이다. 그 기업들은 1980년대 중반에 세워진 최초의 군기업에 속한다. 3총부와 각 군 본부는 이러한 집단기업을 하나 또는 그 이상 소유하고 있다.52)

와는 약간 다른 견해로 총부, 각 군구, 각 병종의 군기업의 생산경영활동이 서로 다른 부문에 의해 관리되듯이 그들의 활동에 관한 통계작업 역시 서로 다른 부문에 의해서 관리되었다. 군수부문은 군 마장, 군 농장과 군 농장이 운영하는 기업을 관리하고, 공장관리부문은 군의 기업화공장을 관리하며, 재무부문은 부대의 시설과 설비를 이용하여 대외서비스를 행사하는 부대사업단위를 관리하며, 생산관리부는 군이 운영하는 기업(군판기업)을 관리한다는 것이다. 陳炳福, 呂幼如, 錢建平, 焦春生, 編著, 『軍隊企業統計學』(北京: 經濟科學出版社, 1995), p.27.

52) 총부 및 국가급 수준의 군기업에 관해서는 타이 밍 충, "중국의 기업가 PLA", 제임스 R. 릴리 외, 『중국 인민해방군, 지금 어디로 가고 있는가: 중국의 국방현대화를 중심으로』, 김형배 역(서울: 홍익출판사, 1997), pp.261-263 참조. 위의 책은 C. Dennison Lane, Mark Weisenbloom, & Dimon Liu, eds., *Chinese Military Modernization*(London and Washington, DC: Kegan Paul International and The American Enterprise Institute for Public Policy Research, 1996)을 번역한 것이다.

<그림 3-1> 인민해방군 관련 주요 군기업

총참모부	*장비부	->	保利科技公司, 和平電子有限公司
	통신부	->	中国電子系統行程公司
총정치부		->	凱利公司
총후근부		->	中国新興公司, 三九集団
공　군		->	藍天公司
해　군		->	興海公司
인민무장경찰부대**		->	京安装備輪出入公司, 中国安華開発公司
국방과학기술공업위원회		->	曉峰技術設備公司, 中国新時代公司

출처: Mel Gurtov, "Swords into Market Shares: China's Conversion of Military Industry to Civilian Production", *The China Quarterly*, No.134(June 1993), p.219, 그림1; 宇佐美曉, 『中国の 軍事力』(東京: 河出書方新社, 1996), p.143, 그림86; Stacy Solomone, "The PLA's Commercial Activities in the Economy: Effects and Consequences." *Issues & Studies*, vol.31, no.3(March 1995), p.27; Eric Hyer, "China's Arms Merchants: Profits in Command", *China Quarterly*, No.132(December 1992), p.1110, 1112; John Frankenstein and Bates Gill, "Current and Future Challenges Facing Chinese Defence Industries", *The China Quarterly*, No.146(June 1996), pp.401-402 참조.
*총참모부 산하 장비부는 1998년 인민해방군의 기구개혁에서 총참모부로부터 독립하여 과거 3총부와 같은 급인 총장비부로 독립하였다.
**인민무장경찰부대는 해방군으로부터 분리되어 소수민족 반란 진압이나 소요 등을 진압하는 것을 임무로 하는 부대, 지금은 국무원 산하 공안부에 배속되어 있다.

　총참모부 장비부 소속의 빠오리(中國保利科技公司)는 주로 무기판매와 무기장비의 수출입에 종사하고 있다. 1984년에 처음 창설되었는데 본래는 폴리테크노로지스(Poly Technologies)로 알려져 있다.[53] 중국국제투자신탁공사(CITIC)[54]의 지원금으로 운영되었으나

---

53) 康帕斯(Kompass), 『中國1999: 公司信息』(中國國際信息服務有限公司, 1999), p.1222.

1992년 예하에 100개 내외의 업체를 가진 독립적인 집단기업이 되었다. 이 중에는 중국 증권시장에 상장된 2개의 기업과 무역회사가 포함된다. 이 회사는 군기업 중에서 가장 많은 자본 기반을 가지고 있는데 자산은 1993년을 기준으로 거의 80억 위안에 이른다. 중국 인민해방군 내의 최대의 무역회사이기도 하다.[55] 전 국가 부주석 王震의 장남인 王軍이 사장을 지냈으며 鄧小平의 막내딸이자 해방군의 장성이기도 한 鄧榕의 남편 賀平이 이회사의 고위 책임자이기도 했다.[56]

총참모부 소속의 또 다른 집단기업인 후이퉁(回同公司)는 1990년대 초에 세워졌다. 이 회사에 속한 기업들은 600개가 넘는 공장, 광산과 농장을 보유하고 있으며 50여 개의 기술연구기관을 가지고 있다. 이 회사는 또한 호텔 및 여행사의 경영에서부터 해외교역에 이르기까지 광범한 사업 활동에 관여하고 있다. 후이퉁(回同公司)는 빠오리(中國保利科技公司)보다 훨씬 많은 공장과 직원들을 보유하고 있으나 예하 기업들의 규모, 크기 비중에서 손실을 보고 있기 때문에 이익은 적게 내고 있는 편이다.

총정치부 소속의 카이리(中國凱利公司)는 산하에 利源實業, 利達實業 등 약 50여 개 기업을 거느리고 있다. 이 회사는 주로 대내외 무역에 종사하는데 그 범위는 ① 기계설비, 전자 통신, 계기, 경공방직, 의약 및 의료기기, 야금 등 상품과 생산설비, 원자재의 수출입 업무 그리고 기술 이전과 설비도입 등이고 ② 기계, 전자, 원자력, 화학, 경공방직, 농축산품, 금속 등의 수풀업무 ③ 외자도입, 합작경영, 가공무역 등 각종 대외경제 협력과 기술 합작 업무 등이다. 오스트리아

54) 국제투자신탁공사(CITIC)는 1979년에 설립된 국무원 직속의 중국의 해외투자 업무를 맡고 있는 국영기관이다. 1993년 이래 王軍이 이사장직을 맡아왔었다. 『중앙일보』, 1995. 5. 5

55) 『解放軍報』, 1994. 7. 16

56) 이 회사의 인터넷 홈페이지는 *http://www.chinapoly.com*이다.

에 상장된 광산회사를 가지고 있으며 쿠크아일랜드(Cook Islands)에서 은행도 경영하는 것으로 알려지고 있다. 또한 홍콩에서도 대규모 사업 활동에 종사하고 있다.

총정치부 소속의 또 다른 집단기업인 티엔칭(中國天晴公司)는 카이리(中國凱利公司)에 속한 기업을 포함하여 총정치부의 모든 기업체를 감독하는 책임을 맡고 있으며 자산은 약 40억 원으로 평가되고 있다. 山西省의 광산과 부동산 투자에 주력하고 있다.57)

군기업 집단 중에서 총후근부의 신싱(中國新興公司)이 가장 규모가 크다. 이 회사는 1986년에 설립되어 현재 방직, 의류, 신발, 의약품, 철강 등 10여 종의 기업군을 거느리고 있는데 그 중에서 대형, 중형 기업이 50여 개에 이른다. 이 기업집단은 병참계통의 기업을 골간으로 각 대군구에 자회사를 설치해 놓고 있다. 1991년 이 회사의 소득세가 15억 위안(元)이었으며 수출입 총액은 3억 달러에 달했다. 이 회사는 현재 외국 자본을 적극 유치하여 합작 총액 6천만 달러에 달하는 합작회사 17개를 새로 설립하였다58) 한편 총후근부의 생산관리부에는 대외무역에 중점을 두는 쌴딩(Sanding) 무역공사(貿易公司)가 있어 주로 해외 무역을 담당한 것으로 알려지고 있다.

총후근부 산하로 군의 경영활동 금지에 따라 新興總公司에 편입되어 있는 中國新興工程建築房地産開發總公司는 그 연원이 1953년까지 거슬러 올라가는데 조기에는 中央軍委直屬工程公司였나가 군의 정간정편에 따라 1987년 中國人民解放軍總後勤部工程總隊로 변경되어 군기업화관리를 실행한 국급(局級) 사업단위가 되었다. 중국의 군사박물관 건조와 인민대회당의 개수 등 중국의 중요 건물을 지은 국가공사를 도급 맡는 1급 기업이다. 1989년에 해방군 총후근

---

57) 타이 밍 충, 앞의 책, p.262.

58) 『人民日報』, 1992. 10. 6.

부와 국가건설부의 비준을 받아 國家工商行政管理局에 등록한 군대 기업으로 등록 자본은 1억 2천8백10만 원이었다. 國家對外貿易經濟部의 비준으로 수출입 업무와 노동력을 해외에 파견하는 권리도 가지고 있다. 산하에 많은 계열사를 북경과 지방에 두고 있다.59)

또한 총후근부 산하의 新興鑄管(集團)有限責任公司는 규모와 이익 그리고 생산품의 우수성으로 인해 중국의 300대 기업에 들 정도이다. 인민해방군 第二六七二工廠에서 新興鑄管公司로, 1996년 12월 총근부와 국가경제무역위원회의 비준을 얻어 新興鑄管(集團)有限責任公司로 개명되었다. 그 경영관리의 우수성으로 인해 국무원이 시행한 현대기업 시범 100대 기업에 들어간 유일한 군대기업이다.60) 1997년 7월 북경에서 열린 전군 군기업 공작회의에서 국영기업인 邯鄲鋼鐵總廠과 함께 新興鑄管(集團)有限責任公司는 전 군기업의 모범으로서 그 경영방식을 따라 배울 것이 강조되기도 하였다.61)

해군의 주요 집단은 싱하이(中國興海公司)이다. 상품의 생산으로부터 무역에 이르기까지 광범한 사업 활동에 관여하고 있다. 해군은 또한 해군 함정과 항구를 이용하는 자체 수송선단을 가지고 있다.

공군의 주요한 집단기업은 란티엔(中國藍天公司)로 공군에서 하는 사업 활동의 대부분을 감독하고 있다. 공군 소속의 中國聯合航空公司는 공군이 자체 소유의 수송기, 비행장, 통제시스템을 이용하여 이 회사를 설립했다. 1991년 말 현재, 이 회사는 국내에 이미 39개 노선에 취항하여 매주 116회 비행을 하고 있다. 몇 년 동안 이 회사는 26,000회 비행에 승객 150만 명, 화물 7,050톤을 운송했다.

---

59) 中國新興工程建築房地産開發總公司의 홈페이지 *http://www.cxeec.com* 와 *http://yaweb.sc.cninfo.net/~wenlian/new_page_1.htm* 참조.

60) 劉三省, 前揭書, p.343.

61) "Wu Bangguo Stresses Army Enerprises' Management", Beijing Xinhua Domestic Service, Jul 18, 1997 in *http://wnc.fedworld.gov/cgi-bin/retrieve.cgi*

이 항공사의 비행기는 공군 조종사가 조종하고 있다.62)

　제2포병의 주요 집단 기업은 山海丹 企業集團인데 약품 생산으로 많이 알려져 있다. 山海丹은 원래 제2포병 西安 工程學院 中醫硏究所에서 개발한 약품 명칭인데 혈관병에 탁월한 효능이 있는 것으로 알려져 막대한 수익을 가져다주었다. 이 약을 개발한 연구소를 중심으로 山海丹 企業集團을 만든 것이다.63)

　국방과학기술공업위원회 산하의 中國曉峰技術設備公司는 주로 첨단 군사 과학기술의 수출입 업무를 관장한다. 비교적 전문적이면서 규모는 작지만 독과점적인 성격이 강하다고 할 수 있다. 이 밖에 新時代公司, 위엔왕(Yuanwang)集團公司, 중국갤럭시(Galaxy)공사 등이 자회사로 있다. 인민해방군과 국무원 산하 국방공업을 관장하는 부, 공사들과의 협조를 임무로 하는 국방과학기술공업위원회의 특성상 민수전환 기업체들을 많이 거느리고 있다. 특히 新時代公司는 1988년 국무원과 중앙군사위원회의 비준을 거쳐 국가공상국에 등기한 기업으로서 자본금이 1억 4천만 위안이었다. 회사의 중요성이 고려되어 국가 부총리를 역임했던 鄒家華64)가 제1대 이사장을 지냈다. 주로 군수산업의 평화적 이용과 군수품의 수출, 군사과학기술의 상품화에 주력하고 있다.65)

　인민무장경찰의 주 집단기업은 中國安華開發公司다. 90년 초에 세워졌는데 인민부장경찰의 우ㄴ부에 소속되어 있나. 中國安華開發

---

62) 『人民日報』, 1992. 8. 6.

63) 劉三省, 前揭書, p.335.

64) 그는 1982년 국방과학기술공업위원회가 성립되자 위원회의 부주임(주임은 陳彬)을 담임한 적이 있는 군수산업의 민수전환의 경력이 많은 인사라고 할 수 있다.

65) 신시대집단과 그들의 산하 기업에 관한 자세한 소개는 그들의 홈페이지 *http://www.chinanewera.com*을 참조. 다른 어떤 군기업의 홈페이지보다도 잘 만들어 놓은 것 같다.

公司는 70개 내외의 업체를 운영하고 있으며 무역 분야에도 관여하고 있다. 中國安華開發公司가 세워지기 전에는 인민무장경찰은 사업 활동의 많은 부분을 공안부의 자회사인 中國京安裝備輸出入公司를 통해 수행해 왔다.

이러한 3총부 및 국가 수준의 집단기업은 인민해방군 내에서 가장 많은 수익을 올리는 기업들에 속한다. 그들은 수출입권, 저렴한 물품의 획득, 세금혜택, 관세 등 정부와 군 기관에 의해 제공되는 특혜를 받고 있다.

사례: 三九集團

총후근부 산하의 산지우(三九集團)은 200여 개의 기업으로 조성된 중국 100대 기업 중의 하나이다. 원래 인민해방군의 군의대학에 있는 제약소에서 인민해방군용으로 위장약을 만들었는데 그것을 민간에 팔기 시작하여 큰 성공을 거두었다. '삼구위태(三九胃泰)'라는 이 위장약은 그래서 구급을 의미하는 '九九九'를 상표로 만들었다고 한다. 그러나 시장에서의 수익이 상당하자 선전(深圳) 소재의 85년에 창설된 深圳南方製藥廠이라는 제약회사뿐만 아니라 부동산 개발, 자동차, 전자, 식품, 의류, 금융, 수출입 업무에까지 손을 대는 거대집단으로 성장하여 홍콩을 거점으로 해외 기업과도 거래를 시작했다.

그런데 이 三九集團은 집단에서 소속되어 있는 제품의 명칭마다 三九라는 브랜드 명칭을 고집함으로써 브랜드 관리에 상당히 성공하고 있는 것으로 평가되고 있다. 심지어 그들이 생산하고 있는 약뿐만 아니라 자동차와 맥주에 까지 삼구라는 명칭을 부여하여 기업을 광고하는 브랜드의 통일적 명칭이 상당 정도 효과를 거두고 있는 것이다. 이러한 브랜드명의 유명세에 따라 중국 전역의 17개의 호텔과 음식점, 술집이 이 브랜드를 사용하기를 원해 三九大酒店으로 하여금 통일적으로 관리하여 체인경영을 하고 있다.66)

이 기업집단의 1994년 현재 고정자산은 20억 원이며 1993년도 총생산이 22억 원으로 소득세만 2.9억 위안에 달했다. 이 집단은 독일, 미국, 러시아, 태국 등 11개 국가에 지점을 개설하여 다국적 기업의 형태를 취하고 있다. 한국의 일동제약도 산지우(三九)집단과 의약품 수입에 관한 협정을 체결하였다. 1992년 말 이 집단의 다국적 기업 설립 기념 기자 회견장에 중앙군사위원회 부주석 劉華淸과 張震이 축하전문을 보내왔으며 張愛萍, 遲浩田 등 수십 명의 고위 군 장성들이 직접 참석하였을 정도로 군기업에서 三九集團은 중요한 지위를 차지하고 있다.67)

개혁개방의 대표도시인 선전(深圳)에 소재하고 있는 三九集團 산하의 三九進出口공사는 三九集團 산하의 기업 중에서 수출입 업무의 권리를 가진 기술공업과 무역을 결합한 다종경영의 종합경제실체이다. 이 기업 산하에 다수의 자회사 및 합자기업이 있다. 또한 외국의 유명회사 상품의 중국대리 업무에도 종사하고 있다. 취급품목으로는 군수품, 후근장비, 방직품, 의약품, 수의약품, 기계 전기제품, 의료기기 등 다양하다.68)

2) 군구 및 성군 구급의 집단기업69)

모든 군구 및 일부 성군구는 1990년대 초 많은 기업체를 세웠다. 이들은 군구 및 성군구의 후근부 통제하에 군기업의 사업 활동을 감

---

66) 劉三省, 前揭書, pp.37-38.
67) 景來等, "軍方跨國企業成功奧秘", 『廣角鏡』, 1994. 3, pp.48-50.
68) 三九進出口公司의 홈페이지 http://www.999china.com/999china 참조.
69) 타이 밍 충, 앞의 책, pp.264-265 참조.

독하고 각 기업 간의 수평적 관계를 이용하여 경쟁의 이점을 증진시키기 위하여 세워졌다. 예를 들면 이들 집단기업의 예하 무역업체들은 생산 공장의 상품을 판매하는데 기여한다. 다수의 생산 공장들은 접근이 어려운 내륙 지방에 위치하고 있어 상품을 판매할 시장을 발견할 수가 없기 때문에 이러한 판매활동은 더욱 필요하다.

해방군의 7대군구의 주력기업은 <그림 3-2>와 같다. 이 중에서 특히 廣州軍區의 南方工業貿易公司는 홍콩과 가깝다는 지리적 이점뿐 아니라 경제특구가 집중되어 있어서 군구기업 중 가장 규모가 큰 기업집단을 이루고 있다. 특히 선전(深圳), 주하이(珠海), 산터우(汕頭), 하이난성(海南省) 등에 기업들이 분포해 있다. 그러나 내륙에 있는 많은 기업들은 손해를 보고 있다고 한다. 각 성의 성군구 역시 90년 초에 집중적으로 소유 기업들을 관리하기 위해 집단기업을 세웠다.

<그림 3-2> 7대 군구의 주요 기업

北京軍区:	華北京海公司
瀋陽軍区:	東北金城実業公司, 松遼 企業集団
南京軍区:	華東工業公司
済南軍区:	山東 東岳実業総公司
成都軍区:	南西長城開発公司
蘭州軍区:	北西工業貿易公司
広州軍区:	南方工業貿易公司, 崔村(Cuicun)企業集団

출처: 제임스 R. 릴리 외, 『중국 인민해방군, 지금 어디로 가고 있는가: 중국의
국방현대화를 중심으로』, 김형배 역(서울: 홍익출판사, 1997),
pp.264-265 [C. Dennison Lane, Mark Weisenbloom, & Dimon Liu, eds.,
Chinese Military Modernization(London and Washington, DC: Kegan
Paul International and The American Enterprise Institute for Public
Policy Research, 1996)]; John Frankenstein and Bates Gill, "Current
and Future Challenges Facing Chinese Defence Industries", *The China
Quarterly*, No.146(June 1996), p.402.

사례: 松遼企業集團70)

송리아오(松遼企業集團)의 핵심적인 사업은 자동차 제조와 수리
이다. 센양(瀋陽)군구 후근부의 자동차 수리 총공장을 모기업으로

---

70) 경제일보의 기사에 따르면 센양(瀋陽)군구의 工廠管理局을 松遼기업집
단과 동일하게 취급하고 있다. 이런 기사로 보아서 센양(瀋陽)군구에서
운영되고 있는 군기업 중 공장관리국에서 관리하고 있던 기업을 총괄
하기 위해서거나 혹은 대외업무와 관련하여 군기업이라는 이미지를 탈
색하기 위해 군구의 일개부서를 기업명칭화한 것이 아닌가 생각된다.
물론 이 기업집단에는 센양(瀋陽)군구 내의 많은 군기업들이 소속되어
있다. 『經濟日報』, 1997. 9. 25.

발전한 기업집단으로 모기업인 松遼汽車股分有限公司는 1965년 7월에 군기업의 통일적인 명칭부여에 따라 解放軍 第7416工廠으로 개칭되었다가 1983년 國營松遼汽車公司에서 발전한 것이다. 현재 松遼汽車股分有限公司의 최대주주는 1999년 말 기준으로 공사주식의 53.08%를 가지고 있는 松遼企業集團이다.71) 松遼汽車股分有限公司은 일찍이 1985년 국영공업기업의 개혁에 따라 진행된 정돈과정에서 중공중앙과 국무원이 제시한 검수표준을 달성해 전국기업정돈의 선진단위로 명명되기도 하였다.72)

松遼汽車股分有限公司는 1993년 주식 제도를 도입하였다. 1996년 현재 2억 2천8백8만 위안에 달하는 자산가치를 소유하고 있다. 1996년 6월 12일 松遼汽車股分有限公司는 새로운 2가지형의 밴(van)을 생산하기 위하여 36.8백만 주를 발행해 1억 7천8백만 위안을 모집하였으며, 동년 7월 1일부터 上海주식거래소 A장에 상장되었다. 군대기업으로는 처음으로 주식을 발행하며 상장기업이 된 것이다. 공사는 96년 8월부터 새로운 자동차를 생산할 예정이었는데 판매수입이 31억 위안 정도이며 이익은 3억 3천1백만 위안으로 예상되었다. 2000년까지는 공사는 5만 대의 차량과 2만 대의 밴을 해마다 생산할 것을 목표로 하고 있다.73)

松遼企業集團의 또 다른 군기업으로 瀋陽國營松遼汽車車架廠이 있는데 解放軍 第7446工廠으로 불리기도 한다. 본래 센양(瀋陽) 후근부 공장관리국에 소속된 중형기업으로 국가2급 기업단위이다. 현재 직공은 1500명 정도로 주로 농업용 차량과 경자동차의 뼈대(Chassis)를 생산하고 있으며, 공사의 생산품이 1991년 총후근부의

---

71) *http://www.sx.cninfo.net/zq/sh/600715.txt*(00. 10. 8 접속)

72) 當代中國叢書編輯委員會 編, 『當代中國軍隊的後勤工作』, p.595.

73) "Army Enterprise to issue 36.8 million shares", Xinhua, June 8, 1996 in *http:wnc.fedworld.gov/cgi-bin/retrieve.cgi*

우수상품으로 선정되기도 하였다. 1992년에는 일본 해사(海獅) 승용
차의 국산화부품 중의 하나인 6480형의 좌석 프레임을 생산하여 수
입단가 50%를 낮추는데 성공하였다. 또한 이 공사는 해방군에서 유
일하게 특장차를 수리하는 공사로서 유조차 및 특수차를 수리할 수
있는 수리설비와 능력을 갖추고 있으며, 군기업으로서 군과 지방에
서 이용할 수 있는(軍地兩用) 새로운 형태의 기업이다.74)

3) 예하부대급 군기업75)

각 부대의 군기업의 지위는 단위부대의 상위기관 기업으로의 통
합과 조정이 계속되었다. 이는 관리와 경영을 효율적으로 하기 위
한 것이었으나 불법적으로 생겨난 기업들이 많아 관리에 어려움이
많았다.

집단군의 사업 활동은 그들의 위치와 작전 지위에 따라 크게 다
른 양상을 나타냈다. 헤베이성(河北省) 빠오딩(保定)에 있는 38집단
군과 랴오닝성(遼寧省)에 있는 39집단군 소속의 이른바 쾌속반응부
대(快速反應部隊)는 다른 부대보다 더 높은 수준의 준비태세가 요
구되기 때문에 경제활동에 쏟는 강도가 약한 것 같다. 연안지역의
집단군들은 서비스 산업과 해외 지향 산업들과 같이 돈을 벌기가
유리한 조건이 개방되었기 때문에 내륙지역에 있는 농능한 부내를
보다 경제활동에 더 많은 관심을 가지고 있다. 집단군의 자회사들
은 해외교역에 종사할 수 있고 해외자본을 끌어들이거나 부동산업
을 경영하기도 한다. 그러나 내륙에 위치한 군기업들은 주로 광업
및 소규모 공장, 농업활동에 의지할 수밖에 없다. 그런 예로 27집단

---

74) *http: www.sy.cei.gov.cn/gsb1/hy/song.htm*(00. 10. 7일 접속)
75) 집단군의 기업 활동에 관해서는 타이 밍 충, 앞의 책, pp.266-267 참조.

군은 산시성(山西省)의 탄광을 개발하였으며 42집단군은 꽝동(廣東)에서 부동산 공사를 운영하였다.76)

사단 또는 그 이하 제대 소유 기업은 대부분은 수십 명에서 수백 명을 고용하는 소규모로 직원의 대부분은 군 가족들이거나 예편한 군인들이다. 군에 약 2만 개가 있는 것으로 추정되는 이들 기업 중 중간 규모 이상은 단지 소수에 불과하다.

(2) 군 경제활동의 분야

인민해방군의 생산경영활동은 경제의 전부분에 손을 대지 않은 곳이 없을 정도였다. 그들이 생산경영하고 있는 업종의 대표적인 경우를 몇 가지 열거해 본다. 농부업 생산은 전통적인 중국군의 생산 활동이었고 개혁개방 이후 이러한 생산 활동은 기업화, 다각화되기 시작하였다. 광산업 역시 중국군이 소유하고 있는 주요한 부동산이자 재원이다. 1993년 군대기업 개혁 조치로 군 소유 광산의 경영권이 지방정부에 이전되기도 하였다. 제조업은 군수품 생산을 위하여 군에서 운영하는 것이었으나 적자를 내는 기업이 많아지자 통폐합을 시도하기도 하였다. 건설업은 지방정부의 중요한 공사를 도급받아 건설하는 형식을 띄며 생산경영의 주요한 수익원이기도 하다. 서비스업은 군대의 생산경영활동 중에서 가장 비약적으로 성장한 분야이기도 하다. 군대의 유휴 시설을 민간에게 개방한 이후, 의료분야, 여행, 운송, 오락, 부동산업 등까지 수익성 사업을 다각화시켜 왔다.

한편 중국군의 총부에서 운영하는 대기업들은 외국기업과 합자하는 형태로 새로운 사업을 진행하였는데 다국적 기업의 형태를 띠기도

---

76) 矢吹 晋, 『中國人民解放軍』(東京: 講談社, 1996), p.198.

114

하며, 이를 적극적으로 추진하였다.[77] 또한 이들 기업들은 중국 무기 거래에 상당부분 종사함으로써 이익을 확보하는 것으로 드러났다.

1) 농부업

단위부대에서 농작물을 재배하거나 가축을 사육하는 것은 오래된 중국군의 전통이다.[78] 단위부대에서 군의 생산경영활동을 단적으로 보여주는 일본 NHK의 취재 기사를 소개하면 아래와 같다.[79]

"여기서는 토마토, 풋콩, 오이, 배추, 샐러리, 당근 등 거의 모든 야채를 생산하고 있습니다. 계절에 따라 생산 계획을 세우고 실시합니다. 모든 중대에 13아르의 밭이 할당되어 있습니다." …… 밭에서 만든 야채로 식사를 하게 되면 하루 일인당 3角의 식사비를 절약할 수 있다고 한다. 중앙에서 지급되는 식비는 하루 1인당 4위안(元) 3지아오(角), 물가가 싼 중국에서는 그렇게 잘 먹는다고 할 수 없다. 더구나 1식 4찬을 규칙대로 공급하려면 꾸려 나가기가 매우 어렵다. 밭의 생산 활동에 주력하는 것은 당연한 것이다. 단순히 계산하면 이 사단에는 1만 2000명의 병사들이 있기 때문에 하루 3600 위안(元), 야채 생산을 통해 연간 약 130만 위안(元)을 보조할 수 있게 된다.

연대에는 이밖에 야채를 재배하는 비닐하우스도 있는데 겨울에는 아스파라거스 뭉을 새배하고 있다. 그리고 닭깅에는 1만 마리의 닭을 기르고 있다. 매일 전원이 달걀을 먹을 수 있는 것

---

77) 李宗林・吳先勝, "鄧小平對外經濟開放思想與軍辦企業的外向型經營", 李霖・趙勤軒 編『新時期軍事經濟理論研究』(北京: 軍事科學出版社, 1995), pp.127-132.

78) 중대(: 連隊)단위에서의 여가 생산에 관해서는 空軍後勤部軍需部 編, 『連隊業餘生産管理』(濟南: 黃河出版社, 1993) 참조.

79) NHK 중국 프로젝트, 『현대화의 빛과 그림자, 중국③』, 문용수 역(서울: 하늘출판사, 1996), pp.248-253.

이다. 관리를 담당하고 있는 장교는 올해 돈사를 개조하여 500
마리의 돼지를 사육할 예정이라고 한다. 이것들은 그대로 식탁
에 오를 수 있다. 연대에는 이밖에도 과수원이 있기 때문에 사과
와 오렌지 등의 과일도 재배하고 있다. 과일은 비싸게 팔리기 때
문에 시장에서도 판매하고 있는데 그 돈으로 생산을 위한 농기
구와 사료를 구입한다고 한다.

　이런 생산 활동은 전문적인 생산부대의 병사들이 담당하고 있
다. …… "식료품 등을 생산하라는 것은 중앙에서의 지시입니다.
우리도 식사의 질을 높여야겠다고 생각하고 있습니다. 현재는 1
인당 하루의 식비가 4원 3각이지만 그것을 8원이나 9원으로 올
리고 싶습니다. 솔직히 말해서 우리의 식사수준은 낮습니다. 물
가는 오르는데 경비가 부족하기 때문이지요. 그러므로 될 수 있
는 대로 자체에서 생산하여 연대 전체의 식사를 향상시키지 않
으면 안 됩니다." 개혁개방정책으로 경제건설은 최우선의 과제가
되고 있지만 국방지출은 상대적으로 억제되고 있는 것이 사실이
다. 특히 근대화와 관계가 없는 부대의 운영유지비 같은 것은 각
부대의 자체적인 해결에 맡겨져 있다고 한다. …… (중략) ……

　중국은 이러한 부대 주변의 농지나 황무지를 개간한 군간농장(軍
墾農場)을 통하여 그들의 식생활을 보조하고 있다. 그럼에도 불구하
고 그들의 식비는 도시거주자의 일반 식비에 비하여 아직 낮은 것
으로 드러난다. 1996년 도시거주자의 평균 하루 식비가 6위안(元)인
데 비하여 병사들의 하루 식비는 4.5 위안(元) 정도로 도시거주자에
비해 1.5위안(元) 정도 낮은 것으로 나타났다.[80]

　중대단위의 농부업 생산량을 확보하기 위해 청뚜군구(成都軍區)
는 기층 단위의 자력갱생을 도모하기 위해 중대 단위에서 야채를
재배하거나 돼지를 키우는 35명 정도의 전담 병사를 두기도 하였
다.[81] 이는 중앙의 여가 생산에 대한 지시를 어긴 것이지만 이런

---

80) 『人民日報』, 1997. 1. 23.

사례는 예하 부대에서 무수하게 발생한 것으로 보인다.

그럼에도 불구하고 보다 대규모의 농장에서는 앞에서 살펴보았듯이 끊임없이 경제작물이나 수익성 생산을 강화함으로써 농부업 생산을 규모화시키고 있을 뿐 아니라 곡물 생산뿐 아니라 지역적 실정에 맞게 어업, 목축업, 임업 등 다각적 생산경영 방법을 동원하여 수익을 창출하고 있다. 또한 이러한 군농장은 소출한 것들을 가공하여 농부업 가공공업을 발전시킴으로써 농공상(農工商) 일체화의 방향으로 발전하고 있다.[82]

2) 공업, 제조업

역시 단위부대에서 생산경영활동에 종사하는 실례를 NHK의 취재기사를 통해 확인해 보면[83]

제196사단 제587연대의 부지 안에는 공장도 있다. 사단에서 직영하는 구두약 공장이다. 92년부터 국내용으로 독자적인 브랜드를 개발, 판매를 시작했다. 브랜드는 '팔일(八一) 구두약', '팔일(八一)'이란 인민해방군의 건군 기념일인 8월 1일을 가리키는데 군을 상징하는 숫자이다. 그야말로 해방군 브랜드의 약인 것이다. 중국에서는 인민해방군이 사용하는 물자는 이전부터 우선적으로 배급하고 있기 때문에 옷이는 프로판 가스든 군의 물건이라면 품질이 좋은 것으로 알려져 있다. '팔일(八一)'은 품질을 보증하는 브랜드인 것이다. 이 공장에서는 구두약으로 연간 120만 위안, 한화로 약 1억 원 상당의 이익을 올리고 있다.

공장장은 사단의 장교가 맡고 있고 일을 하는 것은 사단의 장

---

81) Jianxiang Bi, op. cit., p.113.
82) 當代中國叢書編輯委員會 編, 『當代中國軍隊的後勤工作』, p.571.
83) NHK 중국 프로젝트, 앞의 책, pp.248-253.

교 부인들이다. 월급은 300위안(元), 일반 공장 노동자의 첫 월
급 정도의 금액이다. 생활비에 보태 쓰라는 목적이다. 중국에서
는 부부의 맞벌이가 일반적이지만 군의 현대화에 따라 간부들이
이동도 늘어나고 있다. 이동한 근무지에서 아내의 직장을 확보
하기 위해서라도 사단이 경영하는 이런 공장은 필요한 것이다.
가족의 직장을 확보하고 동시에 경제건설에 공헌한다는 것이 사
단에서 공장을 경영하는 목적인 것이다.

　이 사단에서는 이것뿐만 아니라 자전거 공장과 창고업도 경영하
고 있다. 간부 가족의 직장을 확보하는 동시에 사단 건물의 수리비
와 유지비로 충당하기 위해서다. 개혁개방시대에는 사단도 스스로
연구를 하여 부대를 유지해 나가지 않으면 안 되는 것이다.

　예하 부대의 이러한 작은 규모의 제조 공장은 상품의 형태에 따
라 상당수가 있었던 것으로 보인다. 특히 농부업 가공 생산 공장이
그렇다. 그런 공장은 현지 실정에 맞게 식용유, 술, 조미료, 음료 등
무수하게 많은 상품을 생산해 내었다.

　과학기술연구단위에서 운영하는 군기업으로서 국방과학기술대학
(國防科學技術大學)이 생산한 컴퓨터 제품과 제이포병(第二砲兵,전
략미사일부대)의 연산계산기응용중심(燕山計算機應用中心)이 민수용
으로 생산한 JH-3100 모델 컴퓨터는 중국 내에서 우수한 컴퓨터로
인정되고 있다.

　산지우 집단(三九集團)과 산하이단(山海丹) 기업집단(企業集團)의
예에서 보듯이 제약 창은 중국군기업의 중요산업이라고 할 수 있다.
1987년 해방군은 200여 개의 제약 창을 가지고 있었으며 직공은 2
만 3천 명 정도였다. 고정자산은 2억 위안이었으며 연생산액은 10억
위안, 이윤과 세금이 연 2억 위안 정도였다. 유명해진 제약기업이
아니더라도 각 군구는 이러한 제약 창을 통해 수익을 창출하고 있
는데 일례로 청두군구의 제약3창(製藥三廠)이 생산한 염산결매소(鹽

酸潔霉素)는 국제시장에서 '중국황'(中國黃)으로 불리는데 상품의 순도가 좋아 미국의 제약회사에서 위탁판매를 하고 있다. 또한 그들이 생산한 호호소편(葫芦素片)은 간염(肝炎)과 간암(肝癌)에 특효가 있어 각 지방에서 대리판매하거나 일부는 수출하기도 하였다.

군은 전국에 많은 광산을 가지고 있었다. 93년 군기업의 개혁으로 상당수의 광산이 민간으로 이전되기 이전인 87년에는 군이 운영하는 석탄광산을 포함하여 광산기업이 360개 정도에 달하였다. 주로 지역의 집단군이 운영하였던 것으로 보인다. 특히 북경군구의 화북지역에 주둔하는 27집단군은 山西省에 2억 위안 가까이 투자하여 스스로 경영하거나 연합 운영하는 작은 규모의 석탄광산이 200여 개나 되었으며 연 1000만 톤가량을 생산하였다. 이는 석탄 매장량이 풍부한 지역적 특성을 반영한 것이다. 석탄광산뿐 아니라 소금광산도 개발 운영하였는데 꽝조우군구(廣州軍區) 707창(七〇七廠)과 공군의 일일일사창(一一一四廠)은 군대의 상품염(商品鹽)을 생산하는 핵심기업으로 모두 국가의 이급기업이다. 특히 707창(七〇七廠)의 "백옥란"(白玉蘭)이라는 브랜드의 정제염(精制鹽)은 그 품질이 우수하여 여러 차례 우수상품에 선정되었다.[84]

이러한 소규모의 군판창광(軍辦廠鑛)의 형태뿐 아니라 송리아오집단(松遼集團)의 사례에서 보듯이 군기업은 규모의 제조업에도 종사하고 있는데, 중국의 총 승용차 생산량 중 군기업은 약 20%를 생산한다. 1993년에는 2만 5천 대를 생산했지만 중국군은 매년 약 5만 대를 생산할 수 있고[85] 5억 위안 상당의 부속품을 생산할 수 있는 약 70개의 공장을 가지고 있다. 중국군의 1991년도 자동차 연간 매출액은 세금을 제외하고 12억 위안에 달했다. 그러나 이들 생산품의 다수

---

84) 當代中國叢書編輯委員會 編, 『當代中國軍隊的後勤工作』, p.605.

85) 중국의 군기업이 생산한 자동차의 명칭은 渝陵, 獵豹, 松遼, 山鹿, 山花, 茶花, 燕京 등이 있다.

는 디자인과 품질에서 수준 이하이고 공장에서는 직접 이 물건을 팔
수가 없다고 한다.86)

3) 서비스업

이익을 빨리 확보할 목적으로 중국군의 각 부대, 기관들은 거의 모
두 투자가 적으면서도 이윤이 많이 나는 서비스업에 뛰어들었다. 주
로 군이 가지고 있는 자원을 이용함으로써 이러한 사업을 쉽게 할
수 있었는데, 비행장, 부두, 병원, 초대소(호텔), 사격장 등 일반이 이
용할 수 있는 모든 시설을 민간에 개방해서 수익을 올리고 있었다.

여행업에서는 총참모부와 북경군구가 합작하여 경영하는 호텔이
11개이며 그 중에서 가장 유명한 곳은 외국자본과 합작해서 북경에
세운 특급호텔 왕푸반점(王府飯店)이다.87) 또한 북경 서쪽 교외지역
에 유명한 영리목적의 민간군사오락장인 중국북경국제사격장(中國
北京國際射擊場)이 있는데 민간인들에게 입장료와 소총과 실탄 이
용료를 받고 개방하고 있다. 또한 중국군은 외화를 벌어들이기 위
해 외국인들이 일정 정도의 금액을 내면 인민해방군 부대에서 하루
동안 중국 군인으로 복무할 수 있는 기회를 주기도 하였다. 1일 입
소를 원하는 외국인 관광객은 부대 안에서 각종 무기를 사용해 볼
수 있는 특전을 누릴 수도 있는데 480위안을 내면 로켓 발사대를
작동시킬 수 있고 6위안을 내면 M16소총의 실탄 1발을 사격할 수
있다고 한다.88)

---

86) China Business Times, 1994. 10. 28, 타이 밍 충, 앞의 책, pp.268-269
에서 재인용.

87) 군이 운영하는 고급 호텔은 그 외에도 중국 각지에 상당히 많은데 北
京의 京西賓館, 京豊賓館, 廣州의 東山賓館, 三寓賓館, 上海의 藍天賓館,
長城飯店 등이다.

88) 『중앙일보』, 1993. 8. 13.

120

　인민해방군 南京군구 후근부에서 경영하고 있는 난징(南京)시 강소액화기공사(江蘇液化氣公司)는 원래 푸지엔성(福建省)에서 군대와 군인의 가정에 프로판 가스를 배급하는 회사였는데 1985년에 일반 시민들에게도 가스판매를 시작하였다. 그곳에서 어느 정도 성공한 후 장쑤성(江蘇省)의 南京에까지 사업영역을 넓힌 것이다. 사업을 시작한 지 3년 정도 만에 南京시에서 프로판 가스를 사용하고 있는 세대의 1/3에 해당하는 가구에 프로판 가스를 공급하고 있다. 이 사업의 성공으로 강소액화기공사는 南京 근처의 張家港 시에 호텔을 신축하여 관광 사업에 뛰어 들고 있다. 이른바 기업경영을 다각화하는 일례인 것이다.89)

　군 병원의 경우도 민간인에게 진료를 개방해 수익을 얻고 있다. 일례로 북경의 동쪽 시내에 있는 북경군구총의원(北京軍區總醫院)은 민간인에게 진료를 개방하여 막대한 수익을 올리고 있다. 외국인들도 군의의 명성을 듣고 이 병원을 찾고 있다. 당연히 외국인에게는 일반 중국인보다 더 비싼 진료비를 받고 있다.90) 군대의약업의 연이익과 세금은 1992년 6억 원에 달하였다. 이는 전국의약업의 이익과 세금의 1/10을 차지하고 있다.91)

　국가건설공사를 도급 맡아 군이 직접 건축이나 토목에 종사하는 일은 해방군의 오랜 전통에 속하는 일이었다. 과거의 철도병과 기본 건설 공정병 등의 역할은 절로를 개설하거나 수리하며, 교량, 공장을 건설하고, 운하를 개통하며 광산을 발굴하는 일을 기본으로 하고 있

89) NHK 중국 프로젝트, 앞의 책, pp.224-231.
90) 필자의 경험으로 98년 당시 외국인이 이 병원의 특진 의사에게 한번 침을 맞는 경우는 200위안이 청구되었다. 중국인의 경우는 30-50원이 청구되었다. 중국 일반인에게 30원 정도의 진료비도 비싼 경우였다. 보통 일반병원의 진찰비의 경우 의료보험증을 가지고 가면 3원 정도가 청구된다.
91) 徐根初 主編, 前揭書, p.126.

었다. 일례로 센양(瀋陽) 군구는 1986년과 1987년에 각각 263개 중대와 576개의 중대를 추출하여 지방건설을 지원하였는데, 撫順과 大連의 송유관 공사, 嫩江과 漠河의 도로, 本溪 八盤嶺의 터널 공사를 건설하였다. 1986년 이로 인한 수익이 4900만 위안었는데 이것은 그해 군구의 생산경영 수익의 28%에 달하는 것이었다.[92] 헤이룽장성(黑龍江省)에 있는 모 부대는 1991년 87,000명의 병력과 차량 1,200대를 동원하여 지방의 각종 건설에 참여하여 600만 위안의 소득을 올렸다.[93] 는 보도에서처럼 이러한 공사에는 대규모의 병력이 국가사회주의 건설과 지방건설의 적극 참여라는 명목으로 동원되고 있는 것이다.

인민해방군은 정보통신 분야까지 사업을 확장하였다. 군부대는 군용통신 시설을 상업적으로 사용할 수 있었다. 군기업은 특히 개인 휴대용 호출기 사업에 적극적이었다. 이에 따라 다수의 군 소유 휴대용 호출기 서비스 기업이 세워졌는데 군 통신 시설을 사용하여 민간인에게 서비스를 제공하고 수익을 남기고 있다. 또한 인민해방군은 부호분할다중접속(CDMA)방식 휴대용 이동통신 시범사업을 중국정부의 승인하에 실시해왔던 것으로 알려지고 있다.[94]

중국 쓰촨성(四川省)의 시창시(西昌市)에 있는 로켓기지에서는 인민해방군이 국제적인 위성 발사 대행업을 수행하는 곳이기도 하다. 1994년만 4회의 위성 발사가 이루어졌으며 2000년까지 30회의 외국

---

92) 當代中國叢書編輯委員會 編, 『當代中國軍隊的後勤工作』, p.610.

93) 『人民日報』, 1992. 8. 9.

94) 朱鎔基 총리는 기자회견에서 중국정부가 군의 상업 활동 금지를 결정한 이후 이들 기업이 어떻게 군과의 관계를 청산할 지 논의 중이라고 밝혔다. 『중앙일보』, 2000. 3. 16, p.8. ; 해방군의 통신사업에 대한 구체적인 사례연구는 James Mulvenon & Thomas J. Bickford, "The PLA and the Telecommunications Industry in China", in James C. Mulvenon & Richard H. Yang, eds., *The People's Liberation Army in the Informa- tion Age*(Santa Monica. CA. : RAND, 1999), pp.245-257.

122

위성 발사가 예약되어 있다. 발사 성공률은 70% 정도이고 발사비용
은 국제시세의 반 정도라고 할 수 있는 4000만 달러에서 5000만 달
러 정도를 받는다고 한다. 다만 이런 위성 발사 대행업을 군이 전
면에 나서기보다는 중국의 민간기업인 장성공업총공사(長城工業總
公司)95)가 해외와의 모든 계약과 요금을 주고받는 창구 역할을 하
고 있다. 인민해방군은 형식적으로 장성공업총공사의 하청을 받아
군이 관리하고 있는 우주기지에서 발사작업을 담당하고 있을 뿐으
로 군은 표면적으로 전혀 드러나지 않는 형태를 띠고 있다.96)

　군은 1985년의 감군으로 인해 소용이 없게 된 군막사와 창고, 부
지 등을 이용하여 화물을 보관, 적재할 수 있는 창고업을 실시하거
나 이를 개수하여 관리하는 임대업을 실시함으로써 수익을 확보하
고 있다. 또한 군 시설을 민간사회에 개방함으로써 수익을 확보할
수 있을 것이라는 鄧小平의 지시에 의해 대표적으로 해군과 공군에
서는 그들이 확보하고 있는 시설과 장비를 이용하여 새롭게 회사를
설립하여 수익을 꾀하고 있다. 1985년 4월 국무원과 중앙군사위원
회의 비준과 해군의 적극적인 지지아래 중국해양항운공사(中國海洋
航運公司)를 정식으로 설립하여 해군항구와 편제에서 제외된 함정
을 이용하여 원양과 근해의 운수 업무를 실시하고 있다. 또한 공군
은 역시 국무원과 중앙군사위원회의 비준 아래 민간항공기의 운수
능력의 부족을 보중한다는 명목과 함께 1986년 12월 중국연합항공
공사(中國聯合航空公司)를 북경에 설립하였으며 승객과 화물을 운
송하는 국내 노선을 개설하였다.97)

---

95) 이 회사는 항공항천공업부 산하의 자(子)회사이다.
96) NHK 중국 프로젝트, 앞의 책, pp.269-274.
97) 當代中國叢書編輯委員會 編, 『當代中國軍隊的後勤工作』, pp.612-613.

4) 대외합작 및 대외교역

군기업의 대외합작의 형태도 산업별, 상품별로 다양하게 이루어
져 왔다. 북경의 젊은이들에게 인기가 있는 JJ라는 디스코장은 영업
초기에 해방군이 미국과 합작으로 경영에 참여하고 있는 사업장이
었다. 또한 아이스크림으로 유명한 베스킨라빈스는 중국의 제2포병
의 자회사와 합작으로 중국에 판매망을 구축해 왔다.[98]

대외합작의 일례로서 통신사업을 들 수 있는데, 개혁개방 이후 해
방군의 통신사업은 주로 외국과의 합작에 의해 이루어졌다. 모토롤라
(Motorola), 루슨트(Lucent), AT & T 등 세계 굴지의 통신회사들이
해방군과 함께 중국의 통신사업에 참여하였다. 통신사업에서 이러한
외국기업의 투자와 합작회사는 해방군에게 상업적 영역을 확장한다
는 차원에서보다도 해방군의 C4I(command, control, communication,
computers, and intelligence) 현대화를 위해서 선진 통신 기술의 이전
이라는 측면에서 더욱 의미가 있는 것이었다.[99]

공업, 농업, 기술과 무역의 결합을 진일보 시키고, 군대의 생산경
영을 발전시키기 위하여 1986년 8월 총후근부군수생산부와 중국신
흥공사는 연합하여 전군1기 무역상품 연합전시판매회를 개최하였
다. 480여 개의 군기업이 참여하여 우수한 상품 5000종이 참가 전
시되었다. 단 10일 동안에 중국내외의 상인과 관중 15만 명이 관람
하였으며, 외국과 4000만 달러의 무역계약이 체결되었으며, 국내에
서는 1000만 위안 정도의 상품이 계약되었다. 중국신흥공사는 설립
이래로 세계 30여 개 국가와 지역의 1000여 개의 무역회사와 업무

---

98) David Shambaugh, "China's Military in Transition: Politics, Professionalism,
Procurement and Power Projection", *The China Quarterly*, No.146(June 1996),
pp.275-276.

99) James Mulvenon & Thomas J. Bickford, op. cit., pp.249-251.

관계를 유지하고 있다.[100]

주로 총부급 산하의 집단기업들이 외국과의 무역과 합작, 합자회
사를 운영하여 수익성 사업의 확대를 도모해왔으며 대외무역에 종
사해왔는데, 가장 비중 있고 은밀하게 이루어진 수익성 사업은 무
엇보다도 무기거래였다.[101]

중국은 毛澤東 시대에 52개국의 제3세계 여러 나라에 합계 39억
달러의 군사원조를 제공하여 왔는데, 그것은 毛澤東의 반제국주의,
민족해방투쟁을 지원할 목적에서 주로 무상원조였다.[102] 그런데 鄧
小平이 집권한 후부터 중국은 그 방침을 바꾸어 제3세계의 여러 나
라에 무기를 팔아 외화를 획득하고 있다.[103] 무기도 하나의 상품이
라는 인식은 개혁개방 이후 확고한 것으로 자리 잡혔다.

에릭 하이어(Eric Hyer)는 중국군의 무기 판매가 정치적 고려보
다는 경제적 고려에 의해 이루어지고 있다고 분석하고 이것을 군의
전투능력의 향상이나 지휘계통의 복종보다도 사회적 조건의 변화로
인한 군의 '이익우선'(profits in command) 현상이라 부르고 있다.
그에 의하면 외교부가 무기 대외 판매에 약간의 통제를 가하려 하

---

100) 當代中國叢書編輯委員會 編, 『當代中國軍隊的後勤工作』, p.609.

101) 중국의 대외무기 판매는 많은 경우 비밀리에 거래되고 있다. 특히, 이
란, 이라크, 북한, 미얀마의 경우는 더욱 그렇다. 이런 한계에도 불구
하고 80년대 이후 중국의 대외무기 판매에 대한 상세한 내역은
Daniel L. Byman & Roger Cliff, *China's Arms Sales*: Motivations
and Implication(Santa Monica, CA. : RAND, 1999), pp.49-53 부록
참조. ; 이 내용은 RAND의 홈페이지에 가면 다운로드 받을 수 있다.
http://www.rand.org/publications/MR/MR1119(00. 9. 14일 접속)

102) 平松武雄, 『中國人民解放軍』(東京: 岩波書店, 1987), p.163; 當代中國
叢書編輯委員會 編, 『當代中國軍隊的軍事工作, 上』, pp.575-585.

103) 중국의 제3세계 무기 수출 현황은 平松武雄, "중국의 병기수출과 군사
기술 도입", 김기석 역, 『국방과 기술』, 제117호(1988. 11), p.24 표1;
宇佐美曉, 『中國と 軍事力』(東京; 河出書房新社, 1996), pp.136-138 그
림 83, 84 참조.

지만 거의 성공하지 못하고 군의 무기상들이 외교부가 통제하지 못
하도록 당 정책과 외교부 정책을 쉽게 제어한다는 것이다. 그는 외
교부가 이란에 대한 무기판매를 반대했지만 군은 반대를 무시하고
무기판매를 계속한 것을 예로 들고 있다.104)

　해외무기판매로 얻는 수익은 중국군의 예산외 수입의 중요한 부
분을 차지하고 있다. 그러나 사실 중국의 무기판매의 주요 기관은
국방공업을 담당하는 부서에 소속되어 있다.105) 인민해방군 관할하
의 집단군, 군구 예하의 많은 공사들도 대외무역에 관여하고 있으
나 무기거래는 할 수 없다. 단지 해방군 총정치부 산하 카이리(凱
利)공사, 참모부 산하의 빠오리(保利)집단, 총후근부 산하의 신싱(新
興)공사만이 대외무기거래를 할 수 있다.

　국방공업 산하의 공사들이 그들 부서가 개발한 무기를 판매하는
것은 그렇게 어려운 일이 아니나 해방군 산하의 공사들은 그들의
재고품에서 무기를 거래하는 것으로 추정되고 있다. 그러나 사실은
해방군이 무기거래를 수주 받아 오는 것이 생산 설비를 놀리고 있
는 국방공업 담당 부서와 공사들은 좋기 때문에 해방군이 새로운
무기체계에 접근하여 그것을 거래하는 것은 어렵지 않다고 한다.

　특히 총참모부의 빠오리(保利)그룹은 국방공업 산하의 다른 공사
들과 무기거래에 있어서 경쟁관계에 있다. 그럼에도 불구하고 국방
공업 부서와 산하의 많은 공사들이 중국이 해외무기거래의 대부분
을 장악하고 있기 때문에 인민해방군이 해외 무기거래로 얻을 수

---

104) Eric Hyer, "China's Arm's Merchants: Profits in Command", *China
　　Quarterly*, No.132(December 1992), p.1115.

105) Ibid, p.1108. ; 중국에서 무기거래를 하는 기업은 총 39개인데 군소속이
　　16개 기업이고 국무원 소속은 23개의 공사가 무기거래에 종사한다고 한
　　다. 국무원 산하의 무기거래는 국방과학기술공업위원회 소속의 新時代
　　公司가 총괄하는 것으로 알려져 있다. 『중앙일보』, 1996. 5. 27.

있는 수익은 그렇게 큰 편이 아니다. 중국이 해외무기거래에서 얻는 소득의 절반도 못되는 액수-해방군 산하의 대외무기거래를 허가 받은 총부 산하의 세 개 공사가 벌어들이는 수익-만이 해방군이 벌어들이는 액수라고 할 수 있다.

1993년 중국은 해외 무기 거래로 4억 2천7백만 달러를 벌어들이는 데 여기에는 비용과 이윤이 함께 계산된 것이다. 순이익을 20% 정도로 계산하면 중국이 해외무기거래에서 얻는 이익은 8천5백만 달러에 이른다. 여기서 인민해방군의 수익은 앞서 설명한 바와 같이 반 정도가 못된다고 할 때 4천만 달러, 2억 3천만 위안 정도로 평가된다. 왜냐하면 앞 절에서 살펴본 대로 국무원 산하의 국방공업이 재정적으로 불안정한 까닭에 해외 무기거래에서 발생한 이익은 그들 기업의 운영으로 인한 손실을 보충하는 데 주로 쓰여질 것으로 생각되기 때문이다.106)

제3절 人民解放軍 經濟活動 擴大의 意義와 分配

1. 군 경제활동 확대의 의의

중국은 국가가 경제체제 개혁과 대외 개방으로 대내 경제를 활성화하려는 새로운 상황에서 군대가 생산경영에 종사하는 것은 군대 건설을 강화하는 데 십분 중요한 의의가 있다고 평가하고 있다.

첫째, 군수장비의 생산과 공급을 보장하여 부대 전투력에 필요한 물질적 기초를 이룰 수 있다.

---

106) Shaoguang Wang, op. cit., p.909.

둘째, 사회주의 건설을 지원하여 국가를 위한 물질적 재산과 부를 창출한다.

셋째, 국방경비의 부족을 부분적으로 보충하여 장교와 병사의 물질문화 생활을 개선한다.

넷째, 부대의 소질을 단련시키고 생산노동에 참가하여 간고 분투하는 작풍을 배양함으로써 인민군대의 본색을 계승 발전시킨다.

다섯째, 부대간부의 가속과 자녀들의 취업을 일부분 해결함으로써 간부들의 가정적인 걱정을 감소시키고 국방사업에 전력하게 하여 조국을 보위하는데 공헌하게 한다.107)는 것이다.

군대의 생산경영은 먼저 군수장비를 생산하여 제공하고, 무기장비의 대수리와 군마를 보충하는 것을 확실하게 하였다. 군수공장은 매년 20억 위안 상당 생산가치의 군수품을 생산하여 부대의 수요를 만족시켰다. 장비수리공장은 매년 전군의 함선, 비행기, 탱크, 군 기계, 차량, 공정기계 등을 수리하고 부품을 제조하는 임무를 완성하였다. 군 마장 역시 부대가 필요로 하는 군마를 보충하는 것을 확실히 하였다.

군의 생산경영은 국가를 위하여 물질적인 재화와 부를 창출함으로써 사회주의 건설을 지원하였다. 전군의 공장과 농장, 군 마장은 군대의 수요를 확실하게 해결하는 기초위에서 일부분의 민수용품을 생산하여 시장에 제공하였으며, 국가에 양식을 매도하였고 세금을 납부함으로써 사회주의 경제발전에 이바지 하였다. 군대는 병영, 군 창고 및 군비행장, 군전용 부두 등을 국가가 사용할 수 있도록 제공함으로써 경제건설과 인민들의 편익을 위하여 군 시설을 적극 활용하였다. 전군 각급 의료기관, 수리기업과 초대소를 적극적으로 사

---

107) 當代中國叢書編輯委員會 編, 『當代中國軍隊的政治工作, 上』(北京: 當代中國出版社, 1994), p.394.

회에 개방하여 인민을 위하여 봉사하게 하였다. 군의 과학연구부문은 지방단위에 연구 성과를 이전하여 기술 봉사를 진행하였으며, 어떤 군부대는 국가의 중점건설공사의 일부를 청부맡아 직접 경제건설에 참여함으로써 경제발전에 기여하였다.108)

또한 다음 항에서 자세하게 살펴볼 것이지만 군의 생산경영의 수익은 장교와 병사들의 생활을 개선하는데 주로 사용되었으며, 부대건설 중 발생하는 실제적인 일련의 문제를 해결하고 경비부족을 보충하였다.

군의 생산경영활동을 통하여 일정한 기술능력을 가진 인재를 배양하였으며, 부대개편 후의 잉여인력과 군속의 자녀들의 취업을 안배하였다. 무엇보다도 군대기업은 군대에 복무하고 있는 군인들의 군속과 자녀들의 취업 문제를 해결함으로써 개혁개방 이후 사회문제시 되고 있는 고용문제를 다소 해결한 것으로 평가되고 있다. 1993년 각 군부대에서 경영하는 공장과 기업에 23만 명의 군속과 자녀들이 취업한 것으로 통계되고 있다.109)

2. 군 경제활동의 수익과 분배

통상 개혁개방 시기 이후 중국 재정에서 할당된 군 예산은 군이 소비하는 70%에 불과한 것으로 알려지고 있다.110) 이것은 군의 현대화라는 의제는 말할 것도 없고 군의 최소한 요구를 충족시키기에도 부족한 것이었다. 이러한 예산과 자금의 부족은 군 장비의 개선 면에서 뿐만 아니라 적절한 의식주와 같은 군 유지에 필수적인 예산 확보 면

---

108) 當代中國叢書編輯委員會 編, 『當代中國軍隊的後勤工作』, p.552.
109) 徐根初 主編, 前揭書, pp.126-127.
110) Eric Hyer, op. cit., p.1111.

에서도 군의 현대화와 전투준비성에 영향을 미치는 것이었다.111)

어째든 중국군의 생산경영활동으로 벌어들인 액수와 그 쓰임새에 관한한 중국 측에서도 정확한 통계자료를 통하여 발표한 것도 아니고 설사 발표하더라도 정확성에서 문제제기를 할 수 있는 소지가 있다. 즉 중국군부들도 그들이 운영하고 있는 사업체가 얼마의 이득을 얻고 분배를 어떻게 하고 있는지를 정확하게 파악하지 못하고 있다는 것이다. 전문가들의 견해도 그 추정 액수에서 차이를 보이고 있다. 중국 측에서 제시하는 자료를 소개하면서 개략적으로 생산경영활동으로 벌어들인 액수를 추정할 수는 있지만 이것도 정확한 것이 아님은 물론이다.

중국 측 자료의 주장에 의하면 1994년도 국방예산은 중국의 경우는 520억 원(약60억 달러), 미국 2406억 달러, 일본 441.8억 달러, 러시아 212.8억 달러, 한국 126.6억 달러, 인도 69.7억 달러로 중국의 군비는 미국의 1/40, 일본의1/7, 러시아의 1/3, 한국의 1/2이며 인도보다 적다는 것이다.112)

국가의 경제건설을 보증하기 위해 국방비가 국가 재정에서 차지하는 비율은 점차적으로 하락하여 1975년의 17.4%, 1985년 10.4%, 1995년에는 8%로 20년 사이에 9.4%나 하락했다. 스톡홀름 국제평화연구소의 통계에 의하면 80년대 말과 90년대 초에 국민총생산에서 차지하는 국방비의 비율은 미국이 6.4%, 전소련이 10%, 프랑스가 약 4%, 독일이 약 3.1%, 인도가 약 4.2%, 한국이 약 2.5%이다.

---

111) Tomas J. Bickford, "The Chinese Military and Its Business Operations: The PLA as Entreprenrur", *Asian Survey*, Vol.34, No.5(May, 1994), p.462.

112) 蔣寶琪・蔣一國・于連坤, 『鄧小平新時期國防經濟思想研究』(北京: 軍事科學出版社, 1997), p.196; 그러나 중국에서 출간한 통계연감 자료에 의하면 94년 국방비는 550.71억 원으로 인용한 자료와 차이가 난다. 90년대 국방비에 관한 것은 3장의 4절 <표 3-5> 참조.

중국의 경우 1990에서 1994년까지 국방비가 국민총생산에서 점하는 비율은 각각 1.64%, 1.63%, 1.57%, 1.36%, 1.26%이며 국방과학연구비를 포함한다고 하더라고 1.7%를 넘지 않는다고 한다.[113)

---

113) 軍事科學院軍事歷史硏究部, 『中國人民解放軍的七十年』(北京: 軍事科學出版社, 1997), p.662, 국가 재정에서 국방비가 차지하는 95년의 비율도 중국통계연감에 근거하여 계산한 바에 의하면 9.33%로 인용한 비율보다도 높게 나타난다. 한편 국민총생산에서 국방비가 차지하는 비율은 중국통계연감에 의하면 <표 3-3>에서 나타난 바와 같다. 이 책은 국민총생산에서 국방비가 차지하는 비율을 다소 높게 제시하고 있는 셈이다.

<표 3-3> 중국 국방비가 국민총생산(GNP)에서 차지하는 비율(78-96)

년 도	국내총생산(억 元)	국방비(억 元)	국방비 점유율(%)
1978	3624.1	167.84	4.63
1979	4038.2	222.64	5.51
1980	4517.8	193.84	4.29
1981	4860.3	167.97	3.45
1982	5301.8	176.35	3.33
1983	5957.4	177.13	2.97
1984	7206.7	180.76	2.51
1985	8989.1	191.53	2.13
1986	10201.4	200.75	1.97
1987	11954.5	209.62	1.75
1988	14922.3	218.00	1.46
1989	16917.8	251.47	1.49
1990	18598.4	290.31	1.56
1991	21662.5	330.31	1.52
1992	26651.9	377.86	1.42
1993	34560.5	425.80	1.23
1994	46670.0	550.71	1.18
1995	57494.9	636.72	1.11
1996	66850.5	720.06	1.08
1997	73452.5		

출처: 『中国統計年鑑, 1998』(北京: 中国統計出版社, 1998), p.55, 277에 근거해 계산

중국군은 예하에 약 600개의 농장이 있으며 주로 군 농장은 주요 노동력으로서 장병을 이용한다. 군 농장의 생산물은 주로 자체 소비를 위한 것이나 일반 시장에 내나 팔기도 한다. 1993년에 군 농장은 6억 5천만 kg의 곡물과 2억 2천5백만 kg의 고기와 물고기, 닭과 달걀을 생산했으며 6억 kg의 야채를 생산했다. 전체적인 이윤은 7억 위안에 달하는 것이었다. 중국군의 규정에 의하면 그런 이윤은 부대의 생활수준을 향상시키는데 사용되거나 나머지는 상여금 혹은 재투자로 쓰여 진다.114)

인민해방군 총부의 세 기관(총정치부, 총참모부, 총후근부)−그 중에서 총후근부−가 직접 경영 관리하는 군수 관련 공장(: 軍隊企業化工廠)은 관리요원과 노동자를 포함하여 약 30만 정도를 고용하고 있으며 약 250여 개 정도이다. 앞에서 살펴본 바와 같이 이 공장들이 군대기업의 핵심이다. 주로 군수물자에 관련된 의복과 식량, 약품을 생산하거나 군 기계 수리공장이다. 개혁개방 이후로 이 공장들은 중앙당의 정책으로 인해 민수품을 생산하고 있으며 1987년 그들 생산품의 약 2/3 정도가 민수품 생산이었다. 1987년 이 군대기업의 이윤과 세금의 총액은 6억 5천6백만 위안으로 전군생산경영 총수익의 26%를 차지하고 있다.115)

인민해방군의 각 부대에서 투자하고 관리하는 공장(: 軍辦廠礦)은 일반적으로 작고 기술적으로 뒤쳐져 있다. 개혁개방 이후 그들은 주로 민수품만을 생산하며 주요 고객은 군인들이라기보다 민간인들이다. 1987년에 그런 공장들은 17만 노동자를 고용한 약 3,700여 개 정도가 있었다. 1987년의 총이윤은 8억 3천만 위안에 달했다. 그런데 1987년 이후로 부대단위에서 운영하는 소규모 공장은 급속도로

114) Shaoguang Wang, op. cit., p.906.
115) 當代中國叢書編輯委員會 編, 『當代中國軍隊的後勤工作』, pp.592-601.

증가하였으며 그들의 이윤도 증가하고 있다. 이런 기업들이 군의 생산경영활동의 투명성과 관련하여 문제가 되는데 그 규모나 수에 있어서 정확한 정보가 없는 실정이다. 다만 이런 기업들이 창출한 이윤이 얼마이든 간에 그 이윤은 그 기업을 소유하고 있는 단위부대 내에서 분배되고 있다.116)

앞에서 살펴본 바와 같이 중국군은 수송, 통신, 건설, 오락산업, 의약업, 숙박업, 부동산, 무역, 금융업의 삼차산업을 1980년대 후반부터 실시해 왔다. 사실 돈이 된다면 어느 사업이고 안 뛰어든 곳이 없을 정도로 전 경제 영역에 걸쳐서 사업을 확장해 왔다. 전군의 삼차산업의 경영실체는 1987년 6870개 정도이며, 종업인원은 4만 5천여 명이다. 이런 삼차산업의 경영으로 획득한 이윤과 세금의 총액은 1987년 6억 천2백만 위안 정도117)라고 하나 정확한 정보는 없으며 90년대에는 더 많을 것으로 추정된다.

현재 중국이 경영하고 있는 기업 수는 최소한 2만여 개나 되고 1992년의 총매출액이 연간 국방예산과 맞먹는 4백25억 위안에 달한다. 여기에 투입되는 병력은 대략 15만 내지 20만 명으로 추산된다.118)

그러나 개혁개방과 함께 중국군은 자급생산단계를 넘어 점차 상품 생산위주 단계로 발전하였다. 그 범위가 농업, 공업, 광업은 물론 기술, 의료, 여행안내, 오락 등의 서비스업에 이르기까지 광범위하고 다양하다. 부대가 생산한 상품은 대내외에 판매할 수 있으며 소득의 70%를 예하부대의 생활을 보조하는 데 쓰고 기타 각종 사업비의 부족분으로 사용하고 있다.119)

---

116) 上揭書, pp.601-606.

117) 上揭書, pp.606-613.

118) 『한겨레』, 1993. 10. 21.

119) *Inside China Mainland*(Taipei), September, 1992, p.74.

134

문제가 되는 것은 중국군부에 의해 직접 운영되는 서비스 산업이나 부동산업, 민수용품 생산에 등에 관해서는 신뢰도가 높은 통계나 추정치가 존재하지 않는다는 사실이다. 군의 생산경영 활동으로 인한 수입을 명확히 하여 군을 관리하기 위함이었으나 군의 기업활동으로 얼마나 이윤을 내고 있는지는 정부나 군지도자들도 정확한 액수를 알지 못한다. 다만 개략적으로 추산하여 내외적으로 보도되고 있다. 솔로몬(Stacy Solomon)의 경우는 522.5-1,045억 위안 정도로 추산하고 있다.[120]

홍성범 외의 자료에 의하면 중국 정부의 한 공식 통계는 1987년에 인민해방군기업들에 의해 생산된 민수용품의 가치는 총 27억 1천만 원이며, 이들 기업들의 전체 생산액 가운데 3/2를 차지했다. 또한 군부가 광업과 서비스 산업을 통해 얻은 수입의 규모가 각각 45억 위안과 23억 8천만 위안에 이르는 것으로 나타났다. 따라서 군부가 기여한 생산물의 가치는 이들을 합한 총 95억 9천만 위안이며, 이 가운데 군부가 얻은 이익이 24억 1천만 위안 가량 된다.

120) Stacy Solomone, "The PLA's Commercial Activities in the Economy: Effects and Consequences." *Issues & Studies,* vol.31, no.3(March 1995), p.43.

<표 3-4> 민수전환기업의 생산물 가치

(단위: 10억 元, 1990년 불변가격기준)

연 도	생산물가치	연평균증가율(%)
1978	2.45	–
1980	3.67	22.4
1985	11.76	26.2
1987	14.95	12.8
1990	22.73	15.0
1991	24.39	7.3
1992	31.68	29.3
1993	41.45	30.8

자료: 『중국공업연감』, 1992, 1993, 홍성범, 김기국, 서행아, 『중국 민수전환의 패러다임 변화와 전략적 대응』(서울: 과학기술정책관리연구구소, 1997), p.43에서 재인용.

그런데 <표 3-4>에서 보듯이 인민해방군 소속이 아닌 민수전환기업들의 1987년 생산물 가치가 149억 5천만 위안임을 확인할 수 있으므로, 인민해방군기업들 즉 군부의 생산물 가치 95억 9천만 위안과 합하면 국방관련 기업(군공기업＋군대기업)들의 생산물 가치 총액은 245억 4천만 위안이 됨을 알 수 있다. 다시 여기서 생산물 가치 가운데 이익이 차지하는 비율을 평균 25%라고 가정하면, 결국 군부의 입장에서는(공식적인 국방예산 이외에) 61억 4천만 위안가량의 추가적인 재원을 더 확보할 수 있었다는 계산이 가능하다. 이는 1987년의 공식적인 국방예산 209억 6천만 위안의 29.2%에 해당하는 규모이다.[121] 이와 같은 개략적인 추정을 통해 중국의 민수전환 정책과 군대기업의 생산경영활동으로 실제 중국의 군사비 중 예

산외 수입에 기여한 비중이 그리 크지 않으며, 대체로 약 30% 정도
에 지나지 않고 있음을 확인할 수 있다는 것이다. 물론 그들의 계
산 비용도 중국의 무기거래로 인한 수익은 포함되지 않았으며, 문
제는 민수전환한 군공기업의 수익을 해방군이 전용할 수 있느냐의
문제다.

이런 계산에 대하여 왕샤오광(Wang Shaoguang)은 그의 논문에서
민수 전환한 군수기업들이 자체적인 구조조정으로 인한 전환비용으
로 인해 군 관련 경비를 보조할 여력이 없다고 주장하고 있으며 중국
의 산업구조조정의 노력을 감안한다면 왕샤오광의 논리가 더 설득력
이 있어 보인다. 중국군이 이런 생산경영활동으로 얼마 정도 수익을
올렸을 것인가에 관한 문제에 대해서 역시 공식적인 통계는 없으나
왕샤오광은 <당대후근공작>(當代後勤工作)에서 기록되어 있는 1987
년 군대생산경영의 통계를 기초로 하여 총매출의 18%를 이윤으로 계
산할 때[122] 93년의 경우 그 매출액이 4배 정도 향상되었다면 군의 생
산경영활동으로 벌어들인 이익은 80억 위안 정도라고 한다.[123] 물론
여기에는 무기거래로 인한 수익은 포함되지 않았다. 무기거래로 인한
수익은 자체의 군수생산을 위한 재투자뿐만 아니라 외국의 값비싼 군

---

121) 홍성범, 김기국, 서행아, 『중국 민수전환의 패러다임 변화와 전략적 대
　　응』(정책연구 시리즈)(과학기술정책관리연구구소, 1997. 10), pp.42-43.

122) 이 수치는 중국군이 경영하는 軍隊企業化工廠과 軍辦廠礦, 그리고 삼
　　차산업의 총매출액과 그들의 이익을 나누어 얻은 총매출액 대비 이익
　　이 차지하는 비율에서 산출한 것이다.

123) Shaoguang Wang, op. cit., p.907. ; 중국군의 상업적 활동과 무기수입으
　　로 획득한 수입에 관하여 이 방면의 중국 전문가인 Wang Shaoguang,
　　David Shambaugh, Tai Ming Cheung의 추정 계산에 대한 비교는
　　Bates Gill, "Chinese Defence Procurement Spending: Determining
　　Intentions and Capabilities", in James Lilley and David Shambaugh,
　　eds., *China's Military Faces the Future*(Armonnk, New York: M. E.
　　Sharpe, 1999), p.205, <표 6-3> 참조.

사기술과 장비를 구매하거나 연구개발비에 전용되고 있다.124)

각급 부대가 생산 활동으로 얻은 소득은 해당 부대의 물질문화생활을 개선하는 데 직접 쓰여 지고, 군대가 경영하는 기업에서 얻어지는 소득은 전체 국방비의 부족에 보탬이 되고 있다. 1986년의 경우 중국군이 경제활동에서 얻은 수익의 30%는 생활비 보조에 쓰였고, 34%는 병영을 수리하거나 기타 국방비 지출의 부족에 쓰여졌으며, 11%는 부대의 훈련시설과 현대화 관리에 쓰여 졌다.

1987년 군의 생산경영으로 인한 수익은 국가에 세금을 납부하고도 총 19억 8천8백만 위안을 지출하였다. 그 중에서 부대의 정상경비부족을 보충하는데 5억 7천9백만 원을 사용하여 총지출의 29.13%를 차지하고 있다. 장교와 병사들의 생활을 보조하는데 4억 6천백만 위안을 지출하여 총지출의 23.19%를 차지하고 있다. 확대재생산에 6억 3백만 위안을 지출하여 총지출의 30.33%를 차지하고 있으며, 부대기층건설과 기타사업으로 3억 4천5백만 위안을 지출하여 총지출의 17.35%를 차지하고 있다.125)

1988년 3월, 중국군 총후근부 부장 趙南起가 인민대표대회 회의 석상에서 부대의 경제활동에서 얻어진 수익에 의존하여 군대의 매년 생활비, 사업비와 공공시설비 보조에 10억여 위안이 쓰여 졌으며 그 중에는 부식비가 30%를 차지한다고 보고했다126)

중국 자료에 의하면 1993년 전군의 생산경영의 실체는 1만여 개이며, 종업원은 82만 명 정도이여 고정자산과 유동자금은 28.2억 원에 달했다. 1992년 군기업의 총매출액은 315억 위안이며 이윤과 세

124) 平松武雄, 『中國人民解放軍』(東京: 岩波書店, 1987), p.163; Eden Y. Woon, "Chinese Arms Sales and U. S. -China Military Relations", *Asian Survey*, Vol. X X IX, No.6(June 1989), p.608.

125) 當代中國叢書編輯委員會 編, 『當代中國軍隊的後勤工作』, p.552.

126) 『解放軍報』, 1988. 4. 1.

금은 57.5억 위안 인데 8억 위안을 세금으로 국가에 납부했다. 또한 2.3억 달러의 외화를 벌어들였다. 또한 전군은 농부업 생산을 통해 92년 8억 kg 양식, 채소와 야채 6억 kg, 고기와 계란 2.2억 kg을 생산하였다. 이러한 수익에서 1992년 전군은 25.7억 위안을 출연하여 부대를 보조하는 데 사용하였다. 이 중에서 군의 보조 생활비로 14.5억 위안, 교육훈련의 보조비로 1억여 위안, 부대막사건설과 수리비로 3.3억 위안, 군의 장비수리보조비로 1억여 위안, 농부업 생산은 부대의 식료비로 매개인당 매일 0.4 위안을 보조하였다.127)

그렇다면 중국군은 92년 중국의 공식적인 국방비 377.86억 위안의 최소한 17%에 해당하는 66.77억 위안을 비공식적인 국방비로 보조하고 있는 셈이 된다.128) 물론 이것은 중간에 간부들이 착복하거나 그들이 말하는 소금고(小金庫)에 들어간 것을 고려하지 않았을 경우이다. 군에서 요구되는 액수의 70% 정도만을 국가에서 국방비로 산정하여 지출한다고 했을 때 그들의 비용은 군의 생산 활동으로 인한 보조금으로도 역시 부족한 셈이다. 그렇지만 그들이 고용하고 있는 고용 인력의 생계유지까지를 고려한다면 경제적 효과는 상당 정도일 것으로 추정된다.

---

127) 徐根初 主編, 前揭書, p.126.
128) (49.5억 元)+(2.3억 달러×5.51元)+(0.4元×320만×365일)=66.77억 元. 이 계산은 일단 군기업의 순수익, 외화는 92년의 달러 대 원화의 평균 환율로 환산한 것으로 94년의 평가절하 이전으로 계산한 것이다. (中國統計出版社, 『中國統計年鑑, 1998』(北京: 統計出版社, 1998), p. 620 참조.) 농부업 생산으로 인한 군보조 비용의 대강은 당시 군을 320만으로 잡고 1년 365일을 곱한 것이다.

제4절 人民解放軍 經濟活動의 禁止

1. 군 경제활동의 규제와 개혁

(1) 당의 군 경제활동 규제

85년 군의 생산경영활동과 대외무역에 관한 잠정결정으로 군의 생산경영활동을 제도화한 후속조치로 89년 4월 중앙군사위원회는 총후근부에 지시한 "군대생산경영을 개혁하는 총체적 방안"(關于改革軍隊生産經營的總體方案)을 통해서 군이 상업성 활동에 종사하는 것을 허가하지 않는다고 재지시하고 있다. 방안은 군대의 생산경영 활동이 군대의 근본적인 직능으로부터 나온 것이며 국가가 역량을 집중하여 경제건설을 하는 평화시기에는 적당한 규모의 생산경영을 잘 수행하는 것은 군대의 장기적 방침이며 임무라고 적시하고 있다. 특별히 군비가 부족한 상황하에서 전쟁준비와 훈련 등의 군대 임무를 완성하는 데 유리하며 부대 전투력을 향상시킬 수 있는 긍정적인 점이 있다는 것이다.

그런데 군대의 생산경영이라는 것은 실질적인 산업을 하는 데 근거하여 육종업, 양식업, 광산업, 기술개발이나 서비스업 등에 국한되어야 하고, 순전한 상업성 활동에 종사해서는 안 된다는 것이다. 이러한 방안에는 그동안 원칙을 무시하거나 어겨가며 난립했던 군대의 생산경영활동에 관하여 각급의 경영범위에 대하여 엄격하게 규정하고 군대의 생산경영관리체제를 개혁하기 위한 중요한 조치와 총체적인 지도원칙을 명시하였다. 그러한 원칙으로 먼저 군기업의 소유권과 경영권을 분리할 것, 기업을 관리하는 것과 기업을 운영

140

하는 것을 분리할 것, 기업단위와 기관의 업무부문을 분리할 것, 기업의 인원과 현역군인을 분리할 것, 기업의 명칭과 군대의 고유부대번호를 분리할 것 등이다.[129]

이러한 군대의 생산경영에 관한 조치는 90년 12월에 북경에서 개최된 전군후근공작회의에서 군대기업(:軍辦企業)을 상급 관련 기관에서 집중관리하고 사단급 이하의 생산은 주로 농부업 생산을 잘 수행하는 것이 후근부의 중점공작 중 하나라는 것을 확인하였다. 역시 91년 북경에서 개최된 전군후근공작회의에서는 90년의 중점사항을 점검하고 군대의 생산경영에 관해서는 군대의 생산경영을 집중 통일하고 관리를 강화하며, 군대기업의 생산을 정돈해 이익이 나는 곳은 보조하며 이익을 내지 못하는 군대기업은 폐지시킨다는 것을 재확인 하는 것이었다.[130]

(2) 군 경제활동의 개혁

92년 11월 중앙군사위원회는 동년에 개최된 중국공산당 14차 전국대표대회의 정신을 관철하기 위해 "우량 전통을 발양하고 깨끗한 정치를 강화하는 것에 관한 결정"(關于發揚優良傳統加强廉政建設的決定)을 발표하였다. 결정은 중앙군사위원회 주석인 江澤民이 지시한 건군에 鄧小平의 군대건설을 강화하기 위한 일련의 논술을 열심히 학습하면서 해방군의 우량 전통을 충분히 계승 발휘하여 홍군의 본래적 면모를 유지하여야 한다는 것이었다. 이것은 새로운 시기의 군대건설의 중요한 사상이기 때문이다. 해방군의 우량 전통을 발양하는 것은 현재 시기에 매우 중요한 것인데 이것은 부패가 없는 정치를 확실하게 수립하는 것이다. 부패가 없는 정치를 수립하는 것

---

129) 張馭濤 主編, 前揭書, p.503.
130) 上揭書, p.525, 542.

은 인민해방군의 무산계급의 성질을 보증하는 것이며 인민해방군의 근본적인 직능을 이행하는 문제이다.

따라서 인민해방군은 이것을 고도로 중시하여 마땅히 다음과 같은 당면의 문제를 해결해야 한다고 하였다. 첫째는 간부들 중에서 부정한 방법을 사용하는 이를 적발하여 견결하게 이를 시정해야 한다. 둘째, 권력으로 사리사욕을 챙기거나 권력과 돈을 거래하는 왜곡된 풍기를 결연히 제지해야 한다. 셋째, 군대의 경제공작 중에서 법을 어기거나 기율을 어지럽히는 현상을 극복하여야 한다. 넷째, 겉치레 중시하거나 돈을 마음대로 쓰는 등 사치하는 풍조를 결연히 제지하여 한다. 다섯째, 관료주의와 형식주의 등 불량한 경향을 교정하여야 한다는 것이다. 결정은 해방군의 어려움을 이겨내고 분투하며 절약하는 우량 전통을 충분히 계승하여 이를 발휘함으로써 부패가 없는 군대를 건설해야 한다는 것을 지시하고 있다. 따라서 사상교육을 강화할 뿐만 아니라 법규 제도건설을 실시하여야 하며, 엄격하게 군대를 다스리고 법을 어기거나 기율을 문란 하게 하는 자는 법에 따라 다스려야 한다는 것이다.[131]

전사회적인 부패 현상에 대한 일련의 조치로서 중공중앙은 93년 8월 북경에서 중앙기율검사위원회 제2차 전체회의를 개최하고 당의 기본노선을 전면적으로 관철하기 위해서 반부패투쟁에 나서야 한다는 결의를 통과시켰다. 중앙기율검사위원회 尉健行 서기는 <새로운 형세에 적응하고 반부패운동을 심화시키며 전면적으로 당의 노선을 관철하기 위하여 행동하자>(適應新形勢, 深入反腐敗, 爲全面貫徹黨的基本路線服務)의 보고를 통하여 공산당 및 각급 정부 간부들은 ① 기업을 경영하거나 상행위를 할 수 없고 ② 기업 상점 등 경제부문에서 겸직을 할 수 없으며 ③ 공무수행 중 돈이나 유가 증권,

---

131) 『解放軍報』, 1992. 11. 8.

예물을 결코 받아서는 안 되며 ④ 공금을 이용한 향락행위는 금지
되며 ⑤ 주식 매매와 투자 금지 등 5대 금지초지를 구체적으로 시
달했다.[132] 江澤民은 이 회의석상에서 공산당과 사회주의 제도는 어
떠한 부패현상도 근본적으로 허락하지 않는다는 것을 강조하면서
각급 당위원회와 정부는 반드시 반부패투쟁이 중요한 정치적 임무
임을 명심하여 가까운 시일 내에 부패를 척결할 것을 지시했다.[133]

이것이 사회에 대한 반부패운동의 시작이라면 뒤이어 93년 8월에
개최된, 총정치부와 중앙군위기율검사위원회는 전군기율검사공작회
의를 개최하여 당중앙기율검사위원회의 2차회의 정신과 江澤民의
강화를 충실히 학습하고 각 군에 이를 전달하여 92년에 중앙군사위
원회에서 결정된 "우량 전통을 발양하고 깨끗한 정치를 강화하는
것에 관한 결정"(關于發揚優良傳統加強廉政建設的決定)을 충실히
수행할 것을 천명하고 군내에서의 반부패 운동을 강화할 것을 결의
하였다.

93년 11월 북경에서 열린 전군생산경영공작회의는 중앙군사위원
회 주석인 江澤民, 부주석 劉華淸, 張震이 회의에 출석하여 중요한
강연을 실시한 회의였다. 회의는 군대의 생산경영이 새로운 형세하
에서 전군이 고난을 이겨내고 근검 하는 군 건설의 영광된 전통을
발양하며 일체의 군 사업을 경영하는 데 있어서 근검절약하는 방침
을 상소하고 있다. 따라서 군대건설의 전제이익에 입각하여 전제석
인 관념을 수립하고 부분적 이익과 전체적 이익, 개인이익과 집체
적 이익, 당장의 이익과 장래의 이익과의 관계를 정확히 처리할 것

---

132) 『人民日報』, 1993. 8. 21.
133) 江澤民, "加强反腐敗鬪爭, 推進黨風建設和廉政建設", 『十四大以來重要
　　 文獻選編, 上』(北京: 人民出版社, 1996), pp.400-415; 江澤民, "共産黨
　　 同腐敗現象是根本不相容的", 中共中央文獻硏究室 編, 『毛澤東 鄧小平
　　 江澤民 論世界觀人生觀價値觀』(北京: 人民出版社, 1997), pp.493-495.

을 강조한다. 회의는 군대생산경영의 지도사상을 명확히 하여 군의 생산경영이 부대전투력 향상에 기여하고 군대의 혁명화, 현대화, 정규화 건설을 강화하는데 반드시 유리해야 한다고 결의하였다. 중앙군사위원회는 이 회의에 뒤이어 "군의 생산경영을 정돈하고 개혁하는 결정"(關于生産經營整頓改革的決定)을 지시하였다.

중국군이 과도하게 생산경영활동에 참여함에 따라 군이 부패증가, 기율문란, 전투태세의 소홀, 사회적 이미지 악화, 효율적 경제조정의 곤란 등 부정적 영향이 확산되었다. 특히 군이 경제활동에 참여함에 따라 초래된 군의 정치적 독립성의 증대와 지방 세력과의 유착 현상은 중국 정치, 특히 鄧小平 사후의 후계체제로 등장한 江澤民 체제의 공고화에 심각한 잠재적 위협요인으로 작용할 가능성이 크기 때문에 군의 기업경영활동을 효과적으로 제한하여 군 본연의 임무인 전투대로서의 역할을 강조하는 군의 정규화와 전문화 문제가 江澤民 체제의 절박한 정책과제로 대두되었던 것이다. 가장 큰 문제는 당중앙과 중앙군사위원회의 명령이나 지시가 하급 기관에서 이행되지 않는 것이었다. 江澤民이 93년 11월에 있었던 생산경영공작회의에서 더불어 강조한 것은 군대의 기율문제였다.

군대는 기율을 강화하는 것을 중시해야 한다. 더욱이 관건이 되는 시기에 중요한 정책을 관철하는 것은 마땅히 엄숙한 기율이 필요하다. …… 정치명령과 군사명령의 권위성과 엄숙성을 견결하게 수호하여 명령하는 것은 이행하고 금지하는 것은 하지 않아야 한다. 행동을 통일하여 당중앙과 중앙군사위원회의 결정을 관철 수행하는 것을 확보해야 한다.[134]

---

134) 楊春長·肖顯社, 『學習江澤民同志關于軍隊與國防建設的論述』(北京: 中共中央黨校出版社, 1997), p.18.

이에 따라 중국 정부는 1993년 말부터 군대기업을 정리, 군부대의 기업경영활동을 제한하고 특히 성 군 구급 이하 부대의 경우 자급적 농업생산 활동을 제외한 일체의 기업경영활동을 금지시키는 조치를 취했던 것이다.[135] 시장경제를 지향하고 민간기업과의 불필요한 마찰을 피하는 한편 군의 부패 방지를 위해 중국 7대 군구 산하의 인민해방군 부대들이 경영하는 많은 기업들을 폐지, 축소하기로 결정했다. 이를 위해 경제개혁을 담당하는 주룽지 부총리와 중앙군사위원회의 류화칭이 여러 차례 협상을 한 것으로 알려졌다.[136] 나아가서 일부 군기업의 경우 지방정부에 경영을 이관시켰다.[137]

사실 鄧小平은 군의 생산경영활동의 초기에도 군 이하의 부대는 결단코 공장을 운영해서는 안 되며, 운영하는 것이 필요하다면 상부의 비준을 얻어 대군구와 군병종이 경영하는 기업에 마땅히 집중되어야 한다고 주장했다. 따라서 93년 중앙군사위원회의 결정은 구체적으로 군 이하의 작전부대; 대군구 단위의 참모부, 정치부, 후근기관; 총부의 이급 기관은 영리나 이익을 목적으로 하는 경영성 생산은 할 수 없다는 "세 가지를 못하게 함"(三不搞)을 방침으로 설정하였다.[138]

이러한 당과 국무원의 지시는 이미 1985년에 나름대로 규정된 것이었으나 그동안 군에서 이것을 잘 실행하지 않았음을 뜻한다. 1985년 낭중앙군사위원회와 국무원이 지시한 "군대가 생산경영과 대외무역에 종사하는 것에 관한 임시규정"(關于軍隊從事生産經營和對外貿易的暫行規定)에서는 실질적인 사업의 기초가 없는 기업, 투

---

135) 『解放軍報』, 1993. 11. 9.

136) *South China Morning Post,* December 9, 1993.

137) 王俊英, "物價上漲對軍費分配和影響", 『軍事經濟研究』, 第15卷, 第4期(1994), pp.35-41.

138) 蔣寶琪・蔣一國・于連坤, 前揭書, p.205.

기하는 기업, 실적 없이 폭리를 취하는 기업을 청산할 것을 요구하
였다. 또한 군구와 각 병종의 관리부서 기관과 집단군 이하의 단위
에서는 일체의 회사(기업)를 청산할 것이 요구되었다.

모든 군대 기업은 1984년 중앙에서 공포한 27호 문건과 1985년
국무원이 공포한 69호와 102호의 정신에 따라 군대와 기업의 직책
을 분리하고 현역간부가 회사의 직무를 겸임하고 있는 것은 모두
사퇴할 것이 요구되었다. 집단군 이하 단위는 주로 농업, 임업, 양
식업, 채광업, 채광업, 가공업, 군인을 위해 봉사하는 서비스업을 발
전시키며, 군대에서 생산하는 생산품은 주로 부대 공급을 보조하는
데 쓸 것이 요구되었던 것이다.139)

이러한 당중앙의 군대기업에 대한 개혁 움직임이 점차 강도가 더
해가자 93년의 생산경영활동에 대한 정돈과 개혁 정책을 철저하게
관철할 것을 확인하는 회의가 94년 6월에 개최되었다. 군대기업의
정돈과 개혁의 경험을 서로 교류하고, 군대기업의 정돈과 개혁에
관한 공작을 연구하기 위한 것이었다. 이 회의에서는 인민을 위해
서 복무하고 국가의 대국적 상황에 복종하는 해방군의 우량 전통을
발양하여 전심전력으로 군대의 생산경영활동을 정돈, 개혁하고, 군
대생산경영의 건강한 발전을 도모하기로 결의하였다. 이 회의에서
는 군대기업을 집중하여 통일 관리하는 정책이 적극적이고 온당하
게 진행되고 있으며, 군 이하 작전부대는 경영성 생산을 하지 못한
다는 규정이 점진적으로 실행되고 있다는 것을 확인하였다.

또한 산시성(山西省)의 군대가 경영하는 탄광이 지방으로 이양되
어, 국가, 군대, 지방정부, 인민군중 모두가 만족스럽게 되었다는 사
례를 발표하였으며, 생산경영을 하는 각 단위는 한편으로 정돈 개

---

139) 當代中國叢書編輯委員會 編, 『當代中國軍隊的政治工作, 上』,
    p.397-398.

혁을 견지하고 또 한편으로는 생산을 안정적으로 발전시킴으로써 생산이익을 내지 못하는 군대기업들이 상당 정도 감소하였으며 전군의 농부업 생산이 좋은 성적을 내고 있다는 것을 확인하였다.[140]

그런데 군의 생산경영활동의 확장과 이에 따른 관리의 어려움으로 중앙정부는 더 이상 군의 중앙정부에 대한 재정적 종속을 통해 군을 통제하기도 힘들어졌고 방대한 군을 다 감시할 수도 없는 일이 되었다. 1995년 1월 1일 중국 인민해방군 총참모장 張萬年, 총정치부 주임 于永波, 총후근부부장 傅全有 명의로 <軍隊領導幹部經濟責任審計暫行規定>이 발표된다. 단(團: 연대) 이상의 경제담당(재무, 경리 등) 간부를 대상으로 하고 있는 이 규정의 도입 목적은 첫째, 정부투입의 항목과 금액이 적당한가의 검사, 둘째, 중요 경제정책 결정 과정에서의 착오가 없었는지의 검사, 셋째, 경비와 물자의 관리를 엄중하게 하여 물자, 기자재의 유출을 방지하고 넷째, 재정, 경제관련 법규가 엄격히 준수되는지의 검사를 목적으로 하고 있다.[141]

96년 1월에는 란조우(蘭州)에서 전군의 농부업 생산공작회의가 개최되었다. 이는 江澤民 주석이 생활이 곤란한 몇몇의 중대(: 連隊) 문제를 해결하라는 지시에 근거한 것이었다. 총후근부장이던 왕커(王克)은 농부업 생산을 발전시키는 것은 첫째, 인민해방군의 우량 전통이며 둘째, 새로운 형세하에서 부대의 전면적 건설을 강화하기 위한 유효한 소지이고 셋째, 국가 성제건설의 대국에 복송하고 인민들이 부담을 줄이는 실제행동이며, 국가, 인민, 군을 이롭게 하는 정치, 군사, 경제적 의의가 있는 군부대의 공통 임무이므로 농부업 생산을 향상 발전시켜야 한다고 하였다. 왕커(王克)은 이러한 의의를 충분히 각 단위 부대들이 인식하고 자신감을 가지고 군대의

---

140) 張馭濤 主編, 前揭書, pp.585-586.
141) 宇佐美曉, 前揭書, p.122.

농부업 생산을 향상시킬 수 있는 '시장바구니'(菜籃子) 3년 계획을 달성할 수 있도록 노력하라라고 지시했다.

이에 중앙군사위원회는 총후근부의 보고를 접하고 각급 군당위원회에 이러한 인식을 충분히 제고하고 영도를 강화하며 혁명 시기의 南泥灣 정신을 발양할 것과 선진과학기술을 충분히 이용하고 관리를 강화하며 생산이익을 제고하여 농부업 생산에서 큰 성적을 낼 것을 요구하였다.142)

위와 같이 당과 중앙정부의 군기업에 대한 정돈과 개혁은 지속적으로 실시되었다. 당 지도부의 군기업에 대한 중요성도 끊임없이 강조되었다. 군의 경제활동을 금지하기 전인 1997년 7월 북경에서 열린 전군 군기업 공작회의에서 부총리 吳邦國은 군은 자력갱생과 간고 분투하는 영광된 전통을 가지고 있으며, 전시이던 평화 시이던 군은 중국의 국가건설에 중요한 공헌을 해왔다고 말하면서, 국영기업으로서 군기업의 중요성을 역설하고 있다. 즉 군기업은 국영기업일 뿐 아니라 방위산업체로서 전쟁준비태세뿐만 아니라 시장적 요구에 적응해야 하는 중차대한 책무를 지니고 있다고 언급하면서 군기업 경영의 효율성을 증대하기 위해서 邯鄲鋼鐵總廠143)과 함께 新興鑄管(集團)有限責任公司의 경영방식을 경영 모범 사례로서 전 군기업이 따라 배울 것을 강조하고 있다.144)

---

142) 張馭濤 主編, 前揭書, p.627.

143) 과거 중국에서 "공업은 大慶에서 배우자"라는 사례가 있었듯이 최근에 국유기업의 개혁과 관리에 성공한 것으로 평가된 邯鄲鋼鐵總廠은 "기업은 邯鄲에서 배우자"라는 성공모델이 되고 있으며 이 기업의 경영관리를 학습해야 한다는 운동이 국유기업 사이에 전개되고 있다. 邯鄲鋼鐵總廠의 기업관리 경험, 성공사례와 이를 군대기업의 경영관리에 적극 참고해야 된다는 주장에 관해서는 劉三省, 前揭書, pp.283-305 참조.

144) "Wu Bangguo Stresses Army Enerprises' Management", Beijing Xinhua Domestic Service, Jul 18, 1997 in *http://wnc.fedworld.gov/cgi-bin/retrieve.cgi*

2. 군기업의 해체

97년 중국공산당 15차 전국대표대회 이후에는 군내부에서도 스스로 군대기업을 개혁해야 한다는 나름의 생각을 가지고 있었던 것 같다. 군의 생산경영활동을 개혁하는 문제로 첫째, 군대기업의 생산경영활동을 관리하는 체제를 개혁하여 총후근부 산하의 생산관리부가 총괄하여 군대의 생산경영을 직접 지도하고 관리하자는 것이다. 둘째로는 군대와 기업을 분리하여 군대로서는 군대 본연의 임무에 충실하고 기업으로서는 기업의 이익과 손실에 대해 책임을 지는 기업 자주권을 강화하여 효율성을 강화하자는 것이다. 셋째로는 군대기업의 소유권을 포함한 점유권, 사용권, 수익권, 처치권 등(이를 포괄하여 중국에서는 산권(産權)이라고 한다)을 명확히 하는 것이 필요하다. 군대기업을 약간의 대형기업으로 육성하여 규모화 경영을 이룩해야 한다. 그간 분산되고 손해를 보았던 곤란에서 벗어나 비교적 경제적 효용이 큰 기업을 창출해야 한다. 넷째로는 기업의 책임경영을 강화하여 책임자의 권한을 강화하여 그들의 수입과 경영 상황을 연관시켜서 경영 적극성을 발휘하게 해야 한다[145]는 것이다. 그러나 군의 경제활동으로 인한 부패는 끊임없이 빈발하였다. 더군다나 전사회적으로 만연한 밀수문제는 江澤民 정권의 가장 큰 골치 아픈 문제로 등장하였다.[146] 물론 여기에 군도 관여하고 있다는 것은 공공연한 비밀이었다. 이에 江澤民 체제는 97년 7월에 북경에서

---

145) 李守耕, "關于改革軍隊生産經營問題的思考", 于學亭, 主編, 『改革: 實現保障有力的必由之路』(北京: 國防大學出版社, 1998), pp.194-197.

146) 밀수근절회의에 앞서 중국의 의회인 전국인민대표대회는 석유, 자동차, 담배 등의 연간밀수 규모가 120억 달러에 이른다는 언론들의 보도와 관련해 정부에 단호한 조치를 요구했다. 『한겨레』, 1998. 7. 24.

중공중앙과 국무원이 소집한 전국밀수근절공작회의(全國打擊走私工
作會議)를 개최한다. 폐막사에서 朱鎔基 총리는 현재 창궐하고 있는
밀수행위를 근절하기 위해 국가의 모든 역량을 총동원하여 밀수사
범들을 체포할 것이며 이를 위해서 전문적으로 밀수를 단속하는 경
찰과 기관을 설립할 것이라고 발표하였다.147) 이에 중국공산당기율
검사위원회와 국무원의 감찰부는 "밀수사범을 근절하기 위한 공작
회의 정신을 관철하는 것에 관한 통지"(關于貫徹全國打擊走私工作
會議精神的通知)를 공표하였다.148)

　이러한 회의가 열린 지 불과 며칠 후에 인민해방군의 4총부는 연
합하여 "밀수행위를 근절하기 위한 공작회의 정신을 관철하고 수행
하자"(貫徹落實全國打擊走私工作會議精神)는 회의를 북경에서 개최
한다. 江澤民은 회의상에서 중공중앙은 군대와 무장경찰부대의 소
속단위가 주관하거나 경영하는 각종 경영성 기업을 성실하게 청산
해야 하며 금후에는 일체 경제상업 활동에 종사할 수 없다는 것을
결정하였다고 지시하였다. 군과 무장경찰의 경제상업 활동의 금지
와 함께 지방의 각 정치와 법률부문의 소속단위가 운영하는 각종
경영성 기업 역시 청산작업을 진행해야 하며 금후에는 일체의 경제
상업 활동에 종사할 수 없다는 것이 중앙에 의해서 결정되었다고
발표되었다.149) 이런 중공당중앙의 결정은 갑작스레 취해진 것은 아
닌 것 같다. 이미 98년 3월 홍콩의 신문은 중국지도부가 군의 기업
운영이 국가경제 전반에 폐단이 많다는 판단아래 폐지를 추진하고
있다고 보도하고 있다. 홍콩의 星島日報에 따르면 중국공산당중앙
군사위원회는 각급 부대에 시달한 비밀 문건에서 군이 기업 운영은

---

147) 『人民日報』, 1998. 7. 16.
148) 『人民日報』, 1998. 7. 19.
149) 『人民日報』, 1998. 7. 23.

150

부패를 조장하고 있고 전투력 향상을 위한 군 현대화 계획에 지장을 준다고 지적하고 이의 폐지를 강력히 촉구했다는 것이다. 각급 부대에서 회람한 이 문건은 군이 기업운영과 관련 특권을 누리고 있기 때문에 자연히 부패의 소지가 크고 국유기업 또는 지방기업들과 경쟁관계로 마찰과 갈등을 일으키고 있으나 지방정부 차원에서는 해결방법이 없다는 것을 지적하고 있다. 군의 기업운영은 국가의 금융, 대외무역, 세관, 조세 정책 등에 지장을 초래하고 있기 때문에 국유기업이나 민간기업으로의 흡수가 시급하다는 것이다. 국무원 개혁과 더불어 이에 상응하는 군 체제 개혁의 일환으로서 군 기업을 폐지하려는 지도부의 의지를 보여주고 있다는 것이다.150)즉 1998년 초에는 93년의 군대기업 개혁의 뒤를 이어 비작전부대 역시 경영성 생산을 할 수 없도록 조치함으로써 전군의 군 이하 부대가 모두 경영성 생산을 하지 않는 것을 실현했다고 한다.151)

사실 군의 상업적 활동에 대한 금지가 정책적으로 가시화되고 있다는 한 실례는 97년 홍콩에 주둔한 해방군의 역할을 규정한 <주둔군법>에서도 잘 나타나 있다. 이 법의 18조에는 '홍콩에 주둔하는 중국군과 주둔 군인은 어떠한 영리적인 상업적 활동도 종사하지 못한다.'라고 규정하고 있다. 중국 경제의 최고 번성지인 廣東省과 인접해 있는 홍콩에서 질서와 치안을 담당하는 주둔군이 상업적 활농에 종사할 경우 발생할 수 있는 무패와 밀수 군기해이를 막자는 중공당의 나름의 의지를 피력한 것이라고 하겠다. 당시 劉鎭武 주둔군 사령원은 "주둔 부대는 주둔 후 엄격하게 규정을 집행하여 부

---

150) 『星島日報』, 1998. 3. 2, 이 신문은 그러나 문건의 내용이 전투부대 군영 내에서의 자급자족의 농부업 생산 활동은 부대장병의 생활개선을 위하여 지속적으로 허용될 것이라고 보도했다.
151) 姚延進·劉繼賢·張全啓, 『江澤民軍隊建設論述硏究』(濟南: 黃河出版社, 1998), p.227.

대가 완전히 공량(公糧)으로 식사를 할 것이며 경비와 물자는 국가
에서 중점적으로 보장할 것"이라고 밝혔다.[152]

　이러한 江澤民과 중국공산당의 중국군기업의 상업적 활동의 금지
라는 정책 결정에 홍콩 신문인 <스탠다드>(Standard)는 다음과 같
은 기사를 사설로 내보냈다.

　　江澤民 중국 국가주석은 군 및 공안기관이 상업 활동을 하지
　못하도록 지시했다. 이런 지시는 원래 군이나 경찰이 기업 활동
　을 하지 않았다는 점에서 원상회복 조처라고 할 수 있다.
　　그동안 군과 경찰은 기업 활동을 하면서 국가 전체를 무법천
　지로 만들었다. 그 수준이 도저히 묵과할 수 없는 정도까지 이르
　렀다. 한 국가가 부패를 효과적으로 통제하면서 자유시장경제체
　제로 발전하려면 군부나 공안기관이 기업 활동을 하는 것을 금
　지하는 것은 필수적이다.
　　군부와 공안기관의 기업 활동의 정도는 이루 말할 수 없을 정
　도였다. 그들은 매춘업과 가라오케 바에서부터 금융업, 무기생산
　과 위성발사까지 손을 대 왔다. 군과 공안부분의 기업은 수많은
　군인과 경찰, 그리고 민간인을 고용하고 있는 2만 개 이상의 기
　업을 거느리고 수십억 달러 규모의 생산력을 자랑하는 거대한
　왕국을 형성했다. 이런 거대제국을 하룻밤에 해체하는 것은 불
　가능하다. 또 무기나 위성분야처럼 민간이전이 원활하게 이뤄질
　때까지는, 군 개입이 어느 정도 지속될 수밖에 없는 분야가 있는
　것도 사실이다. 문제가 된 제이엔에이 증권회사처럼, 다른 업종
　은 민간기업이 흡수하거나 인수할 수 있을 것이다. 매춘, 밀수,
　여권밀매 등 불법영업을 해 온 기업들은 즉각 폐쇄되어야 할 분
　야이다. 이들은 공공재원으로부터 돈을 빼돌려 왔을 뿐만 아니
　라 국가안보에도 위협을 주기 때문이다.
　　江澤民 주석은 올바른 정책을 내놨다. 그러나 군부가 부분적
　으로 기업 활동을 통해 자체예산을 충당해 왔을 점을 명심해야

---

152) 平松武雄, 『江澤民と中國軍』 (東京: 勁草書房, 1999), pp.176-177.

152

　한다. 그가 목적을 달성하려면 군과 공안부분의 예산은 정비되
어야 한다. 장교와 병사의 월급도 좀 더 상향되어야 한다. 그 때
까지 장 주석은 조심스럽게 움직여야 할 것이다.153)

　이 사설에서 나타나듯이 중국군의 기업 경영이라고 하는 것이 그
규모와 영역에서 한국의 재벌을 능가하는 경영상황을 보여주고 있
으며 기업을 유지 발전시키려는 관성과 이윤 앞에서 정상적 시장
질서가 아닌 행위를 그간 보여주었음을 명백히 알 수 있다.
　군 운영기업의 청산에 관한 후속작업으로서 98년 10월 북경에서 군
과 무경부대, 정법기관의 상업적 활동 금지에 관한 공작회의가 중공
중앙과 국무원, 중앙군사위원회 주관으로 胡錦濤 국가 부주석의 주재
하에 북경에서 열렸다. 이 회의에서서 군기업의 연내 철폐를 결의하
였으며 胡錦濤는 "군기업들이 위장된 방법으로가 아니라 반드시 깨끗
하게 문을 닫아야한다."면서 "(당과 국가)의 명령에 복종하지 않을 경
우 해당군대를 재판에 회부할 수도 있다."고 경고했다.154)
　이와 관련하여 중국 정부는 군부에 대해 98년 12월 15일까지 군
부가 보유한 기업체에 대한 통제권을 모두 포기하도록 시한을 설정
하는가 하면, 당정기관이 보유한 소유기업들을 처분하도록 지시했
다.155) 이런 지시에 따라 군과 당정기관은 그동안 자신들이 경영해
온 기업들에 대한 소유 및 통제권을 대기업의 경우는 중앙정부에
일시적으로, 중소기업의 경우는 지방정부 산업당국에 넘길 것으로
보도되었다.156)

---

153) *Standard,* July 24. 1998.
154) 『人民日報』, 1998. 10. 8.
155) 『한겨레』, 1998. 12. 1.
156) 이런 기업들은 접수, 분류, 처리의 3단계를 거쳐 산업구조와 생산품의
　　종류와 질, 기업의 구조를 고려하여 기업개혁의 방향과 조건에 따라
　　재조정, 재조직되거나 병합될 것으로 알려지고 있다. 중국정부는 이런

중국 인민해방군과 무장경찰 등에서 경영해온 기업들의 중앙과 지방정부로의 이양이 98년 12월 15일로 완전히 완료되었으며 당정 기관 경영 기업들의 이양도 연말까지 완전히 끝난다. 해당 기업들은 중앙정부와 성정부에 설치된 인계인수 업무 판공실로 이양되었다. 중앙과 지방의 인계 인수업무 판공실은 넘겨받은 기업들에 대해 정밀조사를 거친 후 산업구조, 생산품 구조, 기업구조의 조정 방향에 맞춰 폐쇄, 합병, 파산 등 조처를 취하며 중국 정부는 인민해방군의 기업 경영 수입이 없어짐에 따라 국방비 증액으로 이를 보전할 계획인 것으로 전해졌다.157)

중국군부와 당정의 공안, 사법기관이 그간 경영해온 사업체들에서 손을 뗐으며 정부 당국은 이들 기업의 재편 작업에 착수했다는 소식이 중국 언론에 보도되었다. 이 신문은 '군부, 무장경찰, 공안, 법원, 검찰이 그들이 경영해온 기업들과 원만히 유대관계를 끊었으며 엄청난 재편 작업은 99년 연내로 완료될 것으로 보인다.'고 보도했다. 보도기사에 따르면 군부관련 기업들의 총자산은 500억 元 (60억 2천만 달러, 한화 7조 2000억 원)이며 연간 약 50억 위안(6억 2백만 달러, 한화 7200억 원)의 이익과 세수를 창출하고 있는 것으로 추산되었다.158)

작업을 위해서 국가계획위원회, 국방과학기술공업위원회를 포함한 16개부서가 참여하는 인수위원회를 조성하였으며 국가경제무역위원회가 책임을 맡고 있다. "Armed Forces Handing Over Enterprise at Yearend", Beijing Xinhua Domestic Service, Nov.19, 1998 in *http:// wnc.fedworld.gov/cgi-bin/retrieve.cgi*

157) 『한겨레』, 1998. 12. 16.

158) *Business Weekly(China Daily),* March 21, 1999; 그러나 중국군기업의 소유 이전 작업이 그렇게 신속하게 진행되는 것 같지는 않다. 중국이 1860년 영·불 연합군에 의해 圓明園에서 약탈당한 문화재를 되찾기 위해 소더비와 크리스티가 주관하는 경매에 총참모부 산하 保利集團이 참여하고 있다. 『중앙일보』, 2000. 5. 9.

154

3. 군기업에 대한 보상과 군비조달

80년대 중반 이후 군이 독자적으로 기업을 운영하면서 국방비의
상당액을 보조했다는 것은 군의 경제활동이 여러 가지로 폐단이 있
음에도 불구하고 쉽게 중공 중앙으로 하여금 군의 수익성 사업 경
영을 금지하는 것을 어렵게 만들었다. 개혁개방으로 전반적인 사회
적 조류가 돈과 부를 향해 나아가고 있는 상황에서 열악한 군의 생
활 조건과 무기 장비의 낙후를 개선할 재원이 사실상 부족했기 때
문이다. 군의 개혁개방에 대한 소외감은 수익성 사업의 탈법적 운
영과 밀수, 부패를 조장하였고 이것은 군 개혁의 실마리를 군이 자
초해서 제공한 것이었다. 다만 군이 요구하는 정도의 군비를 어떻
게 당정지도부와 군이 조율하느냐 하는 문제가 향후 큰 문제로 남
는 중국정부의 숙제인 것이다. 앞으로도 상당 정도, 적어도 민간수
준의 생활과 기본적 무기개발과 장비의 개선의 비용은 국가가 계속
해서 제공해야 되기 때문에 중국의 군비 증가 현상은 당분간은 멈
추지 않을 것이다.

'96년도 중국의 국방비는 공식적으로 7백2억 위안(약 86억 달러)
으로 책정되었다. 전년의 6백 39억 위안보다 약 10% 정도 늘어난
것이기는 하지만 293만 대군을 보유한 나라의 국방비치고는 적은
규모로 일본과 한국은 물론이고 대만에도 한참 못 미치는 수치이
다. 따라서 중국 이외의 방위 전문가들이나 분석가들은 중국의 공
식적인 국방비가 중국의 정확한 군사비용의 측정이라고 생각하지
않는다. 서방국가들은 중국의 국방비가 공식발표보다 훨씬 높을 것
으로 보고 있다.159) 미 국방부는 1,720억 달러, 미군축국(ACDA:

---

159) 중국은 군사에 소요되는 비용을 공식적으로 발표해 오지 않다가 1995

Arms Control and Disarmaments Agency)은 550억 달러, 미중앙정
보국(CIA)은 310억 달러, 영국의 국제전략연구소(IISS)는 260억 달
러, 스웨덴 스톡홀름 국제평화연구소(SIPRI)는 최대 310억 달러 최
소 110억 달러로 추산하고 있다.160)

년 11월 國務院 新聞辦公室에서 <中國的軍備控制與裁軍>이라는 백서
를 발표함으로써 공식적인 국방비를 언급하였다. 그러나 동서양을 막
론하고 중국전문가의 상당수는 이런 공식적인 국방비가 다분히 축소
된 것이며 실제 중국의 국방과 관련된 군사비는 공식적인 액수의 최
소 2배에서부터 몇 배 이상이 될 것으로 예측하고 있다. 중국의 국방
비와 군사관련 소요 비용에 관한 자세한 내역과 추이는 황병무, "중국
의 국방비와 군사력에 관한 통계분석", 서진영 편, 『현대중국과 북한
40년(Ⅲ): 통계자료분석』(서울: 고려대학교 아세아문제연구소, 1991),
pp.107-137; Arthur S. Ding, "China's Defence Finance: Content,
Process and Administration", *The China Quarterly,* No.146(June
1996), pp.428-442; Shaoguang Wang, op. cit., pp.889-911; Paul H. B.
Godwin, "'PLA incorporated' : Estimating China's military
expenditure", in Gerald Segal and Richard H. Yang, eds., *Chinese
Economic Reform: The Impact on Security*(London: Routledge,
1996), pp.53-77; The International Institute for Strategic Studies,
The Military Balance 1995/96(London: Oxford University Press,
1995), pp.270-275; Bates Gill, "Chinese Defence Procurement
Spending: Determining Intentions and Capabilities", in James Lilley
and David Shambaugh, eds., *China's Military Faces the
Future*(Armonnk, New York: M. E. Sharpe, 1999), pp.195-227; 平松
武雄, 『中國の 軍事力』(東京: 文藝春秋, 1999), pp.113-142(3장); 카야
하라 이꾸오(茅原郁生), 『중국당대군사론』, 이병호역(서울: 육군사관
학교 화랑대연구소, 1997), pp.213-219 참조.

160) 『문화일보』, 1996. 5. 20.

156

<표 3-5> 중국의 국방비(90-98)

연도	국가재정지출		국방비			
	지출 (억 元)	대전년비 (%)	지출 (억 元)	대전년비 (억 元)	대전년비 (%)	재정지출 점유율(%)
1990	3083.59	9.20	290.31	38.84	15.44	9.41
1991	3386.62	9.82	330.31	40.00	13.77	9.75
1992	3742.20	10.49	377.86	47.55	14.39	10.9
1993	4642.30	24.05	425.80	47.94	12.68	9.17
1994	5792.62	24.78	550.71	124.91	29.33	9.50
1995	6823.72	17.80	636.72	86.01	15.61	9.33
1996	7937.55	16.32	720.06	83.34	13.08	9.07
1997	9233.56	16.32				
1998						

출처: 『中国統計年鑑, 1998』(北京: 中国統計出版社, 1998), p.269, 277에 근거해 계산

　논의상의 편의를 위해 중국의 통계연감에서 적시하고 있는 중국의 국방비를 보더라도 <표 3-5>에서 알 수 있듯이 중국의 국방비는 90년대 들어 꾸준히 늘기 시작했다. 98년 전국인민대표대회 제1차회의에서 재정부장(劉仲藜)은 98년 예산 초안에 대한 보고를 통해 98년 국방비 지출을 97년의 집행액 806억 5100만 위안보다 103억 3900만 위안(12.8%)늘어난 909억 9천만 위안으로 잡고 있다고 밝혔다.[161] 마찬가지로 99년 전국인민대표대회 제2차회의에서 재정부장(項懷誠)은 99년도 예산 초안에 대한 보고를 통해 국방비를 98년도보다 12.7% 증가한 1046억 5천만 위안으로 예산하고 있다고 밝

161) 『人民日報』, 1998. 3. 7.

혔다.162) 군의 기업 활동을 금지시킨 98년과 99년에 중국전국인민대표대회에서 중국재정부장이 밝힌 국방비의 증액을 보더라도 그 절대액수가 해가 갈수록 증가하고 있음을 여실히 알 수 있다.

중국 정부는 인민해방군이 운영하고 있는 기업들을 98년 안으로 모두 청산하도록 명령하는 대신 이에 대한 보상을 제시하였다.163) 중국군부의 실력자인 張萬年 중앙군사위 부주석이 군 경영 기업을 폐쇄하는 대신 朱鎔基 총리로부터 500억 위안을 제의받았는데 이 액수는 군기업 폐쇄에 따른 손실의 완전보상을 요구하고 있는 군 간부들의 요구보다 대략 300억 위안 부족한 수준이었다.164)

그러나 지금까지 중국군의 생활개선비와 사업비의 부족분이 대부분 생산경영활동에 의한 수입에 의존해 왔기 때문에 군의 경제활동의 금지나 제한은 군 유지를 위한 막대한 재정부담을 증가시키는 결과를 초래할 것이고 이것은 향후 중국군사비 증가의 중요한 요인이 될 것이다.165)

중국군은 군 현대화의 일환인 방어와 반격체제 확보를 위해 국방부와 총참모부가 제출한 보고서를 중공중앙과 국무원이 승인했다고 장완니엔 군사위원회 부주석이 99년 9월 해방군 4총부와 각 군의

---

162) 『한겨레』, 1999. 3. 8.

163) 중국의 군지도자들은 손실을 발생시키고 있는 군기업을 정리하라는 결정과 이에 대한 정부의 보상에 오히려 더 기뻐하고 있다고도 한다. Willy Wo-Lap Lam, *The Era of Jiang Zemin*(Singapore: Simon & Schuster, 1999), p.197; 사실 많은 군기업들－2/3 정도－가 이익보다는 적자를 면하지 못한 것으로 알려진다. 군기업의 다수가 구식 장비, 과잉인력, 빈약한 지리적 위치, 부채의 증가, 시장성 있는 물품 생산 능력의 부족으로 많은 어려움을 겪고 있다는 것이다. 타이 밍 충, 앞의 글, pp.270-271.

164) *South China Morning Post,* October 9. 1998.

165) 박두복, "最近 中國 軍事費 增加의 國内政治的 性格", 『외교안보연구』, 창간호(96. 12), p.65.

고위급 회의에서 발표했다. 장완니엔 군사위 부주석은 회의에서 江
澤民 주석의 "신안전관"(新安全觀)에 기초하여 진정 국가 안전을 유
지하려면 정치와 경제 군사 안전이 상호 결합된 안전체계를 구축하
여야 한다고 강조하였다. 그는 또한 이러한 "신안전관"에 따라 적극
적 자세로 고도의 과학 기술을 바탕으로 한 반격 능력을 갖추고 신
속하게 본토를 자위할 수 있는 국방모델과 제해권 제공권, 제정보
권을 주도할 수 있는 국방모델을 구축하여야 한다고 주장하였다.
중국 국무원은 이러한 군사사업의 일환인 "신안전관"에 기초한 군
방위와 반격체제 구축을 위해 800억 위안을 배정하였다.166)

이렇듯 지금 중국에서 이루어지고 있는 군의 현대화 정규화 정책
이 중국의 정치적 승계과정에서 중요한 역할을 해온 군부에 대한 장
제민 체제의 영향력 구축과 긴밀한 상관 관계하에 전개되고 있다고
볼 수 있다. 또한 이 정책은 중국 중앙정부의 방대한 군사비 지출 효
과를 초래하고 있기 때문에 江澤民 체제에서 군사비 증가는 국내정
치적 성격이 강하다고 할 수 있으며, 인민해방군의 상업적 활동에 대
한 기간의 관용도 이런 맥락에서 설명할 수 있을 것이다.167)

재정에서 중국군의 요구를 감당할 수 없다는 것을 너무나도 잘
알고 있는 중국 정부로서는 군기업의 해체에 대한 대안을 찾을 수
밖에 없었던 것으로 보인다. <표 3-6>에서 나타난 바와 같이 중국
의 재정은 그 수입보다는 지출이 지속적으로 상회하는 재정적자를
면하지 못하고 있다. 이런 상황하에서 사실 중국군의 경제활동은
어떻게 보면 중국의 재정을 어느 정도 건전하게 해 준 점이 없지

---

166) 『明報』, 1999. 9. 13
167) 박두복, 앞의 글, p.73; 존 W. 가버, "중국의 대외 정책과 PLA의 영향
력", 제임스 R. 릴리 외, 『중국 인민해방군, 지금 어디로 가고 있는가:
중국의 국방현대화를 중심으로』, 김형배 역(서울: 홍익출판사, 1997),
pp.130-131.

않다. 그러나 중국군의 경제활동으로 인한 재정건전화보다도 일사
불란한 군에 대한 당의 통제가 오히려 장기적 안목에서 훨씬 더 중
국 정권에 중차대한 문제인 것이다. 이러한 재정적인 여건에도 불
구하고 군의 경제활동을 금지시킨 것은 江澤民 체제의 고육책으로
풀이할 수 있는 것이다. 뒤에 살펴 볼 江澤民의 황량론(皇糧論)에서
알 수 있듯이 이는 군의 재정적 통제를 통해 군을 관리하는 것이
군의 충성을 유도하는 데 훨씬 더 명분이 선다는 것뿐만이 아니라
군의 기업 활동을 인한 제반 병폐와 전투력의 손실을 예방할 수 있
다고 판단했기 때문인 것이다.

<표 3-6> 중국의 재정수지 및 증가 비율(단위: 억 元)

년도	재정수입	재정지출	수지차액	증가속도(%)	
				재정수입	재정지출
1989	2664.90	2823.78	−158.88	13.1	13.3
1990	2937.10	3083.59	−146.49	10.2	9.2
1991	3149.48	3386.62	−237.14	7.2	9.8
1992	3483.37	3742.20	−258.83	10.6	10.5
1993	4348.95	4642.30	−293.35	24.8	24.1
1994	5218.10	5792.62	−574.52	20.0	24.8
1995	6242.20	6823.72	−581.52	19.6	17.8
1996	7407.99	7937.55	−529.56	18.7	16.3
1997	8651.14	9233.56	−582.42	16.8	16.3

출처: 『中国統計年鑑, 1998』(北京: 中国統計出版社, 1998), p.269.

그럼에도 불구하고 이런 재정적 요인으로 인해 중국 江澤民 국가

주석 겸 중앙군사위원회 주석은 각급 무장부대와 민병 예비역 부대가 "노동 제공을 통해 경비 부족을 보충하는 방안"을 허락하는 조치를 내렸다고 한다. 이는 98년 군의 상업적 활동의 금지 결정이 내려진 이후 경비 부족으로 곤란에 빠진 군부에 대한 보상책으로 알려지고 있다. 중국의 해방군은 상업 활동 금지 조치 이후 군비 부족으로 곤란을 겪고 있으며 군 고위층은 중앙과 국무원에 대해 강력한 불만을 표시한 것으로 알려지고 있다. 현재 중국군은 군비 전부를 국무원으로부터 지급 받고 있는데 정부로부터 지급받는 금액은 예전에 비하여 크게 증가하였지만 군이 상업 활동을 통해 거두어 들였던 비용에 크게 미치지 못한다는 것이다. 특히 민병 예비역 부대와 무장부대의 경비는 정규군보다 대폭 감속된 상태로 예비역 민병들은 군사 활동을 전개할 수 없는 지경에 이르렀다는 것이다. 따라서 각 지방군구와 인민무장경찰 부대는 장쩌민과 중앙군사위원회의 지시에 따라 "노동을 통해 군 경비에 보충하기 위한 계획"에 적극 착수하고 있다는 것이다.[168]

사실 새로운 천년의 구호를 '미군에 맞설 수 있는 세계 유일의 초강군'으로 정한 중국군은 무기개발, 핵 기술 정교화 등 군 현대화 작업에 들어가는 액수가 천문학적이다. 중국군은 군 현대화를 위해 향후 10년간 2천억 위안이 필요하다는 것이다. 중국은 원양 작전 능력을 도모하기 위해 항공모함의 건조에 착수하는 것으로 알려지고 있는데 미 7함대에 맞설만한 항공모함 전투선단이 구성되어야 비로소 미군과 맞설 수 있고 원양 작전 능력을 투사할 수 있다고 판단하기 때문이다. 그런데 98년 군의 영리 사업이 금지된 이후로 군비 충당을 할 수 없는 중국군으로서는 고육지책을 생각해 낸 것이 중국제의 무기를 팔아 그 금액으로 군 현대화 경비에 충당한다

---

168) 『星島日報』, 1999. 7. 20.

는 것이다.169) 중국 정부는 재정 형편상 중국군이 원하는 대로 지원해 주기는 곤란한 입장에 있기 때문이다.

중국은 기존의 중국제 무기를 수입한 국가를 대상으로 탱크 대포 수송차량, 자동소총, 수류탄뿐만 아니라 중국이 자체개발했다고 자랑하는 殲－6, 7 전투기, 최신예 전투기인 飛豹까지 수출 품목으로 잡고 있다. 미국이나 서방 선진국에 비해 성능은 크게 뒤지지 않으면서 값이 싼 것이 장점이기 때문에 동남아나 파키스탄, 아프리카 등에서 수요가 많다는 것이다. 또한 이러한 국가들은 기존의 무기 체계가 중국무기로 이루어져 있기 때문에 수출에 이점이 있다는 것이다. 물론 국제사회의 압력이 없지 않을 것을 예상해 기존 무기체계의 유지 보수를 위한 무기 판매에 전념할 것이라는 구실도 만들어 놓았다.

그런데 이러한 무기 수출은 과거 국방공업을 담당하는 부서와 경쟁을 할 정도였는데 그것에 관한 통합과 조정, 수익의 분배 등이 순조로울지 의문이 들기는 한다. 그러나 음성적으로 이루어졌던 과거의 군 영리 사업보다는 무기 수출 사업은 정부 내에서는 그 거래 규모가 모두 드러나기 때문에 부정의 소지가 적을 뿐 아니라 선진 기술을 이용해 떳떳하게 돈을 번다는 점도 중요한 차이점이라고 중국군은 강조한다.170)

또한 군대가 경영성 생산을 하지 않는다고 해서 농부업 생산조차도 하지 않는 것은 아니다. 오히려 농부업 생산은 江澤民의 지시로 계속해서 잘 생산하도록 격려되었다. 江澤民은 농부업 생산에 대하여 "후근(병참)의 주요 임무는 군대가 제대로 임무를 수행할 수 있도록 사업을 잘 하는 것이다. 재원을 늘리고 지출을 절약하는 것이

---

169) Willy Wo-Lap Lam, *op. cit.*, p.197.

170) 『중앙일보』, 1999. 10. 14.

중요한데 고난을 이겨내는 정신을 발양하고, 지역과 제도에 맞게 적당히 농부업 생산을 하는 것은 군대의 오랜 전통이다. 지속하는 것이 필요하며 관리를 잘 해서 생산성을 향상시키기 위해 노력해야 한다."고 지시하였다.171) 이러한 江澤民의 지시는 군대가 "황량"(皇糧)을 먹는 것과 동시에 실정에 맞게 어느 정도의 농부업 생산의 중요성과 노력방향에 대해 언급한 것이다. 농부업 생산은 경영성 생산이 아니고 재원을 확보하고 지출을 줄이는 유력한 조치이기 때문에 고난을 이겨내는 정신을 발양하여 생동적으로 이것을 체현해 내며 오랫동안 반드시 견지해야 한다.172)는 것이다.

제5절 小 結

　중국 인민해방군의 군사적 역할 이외의 비군사적 역할, 즉 사회적 역할은 결코 낯선 것이 아니다. 그들의 임무와 역할은 홍군의 건군과정과 지난한 사회주의 혁명과정에서 배태된 것이었다. 사회주의 건설과정에서도 군의 생산대로서의 경제적 역할은 지속되었다. 문화대혁명 시기에는 군의 각 부문에 대한 과도한 개입으로 인해 부정적 영향이 전반적으로 노출되었는데, 군의 농부업 생산에 과도한 병력이 동원되었으며 군기업이 무분별하게 증식되는 시기이기도 하였다. 이것은 毛澤東의 혁명적 지시에 근거한 것이었다.

　개혁개방정책의 이념적 목표는 부강한 중국의 건설이었다. 실용주의적 노선에 바탕한 鄧小平의 이념적 기조는 사회주의 중국 역사

---

171) 姚延進・劉繼賢・張全啓, 前揭書, p.227.

172) 上揭書, 같은 곳.

의 이데올로기적 경직성과 시행착오로 인해 낙후된 경제의 우선적 발전이었다. 사회의 모든 역량은 경제발전을 위해 투자되었고 이에 따른 이론적 뒷받침이 강화되었음은 주지의 사실이다. 따라서 鄧小平 시기 군의 경제활동의 확대는 일차적으로 이러한 국가적 목표를 달성하기 위한 것이었다.

과거의 사회주의적 계획경제하에서의 자급적이고 영세적인 군 경제활동의 영역을 벗어나 개혁개방 시기 군의 경제활동은 시장기제의 확대에 따라 군기업의 사활 모색과 이윤추구로 확대일로를 걷는다. 군기업의 경영개혁을 위한 여러 방안들이 군 내부에서 모색되었다.

먼저 농부업 생산에서는 개혁개방정책의 영향하에 첫째, 단순 생산방식에서 경제작물을 비롯하여 다양한 종류의 생산과 경영의 다각화를 꾀하였다. 둘째, 과거 폐쇄식의 자급 생산으로부터 자급 생산과 상품성 생산을 결합하는 방향으로 전환하였다. 셋째, 과거 행정수단에 의해 관리하던 방식에서 가격과 비용, 이윤 등을 고려한 경제수단 관리방식으로 변화하였다. 넷째로는 경제적 효율성을 제고하기 위해 과거의 단순 경험에 의한 지도보다는 과학기술에 바탕한 경영생산의 지도가 이루어지고 있다.

군기업의 발전을 살펴보면 역시 중국의 전반적인 개혁개방정책의 영향으로 첫째 생산, 물자관리, 인사, 재무 관리 등에서 군기업의 자주권이 확대되었다. 둘째, 공장장 책임제가 실시되었다. 셋째, 청부경영책임제를 확대 실시하고 있다. 이러한 군기업의 개혁은 생산품이 과거와 달리 이윤을 확보할 수 있는 상품이라는 인식에 바탕한 것이었다. 또한 이러한 군기업의 발전은 민수품 생산을 강화하면서 발전하였는데 군수품을 우선으로 생산하되 민수품 생산을 강화시킨다는 방침에 근거한 것이었다. 이것은 군대의 구조조정으로 군수품 생산의 임무가 감소한 상태에서 군기업의 생존을 꾀하기 위한 것이기도 하였다.

군의 농부업 생산과 군기업은 개혁개방 시기에 궁극적으로 과거의 군 수요에 필요한 단순생산과 지령성 계획에 근거한 비효율적 경영으로부터 이윤확보라는 상품생산으로의 인식상, 경영상의 변화를 꾀하고 있는 것이다. 그들의 경제활동 분야는 1차 산업뿐만 아니라 서비스업과 대외무역과 합작까지 아우르는 전 경제 영역에 걸친 것이었다. 이러한 군기업의 경쟁력 강화와 효율적 통제를 위하여 기업의 대규모화가 추진되었으며 군기업의 재정적 감독이 강화되기도 하였다. 또한 93년에는 군기업의 대규모적인 개혁이 실시되어 일부 군기업이 민간에 이양되기도 하였다.

이러한 군 경제활동의 확대는 군 현대화의 부족한 재원을 충당하는 것뿐 아니라 장병들의 생활향상에 투여되었다. 또한 군 경제활동의 주체인 군기업은 군속들의 취업을 어느 정도 보장함으로써 사회적 공익을 실현하는 것으로 평가되고 있다. 즉 군의 생산경영활동은 중국의 경제건설을 위하여 물질적인 재화와 부를 창출함으로써 사회주의 건설을 지원하는 것으로 평가되었다.

그러나 살펴보았듯이 군기업의 무조건적인 확대를 당이 용인한 것은 아니었다. 전쟁준비에 소홀하지 않는 한이라는 전제하에서 군의 경제활동이 용인되었으며 단위부대의 상업적 활동은 제한되었다. 그러나 군의 경제활동은 이윤의 관성으로 인해 이러한 당의 정책을 무시하고 종종 확대되었으며 그에 따른 중소 군기업의 채산성과 부패문제가 발생하게 되었다.

이러한 군 경제활동의 확대와 이에 따른 부패는 궁극적으로 당의 군 통제에 심각한 영향을 미쳤다. 鄧小平에 비해 상대적으로 취약한 지도력을 보유하고 있는 江澤民 체제로서는 군의 경제활동 확대가 체제 공고화의 불안한 요인으로 거론되었으며 15차당대회 이후

전반적인 개혁의 분위기 속에서 군의 일체의 경제활동은 금지되었
다. 당에 의해 군기업에 대한 보상이 추진되었으며 군기업의 민간
이양이 진행 중에 있다. 이러한 군사정책의 변화는 결국 江澤民 체
제 공고화와 군의 역할에 대한 정체성의 확보라고 하는 측면에서
주요한 함의를 지니고 있는 것이다.

제4장 人民解放軍 經濟活動 擴大의 要因과 背景: 經濟發展 優先主義의 動因

　본 장에서는 중국 인민해방군이 개혁개방 시기에 경제적 활동을 확대하게 된 요인과 배경을 알아본다. 먼저 이런 경제적 활동의 확대라는 군사정책의 구조적 요인으로서 鄧小平 시기의 당군관계의 성격과 현상을 파악하고 鄧小平 시기에 이루어졌던 군사정책의 기조인 국방현대화, 이에 따른 군 구조의 개편과 군사개혁을 개괄해 본다.

　군이 경제활동을 확대하게 된 직접적인 원인은 경제적인 것이었다. 개혁개방의 이념적 목표는 국가의 경제발전이었으며 군의 이러한 대국에 복종할 것이 요구되었다. 시장기제의 확대와 경제건설우선이라는 국가적 목표 하에서 군에 대한 자원배분은 상대적으로 소외된다. 특히나 군 구조의 개편을 중심으로 한 군사개혁은 새로운 시기에 경제역량을 집중하기 위한 경제적 요인이 강하게 작용하고 있음을 무시할 수 없다. 이러한 개혁으로 인한 유휴 군 시설의 생산적 활용 방안, 군공기업의 민수전환에 영향을 받아 군의 경제활동 확대는 본격화된다. 이것은 鄧小平 시기 경제발전의 국가적 목표 속에서 온 사회의 역량을 동원시키는 과정에서 군의 경제활동 확대도 이루어졌음을 의미하는 것이다. 그러나 군의 입장에서는 국가적 대국에 복종한다는 것뿐만이 아니라, 자원배분에서 상대적으로 소외된 군사비를 충당해야하고 시장적 기제의 확대로 인한 군대기업의 생존과 활로를 모색하는 것이기도 했다.

　요컨대 鄧小平 시기의 당군관계는 鄧小平의 군 경력과 혁명경력으로 인한 개인적 위상과 군 원로들과의 유대, 그리고 엘리트의 당군에 걸친 이중적 역할이 특징적인 공생적 관계라고 할 수 있다. 이러한 관계는 국가적 목표로서 경제발전에 우선권이 주어지는 토양이 되었다. 국방현대화 역시 우선권에서 상대적으로 소외되기는 하였으나 현대화라는 틀 속에서 개혁이 진행되었다. 결국 군의 경제활동의 확대는 이러한 당군의 공생적 관계 속에서 합의될 수 있었던 군의 조합주의에 대한 희생형적인 대군 관리 정책이라고 할 수 있다.

제1절 鄧小平 體制의 軍事權力과 黨軍關係

1. 鄧小平과 군과의 관계

1968년 10월 문화대혁명의 고조기에 열린 8기12중전회에서 유소기의 출당결정과 동시에 鄧小平은 모든 공직에서 파면되어 강서성으로 추방되었다. 鄧小平의 두 번째 실각이었다.[1] 그러나 그는 주은래의 도움과 1973년 3월 毛澤東의 동의를 얻은 중공중앙의 결정으로 국무원 부총리의 신분으로 복권된다.[2] 이어 1973년 8월에 개최된 10차 당 대회에서 중앙위원으로 피선되었다. 이어 1973년 12월

---

1) 등소평의 첫 번째 실각은 1933년 江西省 당위 서기로 재직할 당시 秦邦憲 등 중국공산당 국제파에 의해 毛澤東의 혁명 노선을 추종하였다는 이유로 모택동의 강서소조 수령이라는 죄목으로 해직된 것을 말한다. 김정계,『중국의 권력구조와 파워엘리트』(서울: 평민사, 1994), p.302.
2) 얼마 후 중공중앙정치국회의는 모택동의 의견에 근거하여 등소평이 중요한 정책문제에 대해서 중앙정치국회의에 참가하여 토론할 수도 있다고 결정하였다. 따라서 국무원 부총리 신분으로 복권이 되었지만 중앙정치국회의에 참여할 수 있을 정도로 과거의 신분을 회복시키고 있다.

중공중앙은 鄧小平을 중앙정치국위원과 중앙군사위원회위원에 선임하는 것을 결정하여 鄧小平은 중앙의 당무뿐만 아니라 군사문제를 지도할 수 있는 지위를 다시 획득하게 되었다.3)

이러한 직위는 1975년 1월에 열린 10기 2중전회에서 추인되었으며, 이 회의에서 그는 중공중앙의 부주석 및 정치국 상무위원에 선출되었다. 이 대회에 조금 앞선 1975년 1월 5일 중공중앙은 鄧小平을 중공중앙군사위원회 부주석과 인민해방군총참모장에 임명한다고 결정한 바 있다. 또한 10기 2중전당대회 바로 뒤인 동년 1월에 열린 4기 전국인민대표대회 1차회의에서 鄧小平은 12명의 총리 중 한 명으로 재선출되었다. 이로써 鄧小平은 1975년에 예전의 직위를 완전히 회복하였으며 당정군의 주요 요직에서 다시 활동하게 된다.

1976년 1월 周恩來가 사망하고 청명절인 4월 4일 그를 추도하며 4인방을 반대하는 200만여 명의 인파가 전국각지에서 천안문 광장에 몰려들었다. 당일 중공중앙정치국은 야간회의를 개최하여 천안문의 집회가 계획적이고 조직적인 반혁명적 성질의 반격이라고 규정하고 천안문 광장의 군중집회를 저지해산하기로 결정하였다. 毛澤東은 당시 이 정치국회의 결정을 보고 받은 것으로 전해진다. 4월 7일 毛澤東의 제의로 중공중앙정치국은 華國鋒을 중국공산당중앙위원회 제1부주석과 국무원 총리로 임명하는 것을 결의하였다. 또한 천안문 시위의 배후자로 지목된 鄧小平의 모든 직위를 박탈하였으나 당적만은 보류하고 향후 주시하기로 결정하였다.4) 이로써 鄧小平은 세 번째 실각을 하게 되는 셈이다.

---

3) 新華月報編輯部 編, 『新中國五十年大事記, 上』(北京: 人民出版社, 1999), p.444.
4) 新華月報編輯部 編, 『新中國五十年大事記, 下』(北京: 人民出版社, 1999), p.504. 鄧小平의 당적 박탈은 朱德과 葉劍英 등 군 원로들의 설득으로 보류되었다.

　1976년 9월 9일 毛澤東이 사망하였다. 문혁좌파인 4인방의 권력 찬탈 기도에 毛澤東의 뒤를 이은 華國鋒의 지위는 불안하였다. 동년 10월 6일 4인방의 음모를 저지하기 위해 華國鋒, 葉劍英, 汪東興 등의 연합세력은 中南海에와 北京에서 핵심세력을 체포하고 신문방송 매체에 군을 출동시켜 이를 접수하였다.5) 10월 6일 저녁과 다음날 새벽까지 열린 정치국회의에서 葉劍英의 건의로 華國鋒을 중공중앙 주석과 중앙군사위 주석에 선임하는 결의를 통과시켰다.6) 이러한 결의는 추후의 중앙위원회전체회의에서 추인받기로 하였으며 1977년 7월 10기3중전에서 통과되었다.

　1977년 7월 10기3중전회는 또한 鄧小平의 이전의 직위를 완전히 복권하는 것을 결의하여 鄧小平은 毛澤東의 사망 후 공식적으로 중앙무대에 재진출하게 되었다. 毛澤東 사망 후 복권 이전에도 鄧小平은 끊임없이 華國鋒의 양개범시(兩個凡是)를 반박하는 논리를 당내 외에 전파하여 華國鋒의 양개범시가 문제가 있음을 지적하였다. 결국 이러한 이론적 논쟁은 이후 권력투쟁으로 전화하게 되는 계기가 된다.

　1977년 8월에 개최된 중국공산당 제11차 전국대표대회에서 華國鋒은 문화대혁명이 종결되었다고 공식적으로 선언했다. 그러나 그는 당내에 아직 주자파가 존재한다는 것을 인정하였으며, 이후 문화대혁명 같은 성질성격의 혁명은 필요하지 않으나 금세기 내에 중국을 사회주의 현대화의 강국으로 만드는 것이 새로운 시기의 당의 임무라고 정치보고를 하였다.7) 11차당대회는 4인방의 제거로 인한

5) 4인방의 체포과정과 당시 군부 인사의 동향에 대해서는 해리슨 E. 솔즈베리,『새로운 황제들』, 박월라·박병덕 역(서울: 다섯 수레, 1998), pp.517-528.
6) 新華月報編輯部 編, 『新中國五十年大事記, 下』, p.512.
7) 4인방의 숙청과 화국봉 체제의 등장에 관해서는 김하룡, 『중국정치

각 세력의 연합적 성격을 띠고 있었다.8) 華國鋒은 당중앙위원회 주석으로 선출되었으며 부주석은 葉劍英, 鄧小平, 李先念, 汪東興이었다. 이들은 중앙정치국 상무위원을 겸하고 있었다. 중앙군사위원회 주석은 역시 華國鋒이었으나 부주석은 葉劍英, 鄧小平, 劉伯承, 徐向前, 聶榮臻 등 군 원로들이 차지하고 있었다. 그러나 군 공작 경력이 없는 華國鋒을 제외하고는 모두 鄧小平과 가까운 인물들 이라고 말해도 과언이 아니다. 군사위원회 위원은 총 63명이었으나 상무위원회는 李先念, 汪東興, 陳錫聯, 韋國淸, 蘇振華, 張廷發, 粟裕, 羅瑞卿(비서장 겸임)으로 구성되었다.9)

77년 11차당대회와 82년 12차당대회가 열리는 기간은 鄧小平이 華國鋒을 밀어내고 鄧小平의 권력기반을 확고히 하는 기간이며10) 이 기간 동안 華國鋒의 양개범시에 대한 실책과 鄧小平의 실사구시(實事求是)의 이론이 세력을 확대하는 시기이기도 하였다.11) 華國鋒

론』(서울: 박영사, 1988), pp.285-292 참조.

8) 華國鋒 파벌과 등소평 세력, 군부 원로를 중심으로 한 葉劍英 세력이 적절하게 중앙지도부에 안배되어 포진하고 있는 형세였다. Parris H. Chang, "Chinese Politics: Deng's Turbulent Quest", *Problems of Communism,* Vol.30(Jan. -Feb. 1981), pp.1-21.

9) 張馭濤 主編, 『新中國軍事大事紀要』(北京: 軍事科學出版社, 1998), p.313.

10) Harry Harding, *China's Second Revolution: Reform after Mao*(Washington D. C. : The Brookings Institution, 1987), pp.57-66.

11) 1978년 12월 11기3중전회에서 鄧小平은 자신의 이론을 바탕으로 새롭게 중국을 총설게 하게 된다. 자파 세력을 중앙정치국원 및 정치국 상무위원에 배려하였다. 3중전회에서는 경제전문가 陳雲을 중앙정치국 상무위원 및 당중앙위원회 부주석에 선출하였으며 鄧穎超, 王震, 胡耀邦을 정치국 위원에 선출하였다.
　　1979년 9월 11기4중전회에서는 趙紫陽과 彭眞을 정치국위원으로 승격시켰다. 趙紫陽은 11차당대회에서 정치국 후보위원이었다. 1980년 2월 11기5중전회에서는 胡耀邦과 趙紫陽은 정치국 상무위원회 위원으로 승격하게 된다. 중앙서기처를 신설하여 총서기에 胡耀邦을 선출하였다. 소4인방으로 일컬어지는 汪東興과 陳錫聯, 紀登奎, 吳德 등은 일체의

172

은 毛澤東이 "당신에게 맡기면 안심이다."라고 말한 毛澤東의 공식
적인 후계자였음에 불구하고 권력투쟁에 패배함으로써 정치적 승계
에 실패하였다. 鄧小平에게 권력을 내줄 수밖에 없었던 이유를 몇
가지로 나누어 해석할 수 있을 것이다.

첫째는 당시의 최고지자로서 華國鋒은 毛澤東 사후의 중국공산당
의 노선과 국정운영 방향에 대한 전반적인 이데올로기를 창출할 수
있는 권한이 있었다. 그러나 그는 그러한 이데올로기를 창출하고
지도부의 동의를 얻어내는 과정에서 결국은 실패하였다. 그는 불안
한 후계자로서 "무릇 毛澤東 주석이 내린 정책결정을 우리는 견결
히 유지하여야 하며, 무릇 毛澤東 주석의 지시를 우리는 처음부터
끝까지 변함없이 따라야 한다."는 양개범시론(兩個凡是論)을 주장하
였다. 불안한 후계자로서 毛澤東의 업적과 위상에 그의 기반을 설
정한 것은 어쩌면 그로서는 당연한 선택이었다. 그러나 이것은 문

공직으로부터 사직할 것이 결정되었다. 동년 4월 5기전인대상무위원회
회의에서 趙紫陽과 萬里는 부총리에 선임되었으며 소4인방이던 紀登奎
와 陳錫聯은 부총리에서 면직되었고 전인대상무부위원장을 맡고 있던
吳德은 사임하였다. 동년 8월에 개최된 5기전인대 3차회의에서 중공중
앙의 건의로 華國鋒은 총리직에서 사임하였으며, 鄧小平, 李先念, 陳雲,
徐向前, 王震, 王任重 등도 부총리직을 사임하였다. 趙紫陽이 총리직을
승계하였으며 楊靜仁, 張愛萍, 黃華가 부총리로 선임되었다.
　1981년 11기6중전회에서 <건국 이래 당의 약간의 역사문제에 관한 결
의>(關于建國以來黨的若干歷史問題的決意)를 통과시켜 毛澤東 사상의
공과를 정리하고 문화대혁명 및 4인방의 과오를 청산하였으며 華國鋒의
兩個凡是論이 당의 훌륭한 전통을 부활시킬 수 없음을 지적하였다. 이
회의에서 鄧小平은 확실하게 권력을 강화하여 개혁개방을 추진할 수 있
는 인선을 당정군에 구축하였다. 鄧小平의 세력 확대에 불가항력이었던
華國鋒은 당중앙의 주석과 중앙군사위주석을 사임하였다. 새로운 선거
결과 胡耀邦이 당중앙위원회 주석으로 선출되었으며 趙紫陽, 華國鋒은
부주석이 되었다. 鄧小平은 중앙군사위원회 주석이 되었다. 이로써 중앙
정치국 상무위원회는 胡耀邦, 葉劍英, 鄧小平, 趙紫陽, 李先念, 陳雲, 華
國鋒으로 구성되었다. 이로써 華國鋒은 권력의 정점에서 밀려났으며 鄧
小平은 확실하게 당정군에 걸친 권력기반을 구축하게 되었다.

화대혁명으로 인한 전반적인 국정의 피폐를 타개할 수 있는 해결책
이 담긴 이론이 아니었다.

鄧小平에 의해서 주장된 '실천이 진리를 검증하는 유일한 기준'이
라는 실사구시론(實事求是論)은 양개범시론을 끊임없이 위협하였다.
4인방 체포 이후 당 지도부와 인민들이 毛澤東의 사상 아래 갇혀
있던 것에서 해방되려는 욕구를 분출하고 있었으나 華國鋒은 이러
한 기대에 부응하지 못한 것이다. 새로운 정책노선과 이데올로기
주조의 실패는 毛澤東의 황제식 통치와 이로 인한 문화대혁명의 과
오를 치유하기에 '양개범시론'이 가지고 있는 이론적 자양분이 실효
가 없음을 반증하는 것이기도 하였다.

둘째는 이러한 이데올로기에 바탕한 노선투쟁의 승리를 뒷받침할
수 있는 구체적인 경제정책에서 실패한 것이다. 華國鋒은 1978년 2
월에 개최된 5기 전국인민대표대회에서 그가 책임지고 있는 국무원
의 <1976-1985年 國民經濟發展10年計劃(草案)>과 <정부공작보고>
(政府工作報告)를 통하여 중국현대화에 대한 나름의 청사진을 제시
하였다. 그러나 그것은 周恩來가 발표한 1975년 1월 제4기 전국인
민대표대회의 <정부공작보고>에 보충과 수정을 가하여 발표한 것
이었다.[12] 그래서 그의 정부보고는 시간상의 모순을 띄고 있었다.[13]

그런데 그러한 계획은 지나치게 의욕적이었던 까닭에 내용에서

---

12) 1975년 4기 전국인민대표대회에서 주은래가 발표한 <정부공작보고>는
    복권된 鄧小平이 기초한 것이었다. 그것은 문화대혁명전인 1964년 12
    월 21일부터 1965년 1월 4일까지 개최된 3기 전국인민대표대회에서 발
    표된 <정부공작보고>의 내용 중 '두발로 걷기'(兩步設想)와 세기말까지
    4개 부문에서 현대화를 달성할 것을 다시 제시하는 것이었다. 新華月
    報編輯部 編, 『新中國五十年大事記, 上』, p.470. 따라서 5기 전국인민
    대표대회에서 화국봉이 발표한 내용은 소위 周恩來와 鄧小平 노선에
    약간의 정책적 가미를 한 것이라고 할 수 있으며 근본적으로 현대화론
    자들의 입장을 따르고 있는 것이었다.

13) 김하룡, 『중국정치론』(서울: 박영사, 1988), p.292.

174

비현실성을 띠고 있었다. 이러한 계획이 발표된 지 1년도 못되어 중대한 차질을 빚자 華國鋒의 공격에 앞장선 것은 陳雲, 李先念 등 지난날 실용주의 경제정책을 추진한 당내의 경제전문가들이었다. 따라서 華國鋒은 1979년에 열린 5기 전국인민대표대회 2차회의에서 1979년부터 1981년까지 3년간을 조정기라고 선언하고 국민경제의 조정, 개혁, 정돈, 향상의 구호 아래 농업중시, 건설프로젝트의 질적 개선, 국민의 소비생활 향상을 내세웠다.14) 따라서 4개현대화가 직면한 차질과 부진 그리고 거기에서 빚어진 여러 가지 부작용은 이데올로기 부문에서도 鄧小平의 실천파에게 밀리는 상태에 있었던 華國鋒 등 범시파에게 결정적 타격을 준 것이라고 할 수 있다.

셋째는 華國鋒은 체제의 과도기에 군부 세력의 지지와 지원을 얻는데 실패하였다. 물론 毛澤東 사후에 4인방의 처리문제로 군부세력과 연합하고15) 잠시나마 이러한 지원으로 명목적인 국가주석과 군사위원회 주석직을 승계한 것은 사실이나 뒤이은 이데올로기 논쟁과 경제정책의 실패는 군부의 지지를 획득할 수 없게 만든 요인이었다. 그러나 이 과정에서 무엇보다도 鄧小平이 군내에서 갖는 위상을 무시할 수 없을 것이다. 鄧小平은 周恩來 사망 후의 실각기간 동안 4인방으로부터 생명의 위협을 받은 적이 있었으며 이런 상황에서 그는 군부에 몸을 의탁한 것으로 알려지고 있다.16)

---

14) 김하룡, 위의 책, pp.292-300.

15) 4인방을 반대하여 華國鋒을 지지한 군 세력으로는 毛澤東의 신변경호를 전담하였던 8341부대의 책임자인 汪東興과 北京군구 사령원이었던 陳錫聯 등이었다. 당시 葉劍英은 정치국상무위원회 위원이면서 중앙군사위원회 부주석과 국방부장을 겸하고 있는 명실상부한 군 최고의 실력자였다.

16) 그는 실각기간 동안 광동성에 잠시 은신하고 있었는데 당시 廣州군구 사령원은 장정 동지인 許世友였고 廣東성장은 韋國淸이었다. 許世友는 毛澤東이 사망했을 때 베이징에서 군 동료들과 회의를 마치고 나오면서 "당신들이 그 여자(江青)를 체포하지 않는다면 내가 북쪽으로 진격

사실 군 경력이나 당무 경력 면에서도 鄧小平은 華國鋒 보다 훨씬 더 화려한 경력을 가지고 있었으며 특히나 군 경력은 1955년에 毛澤東에 의해 수여된 원수급 인사에 버금가는 것이었다.[17] 일례로 4인방을 숙청한 이후 葉劍英은 사석에서 鄧小平에게 "당신 역시 고참 원수 중의 한사람이지요, 실제 당신은 우리 원수들의 지도자입니다."라고 말할 정도였다.[18] 毛澤東 사후 葉劍英을 위시한 군부의 정치적 행보가 華國鋒과 鄧小平의 권력투쟁에 중요한 역할을 한 것이 사실임을 전제할 때 鄧小平의 군 경력과 당중앙과 정부에의 오랜 경력은 지방공작이 경력의 대부분을 차지하고 있는 華國鋒보다 군부에 훨씬 더 친화성이 있었을 것이다.[19]

이렇듯 毛澤東 사후 새로운 시대를 준비하는 과정에서 당 노선에 대한 새로운 비전 제시와 친군부적 성향은 鄧小平이 권력의 지반을 넓혀가는 데 중요한 요소임에 틀림없다. 그러나 그의 당과 군내에서의 위상과 역할이라고 하는 것이 毛澤東의 무소불위의 권력과 위

해 오겠어."라고 말할 정도로 반4인방 세력이었으며 鄧小平의 후원세력이기도 하였다. 해리슨 E. 솔즈베리, 앞의 책, p.519.

17) 1955년 9월 중국군에 계급제가 도입되고 毛澤東에게 元帥계급을 수여받은 이들은 朱德, 彭德懷, 林彪, 劉伯承, 賀龍, 陳毅, 羅榮桓, 徐向前, 聶榮臻, 葉劍英 등이었다. 鄧小平은 정식으로 계급을 수여받지는 않았다. 그러나 등소평은 혁명기간에는 말할 것도 없고 건국 이후에도 실각기간을 제외하고는 지속적으로 군과 관련된 직무를 수행해 왔다. 그는 건국초기 중앙인민정부 인민혁명군사위원회의 위원이었으며 이런 조직이 개편되어 54년 9월에 설치된 국방위원회에서도 부주석을 맡고 있었다. 당중앙 군사위원회에서의 위원 직무 역시 그가 문화대혁명으로 실각 전까지 겸임하고 있었다. 鄧小平의 군 경력과 군내 위상에 관해서는 김태호, "강택민 시대 중국의 새로운 당군관계", 『現代中國』, 제2호(1998), pp.14-16; 송인영, 『중국정치와 군』(서울: 한울아카데미, 1995), p.131; June Teufel Dreyer, "Deng Xiaoping: The Soldier", *The China Quarterly*, No.135 (September 1993), pp.536-550 참조.

18) 해리슨 E. 솔즈베리, 앞의 책, p.540.

19) 송인영, 앞의 책, pp.130-131.

176

상에는 미치지 못하는 것이 사실이다. 그는 毛澤東과는 달리 전제
자라기보다는 타협 자와 조정자였다. 그는 단지 동료들 중의 우위
(primus inter pares)의 입장이었으며 이런 까닭에 개혁개방 시기인
80년대에도 지속적인 정치적 제약과 보수파의 견제를 받게 되는 것
이다. 毛澤東과 달리 鄧小平은 그의 능력을 증명해야 했으며, 그의
개인적 권위는 그가 실시하려는 정책의 성공에 의존하였던 것이다.

그럼에도 불구하고 그는 군내부에서의 확고한 위상을 바탕으로
실각기간에도 군지도자들의 보호를 받았을 뿐만 아니라 복권 시에
도 군지도자들의 지원을 확보할 수 있었다. 또한 그가 추진한 개혁
개방과정에서 경제발전 우선 정책과 이로 인한 군사예산의 동결과
축소, 90년 초반 지체된 개혁에 대해 남순강화(南巡講話)를 통한 군
부의 지원을 확보할 수 있었던 것, 89년 천안문 사태 시 군내부에
서의 회의와 갈등에도 불구하고 군을 동원하여 시위를 진압할 수
있었던 것은 군내부에서 鄧小平의 위상과 영향력을 반증하는 것이
라고 할 수 있다.20) 鄧小平 시기에 때로 군부에 대한 희생을 요구
하는 정책에도 불구하고 해방군은 鄧小平에 대한 지원을 철회하거
나 정책적으로 등과 반대그룹에 있는 파벌들과 제휴함으로써 鄧小
平의 위상을 약화시키려는 움직임을 보이지 않았던 것21)은 鄧小平
시기 당군관계의 중요한 특성을 규정하는 것이라고 말할 수 있다.

20) 김태호, "강택민 시대 중국의 새로운 당군관계", 『現代中國』, 제2호
   (1998), p.16.
21) 황병무, "등소평 사후 정치변동과 군부의 역할 변화", 서진영 외, 『등
   소평과 중국(Ⅱ): 등소평 사후의 중국정치경제』(서울: 고려대학교 아세
   아문제연구소, 2000), p.139.

2. 鄧小平 체제의 군사 권력과 당군관계의 성격

1982년 9월에 열린 중국공산당 제12차 전국대표대회에서는 1981년에 권력정지작업을 통해 형성되었던 인맥들이 그대로 당정군의 주요 요직을 차지하고 있다. 정치국 상무위원회는 華國鋒이 완전히 권력에서 밀려나고 胡耀邦, 葉劍英, 鄧小平, 趙紫陽, 李先念, 陳雲으로 구성되었다. 중앙군사위원회는 鄧小平이 주석[22]을 맡고 葉劍英, 徐向前, 聶榮臻, 楊尙昆(상무)이 부주석의 지위를 차지하고 있다. 중앙군사위원회는 楊尙昆을 비서장으로 하여 총참모장 楊得志, 총정치부장 余秋里, 총후근부장 洪學智, 국방부장 張愛萍을 부비서장으로 하는 중앙군위상무회의를 구성하여 중앙군사위원회의 일상공작을 담당하도록 하였다.[23] 83년 6월 6기 전국인민대표대회 제1차회의에서 새로 설치된 국가중앙군사위원회에서도 당의 중앙군사위원회를 구성하고 있는 인물들이 동일하게 구성원이 되고 있다. 군을 지도하는 이러한 인사구도는 1987년의 13차당대회에까지 변함없이 유지된다.[24] 단

---

22) 鄧小平은 당정군 원로 간부들의 자리 마련과 세대교체를 위한 제도적 수단으로서 중앙고문위원회 주임을 동시에 겸하고 있었다. 세대교체를 준비하기 위하여 일시적으로 마련된 중앙고문위원회는 14대회에서 폐지되었다.

23) 張馭濤 主編, 前揭書, p.384.

24) 1987년 10월에 열린 13차당대회에서 趙紫陽, 李鵬, 喬石, 胡啓立, 姚依林 등이 중앙정치국 상무위원을 맡고 있다. 趙紫陽을 제외한 4인은 85년 9월 12기5중전회에서 정치국 위원으로 발탁된 인사들이다. 12대에 정치국 상무위원으로서 당 총서기를 담임했던 胡耀邦은 1986년 말 학생들의 시위에 책임을 지고 총서기직을 사임하였다. 13대에 胡耀邦은 중앙정치국위원의 신분만 유지하였다. 葉劍英은 86년 사망하였으며 陳雲은 13대에서는 중앙고문위원회 주임을 맡고 있다. 鄧小平은 13대회에서 정치국상무위원과 중앙고문위원회 주임직을 사임하였으나 13대에도 여전히 중앙군사위원회 주석직을 맡았다. 12대 때 정치국상무위원

1985년 9월에 열린 중국공산당전국대표회의에서 노령을 이유로 중앙군사위원회 부주석과 정치국 상무위원이었던 葉劍英을 비롯해 일부 당과 군의 원로들이 공식적으로 퇴진하게 되었다.[25]

1978년 12월 11기 3중전회를 통하여 실질적으로 권력을 확보한 鄧小平은 1981년 11기 6중전회를 통하여 중앙군사위원회 주석직을 華國鋒으로부터 획득하면서 확실한 군사 권력을 구축하였다. 앞에서 살펴본 바와 같이 鄧小平의 경력과 위상은 오히려 군에서 더욱 두드러진다고 할 수 있다. 따라서 군에 대한 실질적인 통제와 개혁 작업 역시 그의 의중으로부터 비롯되고 실시되어 간다고 할 수 있다. 이런 측면에서 죠페는 毛澤東 이후의 군사 권력이 鄧小平에 의한 지배 (Deng in Command)로 전화하고 있다고 본 것이다.[26] 물론 그의 군

이면서 국가주석을 담임했던 李先念은 13대회를 계기로 鄧穎超의 뒤를 이어 중국인민정치협상회의 주석직을 맡았다.

13차 대회에서 당중앙군사위원의 구성은 鄧小平이 주석이며 당 총서기인 趙紫陽이 제1부주석, 楊尙昆은 12대에 이어 여전히 상무부주석(비서장)을 맡았고 부비서장인 劉華淸, 洪學智 등으로 구성되어 있다. 1988년 4월의 제7기 전국인민대표대회 제1차회의에서 국가중앙군사위원회는 鄧小平을 주석으로 趙紫陽, 陽尙昆을 부주석으로 洪學智, 劉華淸, 秦基偉(국방부장), 遲浩田(총참모장), 楊白冰(총정치부 주임), 趙南起(총후근부장)를 위원으로 선임하였다. 胡耀邦과는 달리 趙紫陽이 13대 대회를 계기로 군사공작업무에서 鄧小平 다음가는 직책을 가지고 있는 것이 12대와는 다른 특색이라고 할 수 있다. 원수급 군 원로들이 빠진 자리를 대신하여 鄧小平의 측근인 해군 제독 劉華淸과 총후근부장을 지낸 洪學智를 부비서장에 선임하고 있다. 그러나 1989년 4월 胡耀邦의 사망과 일련의 시위사태로 인해 趙紫陽은 1989년 6월에 개최된 11기4중전회에서 당군의 모든 직책에서 사퇴 당하게 된다.

25) 이 회의에 앞서 열린 12기4중전회에서는 중앙영도기구 구성원의 신구교대의 원칙을 결정하였다. 이 회의를 계기로 군 계급을 수여받은 인사로 12대에 중앙정치국위원이었던 다수의 군 인사들이 그 직위를 사퇴하였다. 그들은 葉劍英, 徐向前, 聶榮臻, 烏蘭夫, 王震, 宋任窮, 韋國淸, 李德生, 張廷發 등이다.

26) Ellis Joffe, *The Chinese Army after Mao*(Cambridge, Mass. :

사 권력이 毛澤東에 비할 바는 못 되지만 1955년에 상장계급을 수여
받은 원수급의 군 인사들이 노쇠하거나 사망한 상황에서 그의 군내
에서의 위상은 그 누구보다도 확고한 것이라고 할 수 있다.[27]

한편 실질적으로 중국에서 권력을 행사하는 당중앙위원회의 구성
에서 인민해방군의 비율을 살펴보면 <표 4-1>와 같다. 林彪가 득
세하던 문혁기인 제9기당대회에서 군의 중앙위원회 진출은 최고조
에 달한다. 그 후 중앙위원회에 군의 진출은 점차적으로 축소되어
12차당대회에서는 17.53%의 구성율을 보여주고 있다.[28]

Harvard University Press, 1987), chap. 7 참조.

27) 鄧小平과 함께 129사단의 사령원이었던 劉伯承은 노쇠하여 12차당대회
부터 어느 직위도 맡지 않았으며 1986년 사망하였다. 4인방의 체포와
등소평의 복권 이전 시기에 군사권을 쥐고 있었던 葉劍英은 12차당대
회에서 정치국상무위원과 군사위원회 부주석을 맡아 왔으나 1985년 12
기4중전회에서 일체의 당직으로부터 사퇴하고 1986년 사망하였다. 또
한 12차 대회에서 군사위원회 부주석을 역임했던 徐向前과 聶榮臻 역
시 노쇠하여 85년 당직으로부터 물러났으며 90년과 92년에 각각 사망
하였다. 따라서 85년의 대회를 계기로 鄧小平은 군부 내 위상에서 견제
할 수 없는 최고 지도자가 되었으며 일상적인 군사공작은 楊尙昆에 의
해 주도되었다고 할 수 있다.

28) 중앙위원에서 군이 차지하는 비율이 논문에 따라 약간씩 차이가 나는
것은 군 신분을 어떻게 정의하느냐에 따라 그 수가 차이가 나기 때문
일 것이다. 계급을 부여받은 군인이야 확실한 군 신분으로 간주할 수
있지만 대군구나 성군구에서 정치위원을 성의 당서기가 맡는 경우도
있었기 때문이다. 서진영, 『현대중국정치론』(서울: 나남출판사, 1997),
p.516; 송인영, 앞의 책 참조; 또한 당 대회를 기준으로 군의 중앙위원
의 참여비율에 기복이 있는 사실에 관한 정치적 의미에 관해서는 위의
송인영 참조.

<표 4-1> 중국공산당중앙위원에서 군 인사의 비율

	총수	군인	비율	중앙위원	군인	비율	후보위원	군인	비율
제8기 (1956-69)	170人	46人	27.06%	97人	27人	27.83%	73人	19人	26.03%
제9기 (1969-73)	279	127	45.52	170	79	46.47	109	48	44.04
제10기 (1973-77)	319	66	20.69	195	42	21.54	124	24	19.35
제11기 (1977-82)	333	96	28.83	201	64	31.84	132	32	24.24
제12기 (1982-87)	348	61	17.53	210	37	17.62	138	24	17.39
제13기 (1987-92)	285	50	17.54	175	30	17.14	110	20	18.18
제14기 (1992-97)	319	55	17.24	189	43	22.75	130	12	9.23
제15기 (1997-2002)	344	63	18.31	193	41	21.24	151	22	14.57

출처: 平松武雄, 『江沢民と中国軍』(東京: 勁草書房, 1999), p.57을 근거로 수정 계산.

또한 전국인민대표대회에서 군이 차지하는 비율 역시 <표 4-2>에서 볼 수 있듯이 1970년대 말에는 다소 높은 비율을 보여주다가 개혁개방이 본격화되는 1983년 제6기 대회부터는 거의 고정적인 9.0%의 비율을 보여주고 있다.[29]

---

29) 김정계, 『21C 중국의 선택』(서울: 평민사, 2000), p.320 도표 참조. 제9기 전국인민대표 대의원 총수는 2,979명이며 해방군의 수는 268명이다.

<표 4-2> 역대 전국인민대표대회 구성 변화

구분	총수	공산당원		민주당파 및 무당파		노동자		농민		간부		해방군		지식인		소수민족		여성	
		수	%	수	%	수	%	수	%	수	%	수	%	수	%	수	%	수	%
제1기 (1954. 9)	1,226	668	54.5	558	45.5	100	8.2	63	6.2			76	6.2			177	14.4	147	12.0
제2기 (1959. 4)	1,226	708	57.8	518	42.3	69	5.6	67	5.5			60	4.9			180	14.7	150	12.2
제3기 (1964. 12)	3,040	1,667	54.8	1,373	45.2	175	5.8	209	6.9			120	4.0			373	12.3	542	17.8
제4기 (1975. 1)	2,885	2,217	76.3	238	8.3	813	28.7	662	30	322	11.2	486	13.4	346	12.0	270	9.4	653	22.6
제5기 (1978. 2)	3,497	2,545	72.8	495	14.2	935	26.8	720	20.6	468	13.4	503	14.4	523	15.0	381	11.0	740	21.1
제6기 (1983. 6)	2,978	1,861	62.5	543	18.2	443	14.9	348	11.7	636	21.4	267	9.0	701	23.5	404	13.6	632	21.1
제7기 (1988. 3)	2,970	1,986	66.8	540	18.2	684*		23%*		733	24.7	267	9.0	697	23.4	445	15.0	634	21.3
제8기 (1993. 3)	2,979	2,036	68.4	572	19.2	612*		20.6%*		841	28.3	267	8.9	649	21.8	439	14.8	626	21.0
제9기 (1998. 3)	2,979	2,130	71.5	460	15.4	563*		18.9%*		988	33.2	268	9.0	628	21.1	428	14.7	650	31.8

참고: *노동자+농민의 수 및 비율
출처: 김정계, 『21C 중국의 선택』 (서울: 평민사, 2000), p.320.

그런데 권력의 핵심이라고 할 수 있는 중앙정치국에서 군 경험의
비율을 파악해보면 그 비율이 <표 4-3>에서처럼 12차에서는 여전
히 높은 비율로 나타남을 알 수 있다. 여전히 과거 혁명엘리트들이
당권과 군권을 겸직하고 있기 때문이다. 그런데 13차당대회를 거치
면서 그 비율이 현격하게 감소하고 있는 것을 볼 수 있는데 이는
과도적인 시기가 어느 정도 끝나고 본격적인 세대교체가 이루어지
고 있음을 의미한다고 할 수 있다. 따라서 중앙정치국의 위원들이
당정군에 걸쳐 중국의 권력을 실질적으로 장악하고 있음을 전제할
때 그들의 당군에 걸친 이중적 역할은 추후에 살펴볼 江澤民 시기
보다도 현저하게 높게 나타나고 있는 것이다.30)

---

30) 12차당대회 중앙정치국위원 중에서 1965년 계급제가 폐지되기 이전에
군 계급을 수여받은 이들은 葉劍英(원수), 王震(상장), 韋國淸(상장), 烏
蘭夫(상장), 李德生(소장), 徐向前(원수), 張廷發(소장), 宋任窮(상장), 余
秋里(중장), 聶榮臻(원수), 楊得志(상장) 등이다. 13차당대회의 중앙정치
국위원 중에서 군 계급을 수여 받은 이는 秦基偉(1987년 당시 소장,
1988년 상장 승진)뿐이다.

<표 4-3> 중국공산당 역대 중앙정치국 정위원의 군 및 장정경험

기 정원 구분		7기 (1945) 13	8기 (1956) 17	9기 (1969) 21	10기 (1973) 21	11기 (1977) 23	12기 (1982) 25	13기 (1987) 17	14기 (1992) 20	15기 (1997) 22
군 경험자	수(명)	10	15	16	15	20	21	8	2	2
	%	76.9	88.2	76.2	71.4	87.0	84.0	47.1	10.0	9.1
계급 수여자	수(명)	2	7	11	8	13	11	1	2	2
	%	15.4	41.2	52.4	38.1	56.5	44.0	5.9	10.0	9.1
장정 경험자	수(명)	10	16	16	13	15	18	3	1	—
	%	76.9	94.1	76.2	61.9	65.2	72.0	17.6	5.0	—

참고: ① 각기 1중전회 기준
　　　② 군 경험자는 사령관 및 정치위원 이상 경험자
　　　③ 지방당위 서기가 군구정치위원을 겸임했던 것도 군 경험자에 포함시켰음
　　　④ 계급 수여자는 1955년 이후 군 계급이 부여된 순수군인
출처: 김정계, 『21C 중국의 선택』(서울: 평민사, 2000), p.359.

또한 정치국 위원들의 교육수준을 파악해보면 <표 4-4>에서 보듯이 그 교육수준이 점차적으로 향상되고 있는 반면에 그들의 전공출신으로 이공계통이 점차적으로 대다수를 차지하고 있음을 알 수 있다. 그러나 아직 12차당대회의 정치국위원들의 학력은 혁명 시기의 군사학교를 졸업한 경력이 우세한 비율을 차지하고 있다. 그러나 13차 당대회를 거치면서 정치국 위원들의 학력에서 일반 대학출신들의 비율이 점차적으로 높아지고 있으며 전공에서도 이공계통을 전공한 기술 관료들이 다수를 점하고 있는 것을 볼 수 있다.

<표 4-4> 중국공산당 역대 중앙정치국 정위원 교육 정도 및 전공

기 정원 학력	7기 1945 13	8기 1956 17	9기 1969 21	10기 1973 21	11기 1977 23	12기 1982 25	13기 1987 17	14기 1992 20	15기 1997 22
무(미상)	—	1	5	5	4	1	—	—	—
중졸	—	—	1	2	4	3	2	1	1
고졸(사범)	3	2	1	2	1	3	2	1	1
군사교	2	5	7	8	10	9	2	2	2
대졸(理工)	—	1	—	—	2	2	8	10	14
대졸(人社)	8	8	7	4	3	7	3	6	4
대졸률	61.5	52.9	33.3	19.0	21.7	36.0	64.7	80.8	81.8

참고: 대졸률(%)은 정원 중의 대졸 수의 백분율임(각기 1중전회 기준)
출처: 김정계, 『21C 중국의 선택』(서울: 평민사, 2000), p.357.

이상에서 살펴보았듯이 개혁개방 초기 국면인 12차당대회에 전체적인 당 지도부의 구성은 지도부의 당군에 걸친 이중적 역할이 여전히 두드러지게 나타나고 있음을 알 수 있다. 또한 정치국위원을 구성하는 인사들의 선만석인 교육배성과 성릭노 군 성릭의 소유사가 상당한 비율을 차지함을 알 수 있다. 이는 뒤에서 살펴볼 江澤民 시기와는 달리 당과 군의 제도적인 기능적 분화가 진행 중임을 뜻하며, 지도부의 이중적 역할로 인한 공생적 관계가 여전히 특징적 현상임을 의미한다고 할 것이다. 따라서 당과 군의 이중적 엘리트들에 의한 겸임 현상으로 당과 군의 제도적 경계가 아직은 모호하다고 말할 수 있으며, 이러한 엘리트들의 구성으로 인한 군의 제도적 자율성은 제약을 받을 수밖에 없을 것이다.

요컨대 鄧小平의 대군부 위상의 상대적 우위와 당군 지도부의 구성에 있어서 군 경험을 한 이중적 역할의 엘리트의 상대적 과다분포는 군의 통제가 제도에 의해서 형성되기보다는 鄧小平의 군사지도자로서의 위상과 혁명 원로서의 군부의 고위지도자들의 역량에 의해 형성되고 있다고 할 수 있다. 이중적 역할의 엘리트들의 감소와 이에 따른 당정군의 겸임제의 감소가 당과 군의 제도적 경계를 뚜렷하게 한다는 의미로 해석할 수 있다면, 적어도 개혁개방 초기에 당군의 관계 구조는 毛澤東 시기에 비해 군의 정치적 의존성을 상쇄하기 위해 노력하고 있지만 여전히 이후의 당 대회에서 나타나는 지표보다는 높게 나타나고 있다. 이는 당과 군의 제도적 경계가 불확실한 과도기적 단계에 있으며 군의 자율성 확보가 성숙한 단계는 아니라고 할 수 있다.

이러한 요인은 당군관계의 구조에서 당과 군의 지도부의 공생적 관계를 가능하게 하는 조건이라고 말할 수 있다. 이러한 관계는 군부지도자들이 군의 이익을 대변하는 군부의 대표라기보다는 혁명적 유산의 산물로서 국가적 지도자라는 의미이기도 한 것이다. 오히려 이러한 당군엘리트들의 유대와 소통구조로 인해 전체적인 대국을 위해서 군의 희생을 요구할 수 있는 여지가 강하다고 할 수 있다. 따라서 군의 경제활동의 확대 정책은 이러한 당군관계적 조건하에서 국가의 경제발전을 위한 군의 적극적 참여와 군 조합주의 희생을 요구할 수 있는 근거가 되는 구조적 배경으로 자리 잡고 있음을 뜻한다고 할 것이다.

제2절 鄧小平 體制의 軍事政策 및 軍隊建設 戰略

1. 국방현대화와 군대의 정돈

앞서 언급한 바와 같이 鄧小平은 1973년 봄 문화대혁명으로부터 복권되어 국무원 부총리로 다시 중앙무대에 진출하였다. 1975년 1월에 중국공산당 제10기 제2차 중앙위원회전체회의에서 당부주석 겸 정치국상무위원으로 선출되었고, 또한 중국군 총참모장으로 임명되어 당군사위원회에 부주석을 겸직하게 되었다. 그는 이 시기부터 군의 정간정편(精簡整編)을 주장하게 된다. 문화대혁명에 깊숙이 개입한 군의 상황을 누구보다도 먼저 간파하고 군대의 체질을 개선하고자 하였던 것이다. 鄧小平이 총참모장을 겸직하고 나서 군에 대한 그의 생각을 첫 번째로 일갈한 것이 군대의 정돈에 관한 문제였다.

> ······ 1957년부터 林彪가 군부공작을 주관한 이후 특히 그의 군대지배가 후반기에 와서는 군대가 상당한 혼란에 빠지게 되었습니다. 현재 그러한 우수한 많은 전통들이 상실되었고 군대조직은 너무 비대하여 지탱할 수 없게 되었습니다. 군대의 인원수도 너무나 증대되어 군비지출이 국가예산에서 그 비중이 크게 증대되었습니다. 예를 들면 군인들이 의복, 식량에 소요되는 비용도 너무 부담이 되고 있습니다. 더욱 중요한 것은 군대가 양적으로만 팽창함으로써 정예화가 되지 못하여 전쟁을 잘 수행할 수 없다는 것입니다. ······ (중략) ······ 그래서 毛澤東 동지는 군대는 정돈을 해야 한다고 역설하였습니다. 즉, 군대의 인원수를 감소시키고 군 간부를 처리하여 우량한 전통을 회복시켜야 합니다. 이러한 것은 곧 중대하고 거창한 사업입니다.[31]

---

31) 鄧小平, "軍隊要整頓", 『鄧小平文選, 第二卷』, 第2版(北京: 人民出版社, 1994), pp.1-3.

군대의 정돈문제가 당시 상황에서 중대한 문제로 부각된 것은 두 가지 문제 때문이라고 할 수 있다. 하나는 병력의 증가는 군 전력의 향상을 의미한다는 일반적인 통념과는 달리 당시 중국에서의 군의 비대함은 국방예산의 부담을 가중시키는 원인으로 작용하였으며 그 결과는 신무기의 개발과 군비의 증대와 생산을 위해 필요한 예산을 확보하는데 악영향을 주는 것이었다.

둘째는 문화대혁명 시기 군이 담당한 비군사적 임무가 중국군의 비대화를 초래하는 원인이었는데 일부 지방군의 경우 장악한 권력의 행사를 위해 조직 기구 인원의 확대가 뒤따랐으며 이것이 중국군의 비대화의 직접적인 원인이 되었다. 그런데 문혁이 종결 된 후에도 지방군구 병력의 민간 복귀가 뒤늦어지고 오히려 중앙의 리더십이 확고하지 못한 상황에서 지방군구의 이른바 파벌주의(:山頭主義)에 의해 병력증강이 지속되었기 때문이다.[32] 따라서 당시의 군대의 정돈은 과도한 병력을 유지하는데 뒤따르는 예산상의 문제뿐만 아니라 지방군의 비대로 인한 파벌주의적 경향을 극복하고자 하는 정치적 목적이 있었던 것이라고 할 수 있다.

문화대혁명으로 사회 곳곳의 군의 침투와 군의 조직적 문란을 극복하고자 1975년 7월에 개최된 중앙군사위원회확대회의는 이런 문혁과정에서 발생한 군대의 제반 문제를 청산하고 군대를 개혁하기 위한 대회였다. 당시 군대의 정돈과 개혁은 鄧小平과 葉劍英에 의해 주도되어 왔다. 鄧小平은 이 회의석상의 연설을 통하여 그의 군대의 정돈의 필요성을 역설하고 있다.

즉 당시의 인민해방군이 비대하고(腫) 단결하지 않으며(散), 교만하고(驕), 사치스러우며(奢), 게으르다(惰)는 것이다. 비대란 군의 각급기관이 지나치게 비대져 있어서 너무 병력이 많고 군대가 정예화

---

32) Ellis Joffe, *op. cit.*, pp.134-135.

되지 못하고 있음을 의미한다. 산만이란 파벌의 존재와 이에 따른 규율의 이완을 말한다. 이는 소수들이 소집단을 형성하여 개인적 이익, 명예, 지위를 구하기 때문에 정책의 입안과 효율적 수행에 장애요소가 되어 왔다는 것이다. 교만이란 해방군의 우량 전통과 각고분투의 정신을 망각하고 희생과 양보의 정신이 희미해져 간다는 지적이다. 사치란 대우에 불만을 표현하고 향락을 추구하며 고급스러운 것을 탐닉하고 호화로운 것을 선호한다는 것이다. 나태란 혁명의지가 쇠퇴하여 개인적 이익을 추구하거나 관료주의에 젖어있는 풍조를 의미하는 것이다.[33]

그 중에서도 그는 군대의 비대 문제가 가장 큰 군대정돈의 문제라고 인식하고 있다. 나머지의 문제는 사실 군의 정신적 차원의 문제였던 것이며 따라서 鄧小平은 "군대의 비대함에 대한 문제해결은 군대의 편제를 잘 정돈하고 체제를 잘 정돈함으로써 이룩되며, 이것은 군대의 기타 문제들을 적절하게 해결할 수 있다"고 언급하고 있다.[34] 또한 연약하고(軟) 나태한(懶) 지도집단과 산만한(散) 지도집단의 문제를 해결하는 것이 군대의 정돈에서 중요한 일이라는 것을 지적함으로써 무엇보다도 군대의 비효율적인 비대함과 지도부의 재조직을 통하여 혁신을 꾀하는 것이 당시의 군대정돈에서 급선무라는 것이 鄧小平의 인식이었다고 할 수 있다.[35]

---

33) 鄧小平, "軍隊整頓的任務", 『鄧小平文選, 第二卷』, 第2版, pp.15-24.

34) 鄧小平, 上揭書, p.20.

35) 1975년에 시작된 군대의 정돈으로 1976년에는 군 병력 총수의 13.6%의 감소가 있었다고 한다. 그러나 이러한 군대의 정돈의 실행은 1975년 말 4인방의 鄧小平 비판과 문화대혁명을 부정하는 우파에 대한 4인방의 반격(批鄧, 反擊右傾飜案風)으로 말미암아 잠시 주춤하게 되었다. 1976년 2월 鄧小平과 함께 군대의 정돈을 주도한 葉劍英은 발병을 이유로 중앙군사위원회의 일상공작에서 물러났으며 4인방에 우호적인 陳錫聯이 중앙군사위의 일상공작을 주도하게 되었다. 그해 4월 周恩來의 죽음과 함께 鄧小平의 실각으로 인해 군대의 정돈은 지체되었다. 동년 10월

    鄧小平은 4인방 숙청 후 재복권하여 권력을 장악해 나가는 과정에서도 끊임없이 군대의 정돈문제를 제기함으로써 비대해진 군을 재편하고 기구를 간소화하며 노쇠하거나 무능한 간부들을 교체함으로써 군대를 개혁하고자 하였다.[36] 그러나 <표 4-5>에서 나타나듯이 이러한 군대의 정돈에도 불구하고 군대의 정돈이 지체되어 나타나는 것은 1979년의 중월(中越)전쟁과 鄧小平의 권력기반이 공고하게 확립되지 않은 상황에서 군의 대대적이고 전격적인 감축과 개편이 쉽지 않았을 것이기 때문이다.

    4인방의 체포로 인해 군대의 정돈과 개혁은 다시 진행되게 된다. 中國人民解放軍總參謀部政治部宣傳部編, 『軍事集要』(上海: 上海人民出版社, 1997), pp.416-417.

[36] "在中央軍委全體會議上的講話", 『鄧小平文選, 第二卷』, 第2版(北京: 人民出版社, 1994) p.75. ; "精簡軍隊, 提高戰鬪力", 上揭書, pp.284-287. ; "在軍委座談會上的講話", 上揭書, pp.409-410 참조. 1985년 5월과 6월에 걸쳐 개최된 중앙군사위원회 확대회의에서의 연설까지 포함한다면 鄧小平이 문화대혁명으로부터 복권된 후에 군에 관한 연설이나 좌담회 중에서 鄧小平문선에 실린 10개의 글 중에서 적어도 7개의 글이 군대의 정돈과 정간정편에 관한 내용이다. 鄧小平이 얼마나 군대의 정돈과 정간정편에 관심을 가지고 있었는지를 단적으로 보여준다고 할 것이다.

<표 4-5> 중국병력 수의 추이(단위: 만)

년 도	육 군	해 군	공 군	총병력
1973	250	18	22	290
1974	250	23	22	300
1975	280	23	22	325
1976	300	27	25	352.5
1977	325	30	40	395
1978	362	30	40	432.5
1979	360	36	40	436
1980	360	36	49	445
1981	390	36	49	475
1982	315	36	49	400
1983	325	36	49	410
1984				400
1985				390
1986				295

출처: 平松武雄, 『中国の 国防と現代化』(東京: 勁草書房, 1984), p.7. ; 서진
영 편, 『현대 중국과 북한 40년: 자료와 통계』(서울: 고려대 아세아
문제연구소, 1989), p.86.

그럼에도 불구하고 1977년 12월에 개최된 중앙군사위원회 확대회
의는 문화대혁명과 4인방의 과오를 청산하는 사상적 작업과 함께
문화대혁명으로 무력화되거나 해이해진 군사관계의 조례와 결정을
통과시킴으로써 이후의 군대성본과 개혁의 가속화를 내꼬하고 있
다.[37] 그런 후속조치로서 1978년 3월에는 제5기 전국인민대표대회

---

37) 이 회의에서 통과된 결정과 조례는 <關于加强部隊敎育訓練的決定>, <關于
辦好軍隊院敎的決定>, <關于加强軍隊組織紀律成績決定>, <中國人民解放軍
保守國家軍事機密條例>, <關于加速我軍武器裝備現代化的決定>, <關于軍隊
編制體制的調整方案>, <關于兵役制問題的決定>, <關于加强軍隊工廠, 馬場,
農副業生産管理的決定>, <關于整頓和加强軍隊的財務工作的決定> 등이다.
鄧小平, "在中央軍委全體會議上的講話", 『鄧小平文選, 第二卷』, 第2版,
p.72, 주4 참조.

상무위원회 제1차회의에서 <關于兵役制問題的決定>을 통과하였다.
이것은 1955년의 <병역법>을 일부 개정한 것인데 1955년의 의무병
제에서 의무병과 지원병을 상호 결합한 병역 제도[38]로 개정한 것이
다. 주요 내용으로는 첫째, 육해공군의 의무복무연한을 축소 확정하
였으며 둘째, 복무절차로서 우선 3-5년의 의무복무를 마친 후 근무
성적이 우수한 자에게 15-20년의 장기복무(지원병)의 길을 열어 주
었으며 셋째, 의무병역제에서 지원병제로의 전환은 주로 기술기간
요원으로 확정한 사실이다. 이와 같이 병역 연한과 의무병에서 지
원병으로 전환 규정을 개정함으로써 군의 비대를 제도적으로 방지
하고 징집의 효율화를 도모하고자 하였다.[39]

　鄧小平의 복권과 재복권과 함께 실시된 군대의 정돈작업은 문화
대혁명과 4인방의 청산작업과정에서 진행된 4개현대화 중의 하나인
국방현대화의 실천이라는 구체적 정책을 수행하고 있는 것이라고
할 수 있다.[40] 군의 정돈은 군의 병력 수와 조직을 재편함으로써
막대한 국가적 부담을 감소하여 군사비에 대한 재정적 지출을 억제
하고 군의 전투력 향상을 위한 군조직의 효율성을 제고하기 위한

---

38) 隋東升, 『兵役制度概論』(北京: 軍事科學出版社, 1996), pp.116-117.

39) 그 후 1984년 5월 제6기인민대표대회 제2차회의에서 새로운<병역법>을
　　통과시켰다. 주요한 내용은 첫째, 의무병과 지원병의 상호 결합은 물론 민병과
　　예비역의 상호 결합시켜 예비역을 강화시키고 있다. 둘째, 무장력을 야전군,
　　지방군, 민병에서 <해방군>, <무장경찰부대> <민병>으로 변경하였다.
　　셋째는 인민해방군의 계급제 부활을 확인하고 있는 것이다. 이러한 개정은
　　인구가 많은 중국에서 적정연령을 모두 징집대상으로 할 수 없는 상황을
　　고려한 것이다. 징집병(의무병)들의 질을 향상시키며 예비역을 강화하여
　　민병조직을 강화시킴으로써 상비군은 감소시키더라도 전체적인 전력은
　　유지시키고자 하는 의도가 있다고 할 수 있다. Ellis Joffe, op. cit., pp.135-136;
　　1984년의 병역법에 관해서는 황병무, 『신중국군사론』(서울: 법문사, 1992),
　　pp.568-577 참조.

40) 鄧小平, "軍隊要把敎育訓練提高到戰略地位", 『鄧小平文選, 第二卷』, 第2版,
　　p.59.

실용적인 다목적 조치였다고 할 수 있는 것이다. 이러한 군의 정돈과 개혁 작업은 鄧小平의 권력이 확고해지는 80년대 들어 더욱 본격화하게 되며 100만 대군의 감축으로 이어지게 된다.

2. 실용주의적 군사정책과 군대의 개혁

鄧小平의 건군노선은 鄧小平의 권력기반이 당정군에서 확실하게 자리 잡은 대회로 평가되는 제12차 중국공산당 전국대표대회의 胡耀邦의 정치보고에서 확인되고 있다. 胡耀邦은 국방건설 및 군대건설과 관련하여 "우리들은 인민해방군의 건설을 위하여 배전의 노력을 경주해야 한다. 우리의 군대를 강대한 현대화되고 정규화 된 혁명군대로 건설해야 하며 우리 군이 현대적 조건하에서 자위능력을 제고할 수 있도록 진일보해야 한다. …… 우리의 군대는 사회주의 조국의 강철장성이며 사회주의 물질문명과 정신문명을 건설하는 중요역량이 되어야 한다."고 강조함으로써 鄧小平의 건군노선인 군의 혁명화, 현대화, 정규화가 새로운 시기 군 건설의 핵심적 정책임을 표명하고 있다.[41]

이러한 鄧小平의 건군노선은 중앙군사위 주석에 선임된 1981년 9월 화북 모 부대를 시찰하는 자리에서 "강대한 현대화되고, 정규화 된 혁명군대를 건설하자"(建設强大的現代化正規化的革命軍隊)[42]는 연설을 통해 새로운 시기 군 건설에 대한 의지를 피력한 데서 비롯된 것이다.

---

41) 中共中央文獻研究室 編, 『十一期三中全會以來黨的歷次全國代表大會中央全會重要文件選編』(北京: 中央文獻出版社, 1997), p.259.

42) 鄧小平, "建設强大的現代化正規化的革命軍隊", 『鄧小平文選, 第二卷』, 第2版, pp.394-395.

지금 우리는 전통을 계승하고 미래를 개척해야 할 중요한 역사적 시기에 처해 있습니다. 당의 정확한 노선, 방침, 정책 등이 강력하게 관철됨에 따라 전당, 전군 및 전국의 各族 인민이 정치적으로 더욱 안정 단결하여 각 전선에는 점점 좋은 상태가 나타나기 시작하였습니다. 국제적으로는 반패권주의가 더욱 발전되어 패권주의가 더욱 고립되었습니다. 그러나 반드시 알아야 할 것은 초강대국의 세력쟁탈이 날로 더욱 높아지고 있으며, 소련의 패권주의가 더욱 가속되어 전세계 전략배치를 추진하고 있으며, 세계의 평화와 우리나라의 안전을 크게 위협하고 있습니다. 이에 대하여 우리는 고도의 경계를 유지해야만 합니다. 우리군은 인민민주주의 독재의 굳건한 초석이며, 사회주의 조국을 보위하고, 4개현대화 건설을 보위하는 영광된 사명을 맡고 있습니다. 이러한 까닭에 우리군은 현대화 정규화 된 강대한 혁명군대가 되어야 합니다.

사실 중국군의 혁명화와 현대화, 정규화 문제는 건국 이래부터 중국의 숙원이었으며 목표이기도 하였다. 다만 중국군의 발전에 관한 노선상의 갈등으로 인해 혁명화와 현대화가 강조되기도 하고 현대화와 정규화가 강조되기도 하였다.[43] 전쟁을 수행하는 과정에서 무기의 중요성을 강조하느냐 무기를 소지한 인간의 정신의 중요성을 강조하느냐에 따라 혹은 이에 바탕한 파벌상의 대립으로 중국군 현대화는 굴곡을 겪어왔던 것이다. 사회주의 건설초기와 문화대혁명 시기에 毛澤東의 계속혁명론에 입각하여 인간의 정신과 사상에 보다 우월적 가치를 둔 毛澤東과 林彪의 노선이 군 건설을 규정하였던 것은 이런 맥락에서이다. 鄧小平 시기에 들어와서는 이런 과거 경험의 착오로부터 인간과 무기의 적절한 조화와 배합을 통하여 군 현대화와 정규화를 달성해야 한다는 견해가 지배적 경향을 차지하고 있다.[44] 강대한 현대화되고 정규화 된 혁명군대의 건설이 개

---

43) 최영, 『중공정치군사론』(서울: 일지사, 1983), pp.265-325 참조.

혁개방 이후 소위 새로운 시기 군의 총체적인 목표가 되고 鄧小平
의 건군사상의 핵심이 되었다고 할 것이다.

　혁명화란 군이 진정으로 당과 국가의 강철장성이 되는 것을 의미
한다. 어떠한 상황에도 불구하고 군은 영원히 당의 절대 영도하의 군
대로서 국가와 사회주의, 인민의 이익을 수호하는 집단이어야 한다.
4항 기본원칙을 확고히 준수함으로써 공산당의 절대 영도하에 인민
을 위해 봉사하는 것을 제일의 이념으로 삼아야 하며 인민해방군의
우량 전통과 혁명 시기 홍군의 본색이 변하지 않도록 하는 것이다.

　현대화란 선진군사과학이론과 군사기술을 장악하여 양질의 무기
장비를 확보하며, 인간과 무기의 최적의 결합을 이루어냄으로써 현
대적 조건하에서 당과 국가를 보위할 수 있는 작전능력을 갖추는
것을 말한다. 이러한 목적을 이루기 위해서는 첫째, 과학기술과 무
기의 현대화를 가속화해야 한다. 둘째, 복잡한 현대전을 파악하여
승리할 수 있는 현대화 인재를 배양해야 한다. 특히 현대적 조건하
에서 제병합동작전을 조직하고 지휘할 수 있는 인재를 배양해야 하
다. 셋째, 현대전에 적응할 수 있는 과학적인 편제체제를 건설해야
하며 전쟁에서 승리할 수 있도록 군조직의 효율화를 도모해야 한
다. 넷째, 현대전은 후방의 병참건설이 확보되지 않고서는 승리할
수 없음으로 병참건설을 현대화해야 한다는 것 등이다.

　정규화는 군대의 최고 영도권과 지휘권은 중국공산당중앙위원회
와 중앙군사위원회에 속하는 것이다. 전군은 반드시 조건 없이 당
중앙과 중앙군사위의 영도와 지위를 따름으로서 고도의 집중 통일

---

44) 그 우선순위가 무엇이냐라는 것에 이견이 있을 수 있는 데 젠크스
　　(Harlan W. Jencks)는 천안문 사건 이후 당이 혁명화를 강조함으로써
　　그 순서가 바뀌었다고 주장한다. Harlan W. Jencks, "Civil-Military
　　Relations in China: Tiananmen and After", *Problems of Communism*,
　　Vol.XI, No.3, (May-June 1991), p.19.

을 이루는 것이다. 군은 군대의 각종법규와 제도를 충실히 준수해
야 하며 군대의 체제를 엄격하게 정돈하여 이를 준수해야 한다. 군
대의 기율을 엄격히 하고 법에 의거해 군을 다스림으로써 부대관리
를 양호하게 하는 것이다.[45] 새로운 시기의 군대건설의 이러한 각
각의 목표들과의 관계는 혁명화가 군대건설의 기본이 되어야 하며
현대화가 중심이 되고 정규화가 이러한 건군 목표를 보장하는 것이
되어야 한다.[46]고 전반적으로 인식함으로써 군의 현대화 노선을 명
백히 하고 있다고 할 것이다.

　한편 전쟁을 수행하는 군사전략의 변화도 鄧小平 시기의 새로운
군사노선의 하나로 지적될 수 있을 것이다. 그러나 중국사회의 모
든 분야에 있어서 毛澤東이 끼친 영향이란 매우 심대한 것이어서
毛澤東 사후의 대안 모색이라고 하는 것은 매우 조심스러울 수밖에
없었는데 군사관련 논의 역시 마찬가지였다. 그러나 毛澤東의 군사
전략의 총체인 사람을 중시하는 인민전쟁전략에 덧붙여 무기 역시
무시할 수 없으며, 현대전의 양상이 과거와는 달리 변했기 때문에
인민전쟁전략이 수정되어야 한다는 논의가 毛澤東 사후와 중월전쟁
을 거치면서 모색되기 시작하였다.[47]

45) 姚延進・劉繼賢, 『鄧小平新時期軍事理論硏究』(北京: 軍事科學出版社, 1997),
　　pp.193-204.

46) 中共中央文獻硏究室 綜合硏究組・<黨的文獻編輯組> 編, 『三中全會以
　　來的重大決策』(北京: 中央文獻出版社, 1994), p.298.

47) 毛澤東 사후 등소평의 권력구축 시기에 毛澤東의 군사전략을 옹호하는
　　입장과 이에 수정을 가하려는 현대화 정규화 노선의 갈등과정에 대해
　　서는 Paul H. B. Godwin, "Mao Zedong Revised: Deterrence and Def
　　ence in the 1980s", in Paul H. B. Godwin, ed., The Chinese Defense
　　Establishment: Continuity and Change in the 1980s(Boulder, Colo. :
　　Westview Press, 1983), pp.21-40; 平松武雄, 『中國의 國防과 現代化』
　　(東京: 勁草書房, 1984), pp.20-166; 최영, "등소평체제하의 중국의 안전
　　보장", 서진영 외 편, 『현대중국과 북한연구』(서울: 고려대학교 아세
　　아문제연구소, 1987), pp.143-177 참조.

196

당시 葉劍英의 뒤를 이어 군사과학원 원장이었던 宋時輪의 논의
는 인민전쟁전략이 적어도 현대전을 수행하는 과정에서 수정보완
되어야 한다는 주장으로 잘 알려진 하나의 일례이다. 이와 같은 논
의의 주장하는 바는 첫째, 적의 공격을 받을 경우 중국은 적을 내
부로 끌어 들일 것이 아니라 진지전으로 침입을 차단하고 그 이후
에 공세로 전환해야 한다. 둘째, 전통적인 인민전쟁전략에서는 전적
으로 보병에 의존했던데 반해 미래의 전쟁에서는 통합전력의 제고
가 필요하며 전투방법 역시 무기와 기술 장비의 발전에 따라 변화
되어야만 한다. 셋째는 인민전쟁전략은 자급자족 내지는 현지조달
에 의하여 지구전을 수행하는 것을 원칙으로 하고 있으나 현대전에
서는 후방보급이 없이 싸운다는 것은 상상할 수 없다는 것이다. 넷
째는 필요하다면 공작대와 생산대의 역할이 필요하지만 그러한 역
할은 전투대의 역할을 강화하는 데 종속되어야 한다는 것이다. 다
섯째 군의 발전은 전투와 전쟁의 필요성에 종속되어야 한다. 즉 林
彪나 문혁좌파들이 권력을 장악했을 때처럼 이데올로기나 정치적
관심에 군의 발전이 제약되어서는 안 된다는 것이다.48)

毛澤東의 인민전쟁전략은 외부로부터 전면적인 침입을 받았을 경
우에 중국이 선택할 수 있는 전략은 적을 영토 깊숙이 끌어 들여 지
구전(a protracted war)의 양상으로 만들어 나가면서 힘이 균형 뒤바
뀔 때까지 게릴라전(a guerrilla warfare)과 기동전(a mobile warfare)
을 통하여 적의 전력을 약화시킨다. 하지만 전면전 이외의 전쟁 상황
에서는 중국은 산업중심지나 도시를 포기하지 않고 최전선에서부터
진지전 방어를 통해 적의 의도를 분쇄한다는 것이다. 이를 위해서는
毛澤東 시기의 혁명군보다는 전문적 능력을 갖춘 잘 무장된 정규군
을 필요로 한다. 게릴라전과 기동전이 중심이 되는 종심방어전략

48) Ellis Joffe, *op. cit.*, pp.80-81에서 요약.

(defence in depth)에 의존하는 대신에 합성군에 의해 수행되면서 게 릴라전과 기동전에 의해서 보조되는 진지방어전(a positional defence war) 에 강조를 두는 것을 의미하는 것이다. 이러한 군사전략은 지역 단위로 분절된 보병위주의 방어전략 보다는 군의 제병종 간의 유기 적 결합과 합동작전 능력의 배양이 강조될 수밖에 없다.49)

따라서 이러한 현대적 조건하의 인민전쟁의 양상에 맞게 전쟁을 수행하기 위한 군조직의 효율성을 제고하기 위한 정간정편이 지속 적으로 강조되었으며, 교육 훈련의 강화와 무기장비의 도입과 개발 이 추진되었다.

먼저 70년대 중반부터 시작된 군대의 정돈은 80년대 들어와서 더 욱 가속화된다. 군의 비대함을 줄이고 편재를 재조직하는 1977년에 이어 두 번째가 되는 정간정편은 1982년 9월 중앙군사위원회가 鄧 小平의 지시에 근거하여 <關于軍隊精簡整編的方案>을 전군에 지시 함으로써 구체화되기 시작하였다. 이러한 군의 정간정편은 첫째, 군 을 정예화하고 둘째, 제군병종 간의 합동작전 능력을 제고하기 위 한 합성의 원칙, 셋째, 평시와 전시를 결합할 수 있는 원칙 넷째, 이러한 정간정편으로 인해 궁극적으로 전투력을 향상시킬 수 있으 며 다섯째로는 군사간부 인재를 선발, 양성하는데 유리한 방향을 견지하는 원칙으로 실시되었다.50)

이런 방안에 따라 중앙군사위 직속의 포병, 장갑병, 공정병이 총 참모부의 포병부, 장갑병부, 공정병부로 축소 편제되었다. 철도병은 국무원 철도부에 이관되었다. 기본건설 공정병은 폐지되었으며 성 군구의 지방부대 역시 폐지되었다. 부분적으로 변방부대는 공안부 문으로 이관되었다. 1983년 4월 해방군이 담당하고 있던 내위부대

---

49) Ibid, p.81.

50) 秦耀祁・李鐵民・趙克舜, 『鄧小平新時期軍隊建設思想槪論』(北京: 解放 軍出版社), pp.161-172.

를 공안부의 무장경찰, 변방경찰, 소방경찰과 통합하여 새로운 무장 조직으로 통합하였다. 이러한 편제의 축소 개편으로 인해 100만 명 가까운 병력이 해방군 소속에서 제외되었다.[51]

문화대혁명으로 피폐해진 군사학교를 복원하고 군사엘리트들을 양성하는 것은 현대전을 대비하기 위해서도 중대한 문제였다. 鄧小平은 1977년 8월 중앙군사위원회 좌담회에서 간부 양성과 교육에 관해 아주 구체적으로 언급하면서 간부 양성과 간부들을 양성할 학교의 신설과 시급한 복원을 주장하였다.[52] 1978년 1월에는 문화대혁명으로 군정대학(軍政大學)으로 통폐합된 각 총부의 고급학원으로서 각각 군사학원, 정치학원, 후근학원을 부활시켰다.[53] 동년 6월에는 창사공학원(長沙工學院)을 개칭하여 국방과학기술대학교를 설립하면서 전략무기의 시험과 개발, 설계, 생산 등을 연구하는 임무를 부여하였다.

현대전을 치르기 위한 간부 교육의 강화는 곧 군부대의 군사정치적 소질을 제고시키는 것이다. 군 현대화 건설이란 비단 무기장비의 현대화뿐만 아니라 이들 무기장비를 운용하여 적과 싸워 이길 수 있는 기술을 숙련하는 것으로서 이는 교육훈련의 정규화가 필수적으로 요구된다. 따라서 각급 군사학교가 신설되었으며 간부의 충원과 교육훈련이 강화되어 간부 4화 원칙에 따라 지식화되고 전문화된 간부훈련이 배사되었다. 새로 충원되는 상교들은 반드시 군사학교를 졸업해야 했는데 이러한 군사학교에 등록하기 위해서는 고등학교를 졸업하거나 이에 준한 교육부가 실시한 시험에 통과해야 했다. 일례로 1983년 이래 파일러트 후보생은 대학졸업생들로부터 충원되었다.[54] 공군의

---

51) 황병무, 『신중국군사론』, p.205.

52) 鄧小平, "軍隊要把教育訓練提高到戰略地位", 『鄧小平文選, 第二卷』, 第2版, pp.59-65.

53) 이 군 학원들은 1985년 정간정편으로 국방대학으로 재편된다.

경우 1978년 11기3중전회 이후 1천 명에 가까운 대학출신이 연대급에서 지휘관 보직에 승진되었으며, 100명이 사단급에서 지휘급 간부로 승진55)될 정도로 간부의 자질과 교육적 수준을 중시하였으며 이에 따른 군사학교의 역할이 강화되고 있다.56)

군 현대화의 척도로 인식되는 무기장비의 현대화는 중국군의 숙원이었다. 중국은 현대적 군 건설을 위해 무기 및 장비의 현대화에 상당한 관심을 쏟아온 것은 사실이지만 기술적 낙후성과 재원부족으로 여타의 군사강국에 비해 재래식 무기의 기술적 수준에서 약 20년 정도 뒤처져 있는 것으로 평가되고 있었다.57) 그러나 鄧小平은 "국민경제의 부단한 발전의 기초위에서 무기와 장비를 개선하여 국방현대화를 가속화시켜야 한다."58)고 강조함으로써 무기장비의 현대화와 국민경제의 전반적 발전과 연계됨을 분명히 하였다. 당시 군사부문의 실세였던 양상곤 역시 "해방군의 무기 장비의 현대화는 맹목적, 대규모, 과속으로 달성될 수 없다. …… 자력갱생이 주가 되고 해외에서의 기술도입이 종이 되어야 한다. …… 우선순위에 따라 필요한 장비의 발전을 단계적으로 이루어 나가야 할 것이다."라고 밝힘으로써 鄧小平의 정책을 뒷받침하고 있다.59)

따라서 무기장비의 현대화는 미래전쟁의 수요에 적응해야 하며

---

54) Ellis Joffe, *op. cit.*, p.122.

55) 김동성, "중공의 군사정책변화와 국방현대화", 『한국과 국제정치』, 제1권, 제2호(1985 가을), p.143.

56) 중국군의 간부교육에 관해서는 황병무, 『신중국군사론』(서울: 법문사, 1992), pp.264-290 참조.

57) Ellis Joffe, *op. cit.*, p.116.

58) 鄧小平, "建設强大的現代化正規化的革命軍隊", 『鄧小平文選, 第二卷』, 第2版, p.395.

59) 차영구, "중공의 군 현대화", 김달중 편, 『중공의 개혁정치』(서울: 법문사, 1988), p.103에서 재인용

반드시 군사전략에 복종해야 하고 국력의 전반적인 조건에 의해 발전되어야 한다는 무기장비 현대화의 제한조건을 설정하였다. 또한 이러한 무기장비를 현대화하기 위한 기본원칙으로서는 우선 자주적으로 중국국내의 기술을 이용하여 자력갱생하는 것이 우선이며 대외 개방의 유리한 조건을 이용하여 필요한 선진기술을 도입해야 한다는 것이 기본적이 정책방침이 되었다.60)

이러한 정책방침에 따라 외국과의 신무기 도입이 점진적으로 이루어졌으며 라이선스를 확보하여 무기를 제조하기도 하였다.61) 1982년에는 국방과학기술위원회, 국무원국방공업판공실, 중앙군위과학기술 장비위원회를 병합하여 국방과학기술공업위원회를 발족시켜 무기장비의 발전방향과 신무기 개발을 총괄할 수 있는 역할을 부여하였으며 국무원의 군수산업부서도 통합 조정함으로써 무기개발과 군수산업의 통합 발전을 도모하게 된다.

鄧小平 집권 초기의 군 건설에 관한 이런 방침과 실천적 노력은 국제정세 인식의 전략적 변화가 뒷받침되었다고 말할 수 있다. 80년대 중반 鄧小平과 중공 당 지도부의 국제정세 인식상의 변화는 중국과의 관계에서 주적국가로 상정되었던 소련과 패권주의 국가로 인식되었던 미국과의 화해 분위기와 관련이 있는 것이었다. 따라서 1985년 5월 군 100만 감축계획의 발표의 이면에는 이전의 전쟁상태에 바탕한 중국의 위협인식이 실석으로 變化한 섯을 바탕으로 하고 있는 것이다. 그런 측면에서 1985년 중앙군사위원회 확대회의는 중국군의 역사에서 중요한 의의를 갖는다.

---

60) 秦耀祁・李鐵民・趙克舜, 『鄧小平新時期軍隊建設思想槪論』(北京: 解放軍出版社), pp.98-124.
61) 이 시기 중국의 무기 도입 내용과 인가, 합작 생산계약에 관해서는 대해서는 황병무, 『신중국군사론』, pp.605-607; Ellis Joffe, op. cit., pp.103-104, 112-115.

1985년 5월 중앙군사위원회확대회의에서 그 효용성을 상실하여 폐기된 "부打, 大打, 打核戰爭"의 문제는 본래 1969년 4월 중국공산 당 제9차대회의 정치보고에서 정식으로 제출된 개념이었다. 중소이 념분쟁으로 야기된 중소 간의 갈등이 1969년 3월 중소국경인 珍寶 島에서 총격전의 사태까지 확대되어 전면전의 분위기가 우려되던 시기였다. 물론 그들의 이런 전략상의 인식은 60년대의 중국과 인 도 간의 국경분쟁과 미국의 베트남전의 개입, 대만의 중국 동남해 안에서의 정찰활동에 따른 갈등이라는 중국 주변의 상황변화에 따 른 것이기도 하였다.62)

당시 林彪가 진행한 정치보고에서 "우리들은 결코 우리들의 혁명 적 경계성을 늦추지 않을 것이다. 결코 미제국주의와 소련 수정주 의가 야기할 대규모의 침략전쟁의 위험성을 무시하지 않을 것이다. 우리들은 이에 충분히 준비해야 한다. 그들의 대규모 전쟁과 조기 전쟁, 그들의 재래식 전쟁뿐만 아니라 핵전쟁에 준비해야 한다. 한 마디로 우리들은 준비를 갖추고 있어야 한다. …… 그들은 반드시 전쟁을 할 것이고 우리들은 끝까지 이를 치를 것이다."63) 이것은 60년대 중반부터 국제형세의 변화를 주시해온 중국 지도부들의 위 협인식에 근거하여 임전상태의 준비에 바탕한 것이었다.

그러나 1985년 5월 중앙군사위원회 확대회의에서 이러한 임전상 태의 개념은 전쟁가피론으로 바뀌게 된다. 이러한 전략적 인식의 변화는 鄧小平이 언급하고 있듯이 11기3중전회 이후에 중국을 둘러

---

62) 1964년 10월 毛澤東은 미국의 베트남전쟁의 개입이 있고 중국이 독자 적으로 핵무기를 개발 한 직후에 중국의 내외적 상황을 대하여 이미 이러한 개념을 언급함으로써 전쟁준비태세를 갖추게 하고 있었다. 따 라서 본격적인 3선의 개발이 山, 散, 洞(산에 의거하면서 분산하고 산 굴로 들어간다)의 방침에 의해 이루어지게 된다.

63) 軍事科學院軍事歷史研究部, 『中國人民解放軍的七十年』(北京: 軍事科 學出版社, 1997), p.569.

202

싼 국제정세의 변화에 따른 전쟁과 평화에 대한 인식상의 변화가 그 하나요, 대외 정책의 변화가 다른 하나인 것이다.

우선 전쟁과 평화의 문제는 과거 중국이 전쟁이 불가피하고 전쟁이 박두하고 있다고 보았으나 전쟁을 일으킬 만한 미국과 소련이 상대방에 대한 억지로 말미암아 누구도 먼저 전쟁을 일으킬 것 같지 않다는 것이다. 즉 비교적 오랫동안 대규모 세계전쟁은 일어나지 않을 것이며 제3세계의 평화역량을 결집한다면 세계 평화를 수호할 수 있는 희망이 있다는 것이다. 둘째는 이러한 국제정세 속에서 중국의 외교 정책을 독립자주외교로 설정함으로써 패권을 추구하고 전쟁을 획책하는 세력에 대한 명확한 반대의 입장을 외교노선의 핵심으로 삼는다는 것이다. 즉 이러한 국제정세의 변화와 이에 따른 대외 정책의 조절을 통해서 4개현대화를 달성할 수는 평화적 환경을 최대한 이용하는 것[64]이 당면 중국의 최대의 과제라는 것이다.

1985년의 중앙군사위원회 확대회의는 鄧小平의 이런 사상적 기조에 충실하여 과거 조기전쟁과 대규모의 전쟁, 핵전쟁의 위협에 대한 임전상태에서 평화시기의 건설로 국제정세가 변모함으로써 군대건설의 전략적 변화가 있음을 확인하고 있다. 회의는 따라서 새로운 역사적 조건하에서 군대건설의 총방침으로 인민해방군의 우량 전통을 계승하여 부단히 군의 현대화 건설을 추진한다는 것이다. 군대 수량을 삼소하여 군을 성예와 함으로써 군내의 실을 양상시키며, 무기상비의 발전과 인적 자질의 향상을 꾀함으로써 사람과 무기의 상호 결합을 더욱 발전시키며 충분히 발휘하게 한다는 것이다. 또한 해방군은 사회주의 조국을 지키는 강철장성으로서 사회주의 정신문명과 물질문명을 건설하는 중요역량이 되게 한다는 것이다.[65]

---

64) 鄧小平, "在軍委擴大會議上的講話", 『鄧小平文選, 第三卷』(北京: 人民出版社, 1993), pp.126-128.

65) 鄧小平의 이런 전쟁가피론에 대한 언급은 이미 84년 11월 중앙군사위

결국 이 회의는 1975년 鄧小平이 군사위원회 부주석과 총참모장
의 군직을 지니고 있으면서 나름대로 설계하였던 군대의 정돈과 개
혁을 전반적인 중국의 국가적 목표 속에서 체현시킴으로써 그의 군
대개혁의 실천적 사고를 확인할 수 있는 회의였던 것이다. 이 회의
에 뒤이어 군대의 개혁과 재편은 박차를 가하게 된다. 회의에서 통
과된 <軍隊體制改革, 精簡整編方案>에 따라 군대의 대규모 삭감이
실시될 뿐만 아니라 해방군 총부의 면모일신과 대군구의 축소개편
과 인사이동, 합성 집단군의 신설, 국방대학의 설립, 군 계급제의
부활 등 일련의 군사개혁이 鄧小平 시기인 80년대 후반에 구체적으
로 실시되게 되는 것이다.66)

요컨대 개혁개방 이후 鄧小平의 군 건설은 역시 중국의 시대적
상황과 국제적 상황이라는 변수의 면밀한 관찰과 분석 속에서 형성
된 것이다. 그가 주도한 개혁개방 시기의 군 건설의 전반적 설계는
전체적인 중국의 경제건설과 군 현대화의 상관성을 실용주의적 사
고에 기반하여 정립하고 있다고 할 수 있다. 군의 대규모 감축과
기구의 정비로 군대의 정예화를 꾀하면서, 정부가 지출해야 할 대
규모의 재정적 비용을 삭감할 수 있는 기회를 가짐과 동시에 재편
된 인적 자원의 질을 향상시키고 구식 장비를 재편함으로써 전투력

원회 좌담회에서 언급되었으며(鄧小平문선에는 早打, 大打, 打核戰에
관한 내용이 언급되어 있지 않고 군이 이런 환경을 충분히 이용하여
국가대국에 복종해야 한다는 것만 적시되어 있다) 85년의 중앙군사위
원회확대회의는 鄧小平의 이런 전략상의 변화를 인정하고 군 현대화를
위한 100만 군의 감축과 정간정편을 결의하고 있는 회의라고 할 것이
다. 中國人民解放軍總參謀部政治部宣傳部編, 『軍事集要』(上海: 上海人
民出版社, 1997), p.433.

66) 체제개혁과 정간정편의 진행과 결과에 대해서는 當代中國叢書編輯委員會
   編, 『當代中國軍隊的軍事工作, 下』(北京: 中國社會科學出版社, 1989),
   pp.15-17; 平松武雄, 『鄧小平の 軍事改革』(東京: 勁草書房, 1989), pp.5-
   90 참조.

을 확보한다는 실용주의적 사고에 바탕한 것이다.

국방현대화라고 하는 것도 국가경제의 발전이 충분히 달성되고 과학기술이 충분히 성장해야만 충실한 국방현대화가 이루어질 수 있다[67]는 전략적 사고의 바탕위에서 군 역시 이러한 경제건설의 대국에 적극 동참할 것을 설득하고 요구함으로써 조급한 국방현대화에 대한 견해를 일축하고 군의 희생을 강조함으로써 경제건설 우선 방침을 확실한 국가 목표의 방향으로 설정하고 있는 것이다. 그렇다고 해서 그의 군대건설이 현대화와 정규화의 정책을 홀시하거나 방기한 것은 결코 아니며 전반적인 국가경제발전 속에서 적절히 연계해 나가고 있다는 것이다. 오히려 그렇게 함으로써 국방현대화를 조기에 달성할 수 있다고 생각하고 있는 것이다. 그의 이런 군사정책은 군대기업의 민간시장 진출과 군대가 보유한 시설을 민간에 개방함으로써 사회주의 경제건설에 적극적으로 군을 동원하는 데까지 확장되며 이것은 평화시기 군을 이용한 국가의 경제건설우선이라는 실용주의적 사고를 극적으로 보여주고 있는 것이라 할 것이다.

---

67) 鄧小平, "在軍委擴大會議上的講話", 『鄧小平文選, 第三卷』, p.128.

제3절 軍 經濟活動 擴大의 政治經濟

1. 鄧小平의 大局論[68]

1978년 11기3중전회에서 鄧小平이 권력을 잡은 이후 4개현대화가 국가적 목표로서 확립되고 구체적인 계획을 가치고 추진되었다. 경제건설과 경제발전이 당면 목표가 되었으며 야심에 차고 비용이 많이 드는 경제개발 계획을 추진하기 시작하였다. 국방현대화의 순위는 경제발전의 대국에 우선순위가 뒤쳐질 수밖에 없었다. 경제 프로젝트에 투자하기 위해 다른 분야에 대한 예산은 대폭 삭감되었는데 군 예산 역시 많이 깎인 곳 중 하나였다. 이에 따라 군대 경비의 수요와 공급 사이에 모순이 발생하기 시작했다. 중앙군사위원회는 전군이 스스로 자각하여 국가 현대화 건설의 대국에 복종하여 적극적으로 생산경영에 종사할 것을 요구하였다.[69]

鄧小平은 1984년 11월 중앙군사위원회 좌담회에서 군대의 활동은 국가건설의 대국에 따라야 하며 대국에 긴밀히 호응하여 국민경제

---

68) 鄧小平이 언급한 大局은 "…… 제3차 전국인민대표대회와 제4차 전국인민대표대회에서 행한 정부공작보고는 모두 우리나라의 국민경제를 발전시키기 위하여 2개의 가정을 제시하고 있습니다. 제1단계는 1980년까지 비교적 완전한 공업체계와 국민경제를 건립한다는 것이고 제2단계는 20세기말까지 즉 현재부터 25년 후에 우리나라를 현대 농업, 현대공업, 현대국방, 현대과학기술을 갖춘 사회주의 강국이 되도록 건설해야 한다는 것입니다. 전당과 전국 모두가 이러한 위대한 목표를 실현하기 위해서 분투해야 하는데 이것이 바로 대국이라 하겠습니다. ……" 鄧小平, "全黨講大國, 把國民經濟搞上去", 『鄧小平文選, 第二卷』, 第2版, p.4.

69) 當代中國叢書編輯委員會 編, 『當代中國軍隊的政治工作, 上』(北京: 當代中國出版社, 1994), p.394.

의 발전을 강력히 지원하지 않으면 안 된다고 지시하였다.

　　…… 지금 전국적으로 당 정부 군대 인민들이 모두 하나같이
나라를 건설하는 이 대국에 복종하며 이 대국을 돌볼 것이 요구
됩니다. 이 문제에 대해 우리 군대도 책임을 지고 있습니다. 군
대는 이 대국을 방해할 것이 아니라 이 대국에 잘 협조해야 하
며 이 대국에 따라 행동해야 합니다. 군대는 여러 면으로 나라의
건설과 연관되어 있는 만큼 어떻게 하면 나라의 건설을 지원하
며 나라의 건설에 적극 뛰어들 것인가 하는 것을 잘 생각해야
합니다. 공군이나 해군이나 국방과학기술공업위원회나 모두 역
량을 모아서 국민경제발전을 지원할 수 있습니다. 해군은 일부
항구를 군민공용으로 하거나 민용에 돌림으로써 국가 항구의 수
용능력을 증대시킬 수 있습니다. 국방공업의 설비가 좋고 기술
역량이 강하면 이 역량을 국가건설에 충분히 이용해서 민수품
생산을 대대적으로 발전시켜야 합니다. 이렇게 하면 이로운 점
이 많고 해로운 점은 하나도 없습니다. 결론적으로 말해서 누구
나 다 대국으로부터 출발하고 대국을 돌보며 백방으로 우리나라
경제를 발전시켜야 하겠습니다. 앞으로 나라가 발전되면 일하기
쉬워질 것입니다. 전반적 형편이 좋아지고 국력이 크게 강화되
면 원자탄과 유도탄을 많이 만들거나 일부 장비를 갱신하기도
쉬울 것이며 공중이든 해상이든 육상이든 그 때에 가면 해결하
기 쉬울 것입니다. …… (중략)
　　이 자리에 모인 동지들은 우리의 각급 간부들이 나라의 대국
에 관심을 돌리도록 교육함으로써 우리나라를 20년 내에 발달된
나라로 건설하는데 이바지 하도록 해야 하겠습니다. 사실상 지
금부터 2000년까지는 20년이 남아 있는 것이 아니라 16년밖에
남지 않았습니다. 우리 군대는 국가 건설의 이러한 대국에 모든
것을 복종시켜야 할 것입니다.[70]

---

70) 鄧小平, "軍隊要服從整個國家建設大局", 『鄧小平文選, 第三卷』,
　　pp.99-100.

중국은 1985년 5월 23일부터 6월 6일까지 북경에서 열린 중앙군
사확대회의에서 중국군을 100만 감축하는 것을 결정하였다. 鄧小平
은 6월 4일 중앙군사확대회의의 연설에서 중국군을 100만 감축하는
의의를 언급하면서 중국군이 경제건설의 대국에 복종할 것을 재차
강조하고 있다.

> …… 마지막으로 한마디 더 하겠습니다. 여러분들은 모두 군
> 대건설에 관심을 기울이고 있고, 군대장비의 현대화에 대해 관심
> 을 가지고 있는데, 이 문제도 대국과 연관되는 일입니다. 네 가
> 지 현대화에는 국방현대화가 들어 있기 때문입니다. 만약 국방
> 현대화를 하지 않으면 세 가지 현대화로만 그치는 것이 아니겠
> 습니까? 그러나 네 가지 현대화에도 선후가 있습니다. 국민경제
> 가 비교적 좋은 기초를 건립해야만 군대장비의 진정한 현대화가
> 실현될 수 있는 것입니다. 그렇기 때문에 우리는 몇 년간 더 참
> 아야 합니다.
> 금세기 말까지 우리는 틀림없이 국민총생산액을 네 배로 늘리
> 는 목표를 초과달성할 것입니다. 그 때가 되면 우리의 경제역량
> 이 강해지기 때문에 비교적 많은 돈으로 장비를 갱신할 수 있을
> 것입니다. 외국에서 사들일 수도 있지만 우리 스스로가 과학연
> 구를 통해 좋은 비행기와 훌륭한 해군 장비, 육군 장비를 설계할
> 수 있을 것입니다. 먼저 경제를 발전시키면 모든 것이 잘 된다는
> 것입니다. 지금은 눈을 딱 감고 경제만을 발전시켜야 합니다. 이
> 것이 바로 대국이라고 하겠습니다. 따라서 모두들 이 대국에 복
> 종해야만 합니다.71)

鄧小平의 위의 연설처럼 군대는 국가건설의 대국에 복종해야 하
며, 이것은 국가적 목표인 경제발전을 위해서 군대는 이에 복종하
고 적극 협력해야 한다는 것이다. 이것은 국가적 목표의 하나인 4
개현대화 중에서 경제건설의 핵심적 요소인 농업, 공업, 과학기술의

---

71) 鄧小平, "在軍委擴大會議上的講話", 『鄧小平文選, 第三卷』, pp.128-129.

전체적인 발전이 이루어져야만 국방현대화가 가능하다는 것이다. 경제 발전과 건설을 위해 국가의 모든 역량을 총동원하는 과정에서 군 역시 이러한 전체적인 대국에 복종할 것을 요구하고 있다. 군이 전반적 경제발전과 건설을 위하여 잠시 희생할 것을 요구한 이러한 대국론은 군으로 하여금 영리적 경제활동을 하게 되는 이론적인 근거일 뿐 아니라 강력한 추동력이 되는 것이기도 했다.

2. 군사비의 축소와 군 구조의 개편

개혁개방으로 인한 중국의 새로운 정치상황하에서 <표 4-6>에서 보듯이 1980년대 시작부터 국방비가 재정에서 차지하는 비율이 지속적으로 하락하였다. 동시에 군 수뇌부는 군사 대비태세에 대해 광범하고 포괄적으로 재검토하도록 요구받았다. 특히 소련으로부터의 침략 위협이 감소하기 시작함에 따라 대규모의 상비군을 유지할 필요가 있는지가 주요한 논점이었다. 장기간의 신중한 검토 후에 당정군의 수뇌부는 중국은 이제 임박한 적의 공격 위협에 직면하고 있지 않으며 병력 수준을 감축할 여유가 있다고 결론지었다. 마침내 1985년 5월 중앙 군사위원회 확대회의에서 중국군은 총병력의 1/4인 백만의 병력을 감축할 것을 선언하였던 것이다.72)

---

72) 중국 인민해방군의 감군과 체제개혁에 관해서는 當代中國叢書編輯委員會 編, 『當代中國軍隊的軍事工作, 上』(北京: 中國社會科學出版社, 1989), pp.71-86;Arthur S. Ding, "The Streamlining of the PLA", *Issues & Studies,* Vol.28, No.11(November 1992), pp.86-96 참조.

<표 4-6> 중국의 국방비(78-89)

연도	국가재정지출		국방비			
	지출 (억 元)	대전년비 (%)	지출 (억 元)	대전년비 (억 元)	대전년비 (%)	재정지출 점유율(%)
1978	1122.09	33.02	167.84	18.80	12.61	14.95
1979	1281.79	14.23	222.64	54.84	32.67	17.36
1980	1228.83	−4.13	193.84	−28.80	−12.93	15.77
1981	1138.41	−7.36	167.97	−25.87	−13.35	14.75
1982	1229.98	8.04	176.35	8.38	4.99	14.33
1983	1409.52	14.60	177.13	0.78	0.44	12.56
1984	1701.02	20.68	180.76	3.63	2.05	10.62
1985	2004.25	17.83	191.53	10.77	5.96	9.56
1986	2204.91	10.01	200.75	9.22	4.81	9.10
1987	2262.18	2.60	209.62	8.87	4.41	9.26
1988	2491.21	10.12	218.00	8.38	3.99	8.75
1989	2823.78	13.35	251.47	33.47	15.35	8.90

출처: 『中国統計年鑑, 1998』(北京: 中国統計出版社, 1998), p.269, 277에 근거해 계산

중국은 이 시기가 중국에게 유리한 국제 환경이며 소련이나 미국의 패권주의의 위협이 현저하게 감소했다고 인식하지는 않고 있다. 다만 鄧小平의 언급처럼 전쟁위험이 눈앞에 있다는 관점을 변화시켜 오랫동안 대규모의 전쟁이 일어나지 않을 것이라는 인식에 바탕하여 국제적인 평화적 환경을 이용하여 중국에 쓸모 있는 많은 것

들을 흡수하겠다는 생각이었다.73) 대규모의 군 병력의 감축은 이런 전략적 사고에 바탕한 것이라고 할 수 있다. 물론 소련에서 고르바초프의 등장은 중소분쟁 이래로 소련과의 적대관계를 청산할 수 있는 실마리를 제공하였으며, 그러한 적대관계의 해소는 내부의 개혁을 추진하는 데에 중국과 소련 모두에게 큰 도움이 되었다. 중국의 경우는 경제건설에 박차를 가하기 위해 군비의 소요를 줄일 수 있는 방법이 하나의 대안이기도 했다. 따라서 경제건설에 역량을 집중하기 위해서는 이에 따른 군비의 축소가 불가피하였다. 경제적 이유가 군사적 이유라는 당의(糖衣)로 포장이 된 것일 수도 있다.74) 그 만큼 중국의 경제상황과 경제발전에 대한 욕구는 시대적으로 절박한 것이기도 한 것이었다.

정간정편 정책에 의해 병력수의 대폭적인 감축과 이에 부수적인 보급 및 생산시설은 군에 더 필요하지 않게 되었고, 이러한 유휴시설은 자연히 경제활동에서 역할을 모색하는 계기가 되었다. 그러나 군의 이러한 실질적인 병력의 감축에도 불구하고 상승하는 물가와 국방비의 실질적인 감축이 군의 유지를 더욱 압박하는 것이었다. 결과적으로 군 수뇌부는 군부대들로 하여금 부수적인 수입원인 경제활동의 참여 확대를 허용가기로 결정하였고 군 공장들은 군수품에서 민수품을 생산하도록 전환을 요구받았다. 대규모의 군 무역업체가 세워졌으며 3차 산업과 같이 전에는 제한을 받던 분야가 군 기업에 개방되었다.75)

---

73) 鄧小平, "在軍委擴大會議上的講話", 『鄧小平文選, 第三卷』, pp.127-128.

74) 타이 밍 충은 군비축소(disarmament)를 군사적 군비축소와 경제적 군비축소로 나누어 분석하면서 중국의 경우는 군사비의 경제적 부담을 축소하기 위한 경제적 군비축소라고 분석하고 있다. Tai Ming Cheung, "Disarmament and Development in China: The Relationship Between National Defence and Economic Development", *Asian Survey,* Vol. X X VIII, No.7(July 1988), pp.758-759.

3. 군수산업의 민수전환 강화

중국은 건국 이후 제국주의 침략 시기에 서구 열강과 일본이 남겨 놓은 동북지역의 군수공장을 중심으로 나름의 군수공업을 발전시켰다. 그러한 군수공업은 1960년 중반 毛澤東의 이른바 3선 건설에 의하여 박차가 가해지기 시작했다.76) 중국의 경우는 사회주의 체제라는 경제체제의 독특한 지령경제적 특성과 군수산업이라는 성격이 맞물려 성장 발전해 왔다. 대규모의 군수공장은 나름의 국방건설과 관련한 중요한 국방 정책이었으며 대규모 국유기업이라는 점에서 자원과 인력의 고용이라는 경제정책적인 측면에서도 중요한 산업이었다.

중국의 군수산업의 민수전환(: 軍轉民)의 근원77)은 毛澤東의 '군사경제합일전략(軍事經濟合一政策)'에 기원을 두고 있다. 이 경제건설전략의 의미는 경제건설을 부흥시켜야 국방건설이 가능하다는 것으로 경제건설을 빨리하면 할수록 국방건설은 더욱 큰 발전과 혁신을 가져올 수 있음을 강조하고 있다.

실제로 개혁개방 이전에도 중국의 당정지도부는 군수산업의 민수

---

75) 타이 밍 충, "중국의 기업가 PLA", 제임스 R. 릴리 외, 『중국 인민해방군, 지금 어디로 가고 있는가: 중국의 국방현대화를 중심으로』, 김형배 역(서울: 홍익출판사, 1997), p.255-256. [C. Dennison Lane, Mark Weisenbloom, & Dimon Liu, eds., *Chinese Military Modernization*(London and Washin- gton, DC: Kegan Paul International and The American Enterprise Institute for Public Policy Research, 1996)]

76) 중국의 국방공업과 3선 건설 발전에 관해서는 祝慈壽, 『中國現代工業史』(重慶: 重慶出版社, 1990), pp.467-515; Barry Naughton, "The Third Front: defence industrialization in the Chinese interior", *The China Quarterly,* No.115(Setember 1988), pp.351-386 참조.

77) 중국은 군수업체에서 민수품의 생산의 기원을 내전 종결 무렵의 시기에 두고 있다. 當代中國叢書編輯委員會 編, 『當代中國的兵器工業』(北京: 當代中國出版社, 1993), p.459.

전환에 상당한 관심을 가지고 있었으면 중요성을 인정하고 있었다. 1952년 5월 중앙병기위원회는 당중앙위원회에 제출한 보고서에서 각 군수공장은 최소한 한 가지 이상의 민수품을 생산해야 한다는 점을 지적하였고 1956년 5월 毛澤東은 평화 시에는 민수품을, 전시에는 군수품 생산을 할 수 있는 겸용생산기술을 강조한 바 있다. '57년 4월에는 朱德이, 1964년에는 主恩來가 국가경제건설을 위한 민수와 군수의 결합, 평시와 전시의 결합을 주장했었다. 따라서 군과 군수산업의 사회경제참여 정책은 鄧小平의 독창적인 정책이라기보다는 毛澤東의 군의 경제활동 참여전략을 답습, 확대시킨 것이라고 볼 수 있다.78)

  그러나 毛澤東 시대 군수산업 정책의 슬로건은 첫째 군수산업 정책은 토론의 대상으로 삼지 않는다. 국가안보의 최대 비밀 사항이라는 의미에서 정책그룹 간의 논의를 금지하였다. 둘째, 군수공업 우선주의, 병기공업 우선주의, 부품조립 우선주의를 채택하였다. 셋째, 군수산업은 민간경제와 완전 분리, 독자적으로 설계되며 주종계약 관계는 존재하지 않는다. 넷째, 국방비 배정절차와 회계 상의 요구를 최소화한다. 다섯째, 민수용보다는 군수용 생산을 강조하고, 관리와 행정보다는 생산의 결과를 강조한다. 즉 경제적 효율성을 제고하지 않는다. 여섯째, 군수공장들은 하청계약자, 특히 민수공장에 의존하지 않고 부기체계의 획득을 위안 룰사와 인틱을 획득해야 한다. 규모의 경제는 중요하지 않다. 일곱째, 비밀을 유지하고 외국과 교류를 중요시 않는다. 이러한 비밀 유지 때문에 생산제조업자들과 민간회사들과는 많은 의사전달을 하지 않았다.79)

  따라서 본격적인 민수전환의 추진과 건설은 鄧小平 시기 개혁개방

---

78) 하영애, 『중국현대화와 국방 정책』 (서울: 범한서적주식회사, 1993), pp.84-93.
79) 황병무, "군수산업의 개혁과 인민해방군의 새로운 역할", 『전망』 (1992.
    5), p.51.

정책으로 인한 경제건설에 대한 국가역량의 총집중이라는 전략과 그 궤를 같이 한다고 할 수 있다. 70년대 후반부터 본격적으로 시작된 중국의 민수전환이 구체적으로 시작된 배경을 몇 가지로 파악할 수 있다.[80] 첫째, 첨단기술과 과학정보를 획득하고 수출을 증진시킬 수 있는 외부세계로의 개방이란 경제개혁이다. 2000년까지 국민소득 800달러, GNP 1조 달러의 풍요한 중국을 목표로 하고 있던 鄧小平 체제는 대규모의 잉여인력과 설비가 시급하게 해결해야 할 문제였다. 국방과 민수의 통합전략이 이를 해결하는 방안으로 등장하였다. 즉 국가 경제발전에 국방부분을 조직적으로 연계시키고 국민의 복지를 위해 국방기술을 활용하는 민수전환이 필요하게 된 것이다.

둘째, 국제적 힘의 균형에 대한 재평가이다. 소련을 비롯한 외부로부터의 위협이 감소함에 따라 냉전 상태와 중국의 혁명노선에 대한 검토가 이루어졌고 자본주의의 필연적 붕괴, 혁명에 의한 세계변화 등 毛澤東의 교조주의적이고 정치돌출적인 기존 이념에 대한 비판이 제기되었다. 미소강대국의 힘의 균형은 상당 정도 지속될 것이고, 핵전쟁은 사실상 불가능하며 강대국들의 주요 관심사는 경기침체로 인한 국내문제에 있고 국제질서는 다극화 현상으로 변모하는 이러한 시기[81]야말로 중국 경제발전을 용이하게 해 줄 수 있다는 판단이었다. 즉 민수전환을 적극적으로 추진할 수 있는 국제

---

80) Mel Gurtov, "Swords into Market Shares: China's Conversion of Military Industry to Civilian Production", *The China Quarterly*, No.134(June 1993), pp.214-216.

81) Chi Su, "Sino-Soviet relations of the 1980s: from confrontation to conciliation", in Samuel S. Kim ed., *China and the World: New Directions in Chinese Foreign Relations*(Boulder, CO. : Westview Press, 2nd ed., 1989), p.117; Steven I. Levine, "Sino-American relations: renomalization and beyond", in Samuel S. Kim ed., *China and the World: New Directions in Chinese Foreign Relations*(Boulder, CO. : Westview Press, 2nd ed., 1989), pp.91-92.

환경이 조성되었다고 중국은 보고 있었다.

셋째, 중국국방산업체제의 폐쇄성이다. 毛澤東 시기 중국의 국방경제는 국가 경제와는 독립적으로 발전된 폐단을 가지고 있었다. 중국의 평시경제는 우선순위 면에서 전시경제의 발전에 봉사했던 것이다. 때문에 국방과학, 국방공업에 대한 정부의 노력과 투자에도 불구하고 이러한 군수산업이나 기술들이 상업화되지 못하였다.[82] 이러한 병폐를 극복하기 위해서는 기존의 시스템을 타파하고 새로운 시스템의 구축을 위해서는 민수전환이란 전략이 필요할 수밖에 없었다. 그것은 민수전환이 정치경제, 국방, 과학기술 요인을 포함하는 대규모의 개혁 프로젝트이기 때문이다.

넷째 개혁개방으로 인한 노선과 정책의 변화이다. 중국의 현대사는 홍(紅: 정치 이데올로기)과 전(專: 전문성)의 갈등사라고 해도 과언이 아니다. 이것은 중국 정부가 취해온 정책의 방향성과도 그 맥을 같이 한다. 따라서 중국의 정책은 이른바 홍과 전이라는 정치경제적 풍향계에 따라 그 방향성이 규정되어 왔다. 예를 들면 과학기술이 고양되는 시기에는 '전'의 논리가 과학기술이 정체되는 시기에는 '홍'의 논리가 주류를 이르는 변화가 바로 그것이다. '70년대 후반 이후 중국의 정치적 정향은 '전'으로 선회하였다. 이와 같은 기조하에서 내세운 목표는 이른 바 4개현대화 정책의 구체적 실천인 "농업, 공업, 과학기술, 국방"의 4개현대화였다.[83] 이를 달성하기 위해 중국지도부는 각 부문의 체질 개편을 시도하면서 공업, 과학기술, 국방 부문에 걸쳐 얽혀 있는 군수산업을 개혁하기 시작했으며 민수전환이 적극적인 정책수단으로 등장했다고 할 수 있다.

이러한 군수산업의 민수전환은 이전의 비효율적이고 비시장적인

---

82) 황병무, "군수산업의 개혁과 인민해방군의 새로운 역할", p.50.

83) Richard Baum ed., *China's four modernizations: the new technological revolution*(Boulder: J. C. B. Mohr, 1980) 참조.

기제를 통하여 관리되어오던 군수산업을 새로운 형태로 전환하는 과정에서 모색된 나름의 정책 결과였으며 국가 경쟁력을 강화하기 위한 것이었다. 이러한 군수산업의 민수전환의 노력은 "칼에서 쟁기로 다시 더 좋은 칼로" 만들기 위한 중국군 현대화 노력의 일환이었던 것이다.[84]

이러한 맥락에서 <표 4-7>에서 보는 바와 같이 중국은 1980년을 전후하여 군용기술 우선의 과학기술 정책을 경제개방에 따른 산업경쟁력 확보를 위한 민군공동 기술 개발 체제로 전환하였으며, 군민결합(軍民結合), 평전결합(平戰結合), 군품우선(軍品優先), 이민양군(以民養軍)의 군수경제합일 정책의 추진을 통하여 2000년까지 80%의 민수전환 목표를 세웠다.[85]

<표 4-7> 중국과학기술 산업시스템의 시기적 특징

구분	'80년대 이전	'80년대 이후
· 시스템 기능 · 시스템 상태 · 시스템 구조 · 시스템 통계 · 경제메커니즘 · 시스템 진화에 대한 평가기준	군수품 위주의 생산 독립적 폐쇄 시스템 중앙집권적 피라미드 행정적 수단 계획경제 계획실행 정도, 기술적 전문화	군수품과 민수품의 겸용생산 상대적 독립, 개방시스템 수평적·분권적 매트릭스 행정적·경제적 법적 수단 계획경제＋시장경제 계획실행 정도, 기술적 전문화, 비용, 경제적 효율성

출처: Jin Zhude and Chai Benlang, *Strategic Thinking of China's Conversion in the 19990s*(Proceedings on the International, 1991), pp.31-32, 구상회, "국가 과학기술 전략과 민군겸용기술", 김형국·유석진·홍성걸 편, 『과학기술의 정치경제학』(서울: 오름, 1998), p.66에서 재인용.

---

84) Paul Humes Folta, *From Swords to Plowshares? Defence Industry Reform in the PRC*(Boulder, CO. : Westview Press, 1992) 참조.

85) 구상회, "국가 과학기술 전략과 민군겸용기술", 김형국·유석진·홍성걸 편, 『과학기술의 정치경제학』(서울: 오름, 1998), p.66.

1980년대 이후 중국의 국방 현대화를 위한 개혁은 앞서 언급한 것처럼 무엇보다도 인민해방군이 국가전체의 이익에 봉사하면서 농업, 공업, 과학기술의 현대화에 이바지하고 군 현대화를 추진할 것이 요청되었다. 따라서 군에 할당되는 군사비의 증가율을 억제할 것과 군수산업은 군민결합형으로 전환하라는 지침이 하달되었던 것이다. 1980년 중국의 국방비는 국가재정의 16%선을 유지했지만 1985년 10.1%, 1986년에는 8.5%까지 떨어졌다. 국방예산이 삭감됨에 따라 무기의 수요가 감소하게 되었다. 그러한 결과로 군수산업은 주문 부족에 시달렸으며 그런 상황을 치유하기 위해 중국 정부는 군공기업을 군수품과 민수품을 생산하도록 본격적으로 방향을 전환하였던 것이다.

그런데 1980년대 중반만 하더라도 毛澤東 시기에 중국 내륙의 이른바 제3선에 건설된 군수공장의 가동률은 30% 정도였으며 고도 정밀 군수공장의 가동률은 이보다 훨씬 낮았다. <표 4-8>에서 보는 바와 같이 개혁개방 초기에 군공기업에서 생산한 민수품의 비율이 거의 무시할 정도로 저조했던 반면 90년대 중반인 94년에는 80%에 가깝게 비율이 높아졌다. 전기부문은 그 분야 군공기업의 전체생산에서 거의 100%를 민간시장에 내놓을 상품을 생산하고 있다.86)

---

86) Mel Gurtov, *op. cit.*, p.214.

<표 4-8> 군공기업의 민수생산 비율(%)

년 도	민수생산량
1958-1960(평균)	60.8
1960	74.5
1962	14.8
1975	6.9
1979	8.1
1980	18.0
1982	21.0
1985	43.0
1987	60.0
1989	63.5
1992	66.0
1993	77.4
1994	80.0

출처: Shaoguang Wang, "Estimating China's Defence Expenditure: Some Evidence From Chinese Source", *The China Quarterly*, No.147 (September 1996), p.903.

민수전환을 적극적으로 추진한 결과 군수산업의 40%는 완전히 민수품 생산으로 전환하였으며 다른 40%는 군수품과 민수품을 모두 생산하고 있다. 단지 10% 정도만이 군수품을 생산하고 있을 따름이다.[87]

경제활성화와 국방 현대화를 위한 중국 나름의 군수산업의 민수전환 계획과 실천은 러시아의 민수전환에 비해 성공적인 성과를 거두고 있는 것으로 평가되고 있다.[88] 그 이유는 첫째 민수전환사업이 러시아에 비해 10년 정도 앞서 실시되었고 둘째, 조기에 경제개

---

87) *Jane's Defence Weekly,* 19 February 1994, p.31

88) Brian Murray, "Red Army Swords and Free Markets Plowshares", *Journal of Northeast Asian Studies,* Vol.10, No.2(Summer 1991), p.33.

방정책을 실시하였으며 셋째, 해외 화교와 홍콩 및 대만의 막대한 자금 유입으로 인해 민수전환을 하는 과정에서 자금을 동원할 수 있었으며 넷째, 중국 정부의 지속적이고 일관성 있는 정책으로 인한 효율성 확보 등을 거론할 수 있다.89)

　중국정부는 개혁개방정책을 실시한 이후 군수산업의 개혁과 군수품의 민수화를 효율적으로 추진할 수 있는 제도개편을 단행하였다. 1982년의 기구개혁90)에서 중요한 조직상의 통폐합이 실시된다. 비밀번호 형태로 불리워진 국방공업 담당부서가 구체적인 명칭을 갖게 되었고 담당 부장도 모두 민간인으로 교체되었다. 이전 국무원 산하의 국방공업판공실(國防工業辦工室)은 군수산업의 연구개발 및 생산 활동을 관장하였고, 인민해방군 관할하의 국방과학기술위원회 (國防科學技術委員會)는 훈련, 무기시험 등 군사 분야의 연구개발에 책임을 지고 있었다. 두 기구는 모두 당중앙군사위원에 대해 책임을 지고 있었다. 그런데 1982년 조직개편으로 이 두 기구는 국방과

---

89) 홍성범, 『국방기술의 탈군사화: 민수추진의 현황과 과제』(과학기술 정책동향, 과학기술 정책관리연구소, 1994), pp.43-50; 스톡홀름 국제평화연구소(SIPRI)는 중국의 군수산업의 민수전환 현상을 보고 민수전환을 효율적인 상황으로 만든 지구상의 첫 번째 국가라고 칭찬한 바 있다. Stockholm International Peace Research Institute, *SIPRI Yearbook 1993: World Armaments and Disarmament*(Oxford: Oxford University Press, 1992), p.240.

90) 1982년 이전의 중국의 군수산업의 조직에 관해서는, Harlan W. Jencks, "The Chinese 'Military-Industrial Complex' and Defense Modernization", *Asian Survey*, Vol.20, No.10(Oct., 1980), pp.965-989; 白桓基, "中共의 軍需産業에 대한 考察", 『國防研究』, 제25권, 제2호(1982. 12), pp.5-23; 平松武雄, 『鄧小平の 軍事改革』, pp201-205; David Sambaugh, "China's Defence Industries: Indigenous and Foreign Procurement", in Paul H. B. Godwin, ed., *The Chinese Defense Establishment: Continuity and Change in the 1980s* (Boulder, Colo. : Westview Press, 1983), pp.43-86; 82년 이후의 중국 군수산업의 제도개혁에 관해서는 中國社會科學院工業經濟研究所, 『中國工業發展報告』(北京: 經濟管理出版社, 1998), pp.144-145 도표 참조.

학기술공업위원회(國防科學技術工業委員會)로 통합되고 이 기구는 국방공업의 연구개발과 민수전환, 신무기와 신기술문제를 총괄하게 하였다. 국방과학기술공업위원회는 당중앙군사위원회와 국무원의 지도와 관리를 받았다.

요컨대 국방현대화 특히 무기 장비의 현대화를 위한 계획과 연구개발, 예산의 집행, 군의 무기 획득은 상호 연계된 문제이다. 개혁개방으로 실시된 군 구조의 축소와 개편, 국방예산의 절감은 무기 수요와 주문을 축소시켰으며 이러한 상황은 군수산업의 적자를 가중시켜 경제발전의 걸림돌이 되었다. 따라서 군수산업의 유휴시설과 과잉인력의 문제를 민수전환의 정책으로 돌파하고자 하는 것이며, 여기서의 생산성 향상과 수익을 다시 경제발전이나 국방부문에 재투자하는 전략을 취하고 있는 것이다.[91] 이러한 군수산업의 민수전환은 군수산업의 한 축을 담당하고 있던 군 소유기업이 적극적으로 민수생산을 하게 되는 계기가 되었으며, 상업적 활동을 강화하는 정책요인이 된 것이다.

---

91) 그러나 군수부문의 이익이 군 관련 부문으로 재투자되기에는 자체의 전환비용과 구조조정 비용이 너무 커 여력이 없는 것으로 보여진다. 중국 국무원 국가경제무역위원회는 중국 산업구조의 현대화를 위해 군수산업을 비롯한 철강, 섬유, 석탄, 제당, 비철금속 등 6개 전통산업의 적자기업들을 2000년 연내에 폐쇄하는 대신에 생명공학과 제약 산업 분야를 적극 육성하기로 결정하였다. 이런 결정은 이들 전통산업 분야에 만연된 적자의 원천을 근원적으로 해결하기 위한 것인데, 적자기업의 일부 극소수를 제외하고는 다른 기업에 합병 또는 통합시키지 않고 그냥 폐쇄하기로 결정했다. 『한겨레』, 2000. 5. 11.

제4절 小　結

　군의 경제활동의 확대의 동인으로 우선 리더십에 중점을 둔 鄧小
平 시기의 군사 권력과 그 성격을 거론할 수 있을 것이다. 앞에서
살펴보았듯이 군의 경제활동이 확대되게 된 시기의 당군관계는 鄧
小平을 중심으로 혁명세대들이 주요한 정책엘리트로서 당정군에 포
진하고 있다. 이는 사회주의 혁명과정에서 당군의 이중적 엘리트들
이 공생형적인 관계를 유지하고 있는 것으로 이론적으로 풀이할 수
있다. 그럼에도 불구하고 鄧小平의 군사 권력이 중요한 역할을 했
음에는 재론의 여지가 없다. 그가 설계한 개혁개방의 정책방향은
시대의 주요 이념으로 자리 잡게 된다. 즉 鄧小平의 군사 권력과
군의 양해를 쉽게 확보할 수 있는 최고 지도자의 카리스마 ― 그것이
비록 毛澤東과 일정한 차별성이 있다고 하더라도 ― 는 군부를 설득
하고 회유할 수 있는 이론적 자원을 갖는 것이다.

　鄧小平 시기에 들어와서는 그동안의 대외인식에도 상당한 변화를
수반한다. 과거 사회주의적 제국주의인 소련과 자본주의적 패권주
의인 미국에 대한 관계 증진과 실용주의적 대외인식은 毛澤東이 주
조한 전쟁불가피론이라는 전략을 수정하게 되는 계기가 된다. 이러
한 국제정세의 평화적 인식은 문화대혁명과 중월전쟁을 거치면서
기형적으로 비대해진 총병력의 감소와 군 구조를 개편하는 정돈과
정편 작업의 실시를 요구하게 되었다. 이는 또한 제한된 재정으로
경제발전을 추진하기 위해서도 군 구조의 개편이 불가피하는 경제
주의적 사고와 맞아 떨어지게 된다. 이러한 군 구조의 개편과 정돈
작업은 鄧小平 시기의 군대건설의 노선으로 파악할 수 있는 데 '강
력한 현대화되고 정규화 된 혁명군대'의 창출은 鄧小平의 건군노선

이었으며 과거 이데올로기에 경도된 군을 전쟁양태의 변화와 강대한 중국의 건설이라는 국가 목표를 추동하기 위해서 현대화된 군을 창출하고자 하는 목적에 기반한 것이었다.

이러한 군의 현대화와 정규화 노선에도 불구하고 개혁개방으로 인한 대국, 즉 중국의 경제발전 우선전략은 비록 군 현대화를 포기하는 것은 아니지만 군의 경제적 동원을 추진하게 되는 정치경제적 요인이었다. 군 규모의 축소로 인한 군대의 유휴시설과 군기업이 민간에 개방되거나 영리적 목적으로 민수품을 생산하기 시작하였다. 즉 鄧小平 시기 압도적인 경제발전 우선주의의 전략은 사회적 역량을 총동원하는 과정에서 군의 경제적 역할을 확대하게 주요한 동인으로 자리 잡고 있는 것이다.

요컨대 鄧小平 시기에 군의 이해와 희생을 쉽게 담보할 수 있는 鄧小平의 리더십과 당과 군의 공생형적인 엘리트 구조는 중국의 경제발전이라는 대국 속에서 군의 경제적 역할의 확대라는 군사정책을 창출할 수 있었다. 이러한 군의 경제활동의 확대 정책은 무엇보다도 이후 江澤民 시기와 대비하여 경제발전에 우선적인 가치를 부여한 경제적 측면이 강하다고 할 수 있다. 이는 군사전문화 과정에서 군의 단체적 이익에 관련된 군조합주의의 희생이 요구되는 정책이라고 말할 수 있다.

제5장 人民解放軍 經濟活動 禁止의 要因과 背景: 體制 鞏固化의 動因

1989년의 천안문 사건은 중국공산당의 원죄가 되었다. 사건이 그렇게까지 발전하리라고는 그 누구도 예측하지 못했을 뿐 아니라 기대하지 않았을 것이다. 鄧小平을 비롯한 당원로들은 趙紫陽의 실책을 물어 그를 당 총서기에서 해임하고 서둘러 다음 지도부를 인선하였다. 江澤民이 소위 제3세대의 지도핵심으로 선발되었다. 胡耀邦과 趙紫陽의 정치적 승계의 실패는 江澤民에게 반면교사가 되었을 것이다. 江澤民이 집권 초기 제 목소리를 내기에는 상황이 용이하지 않았다. 鄧小平이 아직 건재하였고 원로들의 목소리를 무시할수 없었기 때문이다. 14대의 기간은 과도기였다. 그 중에서도 江澤民은 끊임없이 군부와의 관계개선에 공을 들였다. 물론 鄧小平의 후광을 무시할 수 없었다. 그러나 개혁개방과 함께 진행된 간부 4화 정책과 원로들의 물리적인 노화와 자연사는 정치 구조를 변화시켰다. 새로운 당정엘리트들의 속성은 실용적인 테크노크라트였다. 이는 당정군을 고루 섭렵한 과거의 이중적 역할의 엘리트들과는 그 성격을 달리하는 것이었다. 鄧小平의 사망과 공산당 15대회는 江澤民 체제가 공고화되는 시기이기도 하였다. 군부와의 관계는 상층부의 정치적 연립형태로 구조화되는 특성을 보여주고 있다.

江澤民의 군사정책은 鄧小平 군사노선의 이론적이고 실제적인 승계였다. 鄧小平 시기의 군의 개혁과 정돈 작업을 더욱 계승 발전시켜 나갔다. 취약한 권력기반을 강화하기 위한 이데올로기적 교화 작업은 지속되었으며 군 현대화를 위한 전력개선 작업도 꾸준히 진

행되어 15대회에서는 군을 50만 감축할 것이 발표되었다. 과학기술
군을 지향하여 미래전쟁에 대비하겠다는 전략적 변화가 꾀해지고
있다. 특히 국방법을 완성하여 군을 다스리는 틀을 법제화하였다.

　江澤民의 체제가 공고화되는 상황에서 군과의 관계의 현안은 군
의 방대한 기업에 관한 청산작업이었다. 군의 경제활동의 확대는
부패와 군전투력의 상실을 초래하는 것이기도 하였다. 무엇보다도
당의 군 통제라는 절대명제에 누수현상이 발생하였다. 특단의 조치
가 실시되었다. 군의 경제활동의 확대가 경제적 측면이 강하게 작
용한 것이라면 군의 경제활동의 금지는 전반적인 경제개혁의 요인
을 무시할 수 없을지라도 江澤民체제를 공고히 하기 위한 정치적
선택이었다. 江澤民은 이런 현상에 대해 끊임없이 '황량론'(皇糧論)
을 제기함으로써 군 상층부와 적절한 타협을 이루었다. 이는 달라
진 정치 구조 속에서 군의 경제적 역할의 확대가 당의 군 통제라는
절대명제를 손상시키기 쉬운 것에 대한 정치적 처방이었으며 군의
조합주의를 적절하게 보상함으로써 전반적인 군사 전문직업주의를
강화시키고자 하는 것이라고 할 수 있다.

제1절 江澤民 體制의 軍事權力 構築과 黨軍關係

1. 江澤民의 정치적 승계와 군부와의 관계

　江澤民은 1989년 6·4 천안문 사건으로 趙紫陽이 실각하자 의외1)

---

1) 鄧小平은 1989년 5월 31일 李鵬과 姚依林을 만난 자리에서 개혁개방정
　책은 절대 변할 수 없으며 당대표대회를 통과한 13대회의 정치보고는

로 1989년 6월 중국공산당 13기4중전회에서 당의 총서기로 발탁되었다.[2] 이어 1989년 11월 중국공산당 13기5중전회에서 중국공산당 군사위원회 주석으로 선임되었다. 鄧小平은 1989년 11월 12일 중앙군사위 주석을 물러나면서 江澤民에 관하여 다음과 같이 언급하였다.

  나는 江澤民 동지를 당중앙의 핵심으로 결정한 것이 우리당의 정확한 선택이었다고 생각합니다. 江澤民 동지는 능력 있는 당의 총서기이기 때문에 능력 있는 군사위주석입니다. 여러분 모두는 江澤民 동지를 당중앙의 핵심으로 하는 지도하에, 그를 중앙군사위원회 주석으로 하는 지도하에서 우리들의 군대건설이 더욱더 잘 되기를 희망합니다. 우리들의 국가의 독립과 주권을 보위하기 위하여 우리 국가의 사회주의 사업을 보위하기 위하여, 우리 당의 11기3중전회 이래 제정된 일련의 노선, 방침, 정책을 보위하기 위하여 더 많은 공헌을 하기를 바랍니다.[3]

한자도 바꿀 수 없다고 강조하였다. 鄧小平은 이러한 동란(학생들의 시위)이 지나가면 인민들에게 두 가지의 새로운 모습을 보여주어야 하는데 첫 번째는 영도계층을 바꾸어 면모를 일신하는 것이고 둘째는 확실히 당중앙이 부패에 반대한다는 것을 성실하게 보여주어야 한다고 말하였다. 鄧小平은 "毛澤東과 周恩來, 朱德 동지로부터 중국공산당의 1세대 영도 계층이 형성되었다면 제2대는 우리들이다. 이제는 제3대로 바꾸어야 하며 제3대 영도를 수립하여야 한다."고 언급하면서 당 지도부가 江澤民 동지를 핵심으로 잘 할 수 있기를 희망하며 단결할 것을 주문하였다. 이러한 사실에서 보듯이 이미 당원로들은 6월 4일 천안문 사건이 나기 전에 새롭게 江澤民을 중국지도부의 새로운 최고 영도자로 내세울 것을 합의하고 있었던 것 같다. 新華月報編輯部 編, 『新中國五十年大事記, 下』(北京: 人民出版社, 1999), pp.883-884.

 2) 총서기이자 정치국상무위원회 위원이었던 趙紫陽과 정치국 상무위원이면서 당서기처 서기였던 胡啓立이 사퇴당하고 정치국위원이었던 江澤民, 李瑞環, 宋平이 새로이 정치국 상무위원에 발탁되었다. 江澤民의 총서기 발탁 배경에 대해서는 김영화, 『江澤民과 중국정치』(서울: 문원, 1997), pp.188-190.

 3) 鄧小平, "會見參加中央軍委擴大會議全體同志時的講話", 『鄧小平文選, 第三卷』(北京: 人民出版社, 1993), pp.334-335.

이러한 鄧小平의 언급에 대해 江澤民은 다음과 같이 화답한 것으로 알려지고 있다.

(제13기)4중전회에서 본인은 총서기직에 오를 자격이 미흡하다고 언급한 바 있습니다. 본인은 아직 이념적인 준비가 되어 있지 않습니다. 본인을 당중앙군사위원회 주석으로 발탁한다는 당의 결정에 대해서도 본인은 적절한 이념적 준비가 되어 있지 않습니다. 본인은 군사업무를 담당한 적이 없고, 이 분야에 대해서는 전혀 경험이 없습니다. 본인은 책임을 느끼고 있으나, 본인의 능력은 불충분합니다. 당은 본인에게 중요한 책임을 부과하였습니다. 그러므로 본인은 분명히 군사 분야를 부지런히 학습하고 조속히 군의 상황에 익숙해지도록 노력하고, 중앙군사위원회 주석직의 의무를 성실히 그리고 신속하게 수행할 수 있도록 하겠습니다.[4]

1989년 6월 당 13기4중전회에서 총서기로 당선된 이후 중국 권력층 내부에서는 그의 당중앙군사위원회 주석직 승계를 놓고 갈등이 빚어지기도 했으나[5] 막강한 鄧小平의 지지로 江澤民은 1989년 11월

4) 薛軍樓 編著, 『江澤民跨世紀治軍大事記』(北京: 軍事誼文出版社, 1998), p.4.
5) 김정계, 『중국의 최고 지도층 — Who's Who』(서울: 평민사, 1990), p.157. 일터진 내로 楊尙昆과 楊白冰 형세와 그를 따르는 일부 군 인사인 楊家將 그룹들은 천안문 사건의 강경진압으로 鄧小平을 정치적 위기에서 지원하였으며 그 이후 해방군의 정치교화 작업과 1992년 鄧小平의 남순강화를 지지하였다. 그런데 江澤民의 중앙군사위 주석직의 승계를 놓고 楊尙昆은 그의 동생 楊白冰을 당중앙군사위원회에 주석직에 천거함으로써 鄧小平이 지목한 후계자 江澤民을 견제하였다. 이에 당시 국방부장 秦基偉의 제동과 당원로들의 조정으로 13대 5중전회에서는 江澤民을 당중앙군사위원회 주석으로 선임하고, 楊尙昆을 제1부주석으로 승진시키는 동시에 鄧小平의 측근인사라고 할 수 있는 劉華淸 상장을 상무 부주석으로 임명해 楊尙昆을 견제하게 하고 楊白冰은 동 위원회 비서장 겸 중앙서기처 서기로 승진 임명하였다.

당13기5중전회에서 鄧小平의 뒤를 이어 당중앙군사위원회 주석직을 승계하였다. 이는 당 총서기직은 차지하였으면서도 당중앙군사위원회의 최고직까지는 오르지 못했던 胡耀邦, 趙紫陽과는 달리 江澤民은 명실상부하게 당·군 양조직의 최고 지도자가 된 것이다.6)

江澤民은 그의 이력에서 보듯이 군 경력이 전무한 인물이었다. 총서기에 발탁되기 전 그의 직책은 상해시의 시장을 거쳐 상해시 당위원회 서기 및 중앙위원회 정치위원이었다. 그의 중앙 정치무대의 진출은 혁명열사의 집안 출신이라는 것과 그의 양부와 혁명 시기부터 밀접한 관계를 유지하였던 李先念을 비롯한 몇몇 당원으로의 추천과 지원이 상당히 작용하였다고 전해진다.

당 최고 지도자 그리고 해방군 총사령관으로서 중국 지도자의 위상은 군부의 정치적 영향을 결정하는데 상호 긴밀히 연계되고 있다. 그런 이유는 첫째, 최고 지도자의 정치력의 강약은 지도부내의 적대그룹의 위협에 대처할 수 있는 능력을 결정짓는 요인이다. 둘째, 군부에서의 지도자의 위상은 적대그룹에 대항하는데 군부의 지지에 의존하는 정도에 따라 평가된다. 셋째, 위의 두 요인의 결합은 중국군부의 지도자에 대한 요구수준 및 그러한 요구를 관리할 수 있는 지도자의 능력의 범위를 결정한다.

그러한 예로서 첫째, 최고 지도자의 지위가 정치, 군사적으로 의심할 여지없이 강력할 때 독립변수로서 군부의 정치적 영향력은 최소화된다. 둘째, 지도자의 정치적 위상이 불완전 하지만 군부의 확고한 지지를 받고 있을 때 지도자의 정치적 취약성은 군부의 지지에 의해 상쇄된다. 지도자는 군부의 특수한 요구에 응할 필요성을 가진다. 셋째, 지도자가 정치 군사적으로 약할 경우이다. 지도자는 정치적 압력을 받기 쉽지만 군부의 무조건적인 지지에 의존할 수

---

6) 김정계, 『중국의 권력구조와 파워엘리트』 (서울: 평민사, 1994), p.140.

228

없다. 그러한 지지를 얻기 위해서는 지도자는 군부의 비위를 맞춰야 하고, 이 때문에 군부를 강력한 지위에 놓이게 한다. 이러한 측면을 고려한다면 江澤民은 세 번째 유형의 지도자라고 할 수 있다. 즉 정치, 군사적 지위가 불완전한 지도자인 셈이다.7)

따라서 그는 군부와의 관계에서 鄧小平이 江澤民에게 전했다는 다음과 같은 말을 유념한 것으로 알려진다.

나는 당신이 많은 일을 수행해야 됨을 잘 알고 있습니다. 하지만 당신은 무엇보다 군 문제에 정력과 시간을 바치고, 군의 일을 처리할 수 있는 용기를 지녀야 합니다. 당신은 이 일을 수행함에 불필요하게 걱정할 필요가 없습니다. 우리가 있는 한 군에서는 아무런 문제가 일어나지 않을 것입니다. …… (중략) …… 우리 같은 나이 든 사람들이 없어졌을 때 만약 군을 통제하지 못한다면 전반적인 것들이 통제 범위 밖에 있게 될 것입니다. 이것이 바로 우리가 오랫동안에 걸쳐 경험한 것입니다.8)

카리스마적 정당성은 본질적으로 불안정하다. 왜냐하면 정당성이 단 한사람에게 의존되어 있어 이 사람의 실수나 패배로 인해 그의 사명에 대한 추종자들의 신뢰가 무너질 수 있고, 또 그 사람은 언젠가 이 세상을 떠날 운명이기 때문이다. 따라서 카리스마적 지도자에 의해 시작된 모든 운동은 계승의 문제에 직면한다. 이 문제에

7) 황병무, "등소평 사후 정치변동과 군부의 역할 변화", 서진영 외, 『등소평과 중국(Ⅱ): 등소평 사후의 중국정치경제』(서울: 고려대학교 아세아문제연구소, 2000), pp.138-139.
8) 데이비드 샘보, "쟝쩌민 최고 사령관과 PLA: 쟝주석의 군내기반 구축과정과 전망", 제임스 R. 릴리 외, 『중국 인민해방군, 지금 어디로 가고 있는가－중국의 국방현대화를 중심으로』, 김형배 역(서울: 홍익출판사, 1997), p.79. [C. Dennison Lane, Mark Weisenbloom, & Dimon Liu, ed., *Chinese Military Modernization.*(London and Washington, DC: Kegan Paul International and The American Enterprise Institute for Public Policy Research, 1996)]

대한 대항적 해결방법이 유명한 베버의 주제 '카리스마의 일상화론'
이다. 한 지도자의 카리스마를 계승자에게 이전시키려는 시도나 정
규적으로 카리스마를 보충시킬 수 있는 직위나 관서를 구상한 것은
카리스마가 개인적 인격의 마력 이외에도 다른 포괄적 준거 틀을
갖고 있다는 의미가 된다.[9] 江澤民 역시 이러한 이론적 설명에서
예외가 아닌 듯하다. 그는 鄧小平의 적극적 후원하에서 당정군의
모든 직위를 최대한 적극 이용하여 군내에 자신의 입지를 강화하는
작업을 실행해 왔다.

먼저 군 경험이 없는 지도자의 이미지를 개선하기 위해 최소한 1
개월에 한번씩 江澤民은 일선 부대를 시찰하여 장병들을 접견하거
나 위문하였다. 그는 산간오지의 부대를 방문하여 군에게 지도자로
서의 친밀감을 느낄 수 있도록 노력한 것으로 알려지고 있다.[10]

시기상의 공교로움이 있지만 군에 대한 예산 분배에서 80년대에
한자리 수에 머물던 국방비의 증가율을 대폭적으로 인상하였다. 천
안문 사건에 대한 논공행상이라는 해석도 있지만 어쨌든 江澤民 총
서기와 당중앙군사위 주석에 취임한 이후부터 군사비는 대폭적으로
증강되었다.[11]

또한 88년 부활된 중국군의 계급 제도를 활용하여 그는 鄧小平
및 군 원로들과 상의하여 상당수의 군 인사를 <표 5-1>에서 보는
것처럼 승진시켰다. 특히 93년과 94년에 승진시킨 張萬年, 傅全有,
于永波, 王克 등은 15대 이후에도 각각 중앙군사위원의 핵심으로
江澤民의 군사지도체제를 확립하는데 기여하고 있다.

---

9) 데니스 H. 롱, "막스베버 사회학의 기본성격", 이종수 편저, 『막스 베
　버의 학문과 사상』(서울: 한길사, 1991), p.170.
10) 준 T. 드레이어, "인민해방군의 부각이 지니고 있는 국내정치적 의미",
　제임스 R. 릴리 외, 앞의 책, p.89.
11) 제3장 제4절 <표 3-5> 참조.

<표 5-1> 1988년 이후 상장 진급 인사

ㅇ. 1988년 9월 14일 수여 17인

성 명	이 력
洪学智	국가중앙군사위원회 위원, 당중앙군사위원회 부비서장(전 총후근부장), 1913년생, 1990년 3월 퇴역
劉華清	국가중앙군사위원회 위원, 당중앙군사위원회 부비서장(전 해군사령원), 1916년 10월생, 1997년 9월 퇴역[중앙군사위원회부주석]
秦基偉	국가중앙군사위원회위원, 국방부장, 1914년 11월생, 1993년 3월 퇴역
*遲浩田	국가중앙군사위원회위원, 총참모장(중앙군사위원회부주석, 국방부장), 1929년 7월생
楊白氷	국가중앙군사위원회위원, 당중앙군사위원회비서장, 총정치 부주임, 1920년 9월생, 1997년 9월 퇴역
趙南起	국가중앙군사위원회위원, 총후근부장(전 군사과학원 원장), 1926년 4월생, 1995년 8월 퇴역
徐 信	부총참모장, 1921년생, 1993년 퇴역
郭林祥	군사규율위원회서기, 총정치부부주임, 1914년생, 1990년 5월 퇴역
尤太忠	군사규율위원회제2서기, 1918년생, 1990년 5월 퇴역
王誠漢	군사과학원정치위원, 1917년생, 1990년 5월 퇴역
張 震	국방대학교장, 1914년 10월생, 1997년 9월 퇴역[중앙군사위원회부주석]
李德生	국방대학정치위원, 1916년생, 1990년 5월 퇴역
劉振華	北京군구정치위원, 1921년생, 1990년 5월 퇴역
向守志	南京군구사령원, 1917년생, 1990년 5월 퇴역
万海峰	成都군구정치위원, 1917년생, 1990년 5월 퇴역
李耀文	해군정치위원, 1918년생, 1990년 5월 퇴역
王 海	공군사령원, 1925년 11월생, 1992년 11월 퇴역

ㅇ. 1993년 6월 7일 수여 6인

성 명	이 력
*張万年	총참모장(중앙군사위원회부주석), 1928년 8월생
*于永波	총정치부 부주임(중앙군사위원회위원, 총정치 부주임), 1931년 9월생
*傅全有	총후근부장(중앙군사위원회위원, 총참모장), 1930년 11월생
朱敦法	국방대학교장, 1927년 9월생, 1995년 8월 퇴역
張連忠	해군사령원, 1931년 6월생, 1996년 12월 퇴역
曹双明	공군사령원, 1929년 8월생, 1996년 2월 퇴역

○. 1994년 6월 8일 수여 19인

성 명	이 력
徐惠滋	부총참모장(군사과학원원장), 1932년 12월생, 1997년 12월 퇴역
李 景	부총참모장(전 해군항공병사령원), 1930년 3월생, 1995년 1월 퇴역
楊德中	총참모부경비국장(鄧小平의 경호), 1923년 10월생, 1995년 8월 퇴역
*王瑞林	총정치부부주임(중앙군사위원회위원), 1929년 12월생
周克玉	총후근부정치위원, 1929년 3월생, 1995년 1월 퇴역
丁衡高	국방과학기술공업위원회주임, 1931년 2월생, 1996년 12월 퇴역
戴学江	국방과학기술공업위원회정치위원, 1930년 2월생, 1995년 8월 퇴역
李文卿	국방대학정치위원, 1930년 5월생, 1995년 8월 퇴역
*王 克	심양군구사령원(중앙군사위원회위원, 총후근부장), 1931년 8월생
李来柱	북경군구사령원, 1932년 11월생, 1998년 1월 퇴역
谷善慶	북경군구정치위원, 1931년 11월생, 1997년 9월 퇴역
*劉精松	란주군구사령원, 1997년 12월 23일 군사과학원원장, 1933년 7월생
趙芃生	란주군구정치위원, 1930년 7월생, 1997년 9월 퇴역
張太恒	제남군구사령원, 1031년 3월생, 1997년 9월 퇴역
宋清渭	제남군구정치위원, 1929년 3월생, 1994년 11월 퇴역
固 輝	남경군구사령원, 1930년 10월생, 1996년 2월 퇴역
李希林	광주군구사령원, 1930년 10월생, 1996년 1월 퇴역
史玉孝	광주군구정치위원, 1933년 4월생
李九竜	성도군구사령원, 1929년 3월생, 1995년 8월 퇴역

ㅇ. 1996년 1월 23일 수여 4인

성 명	이 력
*周子玉	총정치부부주임, 중앙군사위원회규율위원회서기, 1935년 11월생
于振武	공군사령원, 1931년 7월생
*丁文昌	공군정치위원, 1933년 10월생
*隋永挙	제2포병정치위원, 1932년 11월생, 1997년 11월 퇴역

ㅇ. 1998년 3월 27일 수여 10인

성명	이력
*曹剛川	국방과학기술공업위원회주임, 1935년 12월생, 1998년 4월 5일 총장비부장
*楊国梁	제2포병사령원, 1938년 3월생
*張 工	군사과학원정치위원, 1935년 7월생
*邢世忠	국방대학교장, 1938년 9월생
*王茂潤	국방대학정치위원, 1936년 5월생
*李新郎	1998년 1월 10일 북경군구사령원(심양군구사령원), 1936년 11월생
*方祖岐	남경군구정치위원, 1935년 10월생
*陶伯鈞	광주군구사령원, 1936년 12월생
*張志堅	성도군구정치위원, 1934년 5월생
*楊国屏	인민무장경찰부대사령원, 1934년 10월생

주 : 지위는 상장 수여시점. 지위 뒤의 ( )는 중국공산당 15대회개최(1997년 9월)시의 지위. 일부 군 인사에 관해서는 참고로 前職을 삽입. 퇴역 년 월 뒤의 [ ]는 퇴역시의 지위. 이것이 없을 경우는 수여시의 지위로 퇴역. *는 중국공산당 15기중앙위원회 위원

출처: 平松武雄, 『江沢民と中国』(東京: 勁草書房, 1999), pp.28-29.

234

소련이나 중국에서 권력승계가 투쟁으로 전화된 것은 혁명세대에
서 혁명세대로의 승계 작업이기 때문이기도 하였다.12) 이 과정에서
당내의 노선투쟁과 파벌 투쟁은 군의 개입을 초래하였으며 군부의
핵심 세력을 등에 업은 인사나 지지를 받는 지도자가 다음의 권력
을 장악한 것이다. 다원주의 정당체제에서와 같이 정당과 정당의
권력 투쟁이 아닌 당내에서의 소위 권력을 향한 노선투쟁이나 파벌
투쟁이 군의 정치적 개입 혹은 관여를 부르는 주요한 원인이었으며
그런 의미에서 중국에서의 당군관계는 당내의 민군관계인 것이다.

그런데 중국 정치의 승계과정에서 최고 지도자는 그의 권위가 확
실하지 못하거나 혹은 불안하기 때문에 전임자의 권위를 빌어 자신
을 정당화하는 경향이 있다. 華國鋒의 양개범시(兩個凡是) 역시 취
약한 권력기반을 강화하기 위해서는 毛澤東의 권위를 빌려 올 수밖
에 없었던 것이다. 鄧小平 역시 毛澤東의 유산으로부터 결코 자유
롭지 못했으며 毛澤東의 권위를 이용하였다. 江澤民 역시 그의 정
치적 후원자인 鄧小平의 권위를 빌어 그의 정통성을 강화해야 했
다. 중국정치의 구조적 특성을 드러내는 법치가 아닌 인치적 성격
은 江澤民 영도집체 시기의 경우에도 그대로 적용된다고 할 것이
다. 그러한 대표적 실례는 어느 정도 江澤民 정권의 공고화가 실현
되었다고 평가할 수 있는 제15차 중국공산당 전국대표대회의 정치
보고의 체복에서 여실히 느러난나고 할 수 있나.13)

군에게 요구하는 역할 역시 사상정치적으로 당의 절대영도에 대

---

12) 이러한 견해를 피력하는 이들은 그러한 반증으로서 북한 김정일의 권
    력 승계를 예를 들고 있다. 그러나 김정일은 이미 1970년대 초부터 후
    계자 수업을 받아왔으며 부자 승계에 이론적 정당성을 부여한 북한의
    통치이데올로기인 주체사상을 주조하고 해석하는 독점적 위치를 가지
    고 있었다.

13) 江澤民, "高舉鄧小平理論偉大旗幟, 把建設有中國特色社會主義事業全面
    推向二十一世紀", 『求是』, 第18期(1997), pp.2-23.

한 견지와 해방군의 우량 전통을 발양하여 전반적인 중국의 대국에 복종하라는 것이었는데[14] 이것은 鄧小平의 대군 통제 전략을 그대로 답습한 것이라 해도 과언이 아니다. 또한 이런 사상정치적 무장에 대한 강조와 더불어 군의 전투력 향상을 위한 군 현대화 요구를 적절하게 만족시키며 오히려 군에게 요구하고 있는 것이다.[15]

개혁개방으로 인한 새로운 시기와 세기가 교차하는 전반적인 국제상황에서 전쟁양태의 변화로 인한 군사독트린의 변화 필요성을 긍정하고 인정하고 있다는 점이다. 중국적 상황에서 두 개의 근본적인 변화, 즉 적절한 규모의 과학기술적 지식을 가진 강군만이 달라진 군사 환경에서 중국에 필요하다는 인식의 전환에 江澤民을 비롯한 당 지도부가 적절하게 호응하고 이를 강조하고 있다는 것이다.[16] 요컨대 江澤民은 그의 정치적 승계과정에서 군에 대한 당의 절대영도의 정치사상을 적극적으로 군에 주입시켰으며[17], 군재정의 엄격한 통제 정책 등의 이중전략을 적절하게 구사한 것으로 평가되고 있다.[18]

---

14) 江澤民은 15차당대회의 보고에서도 군은 국가의 발전전략과 대국에 복종해야 한다고 강조하고 있다. 姚延進·劉繼賢·張全啓, 『江澤民軍隊建設論述研究』(濟南: 黃河出版社, 1998), pp.125-128.

15) 江澤民은 80년대 전자공업부장의 이력을 바탕으로 군무기의 전자화에 상당 정도 관심을 표명하였다.

16) 江澤民은 '科技强軍'을 강조하고 있는데 이것은 군대건설과 전장 형태와 관련이 있다. 즉 현대의 전쟁양태라고 하는 것이 일반적 조건하에서의 제한전쟁이 아니고 현대기술 특히 하이테크 조건하에서의 제한 전쟁이기 때문에 군은 고도의 과학기술의 능력을 갖춘 군이 되어야 한다는 것이다. 이는 과거와 같이 인력밀집형의 군대에서 과학기술 밀집형의 군대로 전환되어야 한다는 것을 의미하는 것이다. 張振華 主編, 『黨的第三代領導集體關于軍隊建設的理論貢獻』(北京: 解放軍出版社, 1998), pp.58-82, 243-266.

17) 본장 2절 참조

18) Paul Cavey, "Building a Power Base: Jiang Zemin and the Post-Deng Succession", *Issues & Studies,* Vol.33, No.11(November 1997), p.21.

江澤民의 정치적 승계과정과 군 지도권 확보에서 그 위상이 안정적인 것만은 아니었다. 개혁개방을 설계하고 80년대 내내 鄧小平의 지근거리에서 그를 보좌한 楊尙昆과 楊白氷 형제의 처리 문제가 대두된 적도 있었다. 92년 9월 鄧小平 사후 제기되는 안보문제와 천안문 사건에 대한 평가를 하기 위해 楊白氷은 몇 차례의 회의를 소집하였는데 당내에서는 양가장(楊家將) 그룹이 군내에 제국을 건설한다는 우려를 끊임없이 제기하였다. 鄧小平과 江澤民은 14대에서 이들 형제를 유명무실하게 만들었다. 楊白氷은 군사위원회 비서장직을 상실하고 정치국위원 직만 보유하였으며 楊尙昆은 역시 군사위원회 1부주석의 자리에서 물러났다.[19] 그럼에도 불구하고 楊尙昆은 군부 내의 자신의 세력을 바탕으로 鄧小平 사후의 군의 역할 모색 등을 주제로 반江澤民 노선의 퇴역, 현역군들과 95년 2월 중순과 3월 초 廣東省 珠海와 湖北省 武漢에서 회의를 주재한 것으로 알려졌으며 江澤民은 이에 대해 철저한 조사와 처벌을 지시했다.[20]

한편 1995년 대만 총통 이등휘의 미국 방문으로 江澤民은 군 원로와 고급장교들로부터 비판을 받은 것으로 전해진다. 대대만 정책을 주도하는 대대만공작 영도소조의 조장으로서 江澤民은 군의 고급 장교들로부터 李登輝 총통의 미국방문이 가능하게 된 정책의 오류에 대해 비판을 받은 것이다. 江澤民과 錢其琛 외교부장은 1995년 7월 열린 낭중앙군사위원회에서 이 문제에 내해 사아비넹을 하도록 요구받았다고 전해진다. 錢其琛 외교부장은 이미 정치국 상무위원회에서 이등휘 총통의 미국 방문 비자가 발급될 수 있는 어떠한 상황도 존재하지 않을 것임을 언명하였기 때문에 더 큰 책임이 지워졌으나 결과적으로 江澤民은 중앙군사위원회에서 대만에 대해

---

19) 이러한 양가장(楊家將)의 몰락에서 대해서는 데이비드 샘보, 앞의 글, pp.57-64.

20) 『중앙일보』, 1995. 5. 10.

'군사적 수단'을 발동하라는 군의 요구를 받아들였다.21)

江澤民은 이 때 자발적인 자아비평을 함으로써 오히려 군으로부터 신뢰를 얻고 대만과 미국에 대해 강경입장을 확보할 수 있었다고 한다. 이에 따라 인민해방군은 대만의 바로 북쪽 해안을 목표로 하는 2차에 걸친 미사일 발사 실험(7월 21-26일; 8월 15-25일)과 대만과 근접한 지역에서 군사연습을 감행하였으며 국제적인 금지조약에 반하는 핵실험(8월 17일)을 실행함으로써 대만에 대해 강경입장을 고수하였다.22)

江澤民 체제가 비교적 순조롭게 권력의 승계에 성공할 수 있었던 것은 무엇보다도 당시 막강한 권력을 행사하였던 鄧小平의 강력한 지원이다. 毛澤東이 華國鋒을 정상의 자리에 앉히고 얼마 안돼 사망했지만 江澤民의 경우는 그렇지 않았다. 상당 정도 후원과 조정을 실권자인 鄧小平이 막후에서 역할을 했기 때문이다. 특히 군의 장악과정에서는 鄧小平의 막후 역할이 상당 정도 지속되었으며 鄧小平의 후광과 직접적인 인적 유산은 97년의 15차당대회까지 이어진 것이다. 그러나 이 이유만으로는 전임자와의 구별이 쉽지 않다.

두 번째로는 정치적으로 큰 사건이 없었다는 것이다. 胡耀邦이나 趙紫陽이 당의 총서기로 있던 시기의 굵직한 정치적 사건이 없었던 점도 하나의 중요한 원인으로 작용하였다. 개혁개방의 악영향을 일찍 경험한 까닭에 내부적으로 혼란이 없었으며 어느 정도 면역이

---

21) 데이비드 샘보, 앞의 글, pp.42-43; 이와 같은 견해에 대해 반대되는 견해도 존재한다. 江澤民은 95년 5월 열린 해방군 선전공작회의에서 오히려 李登輝 대만 총통의 미국방문 문제로 군과 외교부의 정보수집과 정세판단이 소홀했음을 비판했다는 견해도 있다. 朱建榮, "포스트 鄧小平과 중국군", 『극동문제』, 통권202호(1995. 12), p.97.

22) 1995년과 1996년 대만해협의 긴장원인, 과정 및 함의에 관해서는 Chen Qimao, "The Taiwan Strait Crisis", *Asian Survey,* Vol.36, No.11(November 1996), pp.1055-66 참조.

되었거나 미리 예방했던 것이다. 胡耀邦과 趙紫陽의 경우는 개혁개
방의 미증유의 실시로 인한 중국 사회의 혼란과 당내의 갈등이 삐
져나오는 시기이기도 하였다. 이것의 정점이 89년 천안문 사건이라
고 할 수 있다. 그러나 江澤民의 경우에는 전임자의 이런 일련의
불행한 사태를 목도하고 정치적으로 성장하였기 때문에 반면교사로
삼을 수 있었던 것이다.

셋째로는 그의 발탁과정에서 당원로들이 고려했던 그의 정치적
입장과 개인적 성격이다. 보수파나 개혁세력으로부터 정적이 없는
것과 정치적 파벌을 형성하지 않았다는 것이다. 과거 胡耀邦과 趙
紫陽은 보수 세력으로부터 상당 정도의 질시와 비판을 받았던 것으
로 알려진다. 그러나 江澤民의 정치적 성향은 기본적으로 보수적
시각을 견지하는 것에 가깝고 이런 이유로 당원로들이나 보수적 세
력으로부터 비교적 무난한 평을 받았으며 개혁 세력과의 관계 역시
당내 분란을 조성할 정도로 심각한 상황은 발생하지 않은 것이다.
적어도 江澤民이 총서기에 선임될 시기는 중국의 정치적 상황이 개
혁개방의 호흡을 추스리는 시기였기에 완고하지는 않지만 적절하게
보수적 시각을 가진 인사가 필요했을 것이다.

넷째로는 개인적인 정치적 행운인지는 모르지만 중국 영도그룹의
제3세대로서 그가 정치적으로 운신할 수 있는 폭이 과거 전임자에
비해 자유로웠다는 것이다. 과서 선임자였던 胡耀邦이나 趙紫陽은
끊임없이 당의 보수 세력이나 군으로부터 견제를 받아왔던 것이 사
실이다. 이것은 당원로들이 생존해 영향력, 즉 막후정치를 실시했기
때문이다. 그러나 江澤民 시기에 와서는 대부분의 영향력 있는 당
정군의 원로들이 자연사하거나 제도권에서 완전 퇴진함으로써 비교
적 그들의 영향으로부터 자유로웠다고 할 수 있다.

다섯째로는 그의 제도적 지위와 권력에 필적할 만한 경력을 가진

인사가 당내에 없었다는 것도 중요한 요인으로 지적할 수 있을 것이다. 華國鋒의 경우는 鄧小平이라는 막강한 정치적 라이벌에 의해 그 권력관계가 전도된 경우이다. 그러나 江澤民은 당내에서 비록 李鵬과 喬石보다 중앙에 늦게 진출하였지만 그들의 강력한 도전을 받지 않고 정치적 권위를 누릴 수 있었다.

여섯째로는 江澤民의 중요회의에서의 담화나 연설에 인용되는 대부분의 근거는 毛澤東과 鄧小平에게 두고 있다. 당연히 사회주의 중국의 건설자로서 두 사람의 위상과 위광에 기댄다는 것은 당연하나 특히 江澤民의 경우에는 鄧小平의 후임자로서의 역할을 나름대로 인식해 모든 부문에서 鄧小平이 80년대에 보여주었던 경제반좌적 사고와 정치반우적 사고를 보여준다.

개혁개방을 이론적으로나 실천적으로 설계하고 권력의 실세로 군림한 鄧小平이 사망한지 사흘째인 1997년 2월 21일 인민해방군 총참모부, 총정치부, 총후근부, 국방과학기술공업위원회, 해군, 공군, 제2포병, 군사과학원, 국방대학 그리고 북경군구를 비롯한 7대군구 및 무장경찰부대의 책임자들은 회의를 열고 "부대를 통솔하여 江澤民을 핵심으로 하는 당중앙과 중앙군사위원회에 더욱 긴밀하게 단결하고 당중앙과 중앙군사위원회와의 일치를 굳게 유지하며 당중앙과 중앙군사위원회의 권위를 옹호하고 鄧小平 동지의 새로운 시기의 군대건설사상과 江澤民의 군대건설에 관한 일련의 중요 지시들을 확고하게 관철해야 한다."고 밝힘으로써 江澤民을 핵심으로 한 당중앙 및 중앙군사위원회에 충성을 표시하고 있다.23)

샘보(David Shambaugh)는 江澤民과 중국군의 관계를 '상호 편리에 의해 결혼한 사이"로 보고 있으며24) 중국 정치에서 군에 아무런

---

23) 『解放軍報』, 1997. 2. 21.
24) C 데니스 레인·마크 와이센불름·디몬 류, "서론", 제임스 R. 릴리 외, 앞의 책, p.35.

배경이 없음에도 1989년 鄧小平의 뒤를 이어 당중앙군사위원회에 취임한 이후 군내에 나름대로의 기반을 다지는데 괄목할 만한 성공을 거두었다고 평가하고 있다.25) 그럼에도 불구하고 과거 당정군의 지도자였던 毛澤東이나 鄧小平과 같은 군내의 위상을 확보하기는 어려울 것이며 따라서 그 후임자인 江澤民의 군사적 권위는 개인적 위상이나 군 인사들과의 오랜 유대에서 비롯된 것이 아니라 제도적 위상에 근거하고 있는 것이다.26)

2. 江澤民의 군사 권력 확립과 당군관계의 성격

鄧小平이 1989년 11월 13기5중전회에서 당중앙군사위원회 자리를 江澤民에게 이양할 당시 楊尙昆과의 갈등은 위에서 살펴본 바이다. 이러한 파벌 간의 세력을 안배하여 鄧小平은 당중앙군사위원회 주석을 江澤民에게 물려주는 대신에 趙紫陽이 보유하였던 제1부주석에 제2부주석이며 비서장이었던 楊尙昆을 승진 임명하였다. 상무부주석에는 鄧小平과 같은 제2야전군 출신이면서 해군제독이었던 劉華淸을 승진 임명하였다. 그리고 동위원 겸 비서장에는 楊尙昆의 동생이며 총정치부 주임인 楊白氷을 승진 임명하였다. 당중앙군사회 위원들은 부비서장 洪學智외에 국방부장 秦基偉, 총참모장 池浩田, 총후근부장 趙南起로 구성되어 있었다.

江澤民이 당중앙군사위원회 주석을 승계하는 과정에서 鄧小平은 楊尙昆과 楊白氷을 한 단계 승진시켜 불만을 무마시키고 심복이었던 劉華淸을 상무부주석에 앉힘으로써 승계과정에서의 균형을 유지시키고 있다. 이로써 江澤民은 전임자인 趙紫陽이 중앙군사위원회

25) 데이비드 샘보, 앞의 글, pp.41-79.
26) Ellis Joffe, "Party-Army Relations in China: Retrospect and Prospect", *The China Quarterly,* No.146(June 1996), p.309.

제1부주석직만 겸임하고 胡耀邦은 어떤 직도 겸직하지 못한 것에
반해 당군사결정기구의 최고직위를 차지함으로써 상대적으로 입지
가 굳건했다고 할 것이다.

江澤民은 90년 제7기전인대 3차회의에서 국가 중앙군사위원회 주
석에 선출되었으며 부주석에 楊尙昆, 劉華淸, 위원에는 楊白氷, 秦
基偉, 池浩田, 趙南起 등으로 구성되었다. 이로써 江澤民은 당군의
군사최고자지도자의 직위를 모두 수행하게 되었다.

1992년 10월 14전대회27)에서 당중앙군사위원회는 江澤民을 주석
으로 유임시키고 楊尙昆, 楊白氷에게 배분되었던 동 위원회의 제1
부주석직과 비서장직을 폐지하였다. 대신에 새로이 중앙정치국 상
무위원회의 위원이 된 劉華淸과 국방대학장을 지낸 군 현대화론자
인 張震을 부주석에 선출하였다. 동 위원에는 遲浩田, 張萬年 총참
모장, 于永波 총정치부 주임, 傅全有 총후근부장 등으로 구성되었
다. 93년 3월 8기 전국인민대표대회에서 江澤民은 국가중앙군사위
원회 주석으로 선출되었으며, 당중앙군사위원이던 遲浩田은 국방부
장에 임명되었다.

14전대회 이후의 전반적인 상층부의 군엘리트의 특성을 보면 일
단 과도기의 군 통제를 위하여 鄧小平의 심복인 劉華淸을 정치국상
무위원에 진급시켜 군의 안정적 통제에 도움이 되게 하였으며 여기
에 군 원로인 張震을 군사위원회 부주석에 가세하게 하였다. 이는
군 현대화를 주창한 鄧小平의 의도가 고려된 것이라고 할 것이다.
또한 중앙 및 국가 중앙군사위원이면서 3총부를 책임지고 있었던
張萬年, 于永波, 傅全有를 江澤民의 명령으로 93년 6월 상장으로 진
급시켰다. 이러한 14대회의 인사구도는 95년 9월 14기5중전회에서

---

27) 14대의 정치국 상무위원은 1989년 6월 13기4중전회에서 구성되었던 江
澤民, 李鵬, 喬石, 姚依林, 宋平, 李瑞環에서 姚依林과 宋平이 탈락하고
朱鎔基, 劉華淸, 胡錦濤가 발탁되었다.

遲浩田과 張萬年을 중앙군사위원회 부주석으로 승진시키고 王克과 王瑞林을 중공중앙군사위원회 위원으로 임명함으로써 약간 변하게 된다. 동시에 총참모장에는 총후근부를 담당하고 있었던 傅全有를, 총후근부장에는 심양군구 사령관이었던 王克을 임명하였다. 새로이 중공중앙군사위원회 위원이 된 王瑞林은 鄧小平의 오랜 최측근이자 총정치부 부주임을 맡고 있었다. 이후 이러한 군사엘리트들의 구도 는 15차대회까지 지속되었다.

1997년 중국공산당 15대회28)에서 중앙군사위원회의 구성은 그동안 江澤民의 군사지도권을 확보하기 위한 안전판으로서 鄧小平이 구축 해 놓은 劉華淸과 張震 물러나는 것이 일차적 특징이라고 할 수 있 다. 간부 4화 정책에도 불구하고 江澤民 군사지도권을 확보하기 위한 조치로서 고령에도 불구하고 등용되었던 劉華淸과 張震은 모든 공식 적인 직위에서 물러났다. 부주석은 張萬年과 遲浩田이 유임되었으며 군사위원들도 14기5중전회의 인물들이 그대로 유임되었다. 1998년 4 월 국방과학기술공업위원회 주임이었던 曹剛川이 총장비부가 신설되 면서 총장비 부장을 맡고 중앙군사위원회 위원으로 편입되었다. 1999년 10월 15기4중전회에서 胡錦濤 국가 부주석이 군사위원회 부 주석으로 보선되었으며, 蘭州軍區 사령원 郭伯雄, 濟南軍區 정치위원 徐才厚가 군사위원으로 임명되어 현재에 이르고 있다.

이렇듯 15선대회를 계기로 주요 군 인사의 인사상황을 보면 江澤 民의 군사지도권이 공고해지고 있음을 알 수 있다. 遲浩田을 제외 하고는 그가 상장 계급을 달아주고 임명한 인사들로 군사위원회를 구성하고 있다. 鄧小平의 후원하에 진행되었던 정치적 승계과정에 서 과도기적 군 원로를 퇴진시키고 15전대회를 계기로 그동안 그가

---

28) 15차당대회에서 중앙정치국 상무위원회의 구성은 교석과 유화청이 탈 락하고 그 자리를 尉健行과 李嵐淸이 선임되었다.

인사를 통해 발탁한 인사들을 등용함으로써 군사지도권을 공고히
하고 있는 것이다. 또한 15기4중전회에서 차세대의 권력핵심이라고
할 수 있는 胡錦濤에게 군수업을 할 수 있는 기회를 배려하고 있다
는 점도 눈여겨 볼만 하다.[29] 한편 1999년 현재 중국 인민해방군의
지도부의 구성은 <그림 5-1>과 같다.[30]

---

29) 최근 江澤民 국가주석은 2002년 열리는 제16차 당 대회에서 胡錦濤 국가
   부주석에게 총서기직을 물려줄 것을 언급하였다. *South China Morning
   Post,* May 4, 2000; 중국에서 당 총서기직은 연임제한이 없지만 국가주
   석직은 헌법상 한차례 연임만을 허용하고 있다.

30) 15전대 이후 중국 인민해방군의 지도부에 관한 경력과 사회적 배경에 관
   해서는 David Shambaugh, "China's Post-Deng Military Leadership", in
   James Lilley and David Shambaugh, *China's Military Faces the
   Future*(Armonnk, New York: M. E. Sharpe), pp.11-35; 김정계, 『21C
   중국의 선택』(서울: 평민사, 2000), pp.331-340 참조.

<그림 5-1> 중국군 지휘 조직도31)(1999년 3월 현재)

党 中央軍事委員会
주　석: 江沢民
부주석: 張万年·遲浩田
위　원: 傅全有·于永波
　　　 王克·王瑞林·曹剛川

국방부
부　장: 遲浩田
외사판공실주임:
　　　羅斌

총참모부
총참모장: 傅全有
부총참모장:
隗福臨·吳銓叙
銭樹根·熊光楷

총정치부
주　임: 于永波
부주임:
周子玉·唐天標
袁守芳·張樹田

총후근부
부　장: 王克
부부장:
王太嵐·周友良
沈浜義·左建昌
温光春·丁継業
정치위원: 周坤仁

총장비부
부　장: 曹剛川
부주임:
李元正·陳達植
蕭貞堂·胡世祥
정치위원: 李継耐

瀋陽軍区
사령원: 梁光烈
정치위원: 姜福堂

北京軍区
사령원: 李新郎
정치위원: 杜鉄環

공군
사령원: 劉順堯
정치위원: 喬清晨

국방대학
교장: 邢世忠
정치위원: 王茂潤

蘭州軍区
사령원: 郭伯雄
정치위원: 温宗仁

済南軍区
사령원: 銭国梁
정치위원: 徐才厚

해군
사령원: 石雲生
정치위원: 楊懐慶

군사과학원
원장: 王祖訓
정치위원: 張工

成都軍区
사령원: 廖錫竜
정치위원: 張志堅

南京軍区
사령원: 陳炳徳
정치위원: 方祖岐

제2포병
사령원: 楊国梁
정치위원: 隋明太

인민무장경찰
사령원: 楊国屏
정치위원: 徐永清

広州軍区
사령원: 陶伯鈞
정치위원: 劉書田

한편 실질적으로 중국에서 권력을 행사하는 당중앙위원회의 구성에서 인민해방군의 비율을 살펴보자면, 林彪가 득세하던 문혁기인 제9기당대회에서 군의 중앙위원회 진출은 최고조에 달한다. 그 후 중앙위원회에 군의 진출은 점차적으로 축소되어 15기당대회에서는 18.31%의 구성율을 보여주고 있다.32)

또한 전국인민대표대회에서 군이 차지하는 비율 역시 1970년대 말에는 다소 높은 비율을 보여주다가 개혁개방이 본격화되는 제6기 대회부터는 거의 고정적인 9.0%의 비율을 보여주고 있다.33)

그런데 권력의 핵심이라고 할 수 있는 중앙정치국에서 군 경험의 비율을 파악해보면 그 비율이 14기와 15기당대회를 거치면서 현격하게 감소하고 있는 것을 볼 수 있다. 이는 중앙정치국의 위원들이 당정군에 걸친 중국의 권력을 장악하고 있다고 전제할 때 그들의 당군에 걸친 이중적 역할이 현격하게 감소하고 있음을 뜻한다고 할 수 있다.34)

---

31) 김태호, "江澤民 시대 중국의 새로운 당군관계", 『현대중국』, 제2호 (1998), p.46; 1999년 10월 15기4중전회에서 胡錦濤 국가 부주석이 군사위원회 부주석으로 보선되었으며, 蘭州軍區 사령원 郭伯雄, 濟南軍區 정치위원 徐才厚가 군사위원으로 임명되었다. 99년 초까지 중앙군사위원회 위원으로 공식행사에 참석했던 王瑞林은 총정치부 부주임인 張樹田에 의해 대체된 것으로 보인다. 한편 이런 자리 이동으로 총참모장 겸 중앙군사위원회 위원인 傅全有가 부상하고 있는데 그는 그가 난주군구 사령원 재직 시 부하였던 郭伯雄을 중앙군사위원회 위원겸 상무부총참모장에 천거 임명하였으며 역시 자신의 부하였던 李建元, 楊德淸을 蘭州軍區 사령원과 成都軍區 정치위원으로 임명할 정도로 군내 영향력을 행사하고 있다고 한다. 『星島日報』, 1999. 10. 13.

32) 제4장 제1절 <표 4-1> 참조.

33) 제4장 제1절 <표 4-2> 참조.

34) 제4장 제1절 <표 4-3> 참조; 13기에서 군 계급을 수여 받은 이는 秦基偉이며, 14기당대회에서 정치국위원은 劉華淸과 楊白水이다. 또한 劉華淸은 장정의 경험자이다. 15기당대회에서 군 출신의 정치국 위원은 遲浩田(국방부장 겸직)과 張萬年(당서기처 서기 겸직)이다.

246

또한 정치국 위원들의 교육수준을 파악해보면 그 교육수준이 점차적으로 향상되고 있는 반면에 그들의 전공출신으로 이공계통이 점차적으로 대다수를 차지하고 있음을 알 수 있다. 15기 정치국 위원의 학력 및 전공을 보면, 대학 이상의 출신자가 81.8%이고, 전공의 경우 63.6%가 이공계 대학 출신이며, 공정사 등 기술사 자격증 소지자도 14명으로 전체의 63.6%에 이른다.[35] 특히 상무위원의 경우 경제전문가인 李嵐清을 제외하고는 6명 전원이 공정사 혹은 동력사 자격증 소지의 기술 관료들이다. 이는 14기의 구성과 비교해 보아도 지도층의 기술 관료화가 더욱 심화되고 있음을 알 수 있다.[36]

이상에서 살펴보았듯이 전체적인 당 지도부의 구성에서 지도부의 당군에 걸친 이중적 역할이 현저하게 감소하고 있으며 그들의 전반적인 교육배경과 경력도 기술 관료적 성격을 지니고 있음을 알 수 있다. 이는 鄧小平 시기와는 달리 당과 군의 제도적인 기능적 분화가 가속화되고 있음을 뜻하며 지도부의 이중적 역할로 인한 공생적 관계가 더 이상 특징적 현상이 아님을 말해준다고 할 것이다. 따라서 과거와 같은 당군의 이중적 엘리트들의 당과 군에 걸친 소통구조의 상실은 역설적으로 군의 제도적 자율성을 신장시키는 계기로 작용할 것이다.

요컨대 江澤民의 대군부 위상의 상대적 취약성과 당군 지도부의 구성에 있어서 군 경험을 한 이중적 역할의 엘리트의 감소는 상대

35) 제4장 제1절 <표 4-4> 참조.
36) 김정계, 『21C 중국의 선택』(서울: 평민사, 2000), pp.356-357; 15기당대회에서 선출된 당 지도부의 성격과 인적배경에 관해서 Li Cheng & Lynn White, "The Fifteenth Central Committee of the Chinese Communist Party: Full-Fledged Technocratic Leadership with Partial Control by Jiang Zemin", *Asian Survey,* Vol.38, No.3(March 1998), pp.231-264; David Shambaugh, "The CCP's Fifteenth Congress: Technocrats in Command", *Issues & Studies,* Vol.34, No.1(January 1998), pp.1-37 참조.

적으로 군 통제가 지도자의 위상이나 최고 지도자와 군 지도부의 유대에 의해 형성되기보다는 제도에 의해서 형성될 가능성을 높여 준다고 할 것이다. 이중적 역할의 엘리트들의 감소와 이에 따른 당정군의 겸임제의 감소는 당과 군의 제도적 경계를 뚜렷하게 한다는 의미로 해석할 수 도 있다. 이는 과거에 비해 군의 정치적 의존성을 상쇄하는 것으로 해석할 수 있으며 이는 군의 제도적 자율성을 향상시키는 계기가 되는 것이다. 이러한 요인은 대군 통제에 있어서는 당 지도부와 군 상층 지도부 간의 이해관계의 일치와 호선으로 인한 정치적 연립을 가능하게 하는 조건이 되기도 한다. 따라서 군의 경제활동의 금지 정책은 이러한 당군관계적 조건하에서 대군 통제의 누수현상을 극복하고 제도적으로 당 통제를 회복하기 위한 조치라고 할 수 있으며, 이것은 달라진 당군관계가 구조적 배경으로 자리 잡고 있음을 뜻한다고 풀이할 수 있다.

제2절 江澤民 體制의 軍事政策 및 治軍戰略

江澤民의 군사정책은 鄧小平의 이론과 군대건설의 방향을 전적으로 계승하고 있다고 해도 과언이 아니다. 다만 부족한 군 경력을 보완하기 위해서 앞에서 살펴보았듯이 일선 군부대를 빈번하게 방문하여 군장병과 접촉기회를 넓혀나갔으며, 군고위 간부의 선심성 진급을 확대 실시하였다. 이론적으로 그의 해방군에 대한 역할 요구와 인식은 그가 毛澤東과 鄧小平의 군사사상을 이어받아 창안한 오구화(五句話)에 잘 나타나고 있다. 군 최고 지도자로서 나름의 위상을 부각시키기 위해 정치적 승계과정의 초기 그런 작업을 실행해

왔다. 또한 군 최고 지도자로서 그의 지위는 毛澤東과 鄧小平과는 달라 군 현대화를 강조하면서도 군의 당 통제라는 이데올로기 교화 작업을 지속적으로 실시하고 있다. 당의 군에 대한 절대영도는 곧 3세대의 영도 핵심으로 江澤民 그에 대한 충성이기도 하였다. 군사 교리는 전반적인 국제형세와 전쟁양태에 따라 점점 정치화(精緻化) 되고 있으며 외국에서의 지속적인 신군사기술과 무기의 도입으로 무기의 현대화도 적극 추진하고 있다. 또한 국방법을 제정 실시함 으로써 당과 군, 군과 국가의 관계를 명문화하고 군의 후생복지를 법제화하는 등 나름의 정규화 작업을 지속적으로 실시해 오고 있 다. 江澤民 시기에 진행되었던 중요한 그의 군사이론과 현실적인 군사정책의 진행을 살펴보고자 한다.

1. 江澤民의 군사정책의 기조: 五句話

鄧小平과 당원로들의 확실한 지지를 받고 중앙군사위 주석에 선 임된 江澤民은 90년 12월 전군군사공작회의에서 그의 군 건설에 관 한 방침을 정치합격(政治合格: 정치적으로 무장하여야 한다), 군사 과경(軍事過硬: 군사적 훈련은 강고해야 한다) 작풍우량(作風優良: 군의 풍기는 전통을 이어받아 우수해야 한다), 기율엄명(紀律嚴明: 군대의 기율은 엄격하고 공명해야한다), 보장유력(保障有力: 군대의 물질적 뒷받침에서 군사적 힘이 나온다)이라는 20자의 방침을 제시 하였다.37) 그리고 1991년 7월 1일 중국공산당성립 70주년 대회상에 서 역시 군과 관련한 이런 방침을 재천명하였다. 마찬가지로 14차 중국공산당 전국대표대회와 15차 중국공산당 전국대표대회의 보고

---

37) 薛軍樓 編著, 『江澤民跨世紀治軍大事記』 (北京: 軍事誼文出版社, 1998), pp.40-42.

에서도 역시 군에게 이런 20자(일명 五句話)방침의 성실한 수행을 요구하였다.38)

중앙군사위원회는 1993년 12월 수정된 <전군기층건설강요>(全軍基層建設綱要)에서 지적하기를 "기층건설은 마르크스 레닌주의와 毛澤東 사상, 중국특색의 사회주의이론을 지도로 하여야 한다. 鄧小平 동지의 새로운 시기 군대건설의 사상을 성실하게 관철하고 江澤民 주석의 '政治合格, 軍事過硬, 作風優良, 紀律嚴明, 保障有力'의 총체적인 요구를 전면적으로 실시해야 한다."39) 고 하여 江澤民 체제의 군사건설에 대한 방향이 집약되어 있음을 시사하고 있다. 따라서 이는 江澤民의 대군사관계를 파악할 수 있는 기본적인 사고를 담은 것이라고 할 수 있으며 중국 인민해방군의 신시기(新時期, 문화혁명 이후 개혁개방 시기를 지칭하는 시대적 통칭)군대건설의 총체적 목표의 행동지침인 것으로 평가되고 있다. 1996년 4월 江澤民은 인민해방군을 위하여 이 오구화를 친히 써 줄 정도로 이 오구화는 鄧小平의 신시기의 군대건설의 목표라고 할 수 있는 군대의 혁명화, 현대화, 정규화 건설에 이어 江澤民 시기의 군대건설의 요체라고 할 수 있다.

江澤民의 이런 방침은 중국군의 우량 전통과 역사적 경험을 체현하고 있을 뿐만 아니라 군을 건설하고 군을 다스리는 내용, 특징, 규율 등을 제시하였다. 새로운 형세하에서 군을 건설하고 군을 다스리는 총체적 표준과 총체적 규범, 총체적 사고와 총체적인 요구라고 평가되고 있다.40) 물론 이 오구화는 개혁개방 이후 鄧小平이

38) 張振華 主編, 『党的第三代領導集體關于軍隊建設的理論貢獻』(北京: 解放軍出版社, 1998), p.123.
39) 总政治部组织编, 『政治合格: '建军总要求' 辅导讲话之一』(北京: 国防大学出版社, 1994), p.1.
40) 国防大学党史党建政工教研室, 『新形势下治军问题研究』(北京: 国防大

개혁개방의 새로운 시기에 군대건설을 "현대화, 정규화 된 혁명군대"로 총목표를 설정한 이후 鄧小平의 군대건설을 사상을 굳건하게 관철시키고 전군이 鄧小平의 현대화, 정규화, 혁명군대의 원대한 목표를 실현하기 위해 노력할 것을 요구한 것이다.

그 중에서 政治合格은 군대의 혁명화 건설의 기본 요구와 척도를 가늠할 수 있으며 軍事過硬과 保障有力은 현대화건설의 기본요구와 척도이다. 마찬가지로 作風優良과 紀律嚴明은 군대의 정규화 건설을 위한 요구와 척도이다.[41]

정치합격(政治合格)[42]은 江澤民이 가장 많이 반복해서 강조하는 내용이다. 즉 정치를 중시하라는 것이다. 정치학습을 강화하고 당성 관념을 증강하는 것이다. 당의 지시를 확고하게 따르고 당의 노선 방침과 정책을 관철하며 당중앙과 중앙군사위원회의 지침에 복종하는 것이다. 이런 이유로 정치합격은 현대화, 정규화, 혁명화 군대를 건설하는데 있어서 가장 먼저 요구되는 것이다. 이러한 정치합격이 담고 있는 요구사항으로

첫째로는 군에 대한 당의 절대 영도를 시종일관 견지하는 것이 무엇보다도 중요하다. 당의 강령과 노선 및 방침으로 부대를 교육하고 부대를 이끌어야 한다. 군 전체의 지도원과 전투원을 막론하고 정치상, 사상상, 행동상에서 당중앙과 중앙군사위원회와 함께 고도의 일치성을 확보하는 것이 중요한 것이다.

둘째로는 중국공산당과 군이 전심전력을 다하여 인민을 위하여 봉사하는 것을 바탕으로 삼는 것을 내용으로 한다. 인민의 이익을

学出版社, 1998), p.47.

41) 姚延进 · 刘継贤 · 张全启, 『江澤民军队建设论述研究』(济南: 黄河出版社, 1998), pp.226-227.

42) 杨春长 · 肖显社, 『学习江澤民同志关于军队与国防建设的论述』(北京: 中共中央党校出版社, 1997), pp.16-17.

가장 먼저 생각하며 인민의 이익을 가장 고귀한 것으로 생각하여 모든 행동이 인민의 이익에서 출발해야 한다는 것이다.

셋째로는 마르크스 레닌주의, 毛澤東 사상의 과학적 정신과 관점, 방법을 충분히 학습하고 창조성을 가지고 국방과 군대건설의 새로운 정황과 문제에 대처해 나가야 한다는 것이다. 동시에 毛澤東 사상을 계승 발전시킬 뿐만 아니라 鄧小平의 신시기의 군대건설 사상과 제3대 영도집체의 핵심인 江澤民의 국방과 군대건설의 일련의 과학적 논거와 중요 지시를 결합하여 발전시키는 것이다.

넷째로는 중국특색을 갖는 사회주의를 건설하는 것을 굳건하게 수호하는 것이다. 추호의 동요도 없이 당의 사회주의 초급단계의 노선을 관철하는 것이며 각종 잘못된 사조의 영향을 스스로 자각하고 저지하는 것이다.

다섯째로는 국가의 안전과 발전을 보호하는 것, 인민들의 평화스러운 노동을 보호하는 것을 성실히 수행한다. 스스로 깨달아 당 사업의 대국에 복종하고 봉사하며 평화적이고 안정적인 국제환경의 창조에 힘을 다하여야 한다. 국가의 개혁개방과 현대화건설의 든든한 방패가 되도록 노력해야 한다. 국가정권이 공고화되도록 해야 하며 사회의 안정과 경제발전, 인민들의 안녕의 믿음직한 보장이 되어야 한다. 또한 조국통일의 대업을 완수하는데 마땅한 공헌을 해야 하는 것이다.

군사과경(軍事過硬)[43]은 전쟁에 대비한 군사훈련의 중시를 반영한 것이다. 毛澤東 군사사상을 계승 발전시키며 현대 과학기술 지식을 중시하여 하이테크 조건하에서 인민전쟁의 전략과 전술을 연구하는 것이며 현대전쟁의 본령을 파악하는 것이다. 실전에서 필요한 군사지식을 바탕으로 군사학교의 교육과 부대훈련이 실시되어야

---

43) 上揭書, p.17.

한다는 것이다. 이런 목표를 위해서는 군의 질량건설을 강화해야 하는 것은 당연한 것이다. 군사훈련의 표준은 동태적이다. 전쟁 형태의 변화와 전쟁 수행의 발전에 따라 부단히 군사훈련은 발전하고 변화해야 하는 것이다. 그러한 주요방면의 노력으로

첫째로, 毛澤東의 군사사상과 鄧小平의 신시기 군대건설 사상의 과학적인 지도지위를 견지하는 것이다. 중국군의 무기 장비인 하드웨어가 상대적으로 낙후한 상황에서는 군사이론과 같은 소프트웨어 건설의 우세한 지위를 확보하기 위해 노력해야 한다.

둘째로, 적극방어의 전략방침을 집행하고 관철하며 이러한 군사전략으로 군대건설과 일체의 군사 활동을 통솔하게 하는 것이다.

셋째로, 중국군의 무기장비를 부단히 개선하여 중국의 하이테크 영역이 세계에서 일위가 될 수 있도록 노력해야 한다.

넷째로, 현대군사과학기술지식을 장악하려고 노력하여 중국군의 장교와 병사의 군사소질을 부단히 제고시켜야 한다.

다섯째로, 과학적인 군편제와 조직을 실행하여 인간과 무기가 최상의 결합을 할 수 있도록 노력하는 것이다.

여섯째로, 전법을 새롭게 개발하고 훈련하는 법을 개선하여 전법의 연구 성과를 부대훈련에 운용하여 중국군의 하이테크 조건하의 국부전쟁의 작전 능력을 제고시켜야 한다.

일곱째로, 전투대사상을 견고하게 수립하여 견실하게 전쟁을 준비하는 군사 활동을 실행함으로써 당중앙과 중앙군사위가 부여한 각종의 임무를 승리로써 완수해야 한다.

작풍우량(作風優良)44)은 중국 인민해방군의 우수한 전통을 구현하자는 것으로 요약된다. 새로운 역사적 조건하에서 간고 분투하는 창업정신과 인민군중과의 긴밀한 유대를 강화하는 작풍을 발양해야 한

---

44) 上揭書, pp.17-18.

다는 것이다. 옛날 홍군의 영광된 전통과 위대한 창업정신을 계승 발전시켜 인민군중과 혈연적 관계를 유지하는 것이다. 실사구시적 사상을 견지하고 이론과 실제의 관계를 중시하며, 장병 상호 간에 민주정신을 발양하고 단결을 강화하며 용감하게 건설적인 비평과 자아비평을 실시하는 것이다. 어려움을 이겨내고 극복하는 정신과 근검절약하는 건군정신을 고양한다. 또한 희생을 두려워하지 않는 영광된 전통과 사리사욕이 없이 봉사하는 정신을 강화한다. 겸손한 마음으로 인민군중과의 관계를 긴밀히 하여 권력으로 사리사욕을 챙기거나 인민군중과의 관계로부터 이탈하는 행위를 방지한다.

기율엄명(紀律嚴明)45)은 군대의 명령계통을 철저히 확립하여 준수하라는 요구로 요약할 수 있다. 이것은 군대의 고도의 집중 통일과 건강한 발전을 보호하는 것으로 실질적으로 정치합격, 군사과경, 보장유력을 실현하는 중요한 조건이다.

첫째로 정치기율을 엄격히 하는 것으로 이것은 당중앙과 더불어 단합 일치하는 것이다. 이것은 전군의 지휘원의 정치적 무장의 중요한 조건이며 새로운 역사적 조건하에서 인민군대가 반드시 엄격하게 준수해야 할 최고의 정치기율이다.

둘째로는 고도로 자각적인 조직 관념을 수립하는 것이다. 객관적 환경이 어떻게 변하든 간에 개인은 조직에 복종해야하며 하급은 상급에 복종하고 국부적인 것은 대국에 복종해야 하며 전당은 중앙에 복종하는 것을 반드시 견지해야 한다. 결연하게 자유주의, 본위주의, 파벌주의(: 山頭主義), 종파주의에 반대해야 한다.

셋째로는 명령에 복종하고 지휘에 순종하는 것이다. 특별히 각급 영도간부들은 반드시 앞장서서 명령에 복종하고 지휘에 순종해야한다.

넷째로는 군중기율을 엄격하게 준수하여 추호도 범법행위를 해서

---

45) 姚延進·劉繼賢·張全啓, 前揭書, p.53; 楊春長·肖顯社, 前揭書, p.19.

는 안 된다. 스스로 국가 법률을 준수한다는 자각하에 군사와 정치, 군과 민간인 관계를 정확히 처리해야 한다. 사회의 공중도덕을 준수하고 교양 있는 예절과 체모를 중시해야 한다. 인민들의 감독을 받아들이며 의를 보고는 용감하게 이를 위해 실행하며 인민군중의 이익을 견결하게 수호해야 한다.

다섯째로는 군대의 조령과 조례 및 각종의 규칙 제도를 준수하여 스스로 규율을 준수하는 습관을 양성해야 한다.

보장유력(保障有力)46)은 군대의 물질적 기초에 관한 것으로서 현대전에 대비하여 군대의 병참건설과 기술능력을 강화하라는 것으로 요약할 수 있다. 이것은 실질적으로 객관적 실제와 물질적 조건을 중시하는 것이다. 군사적 필요와 그 공급의 가능성을 두루 잘 살펴 군사건설과 전투의 실제적 요구를 전력을 다해 만족시켜야 하는 것이다. 이것은 현대전의 특성인 하이테크 조건하의 국부전쟁에 맞게 병참을 보장해야 할 것을 과제로 하고 있다.

전쟁준비물자 비축 구성과 구조를 조정하여 전략물자의 비축을 증가시켜야 하며 전쟁을 준비하는 후방기지 건설을 강화하여야 한다. 전쟁에서의 승리와 전투력 확보를 위하여 전방위의 지원 보장능력을 제고시키며 긴급한 상황에 대처할 수 있는 종합보장능력을 제고시켜야 한다.

중국군의 병참건설은 반드시 당과 국가의 전체이익에서 출발해야 하며 군의 실제에서 출발해 국가와 인민군중이 제공하는 경제와 기술역량을 병참을 보장하는 능력으로 전화시켜야 한다. 부단하게 평시와 전시를 결합할 수 있고 군과 민 동시에 수용될 수 있는 방법과 기술을 탐색해 군과 민 전체를 보장하는 위력을 발휘해야 한다. 병참을 담당하는 병력의 소질을 개발하고 병참 장비의 성능을 개량

---

46) 姚延進·劉繼賢·張全啓, 前揭書, p.153; 張振華 主編, 前揭書, p.131.

하며 병참보장체제의 전반적인 우량화와 병참관리조직과 기제를 건전하게 하여야 한다. 기층병참활동을 성실하게 수행해야 한다.

江澤民이 군에 요구한 이런 오구화는 소위 신시기 군대건설의 총목표라고 하는 鄧小平이 구체적으로 제시한 군의 혁명화(革命化), 현대화(現代化), 정규화(正規化)의 기본적 바탕을 잘 수행한다는 것이다. 군의 혁명화 건설은 어떤 목표보다도 제일위이다. 혁명화 건설의 요구는 당의 군에 대한 절대영도를 반드시 견지하고 전심전력을 다해 인민에게 봉사하는 근본취지를 견지하는 것이다. 당에 영원히 충성하고, 인민에게 충성하며 조국에 충성하고 사회주의에 충성하는 것이 군의 혁명화가 요구하는 것이다. 군의 현대화건설은 중심이다. 군 현대화의 요구는 중국군이 반드시 군사인재의 현대화를 실현하고, 무기장비를 현대화하며, 군 체제와 편제를 현대화하고, 군사과학이론을 현대화하는 것이다. 군의 정규화 건설은 중요한 내용이다. 군 정규화의 요구사항은 중국군이 통일적 지휘, 통일적 제도, 통일적 편제, 통일적 기율, 통일적 훈련을 실행하는 것이다. 조직성, 계획성, 정확성 및 기율성을 증강하는 것이다. 이런 신시기 군 건설의 목표인 군의 혁명화, 현대화, 정규화의 목표는 상호 관련이 있으며 상호 촉진하는 바가 있어 분할할 수 없는 전체라고 할 수 있다.[47)]

政治合格의 오구화 중의 첫째이며 본질은 군의 혁명화를 실현하는 것이다. 어떤 상황하에서도 당중앙과 함께 정치상, 사상상, 행동상에서 고도의 일치를 보이는 것이다. 영원히 당의 군대이며, 사회주의 국가의 군대이며 인민의 군대라는 근본 성질을 보유하는 것이다. 軍事過硬은 오구화 중의 중심이며 중국군의 현대화를 실현하는 것이다. 군대의 근본 직능인 강대한 전투력을 보유하여 전장에서

---

47) 上揭書, pp.124-125.

승리하는 것이다. 군사과경은 不搖不屈의 군대사명이며 미래전쟁의 필수적인 요구에 승리하는 것이다. 作風優良은 중국군의 혁명화와 정규화의 요구를 관철시키는 것이다. 紀律嚴明은 중국군의 정규화와 법제화를 실현하는 것이다. 保障有力은 군사건설을 추진하고 군사투쟁에서 승리하는 물질과 기술을 보증하는 것이다.[48]

군대는 政治合格의 전제하에 軍事過硬을 실현해야 한다. 軍事過硬을 실현하는 것은 政治合格의 내적 요구를 실현하는 것이다. 政治合格은 중국군의 하이테크 조건하에서 국부전쟁의 작전능력을 촉진하고 보증한다. 마찬가지로 전군의 지휘관이 현재보유하고 있는 장비를 가지고 미래 발생 가능한 하이테크 조건하의 국부전쟁에서 승리한다면 진정한 政治合格이라 말할 수 있다. 만약 군사가 전쟁에서 승리할 수 없다면 그래서 당과 국가가 부여한 임무를 수행할 수 없다면 어찌 '합격'이라 말할 수 있겠는가? 作風優良과 紀律嚴明은 군대의 전투력 생성의 기본요소이다. 정치의 합격여부를 군사에서는 실력이 있는지 없는지를 가늠하는 것으로 우량한 작풍과 엄격하고 공명한 기율을 떠나서는 정치적으로 합격할 수 없고 군사적으로 능력이 있다고 말할 수 없는 것이다. 保障有力은 군대건설의 물질적 기초에 대한 총체적 요구로서 강력한 병참에 대한 보장이 없이는 군대건설과 작전은 말할 것도 없고 정치와 군사 모두 엄중한 영향을 받는 것이다.

作風優良과 紀律嚴明, 保障有力은 마땅히 政治合格과 軍事過硬에 복종하고 봉사해야 한다. 政治合格은 軍事過硬과 함께 상호 보충하고 상호 촉진하며 공동으로 신시기의 인민군대건설의 기본 내용과 목표체계를 구성하는 것이다.[49]

---

48) 姚延進·劉繼賢·張全啓, 前揭書, pp.152-153.
49) 楊春長·肖顯社, 前揭書, pp.20-21.

2. 군의 革命化: 사상 정치 교육의 강화

江澤民의 통치권 강화 중에 특기할 만한 것은 개혁개방의 소용돌이 속에서 불거져 나온 과거와는 다른 당정군 간부의 정치적 해이를 다잡기 위한 정치사상의 강조를 이야기할 수 있다.[50] 특히 그의 세 차례에 거친 중요 회의에서 뿐만 아니라 기층 당 간부와의 접견에서도 언급한 '정치'의 강조는 일견 개혁개방의 사조와 배치되는 면이 없지 않지만 중국사회주의 전통에 기대어 그의 통치력을 강화하기 위한 정통적인 입장의 확인이라고 할 수 있을 것이다.

江澤民은 1995년 9월 열린 중국공산당 14기5중전회에서 "영도간부는 반드시 정치를 중시해야 한다."(領導幹部一定要政治)고 강조한 데 이어 동년 11월 북경시를 시찰하는 자리에서 "학습을 중시하고, 정치를 중시하며, 정기를 중시하자"(講學習, 講政治, 講正氣)라는 소위 '三講'을 강조하였다. 江澤民의 이러한 정치사상의 강조는 1996년 3월 8기 전국인민대표대회 제4차회의에서 "정치를 중시하는데 관하여"(關于講政治)라는 연설로 귀결된다. 江澤民의 이런 정치사상에 대한 강조는 당중앙의 공식적 호응에 힘입어 동년 7월 1일의 중국공산당 창립기념일에 맞추어 당 기관지인 <求是>에 전문이 전재된다.[51]

---

50) 江澤民이 중국공산당의 총서기에 취임한 이후 중국공산당의 공식적 행사에서 당정군 간부에게 한 중요 연설을 비교해 보면 鄧小平의 연설과 크게 다르지 않고 그 연장선상에 있다는 것을 발견할 수 있다. '정치를 중시하자'는 연설도 鄧小平이 天津을 시찰할 때 강조한 대목이다. 등소평 문선에 이것은 "視察天津時的談話"로 수록되어 있다. 이러한 비교로 毛澤東, 鄧小平, 江澤民의 중요 담화를 수록하고 있는 中共中央文獻硏究室 編, 『毛澤東, 鄧小平, 江澤民 論世界觀人生觀價値觀』(北京: 人民出版社, 1997) 참조.

51) 江澤民의 일련의 정치 강조에 대한 각각의 일부분의 내용은 다음의 책에 실려 있다. 江澤民, "領導幹部一定要講政治", "講政治, 講學習, 講正氣", "關于講政治", 『十四大以來重要文獻選編, 中』(北京: 人民出版社, 1997),

"정치를 중시하는데 관하여"의 핵심 내용은 첫째, 마르크스주의를 다시 강조하고, 이것이 정치의 근본이며 이를 통해서 鄧小平의 중국특색 사회주의를 확고히 견지할 수 있다는 것이다.

둘째, 경제건설을 중요시해야 하는데 이를 위해서는 1개 중심과 2개의 기본점을 확고히 하여야 경제건설과 개혁을 보증하는 최대의 정치적 조건이 된다.

셋째, 사회주의 제도의 우월성, 정신문명의 강조, 반화평연변(反和平演變) 등이 정치의 기본 내용이며 이를 통한 당과 인민의 단합만이 진정한 경제발전을 이룩할 수 있다.

넷째, 정치가 확고히 서야 경제적 발전을 저해하고 생산력을 저해하는 각종의 부정적 요소를 제거하고, 인민 내부에 잠재해 있는 능력을 최대한 발휘시킬 수 있다.

다섯째, 정치사상과 학습이 올바로 되어 있어야 당의 정책과 노선을 분명히 파악하고 이를 철저히 실행할 수 있다.

여섯째, 궁극적으로 최근에 만연해 있는 부패의 문제는 당과 인민이 올바른 정치적 중심 내지는 인식을 갖고 있지 못하기 때문에 일어난 문제인 만큼 정치를 다시 강조해야 한다.

마지막으로 중국이 말하는 정치는 서양의 삼권분립과는 다른 사회주의 인민민주주의를 원칙으로 한다는 것이다.

'정치'를 중시하자는 江澤民의 담화가 중국공산당 간부들의 해이해진 기강을 다잡고 전환기에 놓여 있는 중국사회의 이정표를 정통의 권력 계승자로서 새롭게 표출함으로써 그의 입지를 강화하기 위한 것이었다면 군을 대상으로 그의 사상 정치의 강조는 해방군 간부들에게 새로운 정치상황에서 당의 영도를 충실히 따를 것을 주창

---

pp.1455-1459, 1559-1562, 1743-1749; 전문은 江澤民, "關于講政治", 『求是』, 第13期(1996年 7月) 참조.

한 것이라고 할 수 있다.

1994년 12월 江澤民은 중앙군사위원회 확대회의에서 "반드시 사상정치건설을 전군 각항 건설의 선두에 놓자"(必須把思想政治建設擺在全軍各項建設的首位)라는 연설을 통해 군의 사상정치건설을 확고히 할 것을 촉구한다.

전군은 계속해서 마르크스주의, 毛澤東 사상, 특히 鄧小平의 중국 특색의 사회주의 이론을 학습하는 기초위에서 사상정치건설을 군대 각항 건설의 선두에 놓아야 한다는 것이다. 江澤民이 전군에 교육을 할 것을 강조한 덕목은 첫째, 나라를 사랑하고 봉사하는 정신을 함양하는 애국봉헌(愛國奉獻) 교육 둘째, 개인은 자기와 가정을 위해 활동을 것을 벗어나 국가와 민족, 사회와 단체 등을 위해 전심전력함으로써 인생의 의의를 찾는 혁명인생관(革命人生觀) 교육 셋째, 간부를 존경하고 병사를 사랑함으로써 단결을 확보해 전투력을 향상시킬 수 있는 존간애병(尊幹愛兵) 교육 넷째, 고난을 이겨내고 극복하는 정신을 함양하는 간고분투(艱苦奮鬪) 교육이 군의 덕목에서 중요한 현재적 의의가 있다는 것을 피력한다.52) 이러한 江澤民의 지시는 95년부터 전군에 하달되어 '4개의 교육'이라는 사상교육의 지침으로서 구체적으로 실시된다.53)

1995년 12월 江澤民은 중앙군사위원회 확대회의에서 "당의 군에 대한 절대영도 문제를 보증하자"(保證黨對軍隊的絕對領導問題)라는 강화를 통해 다시 한번 당에 대한 군의 절대적 영도를 주장한다.54) 95년 7, 8월은 대만과의 사이가 일촉즉발의 위기까지 치달았던 분

---

52) 江澤民, "必須把思想政治建設擺在全軍各項建設的首位", 『十四大以來重要文獻選編, 中』, pp.1122-1133.

53) 張馭濤 主編, 『新中國軍事大事紀要』(北京: 軍事科學出版社, 1998), p.599.

54) 江澤民, "保證黨對軍隊的絕對領導問題", 『十四大以來重要文獻選編, 中』, pp.1595-1603.

위기가 험악한 시기였다. 이러한 시기에 江澤民은 당내의 주도권뿐 아니라 당의 군에 대한 영도권을 확실히 함으로써 군의 충성을 유도하고 있다.

그가 군에 요구한 내용은 첫째, 당의 군대에 대한 절대영도 둘째, 정치교육을 강화하는 것 셋째, 군정, 군민관계와 관병관계의 단결을 도모하는 것 넷째, 각급 지도 간부 양성을 강화하는 것 등이었다.

당에 대한 군의 절대영도는 대군 통제의 핵심적인 사안인데 이는 중국의 당군관계를 가늠하는 것이다. 그런데 중국군을 개혁하는 과정에서 당과 군의 분리라는 논의가 없는 것은 아니었다. 趙紫陽이 총서기로 재직하고 있을 때 이러한 일련의 논의가 있었다고 전해진다.[55] 또한 江澤民 국가주석의 정치적 라이벌로 알려진 喬石는 97년 프랑스를 방문 중 <르 피가로>로와의 회견에서 "인민해방군은 당에 의해 창설되어 당의 지도를 받고 있으나 건국 이후 해방군은 더 이상 당의 군대가 아니며 국가의 군대"라며 헌법상 대의 기관인 전국인민대표대회의 군에 대한 감독권을 주장했다. 이는 당시 중국의 헌법이 군에 대한 당의 우위를 규정하고 있음을 인정하면서도, 중앙군사위 주석은 전국인민대표대회에서 선출되기 때문에 행정, 사법, 검찰 등의 다른 국가기관들과 마찬가지로 전국인민대표대회의 감독을 받아야 한다는 것이었다.[56]

江澤民 시기의 중국공산당의 공식적 입장은 이러한 발상을 서구 자유주의의 부르조아적 사고로 비판한다. 중국의 당군관계는 서구적

---

55) Willy Wo-Lap Lam, *China after Deng Xiaoping: The Power Strugg le in Beijing Since Tiananmen*(Singapore: John Willy & Sons, 1995), pp.233-235; Willy Wo-Lap Lam, *The Era of Jiang Zemin*(Singapore: Simon & Schuster, 1999), pp.155-156. 램에 의하면 鄧小平 시기에 당과 군의 분리에 대한 개혁이 의도되었으나 천안문 사건으로 인해 그런 개혁이 좌절되었다는 것이다.

56) 『星島日報』, 1997. 4. 1.

시각이나 개념으로 해석할 수 없는 특유의 역사적 전통이 있다는 것이다. "신중국 건립 이후에 군대는 당연히 성(姓)을 당에서 국가로 바꾸어야 하며, 군대에 대한 당의 영도 전통을 국가영도의 군대로 바꾸어야 한다고 주장하는 이들이 있다. 그러나 당과 국가를 대립적 관념으로 파악하는 것은 고의적으로 '자유화'사조에 근거하는 것이 아니라면 최소한 모호한 인식에 바탕한 것이다. 명백한 것은 중국에서 군대의 姓이 당이고 국가라고 하는 것은 일치한다는 것이다. 이런 양자대립적인 시각은 객관적 실제로부터 유리된 것이다."57) 또한 이러한 논의는 중국군의 국가화를 촉진시킴으로써 당과 군 사이를 방해하려는 서구의 음모라는 것이다. 서구의 국가들은 인민해방군이 중국공산당과 사회주의를 전복하는데 방해물이라고 생각하며, 그래서 인민해방군의 탈정치화를 주장하거나 군과 당과의 연계를 단절시키려고 한다는 것이다. 즉 서구의 국가들은 당과 군 사이의 관계를 악화시키기 위해 씨를 뿌리기를 원하고 있다는 것이다.58)

96년 3월 8기 전국인민대표대회 4차회의가 진행되는 동안 인민해방군대표단의 제2차전체회의에서 江澤民은 "군의 중 고급 간부는 반드시 정치를 중시하는 요구를 충실히 수행하여 지도간부 자신의 건설과 부대 각항 건설에 이르도록 해야 한다."59)라는 강화를 통하여 군내에서도 역시 정치사상의 확고한 구축이 중요함을 강조하였

57) 姚延進·劉繼賢·張全啓, 前揭書, p.44.
58) Willy Wo-Lap Lam, *The Era of Jiang Zemin,* p.156; 필자도 참여한 1998년 3월 30일 北京의 國際戰略學會에서 있었던 한국의 중국문제 전문가 교수 그룹과 중국의 國際戰略學會의 인사들과의 중국의 군사·외교에 관한 토론에서 한국인 교수의 노골적인 "인민해방군은 당군인가 국군인가?"라는 질문에 중국 측 인사들은 상당히 당혹해 했다. 중국 측 인사들은 '인민해방군은 중국공산당의 영도를 받는 중국군이다'라고 대답함으로써 해방군이 당의 영도를 받는 것을 확실히 하였다. 당시 이 학회의 회장은 총참모부 부총참모장이던 熊光楷였다.
59) 『解放軍報』, 1996. 3. 12.

다. 江澤民은 군대가 정치를 중시하는 것은 그 표준에서 있어 당연히 다른 부문보다 더 높으며 더 엄격함이 요구된다고 하였다.

정치를 중시하는 가장중요하고 근본적인 것은 첫째로 마르크스주의, 毛澤東 사상, 특히 鄧小平의 중국특색의 사회주의 건설이론을 반드시 학습하는 것이다. 이것은 정치적 근본으로 어떤 시기에도 추호도 모호하거나 동요함이 없어야 한다. 둘째는 당의 군에 대한 절대영도를 견지하는 것이다. 어떤 시기 어떤 상황하에서도 당중앙과 뜻을 같이하는 것이 요구된다. 셋째는 공산당의 정치적 본질과 호연지기를 끝까지 보전하여 어떤 시기 어떤 상황하에서도 청렴하고 자율성 있는 정신을 유지함으로써 인민들 사이에 양호한 이미지를 수립해야 한다는 것이다. 동시에 정치를 중시하는 요구를 충실히 수행하여 부대의 각항 건설에 실시하여야 한다. 영도간부는 마르크스주의 철학과 유물변증법을 열심히 학습하여 인식상과 군사활동 중에 단편성을 방지하고 극복하도록 주의해야 한다. 부대활동의 작풍을 개선하고 형식주의를 방지하고 극복하며 인민과의 관계를 긴밀히 하고 기층을 위해 봉사하도록 노력해야 한다는 것이다.

江澤民의 이런 연설에 뒤이어 인민해방군 총정치부는 전군과 무경부대에 江澤民의 이러한 강화를 성실히 수행할 것을 통지하였다.60) 이른 바 삼강교육(三講敎育)의 전군적인 실시가 이루어지는 것이다.

江澤民은 군의 기업 경영금지와 이에 따른 군비의 실질적 감소로 인한 중국 인민해방군의 정신교육의 일환으로 "삼사·삼간"(三査·三看)운동을 지시할 것을 요구했다. 江澤民의 이러한 요구는 최근 중국 인민해방군과 무장경찰 부대가 "삼강"(三講)－정치와 정기, 학습을 중시하자－교육을 끝낸 이후에 나온 것으로 중국 사회 전반에

---

60) 張馭濤 主編, 前揭書, p.630.

걸친 개혁과정에서 군의 중요성을 인식한 결과이다. 江澤民이 요구
한 "삼사·삼간"이란 먼저 혁명 투지의 쇠퇴 여부를 살피려면(查)
사상적으로 어려움을 이겨내고 싸워 이기려는 정치적 자세를 소유
했는지를 본다(看). 둘째, 정신적으로 분투하려고 하는지 살피려면
(查), 업무를 추진함에 있어 날카롭고 진취적인 정신을 소유했는지
본다(看). 셋째, 맹목적으로 포장하여 낭비하였는지 살피려면(查),
유한한 경비를 어떻게 사용했는지 본다(看)이다.61) 이러한 삼사·삼
간 운동은 군비 부족으로 인한 어려움을 이겨내고 분투할 것을 군
에게 요구한 것으로 군의 상업적 활동의 금지에 따른 불만을 정신
교육으로 세뇌하고자 하는 나름의 정책의지라고 할 것이다.

3. 군의 現代化: 군사전략의 변화와 군 전력의 개선

江澤民은 1997년 15차 중국공산당 전국대표대회 정치보고에서 중
국군을 향후 3년 내에 50만을 추가 감축하겠다고 발표하였다.62) 1985
년 중국군을 100만 감축하겠다고 발표한 이후 다시 중국 지도부는
50만을 감축하겠다고 발표한 것이다. 이는 국제적으로 냉전체제가
와해되고 앞으로 상당기간 세계적인 전쟁은 발생하지 않은 것이라는
중국지도부의 국제적인 인식에 바탕을 둔 것이다. 국제정세가 평화
와 발전을 지향하는 세계적 조류를 형성하고 있으며 과거의 체제 대
결에서 국가의 주요역량과 경쟁이 경제건설과 과학기술의 제 방면의
발전을 위한 평화적 발전을 지향하고 있다는 인식인 것이다.
또한 외부 국가들이 우려스럽게 생각하고 있는 소위 '중국위협론'

---

61) 『星島日報』, 1999. 4. 20.
62) 江澤民, "鄧小平理論偉大旗幟, 把建設有中國特色社會主義事業全面推向
二十一世紀: 在中國共産黨第十五次全國代表大會上的報告", 『求是』,
第18期(1997. 9), pp.2-23, 특히 p.18 참조.

에 대하여 나름대로 대응한다는 의미도 있는 것으로 파악된다. 즉 중국은 세계에서 정치, 군사, 경제적으로 강대국이 될 생각은 있으나 결코 이웃국가들에게 군사적 억압을 강제하지 않는 세계평화사업과 세계의 경제발전에 공헌하고자 한다는 나름의 메시지를 담고 있는 것이다.

이것은 세계적인 군사구조의 추세를 반영한 중국 나름의 고심의 산물로서도 평가된다. 즉 세계적인 군사구조의 추세는 기술집약적 군사역량으로 변화하고 있으며 이후의 전쟁은 하이테크놀러지 상황의 지역적 제한 전쟁(: 高技術條件下局部戰爭)이 될 것이라는 중국 당군지도부의 인식에 바탕한 것이다.[63] 또한 毛澤東의 유산으로 치부되는 막대한 병력과 장병들의 숙련되지 않은 자질은 그동안 중국군의 현대화를 방해하고 있는 것으로 지적되어 왔는데[64] 제2차 감군을 통하여 양질의 군 병력을 육성함과 동시에 세계적인 전략추세에 적응하겠다는 의지라고 설명할 수 있을 것이다.[65]

주요한 감군 대상은 총참모부, 총정치부, 총후근부와 7대 군구 지휘기관, 육군의 보병, 포병부대로 전해진다. 감군 병력 중 10개 사단에 해당하는 15만-20만 명은 인민무장경찰 부대로 전환해 국내 치안에 투입될 것으로 계획되었다. 감군이 끝난 뒤 과기강군(科技强軍) 목표 아래 미군 등 선진국 모델을 참고하여 2백 50만 병력 중 50만 명을 하이테크 장비와 신속 대응 능력을 갖춘 부대로 양성할

---

63) 秋實, "中國再裁軍50萬", 中國國情硏究會 編, 『中國國情情報』(北京: 中國統計出版社, 1998), pp.311-312

64) Solmon M. Karmel, "The Maoist Drag on China's Military", *Orbis*, Vol.42, No.3.(Summer 1998), p.383.

65) 1997년 말 모든 장교의 56%가 전문대 이상의 학력을 가지고 있는 것으로 나타났다. '고학력'을 충원하려는 군의 노력은 각별하게 지속되어 1997년 군에 응모한 5,300 대학졸업자 중 9%가 석박사학위를 가지고 있다. Willy Wo-Lap Lam, *The Era of Jiang Zemin*, p.202.

것을 계획되고 있다.66)

중국은 오래 전부터 군의 과학화와 정예화를 위해 민간인과 합동으로 '863'계획을 실행해왔는데67) 최첨단 민간 기술을 바탕으로 군 무기에 필요한 기술을 자체개발하겠다는 야심 찬 계획으로 사실상의 군 장비 현대화를 위한 계획인 것이다. 중국 정부는 국방현대화와 직접적 관련이 있는 군사장비의 현대화와 군수산업의 민수전환에 각별한 관심을 지속적으로 기울여 왔다. 1996년 3월 17일 제8차 전국인민대표대회 제4차회의에서 통과된 '중화인민공화국 국민경제사회발전 九・五 계획 및 2010년 장기 목표 강요'(中華人民共和國國民經濟社會發展'九五'計劃和2010年遠景目標綱要)는   국방현대화건설의 강화 부분에서 군사장비의 현대화와 군수산업 민수전환의 지속적 발전을 주요한 목표로 삼고 있다.

군민통합(: 軍民結合), 평전통합(: 平戰結合)을 계속 실행한다. 국방과학연구와 공업 구조를 조정하고 군수공업기업의 민수품 생산을 계획, 인도, 협조하는 사업을 강화한다. 사회주의 시장경제체제에 맞는 국방공업 운영메커니즘을 점차적으로 건립한다. 국방동원체계를 강화하고 군민겸용 정도를 제고하며 평시와 전시의 전환능력을 증강시킨다.

군수산업의 첨단기술을 활용하여 민용 제품을 개발하는 발걸음을 가속화한다. 대형선박과 고기술 고부가가치의 선박을 주로 발전시키고 대중형 선박의 건조 능력을 확대하여 수출을 증대시킨다. 국제합작방식을 채용하여 항공기설계・시험 및 제조 능력을 제고하고 국외 민간항공기의 하청 생산을 확대한다. 국민경제발전에 시급히 필요한 실용적이고 효능이 높은 위성 및 지상응용 시스템의 발전을 가속화하고, 국외 위성 발사 업무를 적극 전개하여 위성 및 운반로케트 제조기술 수준을 높이고 표준화,

---

66) 『明報』, 1996. 7. 17.
67) 平松武雄, 『江澤民と中國軍』(東京: 勁草書房, 1999), pp.121-121.

통용화, 계열화를 실현한다. 핵 기술의 평화적 이용을 적극 추진하고 원자력 발전을 중점 발전시키며, 핵연료 순환시스템을 배합적으로 건설한다.[68]

이러한 계획의 후속조치로 1998년 국무원의 기구개혁에서 국방과학기술공업위원회(國防科學技術工業委員會)는 종래의 직능뿐만 아니라 국가계획위원회(國家計劃委員會)에서 가지고 있었던 국방관련 부문, 부급(部級) 군공총공사의 정부직능까지도 담당하는 역할을 하게 되었다. 국방과학기술공업위원회는 군사위원회(軍事委員會)의 관련부문과 협조하여 군사장비의 생산조달을 책임지며 과학연구를 계획·제정하고 조직·실시하며, 각 군공업체의 발전계획과 법규를 제정하고 업무관리를 한다는 것이다. 또한 국가경제무역위원회(國家經濟貿易委員會)와 회동하여 군수산업의 민수전환의 계획을 제정하는 역할을 떠맡게 되었다.[69] 즉 1998년의 국무원 기구개혁에서 과거 군공총공사들이 가지고 있던 정부직능을 국방과학기술공업위원회로 이관해 각각의 군공업체들이 좀 더 탄력적으로 시장에 적응하게 하고, 군수 관련 관계 업무를 모두 국방과학기술공업위원회가 떠맡아 그 직능을 통합했다는 특징을 보여준다.

국무원 개혁의 일부로서 국방과학기술공업위원회의 직능변화와 함께 중국 인민해방군은 98년 4월 기존의 3총부 외에 중국군의 장비를 담당하는 총장비부를 신설하였다.[70] 이것은 21세기 초에 중국

---

68) 『14大以來重要文獻先編, 中』, pp.1862-1863.

69) 中國社會科學院工業經濟研究所, 『中國工業發展報告』(北京: 經濟管理出版社, 1998), pp.209; 중국의 국방공업(군수산업)의 기구변화에 관해서는 같은 책, pp.144-145 도표 참조.

70) 15전 대회를 전후한 기구개혁과 인사에서 국방과학기술공업위원회 주임을 맡았던 曹剛川 중장이 상장으로 진급하면서 신설된 인민해방군 총장비부의 부장으로 전임되고 국방과학기술공업위원회의 신주임은 항공우주산업의 테크노크라트인 劉積斌이 맡음으로써 이 기구의 군사적

군의 현대화를 주도한다는 취지 아래 설립한 것으로 중국군은 향후
군 장비를 동력화(: 摩托化, Moterized), 기계화, 장갑화 할 계획을
세워 놓고 있다.71) 98년 3중 전회에서는 98년 4월에 신설된 총장비
부의 부장 曹剛川 상장(上將)을 군의 최고 영도기관인 중앙 군사위
원회 위원으로 임명하여 중국의 군 현대화 의지를 강력히 표방하였
다.

중국은 대외적으로 개방을 한 이후 끊임없이 무기 및 군사 장비
의 현대화를 꾀하여 왔다. 앞에서 거론한 바와 같이 특히 무기판매
로 인한 수익은 자체 생산하는 무기의 연구개발뿐 아니라72) 군사무

성격을 상당 정도 탈색시키고 있다. 華明 『跨世紀中國領導人手冊』(香
港: 明報出版社, 1998), p.90. ; 국방과학기술공업위원회와 신설된 총장
비부의 관계에 대해서는 Harlan W. Jencks, "COSTIND is dead, Long
live CONSTIND! Restructuring China's Defence Scientific, Technical,
and Industrial Sector", in James C. Mulvenon & Richard H. Yang,
The People's Liberation Army in the Information Age(Santa
Monica, CA: RAND, 1999), pp.59-77.

71) 『明報』, 1998. 4. 6.
72) 그런데 외부 세계로 유례없는 개방에도 불구하고 중국은 중국 본래의
국방공업의 증진에 기여할 노하우와 기술을 외국으로부터 얻는데 계속
적인 어려움에 직면하고 있다. 멜 구르토프(Mel Gurtov)에 의하면 상업
화를 추구하고 있는 중국의 국방공업이 현재 봉착하고 있는 가장 큰 불
만의 하나는 외국의 파트너로부터 얻을 수 있는 가용한 기술의 부족이
다. Mel Gurtov, "Swords into Market Shares: China's Conversion of
Military Industry to Civilian Production", *The China Quarterly,*
No.134(June 1993), p.230; 중국의 첨단기술에 대한 갈증을 입증하는 사
건의 단적인 예로서 미국은 99년 5월 25일 미국 하원 특별위원회 위원
장인 크리스토퍼 콕스의 보고서(: 일명 콕스 보고서)를 통하여 미국에서
중국이 군사관련 기술을 20년 동안이나 절취했다고 폭로했다. 중국이
첩보기관과 연계된 3천여 개의 전위회사들을 통하여 첨단기술을 절취했
다는 것이다. 보고서에 중국이 절취했다고 주장한 기술 중에는 W-87과
W-88을 비롯한 핵탄두 기술과 중성자탄, 인공위성 기술 등 대륙간탄도
탄에 이용되거나 인공위성을 제작하는 데 이용되는 첨단 기술이었다.
보고서는 군사관련 신기술을 획득하기 위해 전 국가부주석 王鎭의 아들

기 및 군사 장비의 현대화를 위하여 <표 5-2>와 같이 서방에서 끊임없이 새로운 형태의 무기와 장비를 수입하는데 충당되고 있다.[73] 이는 90년대 들어 국방비의 두 자리 수 증가와 함께 '중국 위협론'의 근거가 되는 혐의를 제공하기도 하였다.[74]

王軍과 군사위부주석 劉華淸의 딸이 미대선 자금에 기부금을 불법으로 전달한 사실도 담고 있다. 그런데 며칠 뒤에 중국 국무원은 미국이 절취 당했다고 주장하는 핵 기술이 미 과학자연맹의 홈페이지인 http://www.fas.org에 상세하게 소개되어 있다고 주장하면서 중국의 핵무기 절취에 대해 반박하고 나섰다. 『한겨레』, 1999. 5. 26; 『중앙일보』, 1999. 6. 2.

73) 중국이 외국에서 획득한 무기와 중국군의 현대화에 관해서는 Richard D. Fisher, Jr., "Foreign Arms Acquisition and PLA Modernization", in James Lilley and David Shambaugh, *China's Military Faces the Future*(Armonnk, New York: M. E. Sharpe), pp.85-126, 특히 중국이 외국에서 획득했거나 획득할 가능성이 있는 무기에 관한 자세한 소개에 관해서는 같은 책에 수록되어 있는 Fisher, Jr.의 "Gallery of Known and Possible Future Foreign Acquisitions by China", pp.127-191; 그런데 중국의 성장에 따른 안보상의 위협으로 인해 중국이 해외에서 선진무기의 구입을 희망한다 해도 중국이 군사 기술 선진국으로부터 최신기술을 얻는 데는 상당한 제한을 받을 것이라는 전망이 제시되기도 한다. Jing-dong Yuan and Yuchao Zhu, "Sizing Up Chinese Military Build Up: The Limitations to Defence Modernization", *The Korean Journal of Defence Analysis*, Vol.8, No.1(Summer 1996), pp.249-251; 베이츠 길, "중국의 경제개혁이 방위산업에 끼친 영향: 중국 방위산업의 장단기 전망", 제임스 R. 릴리 외, 앞의 책, p.299.

74) '중국위협론'을 뒷받침하는 중국의 현 군사력이 위협적이다 라는 견해와 중국의 군사력이 내실은 그렇게 위협적인 것은 아니다 라는 상반된 견해에 대해서는 Bates Gill & Michael O'Hanlon, "China's Hollow Military", *The National Interest*, No.56(Summer 1999), pp.55-62; James Lilley & Carl Ford, "China's Military: A Second Opinion", *The National Interest*, No.57(Fall, 1999), pp.71-77 참조.

<표 5-2> 중국의 병기 수입

공급국	병기명칭	종별	발주수	인도수	발주년	인도년
미 국	Learjet35A	초계·수송기	5	5	1987	1987
	L-100-30	수송기	2	2	1987	1988
	AN/TPO-37	추격레이더	4	2	(1987)	1988
	Phalanx	근접방공시스템	(2)	2	(1987)	1988
	BGM-71A TOW	대전차미사일	—	—	(1987)	—
	CH-47D Chinook	헬리콥터	6	—	1989	—
	AN/TPO-37	추격레이더	2	2	(1987)	1993
프랑스	Crotale Naval L	함대공미사일발사장치	2	(1)	1986	1990
	Rasit-3190B	수색레이더	—	—	1986	—
	SA-342L Gazelle	헬리콥터	8	(8)	1987	1988-89
	HOT-2	대전차미사일	(96)	(96)	1987	—
	Crotale Naval L	함대공미사일발사장치	—	—	1987	—
	Crotale Naval	함대공미사일	(72)	—	1987	—
	AS-332	헬리콥터	4	—	(1987)	—
	AS-365N Dauphin	헬리콥터	(30)	—	1992	—
러시아	Mi-17 Hip-H	헬리콥터	24	(24)	1990	1990-91
	Su-24 Fencer	전투폭격기	12	—	(1990)	—
	Su-27 Flanker	전투기	24	24	1991	1991-92
	Mig-29 Fulcrum	전투기	40	—	1991	—
	Su-27 Flanker	전투기	2	2	1992	1992
	AA-10 Alamo	공대공미사일	—	144	1991	1991-92
	AA-8 Aphid	공대공미사일	(96)	(96)	1991	1991-92
	Il-28 Beagle	폭격기	1	1	1992	1993
	Il-76 Candid	수송기	4	4	1993	1993
	AA-8 Aphid	공대공미사일	(288)	—	1992	—
	SA-10b SAMS	지대공미사일시스템	(1)	(1)	1992	1993
	SA-10b Grumble	지대공미사일	(100)	(100)	(1992)	1993
	Su-27 Flanker	전투기	24	24	—	—
이스라엘	Mapats	대전차미사일	—	—	1986	—
	PL-811	지대공미사일	—	(1385)	(1989)	1990-92
	PL-9	공대공미사일	—	(3731)	(1989)	1990-92
캐나다	Challenger-601	수송기	2	2	1988	1988-89
이탈리아	Aspide	지대공미사일	85	(55)	1989	1990-91

자료: 宇佐美曉, 『中国の 軍事力』(東京: 河出書房新社, 1996), p.133.

중국 인민해방군은 첨단무기의 발달로 전장의 개념이 바뀌고 경제체제가 사회주의식 시장경제로 전환함에 따라 기존의 소련식 대군구 편제를 미국식 3군 연합 지휘체제로 전환하는 문제를 검토하고 있다.75) 즉 전략 전술 중심의 5대 전구(戰區) 제도로 개편하는 작업을 추진 중인 것으로 알려지고 있는데 南京군구를 대만을 전담하는 전구 지휘소로 개편 중인 것을 비롯해 廣州, 濟南, 瀋陽, 成都 등에 5대 전구지휘소를 설치한다는 것이다. 이 전구 제도는 군구와는 달리 직할 부대와 관할 지역 없이 작전 필요에 따라 육해공 및 미사일 부대에 대한 통괄 작전권을 행사하기 때문에 군구 사령관들의 군벌화 우려를 불식시킬 수 있는 것으로 보인다.76)

4. 군의 正規化: 군의 후생복지와 군사 법제화

군 경력은 과거에 비해 더 이상 젊은이들에게 매력을 끌지 못하고 있어 군은 엘리트를 충원하는데 많은 어려움을 겪고 있다. 매년 징병 대상으로 의무 복무를 해야 할 대상자는 2000만 명에 달하지만 사실상 의무병으로 복무하는 청년들은 소수이며 약 1%에 불과하다고 할 수 있다. 군에 복무하는 사병의 월급은 24-29위안으로 군대 안간 청년의 매달 최저 수입의 1/10-1/15배에 불과하다.77) 이런 상대적 박탈감과 소외감이 개혁개방 이래 자질 있는 징집연령

75) 『星島日報』, 1998. 3. 16, 이 신문은 중국공산당의 기관지인 <求是> 98년 第6期 발표된 해방군 총참모장 傅全有의 논문을 근거로 해방군 대군구의 편제개편을 보도하고 있다. 그는 해방군은 시대변화와 함께 정예 병력과 첨단무기를 위주로 군편제를 전환해야 한다고 주장하면서 미국식의 3군 합동작전 편제를 제시했다.

76) 『星島日報』, 1998. 4. 15.

77) 魯競, "中共黨軍關係狀況分析", 『中共硏究』, 第29卷, 第5期(1995. 5), p.51.

대상의 청년들로 하여금 군을 경원시하게 하는 하나의 요인으로 작용하였음을 무시할 수 없다.

사실 물가상승[78]과 국방비의 부족으로 말미암아 80년대 군 간부의 실질 수입은 감소했다. 1985년에서 1988년 사이에 노동자의 평균 임금은 40% 이상 인상되었는데 비해 군 간부의 평균 임금은 29% 인상된 것에 불과하다. 30개 성과 시의 노동자 임금 수준과 비교해 보면, 군 간부의 임금은 1985년의 2위에서 1988년에는 6위로 떨어졌고, 1988년 장교의 실질 임금은 33년 전인 1955년에 비해서도 3%가량 낮다는 것이다.[79]

군인 임금수준의 하락으로 인해서 야기되는 군인들의 심적 동요와 불만을 무마하기 위해서 1993년에 중앙군사위원회는 <군대급여개혁방안>(軍隊給與改革方案)을 제정하였으며 그해 11월부터 실시하였다. 새로 조정된 군인의 월 급여는 <표 5-4>에서와 같이 기타지방 간부들에 비해 훨씬 많음을 알 수 있다.

[78)]

<표 5-3> 중국 소비자 물가 상승률(85-97)

년 도	85	86	87	88	89	90	91
전년=100	109.3	106.5	107.3	118.8	118.0	103.1	103.4
85년=100	100	106.5	114.3	135.8	160.2	165.2	170.8
년 도	92	93	94	95	96	97	
전년=100	106.4	114.7	124.1	117.1	108.3	102.8	
85년=100	181.7	208.4	258.6	302.8	327.9	337.1	

자료: 『中國統計年鑑, 98』(北京: 中國統計出版社, 1998), pp.301-302.

79) *Inside China Mainland*(Taipei), May 1991, pp.3-4.

<표 5-4> 군인과 지방 간부와의 임금 대조표(단위: 元)

군인		지방 간부	
군사위원회 주석, 부주석	1,450	총 리	1,200
군사위원회 위원, 상장	1,327	부장, 국무위원	800
대군구사령관, 중장	1,211	성 장	800
대교(대령)	857-1200	부 교 수	350-400
중교(중령, 20호봉)	1000 이상	강 사	350
사관학교 졸업생	750	대학졸업생	100
중 위	750	교 사	150-200
		국영기업근로자	200-250

자료: 秦林熙, "工資改革真相", 『開放雜誌』(香港), 1994. 3, pp.14-15, 이준희,
"중국군의 경제활동과 그 영향", 『軍史』, 제28호(1994), p.165.

중국 인민해방군은 98년 8월 1일 창군 71주년을 맞아 장병들을
위한 사망, 상해보험을 실시하였다. 장병들에게 지위고하를 막론하
고 사망이나 부상 시 기존의 위로금 이외에 별도로 최고 위로금의
10배에 달하는 보험금을 지급한다는 내용이다. 98년 7월초 국무원
과 중앙군사위원회가 승인한 <군인보험 제도 실시방안>에 의거
<군인상해·사망보험임시규정>을 총4부 공동명의로 발표하고 시행
에 들어간 것이다. 보험 제도 실시는 해방군 역사상 처음이며 이는
군인들의 합법적인 권익을 보호하고 지방의 보장 제도에 대한 의존
도를 줄이기 위한 것이며 이 보험 제도를 발전시켜 노후보장과 의
료보험으로 확대해 나갈 계획인 것으로 알려졌다. 보험금의 대상은
지위고하와 사병구분 없이 전 장병이며 사망 시는 본인의 배우자나
자녀, 가족들에게 지급되고 부상이나 불구 시에는 본인이 지급대상
이 된다.[80] 이러한 제도는 江澤民 총서기의 지시로 군이 기업 활동
에서 손을 떼는 작업에 들어간 해방군에 대해서 일말의 보상의 성

---

80) 『星島日報』, 1998. 8. 2.

격을 지니는 것으로 평가할 수 있다. 또한 군의 정규군화를 지향하는 나름의 의미 있는 제도적 장치라 평가할 수 있을 것이다.

江澤民의 군사정책을 가늠할 수 있는 중요한 법인 <국방법>이 1997년 3월 8기 전국인민대표대회에서 통과되어 동일에 공포 시행되었다. 국방법의 제정이 新疆, 西藏(: Tibet)에서 비한족의 독립운동, 鄧小平 사후에 예상되는 민주화 운동, 97년에 반환되는 홍콩의 동향, 더 나아가 대만의 독립 움직임 등 중국의 군사력 행사에 대한 불안이 고조되어 지는 가운데 국방법의 제정은 이러한 분리행동을 견제하고 무력행사를 정당화하는 목적과 연결시켜 관심을 끌었다.[81]

중국 국방장관 遲浩田은 "국방법은 국방영역의 기본법이며 국방법의 제정은 국방건설을 법제의 궤도에 올려놓게 하는 것에 있다. 즉 법에 의거해서 국방을 강화하고 국방 현대화를 건설하는 중요한 조치이다."라고 제정 목적을 설명하고 더 나아가 "법률의 형식으로 국제사회에 대해 중국 국방의 기본원칙과 방위 정책을 표명함으로써 중국이 평화를 애호하는 국가로서의 국제적인 위상을 높이고 국가의 개혁개방을 위해 양호한 대외환경을 만들어 내는 것"에 의의를 구하고 "중국위협론(中國威脅論)에 대해 유력한 논박과 타격을 준다."고 그 취지를 설명했다.[82]

국방법은 총칙에서 밝히고 있듯이 "국가가 침략을 방어 준비하고 이에 저항하며 무장전복을 저지하고 국가의 주권과 통일, 영토보전과 안전을 위하여 행동하는 군사 활동뿐 아니라 군사와 유관한 정치, 경제, 외교, 과학기술, 교육방면의 활동 등은 국방법을 적용한다."(제2조)는 조항에서 보듯이 다분히 포괄적인 내용을 담고 있다.[83]

---

81) 平松武雄, 前揭書, p.122.

82) 『解放軍報』, 1997. 3. 7; 1997. 3. 19.

83) 국방법과 이의 해설에 관해서는 許江瑞·方寧, 『國防法槪論』(北京: 軍事科學出版社, 1998) 참조.

우선 국방법은 총칙을 포함하여 제12장 70조로 이루어져 있다. 12 개의 장은 제1장 총칙, 제2장 국가기구의 국방직권 제3장 무장역량, 제4장 변경방위, 해상방위, 방공 제5장 국방과학연구생산과 군사주 문 제6장 국방경비와 국방자산 제7장 국방교육, 제8장 국방동원과 전쟁상태 제9장 공민과 조직의 국방의무와 권리 제10장 군인의 의무 와 권익, 제11장 대외군사관계, 제12장 부칙 등으로 구성되어 있다.

몇 가지 주요 조항을 살펴보면 제2장 국가기구의 국방직권에서는 국방관련 기구의 직무범위에 관해 설정하고 있다. 헌법보다 비교적 상세하게 직권의 범위를 설정한 경우로 우선 국무원의 직권(국방법, 제12조)을 들 수 있다. 국무원의 직권에 대해서는 헌법이 "국방건설 사업을 지도하고 관리한다."(헌법 제89조)라는 규정뿐이었는데 국방 법에서는 다음의 9가지 항목을 들고 있다.

① 국방건설 발전계획의 편성 ② 국방건설영역의 방침, 정책, 행정 법규의 제정 ③ 국방과학기술생산의 지도와 관리 ④ 국방경비와 국 방자산의 관리 ⑤ 국민경제동원 활동과 인민무장 동원, 인민방공, 국 방교통 등 관련 영역의 지도와 관리 ⑥ 군인과 군속을 옹호하고 퇴 역 군인을 배치하는 활동 ⑦ 국방교육 활동의 지도 ⑧ 중앙군사위원 회와 공동으로 인민무장경찰부대, 민병의 건설과 징병, 예비역 활동, 변경방위와 해안방위, 방공 등의 지도와 관리 ⑨ 법률이 규정하는 국 방건설 사업에 관련하는 그 밖의 직권 등이다. 이들 항목은 일반적으 로 군정(軍政)이라고 할 수 있는 직권이고 국무원에 소속되어 있는 국방부가 중심이 되어 담당한다. 중국의 국방부에 대해서는 불분명 한 부분이 많고 실권은 당과 국가의 중앙군사위원회가 장악하고 있 는 까닭에 명목뿐이고 내용은 없는 직책으로 알려져 있었는데 국방 부가 관할하고 있는 영역이 상당한 것으로 나타나고 있다.

중앙군사위원회의 직권(국방법, 제13조)으로는 구체적으로 10가지를 명시하고 있다. 이는 헌법에서도 구체적으로 명시되지 않은 직무 범위를 구체적으로 명시한 것이다. ① 전국 무장력의 통일적 지휘 ② 군사전략과 무장력의 작전방침 결정 ③ 중국 인민해방군의 건설 지도관리, 기획과 계획의 제정과 조직 실시 ④ 전국인민대표대회 혹은 전국인민재표대회상무위원회에 의안제출 ⑤ 헌법 및 법률에 의거하는 군사법규의 제정, 결정, 명령의 공포 ⑥ 중국 인민해방군의 체제와 편성의 결정, 총부, 군구, 군종, 병종 그 밖의 군 구급 단위의 임무와 직책의 규정 ⑦ 법률, 군사법규의 규정에 의거하는 무장력 성원의 임면, 육성, 시험, 상벌 ⑧ 무장력의 무기장비 체제와 무기 장비 발전 기획, 계획의 비준, 국무원과의 협력에 의한 국방과학, 기술 생산의 지도관리 ⑨ 국무원과의 협력에 의한 국방비와 국방자산의 관리 ⑩ 법률이 규정하는 그 밖의 직권 등이다. 여기서 들고 있는 항목들은 일반적으로 '군령'(軍令)이라고 말할 수 있을 것이다.

제3장 무장역량은 국방법의 가장 중요한 부분이라고 할 수 있다. 먼저 "중국의 무장역량은 인민에 속한다."(제17조) 라고 명시하여 무장역량의 근원이 인민임을 확인하고 있다. 총칙에 "국방법은 헌법에 의거해서 제정됐다."(제1조) 라는 규정을 이어 받아 "중국의 무장역량은 헌법과 법률을 준수하고 법에 의거해서 군대를 다스리는 것"(제18조)을 명확히 하고 있다. 그런데 "중국의 무장역량은 중국공산당의 영도를 받는다."(中華人民共和國武裝力量受中國共產黨的領導, 제19조)고 규정하고 더 나아가 "무장력 내의 중국공산당 조직은 중국공산당 당장에 따라 행동한다."고 규정하였다. 헌법 제93조에서 "중국 중앙군사위원회는 전국의 무장력을 영도한다."(中華人民共和國中央軍事委員會領導全國武裝力量)고 명확하게 규정하고 있으므로 국방법 제19조의 규정은 헌법의 규정과 상충되고 있는 것이다.

국방법 내에서도 (국가)중앙군사위원회는 전국의 무장역량을 영도
한다(中央軍事委員會領導全國武裝力量, 국방법 제13조)고 명시되어
있는데 제19조의 "중국의 무장역량은 중국공산당의 영도를 받는다."
라는 조항과 교묘하게 충돌을 피하고 있는 것이다. 물론 실제상 현
江澤民체제하에서는 그 구성원이 국가의 중앙군사위원회나 당의 중
앙군사위원회나 같다. 그렇지만 법률적으로 엄연히 모호하게 처리가
된 것이며 상위법인 헌법이 우선적인 법률적 효력이 있다고 할 때
국방법은 이 부분에서 헌법과 상충되는 면이 있다고 할 것이다.[84]

한편 국가는 "무장역량의 혁명화, 현대화, 정규화를 강화하고 국
방역량을 증강시킬 것"(제20조)을 명문화하고 있다. 이는 개혁개방
이후의 신시기에서도 역시 군의 혁명화와 현대화, 정규화가 건군의
핵심적 과제임을 설명하고 있는 것이라 할 것이다.

국방비와 관련해서는 총칙에서 "국가는 역량을 집중하여 경제건
설을 진행하는 것과 동시에 국방건설을 강화하고 국방건설과 경제
건설의 협조발전을 촉진한다."(제4조)고 명시하고 있다. 경제건설에
우선순위를 두고 있지만 그러한 경제건설이 곧 국방건설과 협조 발

---

84) 이 국방법은 1993년 국방법 기초위원회가 설립되었을 때 시작되었다.
처음의 초안 역시 무장역량의 지도에 관한 문제가 헌법에 위반된다는
점이 지적되어 기각되었다. 1996년의 법률초안은 "중국 인민해방군(무
장역량)은 공산당의 영도에 복종(obey)한다"로 명기되었다가 다소 중
립적인 '받는다'(accept)라는 표현이 최종안이 되었다. 시각에 따라 다
르게 해석할 수도 있지만 이러한 과정에서 산출된 국방법안이 江澤民
과 군부지도자들 사이의 거래라고 보는 시각도 있다. 이러한 국방법이
인민해방군을 '국가 내 국가'(state within a state)로 설정함으로써 오
히려 진정한 국방현대화의 시계를 되돌려 놓았다고 보는 것이다. 즉
인민해방군이 공산당의 영도를 받는다고 함으로써 중국공산당과 중앙
군사위원회의 영도 핵심인 江澤民의 군대라는 비난을 받게 된다는 것
이다. 그렇지만 江澤民으로서는 군부에게 나름의 특권과 우대를 부여
하고 지도권을 확보하고 있는 것이 된다. Willy Wo-Lap Lam, *The
Era of Jiang Zemin*, pp.205-206 참조.

전할 것을 규정한 것이다. 이는 구체적으로 수치는 거론하고 있지 않지만 "국방경비의 증가는 마땅히 국방의 수요와 국민경제의 발전 수준이 서로 상응해야 한다."(제35조)고 규정하고 있다. 사회주의 시장경제하의 조건에서 국내 총생산의 증가와 물가 상승을 고려하여 국방경비를 연동시키는 논의를 비록 추상적이지만 구체화시키고 있는 것이다.

군인의 의무와 권익에서는 군인의 의무를 "조국에 충성하고…… 희생을 두려워하지 않으며 조국의 안전과 영예, 이익을 수호한다." (제56조)라고 명시하고 있고 그러한 임무에 대한 군인의 권익으로 서는 "군인은 마땅히 사회의 존중을 받아야 한다."(제59조), "국가와 사회는 현역군인을 우대하여 국가는 현역군인이 직책에 상응하는 복리 상황을 향유할 수 있고 그것을 이행하는 것을 보장해야 한다."(제60조)고 명시하였다. 또한 퇴역 군인과 전업 군인, 부상 군인에 대한 국가의 의무와 개인의 권익을 명시하고 있다. 이것은 전체적으로 군인들의 권익을 명시하고 법에 의해 군을 다스리겠다는 것을 명시한 것이다.

한편 "공민들로 하여금 국방관념을 증강시키고 국방지식을 장악하며 애국주의 정신을 발양하고 국방의무를 스스로 이행하도록 하기 위해 국가는 국방교육을 전개할 것"(제40조)을 명시하였다. 따라서 일체의 국가기관과 각 정당 및 사회단체, 각종 사업단위에서도 국방교육을 전개하기 위해 마땅히 조직화할 것을 법(제42조)으로 적시하고 있다.

중국의 국방법은 중국이 도래하는 21세기의 변화에 적응하고 새롭게 21세기 국방을 건설하자라는 취지[85]로 읽을 수 있지만 전체적으로 군의 위상과 역할, 권리와 의무 등을 명시한 것으로서 과거와

---

85) 『中國國防報』, 1998. 5. 23.

는 달리 법에 의한 군사관련 부문의 통치를 명시화 한 것이다. 또한 이런 국방법의 후속작업으로 국방교육법, 국방과학기술생산법, 국방동원법, 군인혜택 우대법, 퇴역 군인 배치법등이 제정될 것으로 예측되고 있다.86)

98년 12월에 열린 9기 전국인민대표대회 상무위원회 제6차회의에서 84년에 개정된 병역법을 일부 개정하였다.87) 병역법 수정안은 '지원병'과 '의무병'의 지위를 동등하게 하였다. '의무병제를 주체로 하고 의무병과 지원병, 민병과 예비역을 상호 결합한 병역 제도를 실시한다.'는 84년 병역법(제2조)의 조항이 정규군은 '의무병과 지원병을 결합한다.'로 바뀌었다. 첨단무기로 단기간에 이루어지는 현대전에서 '수량위주'의 의무병보다 전문기술을 갖춘 지원병이 더 필요하다는 판단에서 지원병 지위를 향상시킨 것으로 보인다.

중국은 18% 수준인 지원병 비율을 2000년에는 35%까지 끌어올릴 계획을 가지고 있다. 특히 전문성이 강하고 기술집약형 부대에서는 지원병 수가 의무병을 초과하도록 유도할 방침이다. 복무기간 역시 단축한 것도 수정안의 주요 골자였다. 의무병의 경우 종전에는 육군 3년, 해공군 4년이던 것을 일률적으로 2년으로 단축하였다.

---

86) "중국의 군사정책: 국방법 제정을 중심으로", 『국제문제』, 제28권, 제7호(1997.7), p.79; 사실 개혁개방 이래 중국의 군사에 관한 법률, 조령, 조례, 규정 등이 다수 제정되었다. 江澤民 체제 역시 다수의 군사에 관한 법률, 법규를 제정해 왔다. 94년에는 전군법제회의를 개최하여 "법에 의거하여 군대를 다스린다." 방침을 국방장관인 遲浩田이 제기하고 이에 군지도부가 이에 대해 회견하였다. 이 회의를 계기로 군사법제화가 급속히 진전되었다. 江澤民 시기에 제정된 군사법률, 법규, 조령 등에 관해서는 平松武雄, 前揭書, pp.139-143 참조.

87) 중국 병역 제도에 관해서는 當代中國叢書編輯委員會 編, 『當代中國軍隊的軍事工作, 下』(北京: 中國社會科學出版社, 1989), pp.393-418; 隋東升, 『兵役制度槪論』(北京: 軍事科學出版社, 1996); 84년의 병역법에 관해서는 황병무, 『신중국군사론』(서울: 법문사, 1992) 부록 참조.

지원병도 과거에는 최저 8년 최고 12년은 복무해야 했으나 앞으로
는 본인 뜻에 따라 3년이면 제대할 수 있고, 길어도 30년(나이 제한
55세)을 넘지 못하도록 했다. 제대군인에 대한 사회적 혜택도 강화
되었다. 군인이 제대 후 취직할 때까지 생활보조비를 지급하고 스
스로 일자리를 구하는 경우 정책상 우대를 주기로 했다.[88]

이러한 제도는 국가 안위를 위해 자신을 희생한 사람에게 그만
한 보상이 주어져야 한다는 사회적 인식을 확립위한 한 것이라고
할 수 있다. 우수한 인재를 병영으로 끌어들여 기술집약형 군대로
변신하기 위한 중국 정부의 나름의 고려가 담겨있다고 할 수 있다.
또한 이러한 보험 제도는 이미 97년의 국방법에서 명문화한 것을
구체적으로 실행한 것이다.

---

88) 『조선일보』, 99. 1. 8; 사실 그동안 중국은 병력 충원에서 고심을 많
이 하였다. 개혁개방 이후 신병들의 학력수준이 갈수록 떨어져 최첨단
무기에 의한 군 현대화 작업에 애로사항으로 작용했기 때문이다. 신병
자질저하의 최대원인은 진학열과 취업열이 함께 높아지면서 더 이상
우수한 인재들을 군대로 불러 모으기가 어려워진 것에 주요 원인이 있
다. 과거 수십 명에서 한명의 군인을 뽑았다면 90년대 중반에는 2-3명
에서 한명의 신병을 충원할 정도로 자원이 빈약해졌다. 재학생은 징집
대상에서 제외되어 자질이 우수한 인력은 모두 학교로 가고 있기 때문
이다. 또한 중국의 유동성 인구 문제가 자질저하의 주요원인을 제공했
다. 군인으로 충원하기 위해서는 나름대로의 학력과 사상적 무장이 어
느 정도 갖춘 대상을 선발해야 하는데 떠도는 징집 대상자들이 많아짐
에 따라 떠도는 과정에서 그들이 무슨 행동을 했는지가 잘 알려지지
않은 채 선발되기 때문이다. 물론 군대에서 주는 급여도 취업이 되었
을 경우 사회에서 받는 급여보다 적기 때문에 징병대상자들의 군 입대
에 대한 유인책을 상실하였다.

중국 정부는 99년 겨울의 징병검사에서 정치와 학력검사를 특별 강
화할 것이라고 밝혔다. 정치심사에서는 특별히 法輪功을 수련하였거나
이러한 행동을 반성하고 회개하지 않은 자는 받아들이지 않도록 규정
하고, 학력심사에서는 전문대 이상인 자는 연령 제한을 완화하는 한편
학력이 낮은 자의 징병을 제한하는 것을 중요 골자로 하고 있다. 『明
報』, 1999. 11. 16.

제3절 軍 經濟活動 禁止의 政治經濟

1. 江澤民의 皇糧論

　　鄧小平과 당원로들의 정치적 지지와 지원을 받고 중국정치의 중앙에 혜성처럼 등장한 江澤民 시기에서도 군이 경제건설의 국가적 목표라는 대국에 복종해야 한다는 논리는 끊임없이 지시되었다.[89] 95년 9월 중앙군사위원회는 군의 삼총부에 "군대는 반드시 절약하는 생활을 해야 한다는 江澤民 주석의 중요한 지시를 관철하고 수행하는 의견"(貫徹落實江主席關于軍隊要過緊日子重要批示的意見)을 전달하였다. 인민해방군이 과거 신중국 수립과 사회주의 국가건설을 위하여 겪었던 무수한 고난을 극복한 훌륭한 전통과 근검절약하는 작풍을 승계하여 현재의 국가 경제건설에 인민해방군은 적극 복종하여야 한다는 것이다. 의견은 중앙군사위원회 주석 江澤民의 지시가 毛澤東과 鄧小平의 고난을 이겨내고 근검절약하는 일관된 건군사상을 충분히 체현하고 있다면서 전군의 부대는 간고 분투(艱苦奮鬪)하며, 절약하는 사상을 전군에 교육할 것을 지시한다.[90]

　　또한 같은 해 9월에 있었던 14기 5중전회 폐막식에서 江澤民은 소위 '12대 관계론'[91]이라고 하는 "사회주의 현대화건설 중의 약간

---

89) 姚延進·劉繼賢·張全啓, 前揭書, pp.113-131; 楊春長·肖顯社, 前揭書, pp.26-30, 232-237.
90) 薛軍樓 編, 前揭書, pp.165-166.
91) 12대 관계를 열거하자면 ① 개혁, 발전, 안정의 관계 ② 성장 속도와 효율의 관계 ③ 경제건설과 인구, 자원, 환경의 관계 ④ 1차, 2차, 3차 산업의 관계 ⑤ 동부지역과 중서부 지역의 관계 ⑥ 시장구조와 거시조정의 관계 ⑦ 공유경제와 다른 경제요소와의 관계 ⑧ 소득 분배에서 국가, 기업, 그리고 개인의 관계 ⑨ 대외 개방 확대와 자력갱생 견지의

의 중대관계를 정확하게 처리하자"(正確處理社會主義現代化建設中的若干重大關係)라는 강화 속에서 국방건설과 경제건설과의 관계를 다음과 같이 말하였다.

국방현대화건설은 중국의 사회주의현대화의 중요구성부분이다. 국방건설을 강화하는 것은 국가안전과 경제발전의 기본을 보증하는 것이다. 우리가 국방건설을 완전하게 하려는 것은 자위를 위해서 뿐만 아니라 동시에 세계평화 유지의 역량을 장차 증강시키기 위함이다. 당의 11기3중전회 이래 鄧小平동지는 국제형세의 변화에 근거하여 선견지명을 가지고 국방건설은 반드시 지도사상을 전환하게 한다고 하였다. 이것은 임전상태에 근거한 것으로부터 평화시기로 변하는 정규화와 현대화건설에 관한 것이다. 국방건설과 군대건설은 반드시 경제건설에 의지해야 하며 국가 경제건설의 대국에 복종해야 한다. 국민경제가 발전하면 능히 국방현대화를 위하여 필요한 물질기술의 기초를 제공할 것이다. 국가는 수요와 능력에 근거하여 국방건설을 지지하고 강화할 것이다.

국방건설은 적극방어전략방침을 관철하여 중국특색의 강한 군대를 만드는 길을 가야 한다. 신시기의 국방건설과 군대건설의 특징을 파악하여 우리군의 하이테크 조건하에서 방위와 응급 작전능력을 증강하며 군대의 소질을 제고하는 것을 중시하고 전체적인 효율을 증강하여야 한다. 국방과학기술연구를 강화하며 부대장비 현대화 수준을 제고해야 한다. 사회주의 시장경제 발전의 요구에 따라 평시와 전시를 결합하고 군과 민을 결합하며 국방공업의 운행기제를 건립하고 완전하게 해야 한다. 군과 민이 모두 수용할 수 있는 정도를 제고시키고 평시와 전시의 전환능력을 증강

관계 ⑩ 중앙과 지방의 관계 ⑪ 국방건설과 경제건설의 관계 ⑫ 물질문명 건설과 정신문명 건설과의 관계이다. 中共中央文獻硏究室編 『十四大以來重要文獻選編, 中』, pp.1460-1476; 江澤民의 이와 같은 연설의 한국어 번역과 이에 대한 해설은 중국사회과학원 편저, 『江澤民과의 대화』(서울: 지식공작소, 1997) 참조.

시켜야 한다. 우리국가의 국정에 부합할 뿐 아니라 시대의 특징을
반영하는 국방현대화 건설의 길을 가야하는 것이다.[92]

이렇듯 江澤民 시기에서도 여전히 鄧小平 시기에 군에 요구했던
것처럼 국가적 대국인 경제건설에 적극 동참할 것을 요구하고 있
다. 이는 성장일로에 있는 그러나 경제체제의 전환과 사회주의 계
획 경제의 유산을 불식하기에는 아직도 많은 부분이 개혁되고 시정
되어야 할 중국경제의 건설이 국방에 대한 투자보다 우선적으로 실
시되어야 한다는 것을 의미한다. 끊임없이 과거 홍군의 본색과 우
량 전통을 계승할 것을 주장하는 이면에는 이런 중국정치경제의 속
사정이 자리 잡고 있는 것이다.

그런데 중국 중앙군사위원회 주석 江澤民이 "군대는 국가 양식을
먹어야 한다."(軍隊要吃皇糧)고 강조한 것은 바로 군의 생산경영 활
동에의 과도한 참여가 가져다 준 부정적 영향에 대한 우려에 기인
한 것이라고 할 수 있을 것이다. 군대는 국가적 대국에 복종해야
한다는 것으로 표현되는 자신과 당의 기간의 군에 대한 요구와 일
견 상충되는 듯한 이런 江澤民의 논리에는 나름의 일맥상통한 의미
가 감지된다. 그것은 전환기의 새로운 정세 하에 있는 중국의 상황
에서 군이 좀 더 견결한 혁명정신을 본받아 근검절약하며 부패에
저항할 것을 요구한 맥락에서 그렇다.

94년 12월 중앙군사위원회 확대회의에서 江澤民은 사회의 부패
현상이 일부 군대에 침투하는 것을 우려하면서 이를 경계하기 위해
군사간부들에게 연설하는 자리에서 절약하는 생활 속에서 고난을
극복하고 이겨내는(艱苦奮鬪)의 근검 하는 생활을 교육할 것을 요
구하였다. 江澤民은 이 때 "우리들의 민족은 역대로 근검절약을 숭

---

92) 中共中央文獻硏究室 編 『十四大以來重要文獻選編, 中』, p.1474.

고히 하는 좋은 전통을 가지고 있다. 우리들의 국가는 근면 검소하는 국가이여야 하고 우리들의 군대 역시 근면 검소해야 한다. …… 우리들의 국가는 아직 비교적 가난하다. 우리들의 군대는 황량을 먹어야 한다.(我們的軍隊是吃皇糧的) 단, 현재는 황량이 많이 부족하기 때문에 이런 상황 하에서는 군사 활동이 한층 간고 분투해야 하며 생활에서는 한층 더 근검절약해야 한다."[93]고 말하였다.

이런 江澤民의 사상은 사실 鄧小平의 사상과 맥을 같이한 것으로 풀이된다. 이미 鄧小平은 78년 군 이하 부대가 공장을 경영하는 것은 일체 안 되며 이익을 도모하는 것은 어떤 이유에도 불구하고 운영할 수 없다는 것을 군에 지시했다.[94] "병사를 기르는 것은 천일이지만 군사를 사용하는 것은 일시적"(養兵千日, 用兵一時)인 까닭에 군대는 '황량'을 먹어야 하며 군대는 스스로 병사를 기르고 스스로의 길을 갈 수 없다는 것이다. 다만 국가가 경제적으로 곤란하고 부유하지 못하기 때문에 일정 시기 내에 군대가 일정한 생산경영활동을 전개하는 것은 현실적으로 필요하다. 그러나 군대는 근본적임무가 국가를 보위하고 안전을 책임지는 까닭에 생산을 해서는 안되며 경영을 해서는 더욱이 안 된다. 현실적인 군대의 생산경영은 군비의 부족을 보충하는 것이다. 이런 까닭에 단기간의 생산경영을하는 것은 허락이 되나 제한이 없는 생산경영의 발전은 불가능한 것이다.[95]

江澤民은 군대가 생산경영을 통해 자아발전을 하는 것은 좋으나 부패하기 쉽다는 것이다. "군비가 부족하고 국가가 군비를 완전하

---

93) 江澤民, "必須把思想政治建設擺在全軍各項建設的首位", 中共中央文獻研究室 編, 『十四大以來重要文獻選編, 中』, p.1131.

94) 姚延進·劉繼賢·張全啓, 前揭書, p.226.

95) 徐根初 主編, 『鄧小平軍隊後勤建設思想研究』(北京: 國防大學 出版社, 1997), p.128.

게 해결하는 것이 어려운 상황에서 군대가 생산경영을 하지 않는 것은 역시 안 된다. 단 적당해야 한다. 우리의 군대가 현재 진행하는 생산경영은 황량이 부족한 상황에서 일종의 임시변통(: 權宜之 計)인 것이다. 군대는 점차적으로 전부 황량을 먹는 길로 나아가야 한다."는 것이다.[96] 또한 군대가 스스로 손을 움직이는 것 즉 생산 경영에 종사하는 것은 표준(標準)에 보조(補助)를 더하는 것이다.[97] 국가에 의존하는 것이 근본적인 것이고 군대가 스스로 손을 움직이 는 것은 보조적인 것이다 라는 것을 의미한다.[98]

江澤民은 국가의 경제가 적정하게 군비를 제공하지 못하는 현실 의 모순을 해결하기 위해서는 순서를 나누어 '황량'을 먹는 법을 제 안하기도 하였다. 즉, "현재 '황량'이 충분하지 못하고 전면적인 해 결이 곤란한 상황에서 일의 진행을 나누어 생각해 볼 수도 있다. 제일 먼저 야전군 전부가 황량을 먹는 것이다. 나는 먼저 이런 첫 발을 내딛는 것이 반드시 가능하다고 생각한다."고 언급하였다. 이 것은 중국의 현재적 조건하에서 군대가 '황량'을 먹는 합리적 해결 방법 중의 하나였다.[99]

군대가 황량을 먹어야 한다는 것은 군대 전체가 국가의 공급에 의존해야 한다는 것을 말하여 군대가 군대를 기르거나 상업적 활동 을 하는 것이 불가능하다는 것이다. 군대가 황량을 먹어야 한다는 것은 첫째, 당과 국가가 경제건설을 국가의 목표 중심으로 삼고 개

---

96) 夏鎭九, "江澤民新時期軍隊後勤建設思想探要", 許忠敬, 張樹德 主編, 『毛 澤東 軍事思想與新時期軍隊建設』(北京: 國防大學出版社, 1998), p.387.

97) 當代中國叢書編輯委員會 編, 『當代中國軍隊的後勤工作』(北京: 中國社 會科學出版社, 1994), p.551.

98) 總政治部組織部編, 『江主席 '五句話' 要點詳解』(北京: 國防大學出版社, 199 4), p.651.

99) 魏方巨, "試論江澤民關于軍隊建設與經濟建設協調發展的思想", 許忠敬, 張 樹德 主編, 前揭書, p.332.

혁개방의 새로운 역사적 조건하에서 발생한 군대건설의 문제이다. 즉 군대가 국가의 경제건설을 지원하고 부족한 군비를 보충하는 과정에서 군사시설의 민간개방과 대규모 생산 활동이 이루어졌다. 그런데 이 과정에서 군대의 자아발전(自我發展), 자아완선(自我完善, 스스로 완벽해지다)의 사상과 군대의 생산 활동에서 영리를 추구하는 상황이 발생한 것이다. 이것은 군대가 훈련하는 정상적 상황을 위협하였으며 기율을 문란 하게 하고 부패를 조장하는 문제를 발생하게 하였다.

둘째, 황량의 사상은 외국의 군사 경험에서 비롯된 것이다. 江澤民은 군대가 생산운동은 할 수 있으나 상업적 활동은 엄격하게 금지해야 한다면서 "군의 상업적 활동은 경제 질서를 교란하고 반드시 부패를 조장하며 자기 동지들을 훼손시킨다."라고 지적했다. 국민당 군대의 교훈을 예로 들면서 "800만의 국민당 군대가 그렇게 빨리 무너진 중요한 원인 중의 하나는 군인들이 상업 활동을 했기 때문이다. 군의 상업 활동의 부식성은 너무 크다."라고 주장했다. 또한 외국군의 경험사례를 예로 들면서 "군대가 만약 상업 활동을 할 경우 지금까지 그 결말이 좋지 않았다. 발전된 자본주의 국가에서 군대는 상업 활동을 하지 않는다. 내가 여러 나라를 다녀보았지만 발달된 자본주의 국가의 군대는 국가에서 주는 황량을 먹는다."고 지적했다.

셋째, 황량의 사상은 군대의 근본 직능에서 비롯된 사상이다. 국가정권을 보위하고 국가의 주권과 영토를 수호하는 것은 군의 기본적 임무이다. 그런데 군의 층층 조직이 생산경영활동을 하고 어떤 부대는 대단위의 병력을 노무에 운용함으로써 부대의 지도력을 분산시키고 군사훈련에 영향뿐만 아니라 충격을 주었다. 이것은 우리 군대의 근본 임무를 망각하고 위반한 것이다. 또한 "한 가지 중요한 고려사항은 부대가 시장의 생산 활동을 향하여 행동하기 시작하면 쉽게 부패행위를 하고자는 유혹을 느낀다."는 것이다.

넷째, 황량의 사상은 국가의 정세와 군대의 사정에 바탕한 것이다. 국가가 경제건설을 중심으로 개혁개방을 가속 추진하는 과정에서 현대화된 군대를 유지하는 것이 국내와 주변의 안전을 수호하기 위해서 뿐 아니라 국가의 경제발전을 창조해내고 평화스럽고 안정적인 환경을 위해서 필요하다. 비록 국가의 힘이 한계가 있고 군비가 부족하여 공급과 수요의 모순을 재빠르게 해결하는 것이 불가능하였다하더라도 "현재의 물질적 조건은 과거에 비해 한참 좋아졌으며 존재하는 일련의 문제는 전진하는 과정에서의 곤란이다." 따라서 군대가 황량을 먹는 것은 국가의 공급조건과 능력에 부합한다. 또한 (중국)군대의 경우 개혁개방 이후 수년 동안 정규적이고 통일적인 편제를 갖추기 위해서 노력했으며 이를 형성하였다. 이러한 정규적이고 통일적인 군대체제와 기제라는 외부조건은 모두 국가가 안정적이고 확실한 황량을 보장하는 것을 요구하며 이것이 군대건설에 유리하다는 것을 의미한다.100)

중국 인민해방군은 국가 기구의 중요구성부분이며 인민민주독재의 견고한 기둥이다. 또한 사회주의 중국의 강철장성(鋼鐵長城)이며 사회주의 물질문명과 정신문명의 중요한 세력이다. 따라서 군대의 전문성과 특기는 생산경영에 종사하는 것이 아니다. 평시에는 훈련을 열심히 하여 전쟁에 준비하고 전시에는 조국을 보위하는 것이다. 군대가 생산경영에 종사하는 것은 마르크스주의 사회분업이론에도 맞지 않는다. 중국공산당과 국가는 군대건설을 십분 중시하고 있다. 군사비를 해마다 증가시켜왔으며 비록 군대건설의 수요와 공

---

100) 邵積平, "論江澤民對軍隊後勤現代化建設的戰略指導", 許忠敬, 張樹德 主編, 上揭書, pp.375-377.

급의 모순이 두드러지기도 하였지만 점차 완화되어가고 있다. 더욱이 15대 중국공산당 이후 국가경제가 상당 정도 발전하고 있으며, 군대를 재차 정비하여 조정을 하게 되면 군사비의 효과는 상당할 것이므로 군대가 생산경영을 하지 않는 시기가 이미 성숙되었다[101)

2. 군의 경제활동과 腐敗

군의 경제활동 확대라는 군사정책, 즉, 좁은 의미에서의 대군 관리 정책은 앞에서 거론한 바와 같이 일반적인 정책 변화의 경로를 거친다고 할 수 있다. 다시 말하면 특정 시기의 정책은 그러한 정책의 결과가 현 특정 시기에 영향을 미치는 피드백의 통로를 갖는다는 것이다. 등소평 시기의 군 경제활동의 확대라는 대군 관리 정책은 강택민 체제에 영향을 미친다는 것이다. 그러한 정책의 결과로서 역기능이 순기능을 압도하는 피드백이 발생할 때 이러한 정책은 정책결정자들로 하여금 정책변화를 꾀하게 하는 강력한 유인을 제공하는 것이다. 이 절에서는 등소평 시기에 확대된 군의 경제활동의 확대가 강택민 체제에 끼친 부정적 영향을 살펴봄으로써 그러한 정책이 변화하게 되는 배경을 파악하고자 한다.

---

101) 姚延進・劉繼賢・張全啓, 前揭書, pp.226-227; 1984년 鄧小平은 중앙군사위원회 좌담회에서 "군대는 전반적인 국가건설 대국에 복종해야 한다."(軍隊要服從整个國家建設大局)라는 연설의 말미에 이렇게 말하고 있다. "…… (중략) 이 자리에 있는 동지들은 우리의 각급 간부들을 교육하여 국가의 전반적인 대국에 관심을 돌리게 해야 합니다. 우리나라가 20년 내에 발전할 수 있도록 해야 합니다. 사실은 지금부터 2000년까지 20년이 채 안 남았습니다. 오직 16년뿐입니다. 우리 군대는 모든 것을 국가건설이란 이 대국에 발맞추어 복종해야 할 것입니다." 鄧小平, "軍隊要服從整個國家建設大局", 『鄧小平文選, 第三卷』, p.100. 이런 鄧小平의 담화는 군대가 경제발전이라는 국가적 목표에 복종할 것을 언급한 것이지만 2000년이 되면 군사장비의 현대화를 비롯한 군의 현대화에 대한 요구를 들어줄 국가의 형편이 나아질 것이라는 것이다.

(1) 정치적 영향

군의 생산 활동과 관련한 부정적인 현상은 문화대혁명 기를 거치면서 이미 심각한 적이 있었다. 일찍이 鄧小平은 1975년 <군대정돈의 임무>(軍隊整頓的任務)에서 군대가 운영하는 생산경영활동의 병폐에 관해 다음과 같이 언급하고 있다.

…… (현재의 군대 상황이) 상당히 사치스럽습니다. 앞에서 지적한 사람들 가운데 어떤 사람은 자본주의 생활방식을 추구하고 있습니다. 그들은 향락을 추구하고, 대우에 불만을 나타내고, 고급스러운 것을 추구하고, 주택도 호화로운 것을 좋아합니다. 심지어 어떤 사람은 공사구분을 하지 못하고 절제가 없습니다. 어떤 군부대는 손님을 초대하여 선물을 주고 또한 접대용 및 숙박용 건물을 건설하고 있습니다. 이러한 현상은 매우 잘못된 것이며 그러나 계속 확산되고 있으며 그칠 줄 모르고 있습니다. 이와 같은 군대의 사치는 정책을 위반하고 있는 것입니다. 어떤 사람들은 지방으로부터 많은 물건을 가져와서 싼 가격으로 판매합니다. 물건구입에 있어서 어떤 수속조차도 없습니다. 군대는 毛澤東 동지의 5·7지시를 집행하여 적지 않은 농장, 기업을 건설했습니다. 이것은 좋은 일입니다. 그러나 동지들의 주의를 환기시켜야 하고 반드시 <5·7 지시>의 정신을 집행해야 합니다. 현재 어떤 농장이나 기업이 흑자를 남기면 그것을 멋대로 사용하고 있습니다. 어떤 지도간부들은 아직도 지불전표를 담당하는 권리를 서로 차지하려고 다투고 있습니다. 이러한 상황은 반드시 정돈해야 합니다. 지방의 가옥 토지를 군대가 가장 많이 점유하고 있으므로 지방의 불만이 큽니다. 따라서 돌려줄 것은 즉시 돌려주어야 합니다. 어떤 가옥과 토지는 과거에 지방이 사용하지 않았기 때문에 군대가 점유해 버린 것도 있고 또한 일부는 강점해 버린 것도 있습니다. 사치에 관한 실례가 어떤 동지의 머리 속에는 많이 들어 있을 것으로 생각합니다. 나는 더 이상 그러한 실례를 말하지 않겠습니다.[102]

1994년 북경에서 열린 중국 사회과학원의 <국정분석소조>의 胡
鞍鋼, 康曉鋼, 王紹光 등이 작성한 국정보고에 의하면 군이 경제상
업 활동을 하게 됨으로써 군의 부패와 변질을 가져오고 결과적으로
사회동란이 잠복되어 있다는 것이다. 이들은 군대의 경제상업 활동
을 철저하게 근절하거나 총후근부가 경영해서 전군에 배분해야 한
다고 주장한다. 총참모부, 총정치부, 총후근부 등의 군의 영도기관
인 3총부는 말할 것도 없으며 육해공군, 야전군을 불문하고 대규모
의 경제상업 활동을 함으로써 지방 세력이 결집하고 제후경제가 만
들어져 지방 세력이 중앙세력에 저항하게 되며 결국 국가의지의 수
행이 어렵게 된다는 것이다.103)

중국의 개혁개방과 궤를 같이한 공급과 수요의 자본주의적 시장
기제로의 전환은 경쟁과 이윤 확보를 만들었으며 군대기업의 경우
도 이러한 추세에 따라 나아갈 수밖에 없었다. 물론 당중앙의 경우
는 군대의 생산경영 활동에서 상업적 활동을 엄하게 금지해야 한다
고 주장했다.

江澤民 역시 鄧小平과 치군 사상을 그대로 계승하여 군 이하의 작
전부대가 경영성 생산 활동에 종사하는 것은 불가능하다는 것을 주
장했다. 물건을 사고팔아 이익을 남긴다고 하는 것은 군대가 할 것이
못된다는 것이다. 군대가 출근하자마자 돈을 벌 궁리를 하는 것은 생
각할 수 없다. 훈련이 이루어지지 않기 때문이다. 만약 군대가 상업
적 활동을 하게 되면 매우 심각한 상황이 발생한다. 즉 군대가 상업
적 활동을 할 수 없는 이유로는 첫째, 군대가 상업적 활동으로 돈을
벌게 된다면 군대의 훈련을 할 수가 없다. 따라서 반드시 전투력이

---

102) 鄧小平, "軍隊整頓的任務", 『鄧小平文選, 第二卷』, 第2版(北京: 人民
　　出版社, 1994), pp.18-19.
103) 陳濯明, "共軍政工臨面的危機及其軍心士氣之硏析", 『中共硏究』, 第29
　　卷, 第6期(1995.6), p.62.

약해지기 마련이다. 둘째로는 군대는 국가의 중요한 구성부분으로 정권을 공고하게 하고 국방을 보위하기 위해 법률과 행정수단으로 보장된 지위와 권력을 누리는데 만약 상업적 활동을 하게 되면 그런 권력을 남용할 우려가 있다. 그러한 권력 남용의 폐해는 경제적으로 나 사회적으로 엄청난 것이다. 셋째, 역사적 경험으로 볼 때 군대의 상업적 활동은 반드시 부패를 가져오게 마련이며 이는 군대의 군사 적 쇠약과 패배의 주요한 원인이 된다는 것이다.104)

그런데도 국방관련 산업의 민수전환이 가속화됨에 따라 군부가 기업군이라는 특수이익집단화의 우려가 제기되고 있다. 각급 군부 대가 보고 없이 수시로 기업을 설립하고 폐쇄하고 있어 중국군 총 후근부도 파악할 수 없는 상황에까지 이르렀다. 중국군의 돈벌이 과열현상은 새로운 문제점을 야기하고 있다. 즉 군의 작전능력 배 양 및 훈련이 등한시 되고 있으며, 군 수뇌부를 비롯한 부정부패가 증가하고 있고, 특히 군 부대가 경제, 정치를 망라한 특수 이익집단 으로 변모할 수 있다는 점이었다.105)

해외 무기거래에서도 군부 산하의 공사들은 국무원의 외교부와 협의나 사전 통보 없이 독자적으로 실시해 온 것으로 나타났다. 외 교부는 무기 수출에 관해 나름대로 통제를 하려 시도했으나 별다른 소득이 없었다.106) 특히 총참모부 산하의 빠오리(保利公司)는 무기 거래에서 국방공업 산하의 여러 공사들이 외교부의 대외적인 협조 에 순응한 것과는 달리 외교부와 정책적인 마찰이 자주 빚어졌다.

---

104) 徐根初 主編, 前揭書, p.129.

105) 홍성범, 김기국, 서행아, 『중국 민수전환의 패러다임 변화와 전략적 대응』(정책연구 시리즈)(과학기술정책관리연구구소, 1997. 10). p.116.

106) John W. Lewis, Hua Di and Xue Litai, "Beijing's defence establishment: solving the arms-export enigma", *International Security,* Vol.15, No.4(Spring 1991), pp.90-95.

1988년에 중국 외교부는 중국의 무기거래를 통제하고자 무기 이전의 세 가지 원칙을 발표하기도 하였다. 정통성이 있는 자위능력을 향상시키며, 평화와 안보, 안전을 보호하거나 향상시키고 무기거래국의 내정에 간섭하지 않는다는 것이었다.

그러나 무기거래의 이러한 원칙도 89년 천안문 사태 이후에 서방과의 경제 관계가 어려워지자 鄧小平은 무기거래에서 이러한 원칙들을 완화시켰으며 1991년 楊尙昆은 총참모부와 총후근부의 간부들에게 "무기 수출을 잘 다루는 것은 외화를 벌어들일 수 있을 뿐만 아니라 구매국가와 좋은 관계를 향상시킬 수 있다. …… 외교부로 하여금 (대외적으로)협상과 통보를 다루게 하고 여러분들은 무기거래에서 좀 더 많은 일을 해야 한다. 말을 적게 하거나 심지어는 침묵하라."라고 훈시하기까지 하였다.107) 무기거래를 둘러싼 외교 관료와 군부의 이런 마찰은 결국 중국군의 이익확보를 위하여 정책적 조율과 협조를 무시하며 진행되었고 이는 중국 정치에서 군부 영향력의 한 단면을 드러내는 것이라고 할 것이다. 중국의 군지도부들이 나서서 군부의 무기거래를 조장한 측면이 없지 않으며 여기에 해방군 소속의 관련 공사들은 외교부와 협조나 상의 없이 무기거래를 지속적으로 발전시켜 나간 것이다.

중국군이 벌인 미국에서의 로비활동은 외교적 문제로까지 비화되기도 하였다. 96년 미국대통령 선거 당시 미국 민주당에 불법 선거자금을 제공한 세력은 중국군부인 것으로 보도되었다. 그 자금의 출처야 명확하지는 않지만 중국이 기업 활동을 통해서 획득한 것임

---

107) Eric Hyer, "China's Arms Merchants: Profits in Command", *China Quarterly,* No.132(December 1992), p.1115. 사실 군이 적극적으로 국가건설의 대국에 복종하여 생산경영활동에 적극 종사할 것을 강조한 이들은 다름 아닌 鄧小平과 陽尙昆이었다. 當代中國叢書編輯委員會 編, 『當代中國軍隊的後勤工作』, p.551.

이 가장 유력하다고 할 수 있다. 물론 미국의 첨단 민군겸용기술을 확보할 목적이라고는 하지만 이러한 사실 보도로 미중 간에 외교적 현안문제가 되기도 하였다.108)

또한 중국군의 기업 활동이 부패와 수익 문제에서 회계상의 문제로 국내외적으로 문제가 되자 전인대에서 군의 사업 활동을 제한하려는 시도가 있기도 하였다. 그러나 실효를 거두지 못한 것으로 보인다.109) 이것은 그만큼 군의 영향력을 반증하는 것일 수도 있다.

중국군의 경제능력이 향상됨에 따라 군이 당정에 대한 특수 경제 이익의 군사집단으로 부상할 가능성도 있다. 중국군이 군대에 조달할 물자 외에 민수품도 생산 판매하고 부동산, 여행, 무역 등에도 참여 하고 있다. 대군구, 성군구, 군분구 및 군, 사단, 연대급 야전 부대도 각 각 자체의 생산경영 항목을 가지고 있다. 각 부대의 당위원회 토론 시 정치, 군사문제뿐만 아니라 부대 경제 업무도 많이 논의되고 있는 실정이다. 군관들은 모두 상인이나 기업가처럼 행세하고 있는 것도 현실이다. 군이 독립적 경제 능력을 가지게 되면 독립적 정치 요구를 할 가능성이 있다.110)

중국에 있어서 군의 경제활동 참여가 초래한 또 하나의 부정적인 정치적 결과는 군부와 지방 세력 간의 유착 현상이다. 군부의 경제 활동 참여는 자금, 원료, 정보제공을 비롯 세수 감면, 기술 협력, 신

---

108) *New York Times,* December 16, 1998.
109) 타이 밍 충, "중국의 기업가 PLA", 제임스 R. 릴리 외, 『중국 인민해방군, 지금 어디로 가고 있는가: 중국의 국방현대화를 중심으로』, 김형배 역(서울: 홍익출판사, 1997), p.257 주3 참조 [C. Dennison Lane, Mark Weisenbloom, & Dimon Liu, eds., *Chinese Military Modernization*(London and Washington, DC: Kegan Paul International and The American Enterprise Institute for Public Policy Research, 1996)]
110) 魯兢, "中共黨軍關係狀況分析", 『中共硏究』, 第29卷, 第5期(1995. 5), p.50.

용대출 및 판매 등 지방 정부로부터의 지원 및 협력을 전제로 하고
있고, 지방 정부 역시 그들 지방 경제발전에 필요한 기초 설비의
확보 등을 위해 군부와의 협력이 필요하다. 이러한 군과 지방정부
간의 경제적 상호 협력의 필요성은 주둔군과 지방 세력 간의 연계
를 심화시키는 결과를 초래하였고111), 이에 따라 군의 경제활동 영
역과 규모가 커지면 커질수록 지방 세력과 군부 간의 상호 연계도
더욱 강화되어 갔다. 특히 연해지역에서는 군대가 지방주의적 경향
을 보이기도 하였다112)

　이러한 군부와 지방 세력 간의 밀착 현상은 지방정부의 자율성
확대에 따라 점차 심화되고 있는 중앙과 지방 간의 갈등 및 지방에
대한 중앙정부의 통제에 심각한 부정적 결과를 초래함은 물론 지방
세력과 현지 주둔군 간의 결합으로 중앙과 분리되는 할거현상을 초
래, 鄧小平 사후의 중국 정치 안정과 江澤民 체제의 공고화를 위협
할 가능성도 배제할 수 없었다.113)

---

111) 『解放軍報』, 1988. 12. 13.

112) 吳國光・鄭永年, 『論中央・地方關係』(香港: 牛津大學出版社, 1995),
　　　p.125.

113) 박정동 편저, 『21세기 중국』(서울: 한국경제신문사, 1996), pp.119-121;
　　　박두복, "最近 中國 軍事費 增加의 國內政治的 性格", 『외교안보연구』,
　　　창간호(96. 12), pp.64-65; 군과 경제지역주의의 결합이라는 논의가 등소
　　　평 사후의 시나리오로서 중국정치에서 비중 있게 다루어지고 있는 것은
　　　사실이다. 그러나 이 문제를 연구해온 兪劍鴻은 그 가능성을 낮게 평가하
　　　고 있다. 兪劍鴻의 일련의 논문 Peter Kien-hong Yu, "Regionalism and
　　　the Chinese Military Area Commands: A Preliminary Macro-Analysis",
　　　The Korean Journal of Defence Analysis, Vol.IV, No.2(Winter 1992),
　　　pp.175-205; 兪劍鴻, "중국경제지역주의와 7대군구", 『극동문제』(1992.
　　　11), pp.27-40; Peter Kien-hong Yu, "Potential Areas of Chinese
　　　Regional Military Separatism", *Contemporary Southeast Asia,* Vol.15,
　　　No.4(March 1994), pp.464-498 참조.

(2) 경제, 사회적 영향

산지우(三九)집단이나 빠오리(保利) 그룹 같이 이익을 내고 번창한 경우도 많았지만 다수의 영세하거나 경쟁력이 없는 군기업들의 경우 파산하는 경우도 적지 않았다.114) 그런 기업들의 경우 중앙정부로서 적지 않은 고민거리였다. 일례로 성도군구의 군기업인 우조우(Wuzhou) 전기공사는 1970년에 설립된 알카리 배터리를 생산하는, 자산 규모가 1억 3천만 위안에 달하는 회사였다. 1996년 9월 회사는 7천백만 위안의 손실과 300만 위안의 빚으로 인하여 파산을 신청하였으며 법원은 파산을 선고하였다. 1,700여 명의 종업원은 실직하였다. 기업은 경쟁력 있는 다국적 기업과 사영기업의 제품으로부터의 시장경쟁에 직면하여 오랫동안 압박을 받아왔었다. 신상품 개발의 실패와 효율적인 판매수단의 결여가 파산의 원인으로 지적되고 있다. 이 기업은 중국의 칼라 T. V를 생산하는 창홍(長虹)전자공사에 7천 2백만 위안에 팔렸으며 창홍전기공사로 개명하여 배터리 생산을 하게 되었다.115)

상당수의 작은 규모의 군대기업은 적자 운영을 하고 있었다. 이익은 적었으며 기업의 빚은 많았다. 광동지역의 경우 군과 공안, 검찰 기관의 경제활동이 금지된 이후 지방정부에 이양되어 발표된 그런 기업들의 재정상황은 40%가 적자였으며, 빚은 자산의 80% 정도나 되었다.116) 군기업의 90%를 차지하는 중소 군기업의 경우 원자

---

114) 1995년 말 전 군기업 중에서 1000만 위안 이상의 이익을 낸 곳은 기업집단은 18개, 대기업과 大公司 30개였다. 이러한 48개 우세한 기업집단과 대기업, 대공사는 전군기업 총수의 0.6%에 불과하다. 그러나 이익과 세금의 총액은 전군기업의 59.45%를 차지하고 있다. 劉三省, 『軍隊企業改革管理縱橫』(北京: 軍事科學出版社, 1997), p.8.

115) "Sichuan Military Enterprise goes bankrupt", Xinhua, Dec. 19, 1997 in *http://wnc.fedworld.gov/cgi-bin/retrieve.cgi*

재의 부족과 성공할 수 있는 경영능력이 상실되어 있었다. 대부분의 고용인들은 숙련되지 못한 군속들이거나 퇴역한 군인들로서 그들은 직장은 효과적인 정부의 복지 프로그램을 대신하여 사회적 안전망으로서 제공된 것이었다. 1985년에 대규모의 군 병력 삭감은 퇴역 군인들에 대한 공공지원의 필요성을 증가시켰는데, 1985년 이후에 설립된 상당수의 군기업은 이런 목적으로 형성된 것이었다.117) 이런 기업 상황은 전체적인 경제개혁을 지체시키는 요인으로 작용하기도 하였던 것이다.

또한 중국 인민해방군의 상업적 활동으로 인한 부패 현상은 인민해방군의 특수 지위를 이용한 밀수, 수뢰, 사기 등의 경제범죄와 관련이 되고 있다.118)

밀수 역시 중국군의 부패의 한 단면을 나타내주고 있는데 1993년에는 한국과 러시아의 자동차 2,000대를 세관과 육군, 해군이 공모하여 중국의 산동반도로 밀수한 사건이 발생하였다. 한때 북경에서 염가로 팔고 있는 컴퓨터 부품의 60% 이상이 군 수입업자들에 의해서 관세를 물지 않고 가져온 것이며 베이징(北京)의 하이디엔구(海澱區)에 위치한 하이테크 시장에서의 전자나 전기도구는 군수업자들이 군수송편을 이용하여 홍콩이나 해안 도시에서 들여온 것들이었다.119)

---

116) "Guangdong adopts interim plan to manage military firms", Hong-kong Zhongguo Tongxun She, Jan. 13, 1999 in *http:/ wnc.fedworld.gov/cgi-bin/retrieve.cgi*

117) Thomas J. Bickford, "The Business Operations of the Chinese People's Liberation Army", *Problems of Post-Communism,* Vol.46, No.6(November/December 1999), p.32.

118) 군의 부패에 관한 구체적 사실은 David S. G. Goodman, "Corruption in the PLA", Gerald Segal & Richard H. Yang eds., *Chinese economic reform: The Impact on security*(London: Routledge, 1996), pp.35-52 참조.

군사적 특권을 이용한 부패현상도 만연하였는데 중국의 일부 지역에서는 중국군에게 지급되는 일종의 허가증을 팔아서 이익을 보는 현상이 발생하기도 하였다. 이 허가증은 군에게 부여되는 일종의 특권으로 차량 검사, 통행세 등을 면하게 해준다. 이러한 현상이 만연하자 군은 새로운 허가증을 발부하였는데 새로 발부된 허가증역시 곧바로 팔렸다. 또한 중국해군 함정은 공해상에서 외국(러시아) 선박을 정지시키고 그 선박이 실은 화물을 군항에 하역시키는 사건이 발생하기도 하였다.120)

국방부장 遲浩田은 군의 생산경영활동으로 인한 군내의 부패에 대해 "군은 결단코 배금주의와 쾌락주의, 그리고 극단적 이기주의를 반대해야 하며, 부패에 저항하고 부패에 손도 대서는 안 된다"121)고 주장했다. 그만큼 사회뿐만 아니라 군내에서도 부패현상이 하나의 유행병처럼 파급되었다는 것을 간접적으로 증명한 것이라고 할 수 있을 것이다.

96년 5월 국무원 기계전자공업부 소속의 중국북방공업총공사(Norinco)와 해방군 총참모부 소속의 빠오리(保利) 공사가 미국에 AK-47 자동소총 2천정을 밀수하다 적발되는 사건이 발생했다. 이에 미국 의회 국제관계 위원회의 벤 길만 위원장은 6월에 중국 인민해방군 관련업체들이 만든 제품의 수입 금지를 요구하는 법안을 상정하기도 하였다.122) 이렇듯 중국군의 밀수행위는 중국의 대외거래에 부정적 영향을 남겨 정상적 교역을 방해하기도 하였다.

119) Willy Wo-Lap Lam, *China after Deng Xiaoping: The Power Struggle in Beijing Since Tiananmen*, p.230.
120) June Teufel Dreyer, "Serving Whose Interest?", *Current History*, Vol.93, No.584(September 1994), p.268.
121) 『解放軍報』, 1993. 9. 6.
122) *South China Morning Post*, June 22, 1996.

한편 미국 노동총연맹-산업별회의(AFL-CIO)는 중국군 소유기업들이 식품 등 미국의 저가제품 시장을 급속하게 잠식하고 있다면서 미국 의회에 대책마련을 요구하기도 하였다. 중국군들의 저임금과 중국 정부의 지원 등을 바탕으로 저가 수출되고 있는 중국 상품들로부터 미국 업체들을 보호하고 공정한 경쟁을 유도하기 위해 중국군 소유기업들의 대미 수출 사업을 억제시킬 수 있는 법안을 마련해 달라고 의회에 주문한 것이다.[123] 그런데 미국의 정부 관리는 인민해방군의 기업명칭과 활동이 종종 바뀌기 때문에 그들에 대해 효율적인 제재를 가하는 것이 불가능하다고 말하고 있다.[124]

중국군의 밀수, 사기, 수뢰 등 부패행위뿐 아니라 이러한 국제거래의 제도적 관행의 무시는 개혁개방으로 정착되어 가고 제도화되어 가는 경쟁적이고 공정한 시장적 기제에 대한 교란 행위로 간주될 수 있으며 국제경제관계에서 외교, 통상문제로 비화될 소지를 안고 있는 것이다.

군기업이 짧은 시간 내에 재벌화되고 번창하였던 에는 몇 가지 요인이 있었다. 첫째, 독점적인 자원 이용권이다. 일례로 총후근부 산하의 대표적 군기업인 신싱(新興)공사의 경우 전국 곳곳의 요지를 1백 Km2나 차지하고 있었다. 新興공사는 이 곳에 1백여 개의 공장을 설립하고 홍콩·선전(深圳) 등지에 수십 개의 무역회사를 차렸으며 전세계 1천여 개의 기업과 거래를 한 것이다.[125]

---

123) 『중앙일보』, 1997. 6. 27; 1997년 11월 7일 중국 인민해방군의 미국에서의 상업적 활동이 감시되어야 하며 국제비상경제권법(International Emergency Economic Powers Act)의 권위에 복종하여야 한다는 미국 하원에서의 논의는 *http://www.fas.org/spp/starwars/congress/1997/971107-pre.htm* (00. 8월 접속) 참조.

124) "The PLA's business interests: A long-term source of extra revenue", *Strategic Comments,* Vol.3, No.10(December 1997), p.1.

125) 『한겨레』, 1994. 6. 2.

둘째, 권력층과의 유착관계이다.126) 최고 지도자 鄧小平의 사위 賀平은 빠오리 공사의 대표를 맡았으며 권력층의 친인척인 소위 태자당(太子黨) 그룹127)들이 경영에 관여해 왔다. 이들은 수입권 등 각종 인허가에서 특혜를 누렸다.

셋째, 공식적인 세제 혜택이다. 군기업은 설립된 뒤 3년간 소득세 면제, 2년간 50% 감면 등 주로 경제특구의 외자기업에 주어지는 것과 같은 특혜를 받았다.

그러나 무엇보다도 그동안 쌓아올린 대민 관계에서 인민해방군의 위상의 실추를 지적하지 않을 수 없다. 혁명이나 사회주의 건설과정에서 군이 보여주었던 우량 전통과 간고분투(艱苦奮鬪)의 정신은 이러한 기업 활동이 증가함에 따라 희생정신이나 봉사 정신이 아닌 이익을 확보하기 위해 군이라는 권력을 빙자하여 탈법과 불법을 일삼는 집단으로 인식되었다. 언론에서는 군의 일탈 행위에 대한 보도 자체도 군부의 영향력으로 인해 마음대로 할 수 없었다고 한다.

(3) 군사적 영향

기층 부대단위에서의 농부업 생산은 인민해방군의 근고분투(勤苦

---

126) Willy Wo-Lap Lam, *China after Deng Xiaoping: The Power Struggle in Beijing Since Tiananmen,* p.228.

127) 가문과 족보를 배경으로 한 혁명원로 2세들로 구성되는 태자당은 새로운 특권계급을 형성하여 엘리트의 충원과정에서 상당한 혜택을 누리고 있다. 중국 태자당의 정치사회적 함의에 관해서는 Jaeho Chung, "The Politics of Prerogatives in Socialism: The Case of Taizidang in China", *Studies in Comparative in Communism,* Vol.24, No.1(November 1991), pp.58-76; 엘리트의 순환과 충원의 낮은 제도화와 수준은 중국의 노멘클라투라 (Nomenklatura)를 형성시켰으며 후원자-추종자(patron-client)관계를 촉발시키는 요인이 되고 있다. 이에 대해서는 John P. Burns, "China's Nomenklatura System", *Problems of Communism*(Sept. -Oct.), pp.36-51 참조.

奮鬪)하는 우량 전통을 강화시키기 위한 노력의 일환이라고 주장되어 왔다. 그러나 이러한 병폐는 오래전부터 발생하였다. 특히 문화대혁명을 거치면서 군이 민간인의 토지를 불법 점유하여 경작하는 일이 발생하기도 하였다. 일찍이 군이 과도하게 생산에 종사하는 것을 우려하여 중앙군사위원이었던 葉劍英은 1972년 9월 전군군훈공작좌담회(全軍軍訓工作座談會)에서 "군대는 군(軍)이 주(主)가 되어야 한다. 생산(生産)이 주(主)가 될 수가 없다. 군농(軍農)은 될 수는 있지만 농군(農軍)이 될 수는 없다."고 언급하면서 이러한 병폐를 지적하기도 하였다.128)

군의 농부업 생산은 병사들에게 제공되어야 할 식비와 이를 충분히 제공하지 못하는 당 국가 사이의 긴장을 완화시켜주는 기능을 하는 것도 사실이다. 그러나 장기적인 군사직업주의를 희생하는 것이라고 평가할 수도 있다.129)

"어떤 병사는 입대한지 3년이 되지만 매일 도로 공사만 하기 때문에 이름은 포병이지만 지금까지 한 번도 자기부대의 무기와 장비를 본 적이 없다."130) "어떤 군구 어떤 부대에서는 각 중대에 연간 부업으로 1만 위안씩의 수입을 올리라는 노르마를 하달했다. 이 목표를 달성하기 위해 어떤 중대에서는 훈련 시간을 없애고 그룹을 만들어 지방의 노역을 청부받는가 하면, 또 병사들 중에서 적임자를 골라 거리에서 장사를 시키기도 했다."131)

인민해방군 총후근부는 경제활동에 동원되는 병력수를 전체 병력의 5% 이내로 제한하고 있다. 그러나 북경군구의 모(某)집단군의

---

128) 當代中國叢書編輯委員會 編, 『當代中國軍隊的後勤工作』, p.562.

129) Jianxiang Bi, "The PLA: Mobilization for Economic Survival", *Issues & Studies,* Vol.33, No.8(August 1997), p.115.

130) 『解放軍報』, 1987. 8. 29.

131) 『解放軍報』, 1988. 2. 6.

경우 6.5%의 병력을 투입한 것으로 당 조사 결과 밝혀졌다. 이는 당중앙의 지시가 잘 지켜지는 않는 단적인 예에 불과하다.[132]

현장에서의 부업 수입에 대해서는 군의 상층부에서도 규제를 만들었다. 공장이나 기업을 직접 경영할 수 있는 것은 사단보다 위의 단위인 군구 이상이라야 가능하고, 가족의 직장으로서 공장 이외에서 사단 등 현장의 부대는 절대 기업경영을 해서는 안 된다는 통보가 내려졌다. 또 모든 부대의 수입에 대해서도 중앙에 보고하여 엄격한 심사를 받도록 했다. 그러나 이것은 그것을 명문화하여 통보하지 않으면 안될 만큼 현장인 부대에서는 규율이 문란 하고 배금주의가 횡행하고 있다는 것을 말해주고 있는 것이다.[133] 상업상의 비밀을 구실삼아 '중대가 대대를 속이고 대대가 연대를 속이며 연대가 사단을 속이고 사단이 군을 속이며 군은 군구를 속이고 군구가 총부를 속이며 삼총부는 서로 간에 속이는' 현상이 발생하였다.[134] 이는 이윤추구와 이로 인한 부패로 말미암아 군대의 기율과 명령 계통의 권위, 단결심(esprit de corps)이 해방군 내에서 지켜지지 않는 것을 의미한 것이다.[135]

---

132) 『人民日報』, 1992. 10. 25; 중국군의 생산 활동에 관한 병력의 비율은 육군의 군과 독립사단은 10%를 초과할 수 없으며 해군, 공군과 육군의 특종 기술부대는 5%를 초과하지 못하도록 하고 있다. 부대 편제를 고려하여 병력을 뽑고 조절하면서 정기적으로 순환시킨다. 생산을 책임지는 부대뿐 아니라 군은 매년 일정시간 생산노동에 참가하도록 조정한다 라고 규정하고 있다. 當代中國叢書編輯委員會 編, 『當代中國軍隊的政治工作, 上』(北京: 當代中國出版社, 1994), p.396.

133) NHK 중국 프로젝트, 『현대화의 빛과 그림자, 중국③』, 문용수 역 (서울: 하늘출판사, 1996), p.283.

134) 王紹光, "中國軍隊經商的特點", 『留學生新聞』, 1996. 1. 1, 矢吹 晋, 『中國人民解放軍』(東京: 講談社, 1996), p.200에서 재인용.

135) James Mulvenon, "Military Corruption in China: A Conceptual Examination", *Problems of Post-Communism,* Vol.45, No.2(March/April 1998), p.18-19.

군 장교들은 중앙정부로부터 좀 더 많은 재정적 독립을 즐기고 있으며 중앙정부의 명령을 이행하는데도 오히려 그들에게 행동의 자유를 허용하는 근무하고 있는 지역과 긴밀한 유대를 갖는 것처럼 보인다.136)

일례로 고위급 간부의 간첩 사건도 군의 이러한 경제활동으로 인한 폐해가 드러난 것이라고 할 수 있다. 1999년 중국 최고 군사법원은 해방군 총후근부의 전 군계부(軍械部) 부장인 劉連坤 소장을 지난 6년간 대만 측에 군사기밀을 제공하고 100만 달러를 받은 혐의로 사형에 처하였다. 이 사건에 앞서 후근부 군계부 대령급 1명이 대만에 군사기밀을 밀매한 간첩죄로 처형되었는데 두 사건은 건국 이래 최대의 반역사건으로 기록되고 있으며 국민당에 의해 공산당의 고위관리가 매수되었다는 사실에 중국 측은 치욕적인 사건이라고 언급했다. 사건의 유소장은 1947년 중국전쟁 시기에 참군하여 입당한 40여년 당 경력의 노간부로서 총후근부 군계부 부장으로 재직하던 시기 금전의 유혹을 못 이겨 경제사건 연루로 부장직무에서 파면되고 계급 또한 소장에서 상교(대령)로 강등되었다. 이에 불만을 품고 오래전부터 대만 간첩으로 활약하는 동안 해방군의 군 기밀을 제공하였는데 96년 3월에는 대만해협에서 실시된 미사일 발사 등의 군사훈련을 전후해 훈련의 개요와 부대의 무기배치 등 상세한 내용을 대만 측에 제공한 것으로 알려졌다.137)

3. 당의 군 통제의 문제

---

136) June Teufel Dreyer, "The New Officer Corps: Implications for the Future", *The China Quarterly,* No.146(June 1996), pp.335.

137) 『星島日報』, 1999. 9. 14.

흔히 군의 정치적 개입은 그 폭력성과 불법성 및 그 국가의 민주화 및 군부의 발전 전략으로 인해 정치학의 주요한 연구주제가 되어왔다. 중국 인민해방군의 개혁개방 시기의 경제적 문제에 대한 군사적 개입(military intrusion into economic affaairs)을 어떻게 평가할 수 있을 것인가?

먼저 개혁개방정책의 국가 목표의 설정에서 국방현대화는 중요한 한 부문을 차지하고 있었다. 그러나 경제건설을 최우선으로 하는 국가적 목표 속에서 국방현대화는 그 우선순위가 4개현대화 중 제일 낮았다. 문화대혁명 시기를 거치면서 열악할 대로 열악해진 국가 전반 부문에서 군사 분야 역시 예외는 아니었으나 국가의 예산 분배과정에서 경제발전을 우선시하는 국가전략상 국방부문은 희생을 감내해야 했다. 마침 국제정세는 중미 간에 우호적 관계였으며 소련과의 관계도 80년대 점차 개선의 길을 거쳤다고 평가할 수 있다. 현저한 중국의 적이 존재하지 않은 이러한 국제적 우호 환경 속에서 당 지도부의 국가전략은 1개의 중심이라는 경제발전에 모아질 수 있는 요인이 되었다.

경제발전에 대한 목표는 과거 毛澤東 시기에 현저하게 입안되었던 제3선의 군수산업의 민수전환이라는 작업을 구체적으로 실행하게 된다. 군수산업의 민수산업 전략은 나름대로 성공했다는 평가를 받으며 그들의 민간용품 산출은 상낭 성노 이르게 된다. 이것은 소규모의 군수산업이었던 군기업에 영향을 미쳐 군기업 역시 민수품 생산을 통한 영리추구를 기업의 주요 활동으로 삼게 하는 계기가 되는 것이다.

그러나 개혁개방이 전개되고 그 성과물이 드러나기 시작하면서 군사 분야에 대한 분배의 문제가 발생한다. 군의 현대화를 요구하는 군부의 영향력도 무시할 수 없는 것이었다. 이러한 과정에서 적절하게 확대 개방되는 시장을 이용하여 군이 운영하는 중소규모의 기업들이 군인들의 생활비와 후생복지비의 보전이라는 명목으로 기업 활동에 참여하게 되었다. 이러한 현상은 개혁개방이 전반적으로 확대되는 80년대 중반 상승일로에 놓이게 된다.[138] 鄧小平의 남순강화(南巡講話)[139]를 전후한 90년대 초에는 군이 운영하는 기업들의 개혁으로 집단기업화가 시작되었다. 이 과정에서 당의 통제가 하급 부대 단위에까지 미치지 않을 정도로 군의 기강과 부패의 문제가 심각하게 발생하였던 것이다.

군의 이러한 영리적 활동은 비록 경제건설을 지원하고 군비를 충당하기 위한 대국적 측면에서 비롯된 것이지만 실제적인 군의 상업 활동은 때때로 당중앙의 지시나 계획에 앞서는 것이었고 때로는 위반하는 것이기도 했다. 이것은 당이 군을 통제한다는 중국의 당군 관계의 핵심적인 문제에 대한 도전이기도 했다. 당중앙이나 중국정부는 군의 상업적 기업이 보편화된 후에야 군의 상업적 활동을 제

---

138) 중국의 경제가 좀 더 복잡한 경제개혁으로 진입하게 되자 지도부 내에서는 중앙이 군의 경제활동을 지원해야 한다고 주장하는 이들이 있었다. 왜냐하면 경제의 전환과정에서 군기업가들의 기득권이 미래의 경제 개혁을 지원할 것이기 때문이라는 것이다. 이에 대해 다른 견해는 중국의 시장경제로의 진행이 군이 향유하고 있는 현재의 이익을 침식할 것이기 때문에 군기업가들은 더 많은 자유화를 반대할 것이고, 오히려 좀 더 개방적인 경제보다는 현상유지 상황을 더 선호할 것이라고 경고하고 있다. Maria Christina Valdecanas, "From Machine Guns to Motorcycles", *The China Business Review*, Vol.22, No.6(Nov. -Dec. 1995), p.18.

139) 92년 鄧小平의 남순 강화는 89년 이후 정체되었던 개혁개방정책을 다시 제고하는 것이었다. 이에 인민해방군은 보가호항(保駕護航)이라는 논리로 등소평의 개혁개방 지속에 화답하였다. 물론 여기에는 다양한 해석이 있을 수 있다. 鄧小平이 당시 보수 세력의 개혁개방에 대한 저항을 저지하는데 군의 위력을 활용한 것이라는 평가가 있을 수 있다. 당시 군의 실세였던 楊尙昆, 楊白氷 형제는 천안문 사건 이후에 당의 군에 대한 절대영도라는 정치사상교육을 강조한 시기이기도 하였다. 물론 당내와 군내에서는 양가형제의 과도한 권력에 우려한 바가 많았다.

도화하거나 법제화할 수밖에 없었다.140) 수차에 걸친 중공중앙의 지시와 경고가 거듭 현장 부대에 먹혀들지 않은 것은 결국은 군의 통제력에 관한 문제인 것이다.

이에 江澤民은 전격적으로 98년 7월 군의 전면적인 영리적 상업활동을 금지하게 된 것이다. 무장경찰부대와 검찰에서 운영하는 기업체들 역시 경영활동을 금지함으로써 군만을 표적으로 했다는 오해로부터 벗어나 있다.141) 군 이하의 작전부대는 상업적 활동에 종사할 수 없다는 누차에 걸친 군대기업의 개혁에도 불구하고-이것은 어쩌면 중국적 상황에서 다분히 군이 생산경영활동을 할 수밖에 없는 상황에 대해 다른 대책이 없음을 방증하는 것이지만-상급부대가 운영하는 기업까지 총체적으로 기업 활동을 금지시키는 것이다. 이는 결국 이익 앞에서 당과 국가의 군에 대한 통제가 무력해진 상황에서 그 근본에서부터 칼을 대고자 한 것이다. 이는 수차례에 걸친 군기업의 개혁과 정돈방침에도 불구하고 군의 이윤을 추구하는 행위와 이에 따른 탈법과 불법행위가 한계상황을 넘었다고 판단했기 때문이다.

가장 심각한 것은 중국군내에 만연된 부패현상이다. 군 내부에 부패 현상이 만연할 때 그 군은 제대로 기능할 수 없다. 사실 1980년대까지만 하더라도 중국군 내에 부패 현상이라고 하는 것은 그렇게 심각한 것은 아니었다. 조직적이고 이데올로기적인 엄격한 통제와 함께 돈을 벌수 있는 유혹의 기회라는 것이 군에게 그렇게 많지 않았기 때문이다. 비록 문화대혁명 시기에 상당 정도 군의 정치적

---

140) Godfrey Kwok-yung Yeung, "The People's Liberation Army and the Market Economy", in Robert Benewick and Paul Wingrove, ed., *China in the 1990s*(London: Macmillan, 1995), p.166.

141) 15차당대회 이후의 시장개혁은 당과 국무원의 기관에서 직접 운영하고 있는 기업들의 소유권 이양을 주요한 목표로 삼고 있다.

개입으로 인한 부패가 없지 않은 것은 아니지만 재정 확보를 위한 문제는 아니었다.

그러나 시장기제의 광범위한 도입과 함께 군의 경제활동의 확대는 부패의 온상이 되었다. 군의 생산경영활동으로 인한 이러한 전반적인 부패현상이 당중앙에서 제대로 통제되지 않을 경우 당군관계에 심각한 영향을 끼칠 것은 명약관화한 일이었다. 군이 엄청난 경제력을 확보하고 있으나 군 본연의 규율과 단결에 있어서 취약한 상태일 때 그런 상황이 의미하는 것은 여러모로 불안한 것이 될 수밖에 없었다.

첫째, 중앙정부로부터 재정적 문제에서 상대적으로 그 의존성이 감소하기 때문에 민간 지도부에 대한 전례 없는 군부의 자율성 문제가 있을 수 있다.

둘째, 군부의 경제적 이익에 영향을 미치는 중앙의 명령에 군부의 지도자가 복종하지 않는 상황이 발생할 수도 있다.

셋째, 군 지도부에 의해 전달된 정부의 명령조차도 하급 부대에서 거부하는 사태가 발생할 수도 있었다.

넷째, 특정한 경제적 이익을 가진 군지도부와 유사한 이익을 가진 민간 정치인 사이의 연합형성 문제가 발생할 수도 있다.

다섯째, 지방 단위에서 공통의 경제적 이익에 대한 지방의 군지도부와 지방의 당정간부들이 지역적 연합을 꾀할 수도 있었다.

여섯째는 인민해방군의 분명한 제도적 정체성이 흐려져 '두 개의 체제를 가진 하나의 군대'(one army, two systems) - 하나는 군사적이고 하나는 경제적인 - 군대가 발생할 수도 있었다.[142]

---

142) Ellis Joffe, "The PLA and the Chinese Economy: The Effect of Involvement", *Survival,* Vol.37, No.2(Summer 1995), p.41.

제4절 小 結

江澤民 시기 당군관계의 핵심을 "당의 권위라기보다는 인민해방군의 리더십 내에서 江澤民의 지위에 관한 문제이다."[143]설명할 정도로 毛澤東이나 鄧小平에 비해 그 카리스마가 떨어지며, 당과 군의 기능적 전문화 정도가 뚜렷해지는 속성을 보이는 시기에 군의 조합주의적 이익에 상당한 기여를 한 군의 경제활동의 금지라는 군사정책을 전격적으로 내리게 된 정치적 배경을 어떻게 설명할 수 있을 것인가.

먼저 지도자의 위상과 권위는 중국정치의 핵심적인 문제로서 중국정치에서 이러한 질적인 변화는 대군 통제에 새로운 함의를 지니고 있음을 증명하는 것이라고 하겠다. 첫째, 江澤民과 향후 중국의 최고 지도자들은 과거 毛澤東이나 鄧小平과 같은 군내의 위상을 확보할 가능성이 거의 없기 때문에 문화혁명과 같은 노선이나 정치투쟁, 천안문 사태와 같은 사회적 혼란이나 민중 시위 시 군의지지 혹은 동원에 큰 의문이 남게 될 것이다.

둘째, 첫 번째의 함의에서 유추해 볼 때 중국의 탈혁명기의 현재 그리고 향후 지도자들은 毛澤東이나 鄧小平에 비해 그 카리스마나 전반적인 장악력, 조정 능력이 낮기 때문에 경제정책의 성과, 특히 인민복지의 향상과 같은 공적을 달성하여 당 지도부의 단결과 당 노선, 국가 목표에 대한 대중의 지지를 획득하고 이를 통해 당에 대한 군의 지지·복종을 확보해야만 한다.

---

143) Paul H. B. Godwin, "Party-Military Relations", in Merle Goldman & Roderick Macfarquher, eds., *The Paradox of China's Post-Mao Reforms*(Cambridge, Massachusetts: Harvard University Press, 1999), p95.

셋째, 이상과 같은 두 가지 새로운 중국정치 상황에서 갖는 의미는 중국의 당군관계에서 과거와 같은 당 최고 지도자 개인의 군내 위상이라는 변수의 중요성이 변화함을 의미한다. 즉, 현재 그리고 향후 당 최고 지도자는 대군 통제나 군의 요구를 개인적 위상보다는 제도적 우위 및 장치를 통해 다루어야 할 필요가 형성되었다는 것이다. 역으로 이것은 중국정치상황의 변화로 군은 과거에 비해 보다 독자적인 위치를 확보할 수 있게 되었음을 의미하는 것이기도 하다.[144]

毛澤東이나 鄧小平과 같은 카리스마적 지도자의 통치를 경험해 본 중국에서는 역사를 중시하고 경험을 중요시하며 법치보다는 인치에 익숙해 있다고 한다. 그러한 단적인 사례로 "군대에서는 옛날부터 연공서열을 중시한 습관이 있고 鄧小平 동지가 장악하고 계시면 한마디로 끝날 것이 우리들로서는 다섯 마디나 필요하다"[145] 라고 한 전 당 총서기 胡耀邦의 말에 잘 나타나 있다.

따라서 鄧小平의 시기의 군 조합주의에 대한 관리 정책이 鄧小平의 개인적 권위와 당군 원로들의 위상에 상당 정도 의지하는 형식을 띠고 있다면 江澤民 시기에는 위에서 언급한 이유들로 인하여 그것을 기대할 수 없게 되었다는 것이다. 따라서 여전히 당의 이름으로 군을 영도하기 위해서는 그 관리 정책이 바뀔 수밖에 없다. 즉 군의 다기능적인 역할보다는 군의 전문화와 직업주의 및 조합주의를 적정하게 보상하면서 군의 충성을 유도하겠다는 것이다.

鄧小平 시기에는 毛澤東 시기와는 달리 군의 역할에 대한 전문화를 강조하고 요구하였음에도 불구하고 그 과도기적 성격을 완전 탈각하지 못하고 군의 다기능적 역할을 요구한다. 이것은 경제건설이

---

144) 김태호, 앞의 글, pp.18-19.

145) 防衛年鑑刊行會, 『日本防衛年鑑』(東京, 1986), p.162, 송인영, "강택민의 군부장악실상", 『3사 논문집』, 제44집(1997. 5), p.29에서 재인용.

라는 중국적 상황의 대국에 복종해야 된다는 논리로 연결되며 군의 생산대적 전통을 활용하게 한다. 군의 경제활동 확대의 허용이라고 하는 것은 개혁개방으로 인한 분배과정에서 군의 상대적 소외와 군 현대화의 지체를 보상하기 위한 방편으로 선택한 고육책이었으며 어떻게 보면 고식책이었다.

반면에 군의 상업적인 경제활동의 금지라고 하는 것은 비록 당중앙의 통제를 일탈하는 군의 부패행위와 여러 정치, 경제, 군사적인 요인이 개재된 것이지만, 법률적, 제도적으로—특히 재정상의 통제를 통하여—군을 관리하고 통제할 필요성이 시기적으로 요구된 것이라고 하겠다. 과거 지도자의 전통적 혹은 카리스마적 권위에 기댄 군부의 통제가 중국정치 구조의 질적인 변화와 함께 합리적 법적인 권위에 의한 군의 통제로 전환하는 것이라고 풀이할 수 있다.

중국에서 80년대 이후의 국방현대화는 어느 정도 군의 직업주의를 확산 심화시켰다고 분석된다. 그러나 이런 직업주의의 발전과 더불어 군의 조합주의 역시 무시 못 하게 진행된 것이라고 할 수 있다. 군의 영리적 경제활동의 일탈적 현상이 단적으로 그것을 말해준다. 개혁개방 이후 중국특색의 군사전문직업주의가 지향되어 나가는 과정에서 군의 영리적 경제활동은 군의 분파적 조합주의적 이익을 위해 복무하게 된 사례라고 할 수 있다는 것이다.

물론 '분파적 조합주의'(fragmented corporatism)에 의한 일탈 현상은 적어도 파편화된 행동이었지 군의 조직적인 저항의 성격을 띤 것은 결코 아니었다. 다만 당의 군 조합주의에 대한 관리 정책이 과거 鄧小平 시기의 鄧小平의 카리스마에 기댄 당 통제와 복종이라는 '희생형'적인 정책이 더 이상 군부를 통제하는데 한계성을 노정한 것이다. 표면적으로는 군의 부패가 촉매적 역할을 했음에도 불구하고 군의 경제적 활동을 전격적으로 금지시킨 江澤民의 군사개

혁은 등 시기와 성격을 달리하는 江澤民 시기의 당의 군 조합주의
에 대한 관리 정책의 중대한 변화로 보아야 할 것이다.

　이것은 흡사 1994년 財政請負制에서 分税制라는 제도적인 재정개
혁으로 중앙의 지방에 대한 통제를 강화하는 것과 유사한 정책적
맥락을 갖는다.146) 鄧小平 시기에 국가의 대국적 목표인 경제건설에
중점적인 목표가 주어지면서 상대적으로 소외된 국방현대화를 위해
군의 자력갱생적인 군사비의 충당을 허락하고 군이 기업 활동을 하
는 동기를 제공하는 것이라면 江澤民 시기의 군기업에 대한 통제와
금지는 이러한 정책이 기간에 노출해온 정치군사적, 사회경제적 역
기능을 조정하겠다는 의지인 것이다. 또한 무조건적인 국가적 대국
에 복종하라는 이상적 논리보다는 군의 조합주의적 이익을 적정하
게 보장하는 '보상형'적인 정책으로 군의 통제를 담보할 수 있다는
대군 관리 정책의 변화라고 할 수 있다는 것이다.

　따라서 중국 경제활동의 금지와 이에 따른 군에 대한 보상은 군
의 경제적 영역으로부터의 철수(withdrawal from economics)를 통
해 군의 전문직업주의적 역할을 강화하면서 당의 통제도 확립하고
자 하는 江澤民 체제의 다목적 포석으로 해석할 수 있는 것이다.
이것은 鄧小平 시기 중국정치의 공생형적인 당군관계에서 鄧小平의
사망과 혁명원로들의 자연사와 퇴진으로 예시되는 카리스마적 지도
자의 부재와 테크노크라트의 등장이라는 새로운 중국정치의 구조의
변화와 상관이 있다. 江澤民 체제 공고화시기의 연립형적인 당군관
계는 당의 군의 조합주의에 대한 희생형적인 관리방식과 다기능적

---

146) 박월라, 『중국의 경제개혁과 중앙·지방관계: 재정 제도개혁을 중심
　　으로』(서울: 대외경제정책연구원, 1997); 정재호, 『중국의 중앙－지
　　방 관계론: 분권화 개혁의 정치경제』(서울: 나남출판, 1999), 4장; 胡
　　鞍鋼, "중국의 分税制, 그 평가와 제안: 실시 후 2년의 성과와 문제
　　점", 『극동문제』, 제214호(1996. 12), pp.40-52 참조.

310

인 군의 역할에서 제도화되고 전문화된 군의 역할을 담보하는 보상 형적인 관리방식으로 전환하고 있음을 뜻한다고 할 것이다.

한편 江澤民과 중앙 지도부는 15차당대회 이후 개혁을 가속화하는 과정에서 군기업의 경제활동을 전면 금지시키게 된다. 왜 전격적인 금지가 단행되었는가? 鄧小平이라는 후견인적 인물이 살아있을 때도 아닌 98년에 왜 그러한 정책이 나왔으며 가능하였는가? 98년을 전후한 중국의 내외적 상황을 고려할 때 다음과 같은 추론이 가능할 수 있겠다.

첫째, 15차대회를 전후하여 江澤民의 군사 권력이 나름대로 형성되었다고 할 수 있다. 劉華淸과 張震의 퇴진으로 인하여 15차대회 이후의 중앙 군사위원회와 4총부의 구성은 遲浩田을 제외하고는 江澤民으로부터 상장 계급을 수여받은 인사들이다. 이러한 인적 구성이 江澤民과 상호 공감하여 군의 기업 활동 금지라는 정책을 수용하게 한 것이라고 볼 수 있다. 이것과 관련하여 江澤民 대군통치의 가장 어려운 개혁인 군의 재정적 경제적 통제를 통해 鄧小平 사망 후에 나름의 홀로서기를 시도함으로써 대내외적 신망을 획득하고자 하는 과감한 시도였을 수도 있다.

둘째, 사회의 전반적인 경제 부패 현상의 만연이다. 특히나 밀수 문제는 개혁개방의 심화와 새로운 배금주의적 풍조로 인해 확산된 심각한 사회경제석 문제였다. 이러한 경제적 부패는 군의 기업 활동에 침투되어 군의 특권을 이용한 시장 활동은 건전한 시장경제의 정착에 대해 불온한 싹이기도 했다. 비록 전격적인 조치라고 하지만 이미 군기업에 대한 개혁과 군의 부패에 대한 경고는 적어도 오래전부터 실시되었다. 그러나 군의 기업 활동으로 인한 부패적 현상이 진정되지 않자 전반적인 사회정화 차원에서 군의 개혁을 필두로 한 이런 군기업에 대한 정리와 강도 높은 조치에 대한 적지 않은 공감대가 당중앙에서 이루어졌을 것으로 분석된다.

셋째, 경제적인 문제와 관련이 있다. 15차대회에서 더욱더 시장적 기제와 중국경제의 국제적 상호의존성을 지향하는 나름의 정책이 가속화되는 시점에서 당정군의 단위들이 운영하거나 관여하고 있는 이른바 국유기업에 대한 개혁과 정리가 필요한 상황이었다. 경제를 담당하고 있는 朱鎔基 총리의 과감한 경제개혁 프로그램은 시장 행위자의 자율적인 기업경영을 인정하면서도 전체적이고 거시적인 경제통제적 성격을 가지고 있었다. 중국 경제의 가장 큰 두통거리인 국유기업의 개혁에 경제개혁의 사활을 걸고 있다고 해도 과언이 아니다. 기업의 성격상 대부분 국영기업이거나 집체기업인 군기업의 개혁과 함께 공안기관과 그들이 운영하는 소위 정부 운영 국영기업에 대한 상업 활동의 금지를 같이 내린 것으로 봐서 이 요인도 무시할 수 없을 것이다.

넷째, 국방비의 문제와 상관성이 있다. 江澤民의 권력 승계 이후인 90년대는 중국의 국방비가 지속적으로 증가해왔다. 이는 89년의 천안문 사건에 대한 중국공산당 나름의 군에 대한 정치적 보상이라는 해석도 있지만 89년부터 급격한 탈냉전적 세계 조류와 91년의 걸프전 등으로 인해 중국 나름의 안보 공감대와 군의 현대화가 지속적이고도 시급한 정치적 의제로 부상되었던 것이다. 그러나 이러한 의미 이외에 江澤民의 군부 순치 작업에 적절한 유인책으로서 국방비의 증액이 지속적으로 제공되었다는 것도 무시할 수 없다. 즉 이러한 국방비의 지속적인 증액은 군으로 하여금 중국의 상황을 고려할 때 불만을 토로할 수 없게 만드는 구실을 제공할 수도 있는 것이다.

다섯째, 동북아 정세의 변수를 상정할 수 있겠다. 미국의 탈냉전적 동북아 전략과 관련하여 미국과 일본의 신안보 동맹조약의 체

312

결, 이에 따른 일본의 군국주의적 움직임, 이러한 일련의 전략에 대한 후속조치로서 미국의 전역미사일방위망(TMD: theater missile defence)구축과 대만의 가입문제, 또한 대만과의 통일과 대만의 정치적 독립 움직임 등이 장차 전에 대한 중국군의 현대화와 직업적 전문주의를 강화시켜야 한다는 압박요인으로 작용했을 것이다.

이러한 국내외적 변수들이 어울려 江澤民을 비롯한 중국이 당 지도부들이 더 이상 방치할 수 없다고 생각한 군의 기업 활동 문제에 이의를 제기하고 이것을 청산하기로 계획하였을 가능성이 큰 것이다.

그렇다면 군부는 왜 경제활동 금지라는 당의 정책을 별다른 저항 없이 수용하였는가? 첫째, 군부는 그들이 기업 활동으로 남긴 이익보다는 그에 따른 군사적 병폐가 더 크다는 것을 어느 정도 인식하였던 것으로 추정할 수 있다. 군이 연루된 부패로 인한 명예의 손실과 전투력, 사기의 상실은 군의 정체성을 위협하는 것이기도 하였다. 따라서 목전의 이익을 통한 군 현대화의 명분보다는 어렵고 힘들지만 군의 본래적 영예와 전투능력 및 사기를 함양하는 것이 더 낫다고 판단했을 것이다.

둘째, 군이 황량을 먹어야 한다는 것은 어느 정도 자명한 논리였기 때문에 이에 반발한 이론적 근거가 박약하여 논리적 저항도 어려울 수 있다. 군이 경제적으로 어려운 국가의 재정적 부담을 경감시키고 국가의 경제건설에 동참하기 위하여 생산경영활동에 종사할 수도 있다는 논리보다는 군은 국가의 안보적 상황에 걸맞게 항상 준비태세를 갖추어야 한다는 군에 정체성에 대한 본질적인 존재론적 논리가 더 설득력이 있다는 것이다.

셋째, 군의 위기의식이 반영되었을 수도 있다. 鄧小平 시기 국방현대화에 의한 점진적인 군 구조의 개편과 무기의 개량과 현대화, 소장층 장교단의 충원과 저변화, 군의 정규화의 일환인 통일적인 규율과 규칙이 정착되어 가고 있는 상황에서 군의 경제적 활동으로 인한 부패와 군 기율의 침식은 그것이 비록 일부였다 하더라도 전반적인 군의 단결과 직업주의적 기능을 저해할 수 있는 요인이었다. 따라서 이것의 전격적 금지는 오히려 일부 군 장교들은 환영할 만한 일이라고 생각했을지도 모른다.

넷째, 군부의 전통적인 민족주의 의식 역시 무시할 수 없는 구조적인 요인이었을 것으로 추론할 수 있다.[147] 현대화되어가고 있는 전쟁의 양상에서 군의 훈련과 신무기에 대한 교육 훈련이 기업 활동과 이것의 부수적인 부패로 인하여 전투력과 군의 기강이 침해되는 것보다는 21세기 중화의 영광을 재현하고픈 나름의 민족주의적 의식이 군부의 장교단들로 하여금 군의 경제활동 금지라는 정책을 수용하게 만들었을 것이다.

물론 군의 경제활동에 대한 전격적인 금지 정책이 순조롭게 진행되고 있는가는 더 지켜보아야 할 문제이다. 군부의 반발이 드러나는 대목이 없지 않다. 당 지도부는 군의 경제활동에 금지에 대한 보상을 제공하고 있는 것으로 알려지고 있으며 부족한 군사 재원에 대한 탈출구로서 여전히 군의 무기거래를 허용함으로써 이런 정책의 충격을 완화하고 있다. 군의 경제활동에 대한 금지를 주도적으로 입안한 것으로 알려지고 있는 朱鎔基 총리는 미국과 WTO 가입 협상과정에서 미국에 너무 많은 양보를 했다는 이유로 군부가 이를 비난하면서 한 때 그의 해임설이 나돌 정도로 내부 정리가 잘되고 있는 것만은 아니었던 것 같다.[148]

---

147) 황병무, "등소평 사후 정치변동과 군부의 역할 변화", 서진영 외, 앞의 책, pp.159-160.

148) 『한겨레』, 1999. 9. 20. ; 샌드쉬나이더(Eberhard Sandschneider)는 중국의 개혁과정에서 군은 느리지만 계속적인 군사 현대화의 개선이 주어진 상황에서 개혁 정책의 우선권을 수용하여 왔으나 동시에 그러한 개

314

혁의 부정적이고 불안정한 결과에 대해서는 심각하게 비난하는 야누스 (Janus-faced)적 정치행태를 보여 왔다고 평가하고 있다. Eberhard Sandschneider, "A Janus-Faced Army? The Military and Reform Policies in the PRC." in Gorden White, ed., *The Chinese State in the Era of Economic Reform: The Road to Crisis*(Armonk, N. Y. : M. E. Sharpe, Inc., 1991), p.186.

제6장 結 論

본 연구의 문제의식은 왜 인민해방군이 직접 영리적인 경제활동을 시작하였으며 15차당대회 이후 군부의 이러한 활동을 당정 지도부는 왜 금지시켰는가? 하는 것이었다. 이러한 물음은 또한 개혁개방 시기 군부의 경제활동이 어떻게 진행되었으며 그것의 사회경제적 영향과 정치군사적 파급 효과가 무엇인가와 밀접한 관련이 있는 것이었다.

이러한 문제의식에 답하기 위하여 본 연구는 먼저 개혁개방 시기 중국군의 경제활동의 전개과정과 당의 정책변화를 역사적으로 개괄하였다. 생산대로서 인민해방군의 전통은 오래된 것이었으나 영리적 활동을 통한 재원의 충당은 시장기제의 확대와 더불어 가속화되어 갔다. 이러한 군의 영리적인 경제활동은 그 사업영역에서 뿐만 아니라 규모에서도 집단화를 추구하는 거대한 것이었다. 제1차 산업뿐만 아니라 기존 군수산업을 확대시킨 제조업, 공업 및 서비스 산업과 대외무역 등 산업 전반에 영향력을 확장시켰다. 군대기업의 개혁을 통하여 낙후하거나 중복된 투자를 지양하고 군대기업의 통제를 확보하기 위해서 집단공사화 되는 경향을 보여주었다.

군의 영리활동으로 획득한 재원은 주로 군의 경상비에 충당되거나 낙후된 복지에 쓰인 것으로 알려지고 있으며, 군대기업을 통하여 군속들과 전역 장교와 병사들의 취업 문제를 상당 정도 해소하고 있다. 그러나 군의 경제활동 확대에 따른 부패 연루와 이로 인한 군사 준비 태세의 소홀은 군의 정체성의 문제와 대군 통제의 효율성이라는 문제를 제기하게 되었다. 15차당대회 이후 강택민 체제는 개혁을 가속화하는 과정에서 군의 영리적 경제활동을 금지시켰으며 이에 대한 보상을 군부에게 지급하고 있다.

해방군의 영리적 경제활동 확대의 요인과 배경으로 우선 등소평 체제의 당군관계를 파악하였다. 개혁개방을 총설계한 등소평의 군부에 대한 위상은 모택동에 비할 바는 아니지만 나름의 혁명경력과 군 경력으로 인하여 대군 통제의 중요한 기능을 확보하고 있음을 파악할 수 있다. 게다가 개혁개방 초기 국면의 당군관계는 당정군의 이중적 엘리트에 의한 공생주의적인(symbiotic) 특징을 보여주고 있었다. 이러한 등소평의 대군 리더십과 당군관계의 공생주의적 성격은 군의 경제적 동원을 가능하게 하는 구조적 근거로 작동하고 있다고 할 수 있다.

1980년대, 중국의 국제정세에 대한 인식은 과거보다는 좀 더 국제주의적인 입장을 띄고 있다. 대미관계의 발전과 주적으로 상정한 소련과의 관계 회복은 경제발전을 위해 국제적인 평화적 국면을 최대한 이용한다는 전략적 사고를 용인한다. 이에 따라 군 구조의 개편과 군수산업의 민수전환을 포함한 군사개혁이 뒤따르게 된다. 이런 일련의 국외적 분위기와 함께 개혁개방에 따라 제한된 자원을 분배하는 과정에서 군의 현대화라는 목표 역시 무시할 수 없는 상황은 군의 시장 활동을 용인하게 되는 것이다. 대외환경의 인식변화와 이에 따른 군사개혁은 군 현대화에 소요되는 부족한 자원을 군 스스로 확보할 수 있는 통로를 열어주는 계기를 제공한다고 할 수 있다.

군 경제활동 확대의 배경에는 1975년에 공식화되어 개혁개방 시기에 구체화되어가는 국방현대화 정책과 밀접한 관련이 있다. 1개의 중심과 2개의 기본점이라고 하는 개혁개방의 이정표가 시사하는 바와 같이 중국은 개혁개방을 통하여 경제발전을 제고함으로써 강대국 건설이라는 나름의 목표를 추진하고 있다. 강대국 건설에는 경제적 발전뿐만 아니라 군의 현대화를 통한 군사적 대국이라는 목표를 포함하고 있다. 그러나 당정엘리트들의 자원배분에 관한 인식은 경제발전이 어느 정도 달성되면 군의 현대화라는 문제 역시 해결할 수 있다는 경제발전 지상주의적 입장을 취하고 있었다. 군수산업의 민수전환이 군 구조의 개편과 군사비의 축소하에서 경제적 대국에의 복종이라는 명분 속에서 강화되었다.

궁극적으로 군의 역할변화를 야기하게 되는 군 경제활동의 금지가 정책화되는 江澤民 체제 공고화시기의 당군관계의 구조는 혁명원로들의 자연사와 퇴진, 제3세대의 당정엘리트가 기본적으로 혁명세대와는 다른 테크노크라트라는 점에서 과거의 당군관계와는 다른 성격을 지니는 것이다. 과거 혁명 1세대나 2세대들은 군 경력이 곧 당 경력이었으며 당의 지도자는 곧 군의 지도자였다. 엘리트들의 이중적 역할에 의한 당군의 관계는 공생주의로 개념화되었다. 또한 毛澤東이나 鄧小平으로 대변되는 지도자의 위상은 당군관계에 적지 않은 영향을 미치는 요인이었다.

그러나 혁명세대가 자연사하거나 무력한 상황에서 테크노크라트로 특징지어지는 제3세대의 엘리트들은 군사적 경험이 별로 없는 경력을 가지고 있다. 제3세대의 영도 핵심으로 불리는 江澤民 역시 과거의 지도자에 비해 대군 영향력이 상대적으로 취약하다고 할 수 있다. 마찬가지로 군부의 지도자와 고급 장교단 역시 혁명 이후의 세대가 주류로서 鄧小平의 군 전문화 정책과 더불어 군의 전문화와 직업주의에 경향적 선호도를 가지는 장교단으로 구성되어지고 있다. 따라서 이는 과거의 당군관계의 시각으로는 설명력일 제한적일 수밖에 없는바 새로운 당군관계의 이론적 개념화가 필요하였다. 즉 지도자의 위상 변화와 민간 지도부와 군의 기능적 분화의 심화가 중국정치에서 새로운 당군관계 변화를 설명하는데 이론적 접근으로 보완되어야 한다는 것이다.

江澤民 체제 공고화시기의 이런 당군관계의 변화를 연립형(coalition)으로 개념화할 수 있을 것이다. 대군부와의 관계에서 지도자의 상대적 위상의 약화와 연립형적인 당군관계는 공생형적인 당군관계에서 이루어졌던 대군 통제의 기제와는 그 성격을 달리한다. 따라서 기능적 분화가 가속화되는 상층부의 이러한 관계는 군 경제활동 금지의 주요한 구조적 요인을 제공한다고 할 것이다.

강택민 시기의 군사정책과 군사전략은 등소평의 군사노선을 그대로 승계 발전한 것이다. 종합국력을 제고하는 강대한 중국의 건설은 경제발전과 더불어 군이 현대화되어야 한다는 인식에 바탕한 것이다. 강택민 시기 역시 우호적 국제환경을 중국의 경제발전에 충분히 이용한다는 전략적 인식을 지도부가 공유하고 있다. 다만 국제구조의 변화와 전쟁 양태의 첨단과학기술화라는 상황변화를 인식하고 군사전략의 정치화(精緻化)와 군 전력의 과학기술화를 꾀하고 있다. 또한 대군부와의 관계에서 상대적으로 취약한 위상을 확보하기 위해 군의 사상통제교육을 끊임없이 강조하고 있으며, 법에 의해 군을 다스리겠다는 법제화, 제도화의 정책 의지를 보여주고 있다. 즉 이러한 군사전력의 현대화 모색과 대군 통제를 확보하기 위한 치군전략(治軍戰略)은 군 경제활동의 금지라는 정책변화를 야기하는 주요한 배경이 되고 있다.

강택민 체제 공고화시기 군 경제활동의 정치경제적 변수로는 군의 경제활동 확대라는 정책의 결과에서 연유한 것이다. 즉 부정적인 정책결과가 순기능을 압도함으로써 정책변화의 유인을 제공하고 있다는 것이다. 군 본연의 임무가 전도된 채로 시장을 전장으로 삼아 영리적 활동을 전개해온 군의 경제활동은 거대한 조직체로서 나름의 기득권을 향유하며 공정한 시장 질서를 문란 하는 부패문제와 연루되며, 민간이 운영하는 기업과 군대기업과의 중복 과당 경쟁

등 비효율적인 자원배분으로 인하여 문제가 점점 커지기 시작한다. 이러한 군의 경제활동으로 인한 역기능은 인민의 군대라는 해방군의 전통과 영예의 실추라는 사회적 부산물을 산출하기에 이르렀다. 궁극적으로는 대군 통제라는 문제의 심각성이 제기되었다. 지방군구와 지방의 결탁으로 인한 당중앙의 명령에 대한 충성의 이반현상이 나타날 소지도 있었으며, 군의 경제활동으로 인해 군사적으로는 군사훈련의 부족과 군사기의 저하 등 전투력 상실로 이어졌다. 결국 군 경제활동 확대라는 정책 결과의 역기능이 노출됨으로써 정책변화의 계기를 제공하고 있다고 할 것이다.

따라서 중국군의 경제활동 금지라는 군사정책의 변화는 江澤民 체제 공고화시기의 정치엘리트의 구성변화로 인한 당군관계의 질적인 변화라는 구조적 요인에서 우선적으로 기인한 것이다. 이것은 본 연구의 분석을 위해 도입한 세 가지의 변수들의 변화과정에서 발견될 수 있다. 언급하였듯이 등소평 시기의 당군관계에서 江澤民 체제 공고화시기의 당군관계는 질적인 변화를 거듭하였으며 이로 인한 대군 통제의 속성과 메커니즘이 변화하였다. 그러나 등소평 시기의 군 현대화의 군사정책은 江澤民 시기에서도 그대로 승계 발전되고 있다. 또한 등소평 시기 군의 경제활동을 확대하게 된 정치경제적 변수들이 사실상 강택민 시기에 와서 소멸되었다고 말할 수 없다. 다만 군 경제활동 확대 정책의 결과(consequence)가 궁극적으로 대군 통제에 대한 문제를 발생시키고 있는 것이다. 따라서 이러한 시기적 비교를 통하여 분석하여 볼 때 江澤民 체제 공고화시기의 군의 경제활동에 관한 정책변화는 당군관계의 구조적 변화가 우선적 원인을 제공하고 있다고 할 것이다.

즉 당군관계적 맥락에서 군의 경제활동 과정에서 발생한 군의 단결과 충성의 이완 현상에 대한 대군 통제의 회복이라는 측면에서 당의 군에 대한 관리 정책의 변화로 설명할 수 있을 것이다. 과거 중국의 최고 지도자였던 毛澤東과 鄧小平에 비해 군내의 위상과 영향력에서 못 미치는 현재의 江澤民 시기와 향후 당 최고 지도자는 대군 통제나 군의 요구를 개인적 위상보다는 제도적 우위 및 장치를 통해 다루어야 할 필요가 형성되었다는 것이다. 이러한 이유로 중국군의 경제활동으로 인해 이완되어 가는 당의 군에 대한 통제를 확실히 하기 위해 鄧小平 시기의 희생형(犧牲型)적인 관리방식으로부터 군의 조합주의와 전문성을 적절하게 보장하는 보상형(報償型)으로 그 관리방식의 변화를 꾀했다고 설명할 수 있다. 이것은 군의 정규화를 강조함으로써 문민 지도자의 취약한 군사 권력을 제도적으로 뒷받침하기 위한 정책 변화라고 할 수 있는 것이다.

이러한 군의 역할에 대한 정책변화는 본래부터 다기능적인 역할을 부여 받았던 중국군이 군사 고유의 역할에만 집중함으로써 그들의 전문성과 직업성을 강화하는 계기가 되는 것이라고 할 것이다. 즉 중국의 당군관계가 鄧小平 시기의 공생형에서 江澤民 체제 공고화시기의 연립형으로 전화함으로써 군의 역할 역시 정치적 경제적 사회적 임무를 부여받은 다기능적이거나 준다기능적인 역할에서 군사적 고유의 역할로 전화한 것이며, 이것은 군사전문직업주의 시각에서 당의 군 조합주의에 대한 관리 정책이 鄧小平 시기의 희생형에서 江澤民 체제 공고화시기의 보상형으로 변화한 것이라고 볼 수 있다.

이런 경제활동의 금지 정책으로 군의 생산대로서의 역할은 점차적으로 축소될 것이다. 군기업의 해체로 인해 상당 정도 군의 생산대적인 경제활동이 위축되거나 청산되었지만 아직 예하 부대에서의 농부업 생산은 장려되고 있는 실정이다. 그러나 이런 생산 활동은 어쩌면 중국 당정군 지도부가 주장하는 것처럼 군 생활을 통한 기능적 지식의 함양과 노동을 통한 유대감의 확산이라는 사상적 교화에 우선적인 비중이 주어지고 있는 것일 수도 있다. 노동을 통해 일부의 양식을 생산함으로써 군의 작풍을 쇄신한다는 의미도 담고 있는 것이다. 그러나 그 규모는 제한되고 축소되어 나갈 것이다.

현대의 전쟁이라는 것이 특히나 냉전 이후 고도의 기술을 바탕으로 한 전자전과 정보전의 형태를 띠고 있는 까닭에 군의 전문화와 현대 전자무기를 다루는 교육이라고 하는 것은 점차 중요해지고 있으며 이런 지식을 획득하기 위해서는 상당 정도의 시간이 소요되기 마련이다. 따라서 생산대로서의 군의 역할은 사회주의 군으로서 노동체험을 통한 일부 양식의 자급 정도로 제한될 것이다.

당중앙의 입장에서는 군의 과도한 경제적 역할을 제한하고 금지함으로써 군으로 하여금 중앙 정부에 재정적으로 종속되게 함으로써 당중앙과 중앙 정부의 군에 대한 통제를 수월하게 하려는 관리방식의 변화를 가져온 것이라고 할 수 있다. 이는 앞에서도 언급한 것처럼 鄧小平 시기에서 江澤民 시기로 전환하는 과정에서 중국정치의 질적인 변화와 관련이 있다고 할 것이다. 과거와 같은 당정군 지도자의 이중적 역할(dual-role)과 당군의 겸임형태(interlocking directorate)가 줄어들고 당정군의 인사가 기능적으로 분화현상을 보이고 있는 상황과 과거 毛澤東이나 鄧小平처럼 최고의 권위와 카리스마를 가진 중재능력이나 조정 능력이 뛰어난 지도자가 없는 상황에서, 군의 재정적 종속을 통한 중앙에의 의존은 군의 파벌주의와 재정적 독립을 통한 충성의 일탈을 경계하고 예방하기 위한 것이라고 할 수 있다.[1]

---

1) 군의 경제활동의 금지로 인해 군이 국가재정에 전적으로 의존하는 조직으로 성공적으로 전환된다면 이것은 인민해방군을 현대화되고 전문화된, 전적으로 정부와 결합된 정부통제의 군으로서 서구적 모델과 좀 더 유사하게 변화시킬 것이며 이것은 중국의 당군관계에 새로운 토대를 제공하는 중요한 변화라고 주장되기도 한다. Thomas J. Bickford, "The Business Operations of the Chinese People's Liberation Army", Problems of Post-Communism, Vol.46, No.6(November/December

322

그런데 이런 중국 정치의 질적인 변화 과정에서 오히려 군의 사상적 정치적 교화 작업과 통제, 소위 정치 공작체계를 통한 당중앙 사업의 전파와 감독 등 군의 제반 내부적 통제는 과거보다 강화되지는 않더라도 약화되지는 않을 것이라고 예측할 수 있다.2) 왜냐하면 끊임없이 중국의 국가적 목표와 중국공산당의 목표를 교육시키고 군을 사회화시켜야 하기 때문이다.3)

과거의 혁명세대처럼 혁명전쟁과 사회주의 건설과정에서 당과 군의 인사가 일체감을 갖거나 교분 관계가 형성되고, 중앙의 무대에서 당정군의 인사가 소통할 수 있는 구조는 과거에 비해 많이 엷어졌다고 할 수 있다. 각각의 전문 영역에서 기능적으로 분화된 역할을 수행하는 임무만이 주어질 것이다. 따라서 경제영역을 담당하는 관료는 첨단 기술을 배경으로 하는 군사 영역에는 문외한일 수 있으며 군부의 고급 장교 집단은 복잡한 경제에 관해서 언급할 수 있는 형편이 과거에 비해 더 줄어들 것이다.

소위 문민 지도자들로 구성되는 문민체제의 지도부에 충성을 유도하는 사상적 정치적 교화 작업은 이런 맥락에서 지속적으로 강조될 것이다. 중국이 사회주의의 이름으로 자본주의적 기제의 확장과 국제적인 상호 의존의 정치경제에 투신하고 있지만, 중국특색의 사

1999), p.35.

2) David Shambaugh, "China's Military in Transition: Politics, Professionalism, Procurement and Power Projection", *The China Quarterly,* No.146(June 1996), pp.274-275.

3) 소위 비전쟁 시기에 중국군이 사회적으로 담당해야 할 역할들로서 지방건설의 지원, 밀수와 마약거래를 근절시키는 활동, 사회 안정 유지 활동, 위험과 재난시의 구조 활동, 지뢰제거와 유엔의 평화유지 활동에의 참여 등을 거론하고 있다. 밀수와 마약거래를 근절시키는 활동과 유엔의 평화유지군으로서 활동에 따른 정치 공작은 새롭게 변모하는 중국의 내외적 상황에 군을 적응시키기 위한 것으로 파악된다. 張振中, 『非戰爭行動中的政治工作』(北京: 國防大學出版社, 1999) 참조.

회주의라는 중국의 고유한 정치체제를 방기하지 않는 한 체제와 정
권의 최후의 보루라고 할 수 있는 군의 당에 대한 충성과 당과의
일체감 작업을 위한 사상적 정치적 교화와 정치 공작을 통한 통제
는 지속되리라고 전망할 수 있다는 것이다.4)

　달라진 정치 구조 속에서 군의 역할은 기능적 분화를 통한 전문
화가 가속화될 것이다. 군부는 과거의 군 선배들이 사회주의 중국
건설과정에서 밟아온 이력과는 전혀 다른 경로의 이력을 쌓아가게
될 것으로 전망할 수 있다. 그것은 우선 고급장교로 충원되는 인적
구성이 혁명세대와는 완전 절연된 세대로 점차 충원되고 있다는 것
이다.5) 이러한 세대교체는 새로운 당군관계를 형성하게 될 것이며

---

　4) 반면 혁명 시기뿐 아니라 건국 이후에도 공산당의 전위조직으로서 인
　　민 속에서 공산당의 이념을 전파하고 세력를 확보하기 위한 공작대로
　　서의 군의 역할은 중국의 경제발전과 더불어 사회가 다원화, 복잡화되
　　고 인민들의 가치준거가 다양화되면서 민주화에 대한 의식수준이 제고
　　될 때 그 효과 면에서 적실성을 의심받을 수 있을지 모른다. 건국 이
　　후 공작대로서 군의 역할의 대표적인 실례가 雷鋒 운동이라고 할 수
　　있다. 雷鋒 운동은 민과 군 모두 그의 희생과 봉사로 점철된 언행을
　　본받고 학습할 것이 요구되었다. 그러한 운동은 이데올로기적으로 공
　　산주의적 인간형의 창출에 다름 아닌 군의 공작대로서의 역할의 모범
　　이라고 할 수 있다. 또한 자연재해나 홍수를 극복하는데 출중한 역할
　　을 한 군부대를 대대적으로 선전하고 영웅칭호를 주는 것 역시 군의
　　공작대의 역할이라고 할 수 있다. 물론 군의 정치 공작의 일환으로서
　　군이 본받기를 요구받는 기념적인 영웅적 칭호를 받은 부대는 많이 있
　　다. 南京軍區의 "南京路上好八連"과 "硬骨頭六連" 廣州軍區의 "南海前
　　哨鋼八連" 등이 그것이다.
　5) 1989년과 1994년 사이 중국 인민해방군의 고위 200여 지휘관의 교육과
　　기능적 전문화, 퇴역 제도를 통한 전문화 경향을 비교하여 해방군이 과
　　거 혁명세대에서 해방 후 세대로 질적인 세대 변화가 이루어지고 있음
　　을 주장하는 James C. Mulvenon, *Professionalization of the Senior
　　Chinese Officer Corps: Trends and Implications*(Santa Monica. CA.
　　: RAND, 1997); 중국에서 장차 고급 장교들이 되어갈 좀 더 교육받고
　　젊은 장교집단들의 행태가 중요한 의미를 지닐 것이라고 주장하는 바
　　는 Yang Zhong, "The Gun and the Reform: Changes and Con-

과거와 같은 군의 정치적 연루와 개입은 상당 정도 기대하기 힘들 것이다.6)

중국 현대사의 과거 경험에서 군의 정치적 연루는 당내 최고 엘리트들의 노선투쟁이나 권력투쟁에서 군이 어떤 입장을 취하는가와 누가 군을 동원할 수 있는 실력이 있는가에 의해 결정되었다. 향후 상층부의 노선투쟁이나 권력 투쟁에 군이 연루되는 정치상황을 배제할 수는 없다. 그러나 무엇보다도 개혁개방의 부산물로서 인민들의 정치의식의 성장과 시민적 권리 확보 요구로부터 발생할 수 있는 정치적 소요에 당 지도부가 얼마나 현명하게 대처하느냐에 따라 군의 정치적 연루가 결정될 것으로 보인다.

군 경력이 없는 당 지도부는 군을 동원하는데 적절한 명분을 제공해야 하며 적어도 당군 간에 그런 합의가 이루어져야 할 것이다. 천안문 사건의 경우처럼 일부 혁명원로들과 鄧小平의 결정으로 군이 동원된 사태는 경험하기 어려울 것 같다. 그러나 절차상이나 제도상의 하자(瑕疵)가 없이 당군 간에 합의가 분명할 때 이런 내정문제에 중국군이 당군으로서 정치적으로 연루될 수 있는 가능성은 다분하다고 할 수 있다.

이론적 배경에서 살펴본 것처럼 본 연구의 주제인 개혁개방 시기 중국군의 경제활동은 군의 사회적 역할과 관련하여 나름의 이론적 함의를 지니고 있다고 평가할 수 있다.

---

tinuities in Civil-Military Relations in the People's Republic of China", *Pacific Focus,* Vol.Ⅶ, No.1(Spring 1992), p.116-118. 참조.

6) 중국의 경우 건군 이래 12번의 가능성이 있는 군사쿠데타가 있었다고 한다. 그러나 엄밀한 의미의 쿠데타는 1971년의 林立果에 의한 군사적 행동과 1976년에 葉劍英과 汪東興에 의해 시도된 군사행동이라고 한다. Andrew Scobell, "Military Coups in the People's Republic of China: Failure, Fabrication, or Fancy", *Journal of Northeast Asian Studies,* Vol.ⅩⅣ, No.1(Spring 1995), pp.25-46, 특히 p.29 표1 참조.

군의 사회경제적 역할이라는 측면에서 개혁개방 시기 중국군의 시장을 통한 영리적 경제활동은 어느 정도 군수산업의 민수전환과 유휴인력, 또는 유휴 산업시설을 통한 경제역량의 개발이라는 선도적 의미를 지닌 것으로 파악할 수 있다.[7] 군이 직접 개입한 경제활동 역시 상당 정도의 이익을 확보하면서 부족한 군비를 충당할 뿐 아니라 군속이나 군자녀의 취업을 확보하는 사회적 기능도 담당하는 역할을 보여주었다.

그러나 체계론적인 이론적 측면에서 이러한 군의 경제적 활동은 시장경제의 확대와 대내외적 군사 환경의 변화로 인해 모체사회로부터 그 역할 변화가 요구되었다고 할 수 있다. 즉 공정한 시장경제 질서의 확립과 경제 통제의 효율성이라는 측면에서 보았을 때 군부의 영리적 경제활동은 더 이상 방치해서는 안 될 정치적 문제로 비화하기에 이르렀다. 국가를 보위해야 할 군이 부패에 연루되고, 민간부문과의 불공정한 경쟁을 일삼는 등의 비효율성이 노정됨으로써 군의 경제적 역할이 적합성을 상실한 것으로 볼 수 있다.

비록 군조직의 일부이기는 하지만 영리를 추구하는 경제활동이 군의 일상적인 영역이 되어 경제활동에 집착하게 됨으로써 군기가 제대로 확립되지 않으며 전쟁준비에 소홀하게 됨으로써 군의 본래적 역할에 대한 정체성이 문제시되기에 이르렀다. 혁명적 전통과 희생과 봉사를 영예로 삼아야 할 군이 영리적 경제활동에 집착하여 당의 명령과 통제를 일탈하고 경제개혁의 걸림돌이 됨으로써 모체사회의 전반적인 통합성의 측면에서 재고되어야 할 문제가 되었다.

이러한 측면에서 江澤民 체제 공고화시기의 군의 경제활동의 금지는 군의 역할을 시대적 요구에 맞게 재조정한 것이라고 말할 수

---

7) 1996년 중국군은 3,000여 개의 특허권을 신청하여 1,600여 개 이상의 특허를 획득하였다. Willy Wo-Lap Lam, *The Era of Jiang Zemin*(Singapore: Simon & Schuster, 1999), p.196.

있다. 이것은 모체사회인 중국의 정치 경제적 변화에 대하여 군 역할의 재조정인 것이다. 해방군에게 부여된 고유한 역할 중에서 생산대의 역할을 재조정하고 전투대로서의 기능을 점차적으로 강화시키는 것이라고 해석할 수 있을 것이다.[8]

또한 인민해방군의 경제적 활동은 일반적으로 제3세계 국가에서의 군의 (거시적 의미의)사회적 역할의 공과와 크게 차별성을 드러내지 않는 것으로 평가할 수 있다. 제3세계 국가에서 군의 사회적 역할의 경험은 군의 조직과 명령체계를 통하여 근대화 초기에 일정 정도 성과를 보이고 있지만 모체사회의 변화와 더불어 군의 이러한 역할은 민간 영역의 자율적 발전 속도를 따라잡지 못하거나 장애물로 작용할 수 있다는 것이었다.[9]

이러한 군의 사회적 역할에 대한 이론적 평가는 개혁개방 시기 중국군의 경제활동을 설명하는데 유용성을 보여준다고 할 수 있다. 개혁개방 초기 중국이 경제건설에 박차를 가하면서 군에게 허용한 영리적 경제활동은 군사비 경감을 포함하여 어느 정도 사회적 기능을 담당하는 건설적 측면을 보여준다. 그러나 개혁개방의 가속화와 이에 따른 시장의 개혁과 확대, 국유기업의 개혁, 거시경제의 통제, 외국과의 상호 의존 심화 등 중국의 전반적인 발전과정에서 군대기업은 개혁되거나 개선되어야 할 정치경제적 문제가 된 것에서 그런 측면을 파악할 수 있을 것이다.

---

8) 鄧小平 시기에는 문화대혁명 통해 경험한 중국군의 정치적 개입에 대한 오류를 최소화하기 위해 노력한 시기라고 할 수 있다면, 江澤民 체제 공고화시기에는 중국군의 경제적 개입에 대한 부정적 과오를 시정하기 위해 군의 영리적 경제 활동을 금지시키고 있다.

9) 물론 대부분의 연구가 군사정권을 경험한 제3세계의 군의 사회적 역할에 대한 평가이기 때문에 상황이 중국과 같다고는 말할 수 없다. 다만 경제발전과 근대화에 따른 군의 역할이라는 측면에서 비교 검토가 가능할 수 있다고 생각된다.

중국의 당군관계와 관련된 이론적 측면에서 본 연구는 특정 접근법을 적용하기 보다는 본 연구의 논지에 적합한 이론을 선택적으로 수용하였다. 먼저 어느 시기를 막론하고 중국의 당군관계는 여전히 당의 통제(중국식 표현으로는 領導)모델의 적용이 가능하다는 것이다. 당의 통제라고 하는 것은 반드시 당과 군의 갈등만을 전제로 하는 것은 아니다. 당의 군에 대한 통제는 역사적으로 경험된 사회주의 당군관계의 원칙이며 중국 당군관계의 원칙인 것이다. 단 그 통제가 순조로운가 아니면 상당한 저항이 있는가 하는 것이 문제가 되는 것이다. 군의 생산경영활동의 시작도 당과 군의 시대적 요구에 따라 이루어진 것이다. 물론 그 과정에서 군의 부패에 연루되거나 파편적 조합주의에 매몰되는 예가 없지 않았지만 당의 금지 결정을 군이 받아들인 것이다. 따라서 당 통제에는 당과 군의 갈등과 협력이라는 의미를 모두 포괄하고 있는 것이다. 궁극적으로 당 통제의 확립이라는 현실적 목표아래서 당과 군의 협조와 갈등이 정치상황의 변화에 따라 달리 나타나는 것이라고 할 것이다.

군 현대화를 통한 직업주의적인 역할 모색은 鄧小平 시기뿐 아니라 江澤民 시기에 당과 군에서 모두 공히 요구되고 있는 핵심 사안이다. 그런데 이 직업주의적 접근은 당 통제라는 대원칙에 수용되어야 할 보완적인 것이다. 인민해방군 내에서 군 장교단과 당 지도부 사이에 어떤 요소의 긴장이라고 하는 것은 군과 장교단이 직업주의적이어야 한다는 것에 있는 것이 아니라 그 직업주의가 어떤 특정형태를 갖느냐라고 하는 것이다.[10]

사실 직업주의와 당의 통제라고 하는 것이 충돌하기보다는 상호

---

10) Paul H. B. Godwin, "Professionalism and Politics in the Chinese Armed Forces: A Reconceptualization", in Dale R. Herspring and Ivan Volgyes, eds., *Civil-Military Relations in Communist Systems*(Boulder, Colo. : Westview Press, 1978), pp219-240.

보완적인 것이라고 할 수 있다. 현대전의 속성 변화로 인한 군사교리의 변화는 그 어느 때보다도 군의 전문적 기술을 요구한다는 것을 당군지도부 모두 공감하고 있다. 따라서 군의 생산경영활동에 대한 통제도 일부 불만은 없지 않았겠지만 직업주의 모델로도 설명 가능하다고 할 것이다. 사실 군의 생산경영활동의 시작도 군의 전문성을 강화하기 위한 현대화 프로그램의 일부로서 시작된 것이다.

본 연구는 鄧小平 시기와 江澤民 체제 공고화시기의 당군관계의 특성을 공생형과 연립형으로 유형화하였다. 원래는 구소련의 당군관계와 중국의 당군관계를 유형화 한 것인데 군부의 정치적 의존도와 제도적 자율성 사이의 긴장이라는 당군관계의 연속선 위에서 추출한 개념이었다. 본 연구는 鄧小平 시기와 江澤民 체제 공고화시기의 최고 지도자의 위상과 엘리트 구성의 변화를 통한 기능적 전문화가 강화되면서 당과 군의 기능적 분화가 군의 당에 대한 자율성이 강화되어 나가는 것으로 파악하였다. 이것은 당군 엘리트의 혁명세대와 혁명 이후 세대의 인적 구성의 차이와 전쟁양태의 변화에 따른 군사교리의 발전, 시장의 확대 등을 통한 엘리트들의 기능적 전문화를 반영하는 것이기도 하다. 개혁개방 이후 군의 정치적 역할로부터의 후퇴와 군사적 전문화를 추구한 그동안의 성과물로서 군의 자율성 신장 정도를 파악할 수 있는 개념이라 판단되어 차용한 것으로 한 국가 내에서의 시기적 비교에서도 유용성을 확보하고 있다고 할 수 있다.

또한 본 연구의 주제였던 개혁개방 시기 중국군의 경제적 활동을 해방군의 역할에 관련된 것일 뿐만 아니라 군사직업주의 구성요소라고 할 수 있는 군의 조합주의에 관한 것이라고 보았다. 따라서 鄧小平 시기의 경제적 활동의 확대는 국가가 만족시켜줄 수 없는 군의 조합주의를 군 스스로가 만족시켜야 했던 결과물이었다고 파악할 수 있다. 반면에 江澤民 체제 공고화시기의 군 경제활동의 금지는 일탈되고 파편화된 군 조합주의와 연관된 상황을 체제 내화하여 제도화하겠다는 의미로 파악할 수 있다는 것이다.

참고자료[1]

1. 국문자료

(1) 단행본

국가안전기획부. 『중공군현황』. 1984.

김영명. 『제3세계의 군부통치와 정치경제: 브라질·한국·페루·이집트의 비교 연구』. 서울: 한울, 1985.

김영화. 『강택민과 중국정치』. 서울: 문원, 1997.

김정계. 『21C 중국의 선택』. 서울: 평민사, 2000.

김하룡. 『중국정치론』. 서울: 박영사, 1988.

김형국·유석진·홍성걸 편. 『과학기술의 정치경제학』. 서울: 오름, 1998.

김형균. 『군수산업의 사회학』. 서울: 세종출판사, 1997.

茅原郁生. 『중국당대군사론』. 이병호 역. 서울: 육군사관학교, 1997.

박월라. 『중국의 경제개혁과 중앙·지방관계: 재정 제도개혁을 중심으로』. 서울: 대외경제정책연구원, 1997.

박정동 편저. 『21세기 중국』. 서울: 한국경제신문사, 1996.

백기인. 『중국군사제도사』. 서울: 국방군사연구소, 1998.

---

[1] 편의상 한국, 중국, 일본 자료는 한국식 발음순으로 배열하였으며, 영어는 알파벳순으로 배열하였다.

백종천·온만금·김영호. 『한국의 군대와 사회』. 서울: 나남출판, 1994.

송인영. 『중국정치와 군』. 서울: 한울아카데미, 1995.

서진영. 『중국혁명사』. 서울: 한울아카데미, 1992.

서진영 외 편. 『현대중국과 북한연구』. 서울: 고려대학교 아세아 문제연구소, 1987.

서진영 편. 『현대중국과 북한 40년: 통계와 자료』. 서울: 고려대 아세아문제연구소, 1989.

서진영. 『현대중국정치론: 변화와 개혁의 중국정치』. 서울: 나남출판, 1997.

시드니 렌즈 외. 『군산복합체론』. 서동만 편역. 서울: 지양사, 1985.

王兆軍·吳國光. 『鄧小平 이후의 중국』. 김태룡 역. 서울: 조선일보사, 1995.

宇野重昭·小林弘二·矢吹晉. 『中華人民共和國』. 이재선 역. 서울: 학민사, 1989.

NHK 중국 프로젝트. 『현대화의 빛과 그림자, 중국③』. 문용수 역. 서울: 하늘출판사, 1996.

아모스 펄뮤터 외. 『군부정치: 기원, 과정, 전망』. 고려대학교 정치외교학회 편역. 서울: 인간사랑, 1985.

이건일. 『중국공산당의 인민군대 통제론』. 서울: 다다미디어, 1998.

이동희. 『민군관계론』. 서울: 일조각, 1998.

이양호. 『중국 어디로 갈 것인가: 중국의 국가와 사회』. 서울: 동방, 1997.

이종수 편저. 『막스 베버의 학문과 사상』. 서울: 한길사, 1991.

정재호. 『중국의 중앙―지방 관계론: 분권화 개혁의 정치경제』. 서

울: 나남출판, 1999. 정재호 편. 『중국정치연구론』. 서울: 나남, 2000.

중국사회과학원 편저. 『강택민과의 대화』. 서울: 지식공작소, 1997.

『중국통일백서』. 통일원 통일정책실, 1993.

陳志讓. 『軍紳政權』. 박준수 역. 서울: 고려원, 1993.

제임스 R. 릴리 외. 『중국 인민해방군, 지금 어디로 가고 있는가－중국의 국방현대화를 중심으로』. 김형배 역. 서울: 홍익출판사, 1997. [Lane, C. Dennison, Weisenbloom, Mark & Liu, Dimon eds. *Chinese Military Modernization*. London and Washington, DC: Kegan Paul International and The American Enterprise Institute for Public Policy Research, 1996.]

何頻. 『鄧小平 사후의 중국』. 허남익 역. 서울: 연암출판사, 1995.

하영애. 『중국현대화와 국방 정책』. 서울: 범한서적주식회사, 1993.

홍두승. 『한국 군대의 사회학』. 서울: 나남, 1993.

홍성범·김기국·서행아. 『중국 민수전환의 패러다임 변화와 전략적 대응』.(정책연구 시리즈). 과학기술정책관리연구구소, 1997. 10.

홍성범. 『국방기술의 탈군사화: 민수추진의 현황과 과제』. 과학기술 정책동향, 과학기술정책관리연구구소, 1994.

해리슨 E. 솔즈베리. 『새로운 황제들』. 박월라·박병덕 역. 서울: 다섯 수레, 1998.

황병무. 『신중국군사론』. 서울: 법문사, 1992.

(2) 논 문

구상회. "국가 과학기술 전략과 민군겸용기술." 김형국·유석진·홍성걸 편. 『과학기술의 정치경제학』. 서울: 오름, 1998.

김광식. "군－사회관계 50년: 회고와 전망." 『국방논집』, 제44호 (1998, 겨울).

김동성. "중공의 군사정책변화와 국방현대화." 『한국과 국제정치』, 제1권, 제2호(1985 가을).

김태호. "강택민 시대 중국의 새로운 당군관계." 『現代中國』, 제2호(1998).

데니스 H. 롱. "막스베버 사회학의 기본성격." 이종수 편저. 『막스베버의 학문과 사상』. 서울: 한길사, 1991.

데이비드 샘보. "쟝쩌민 최고 사령관과 PLA: 쟝주석의 군내기반 구축과정과 전망." 제임스 R. 릴리 외. 『중국 인민해방군, 지금 어디로 가고 있는가－중국의 국방현대화를 중심으로』. 김형배 역. 서울: 홍익출판사, 1997.

박두복. "最近 中國 軍事費 增加의 國內政治的 性格." 『외교안보연구』, 창간호(96. 12).

白桓基. "中共 의 軍需産業 에 대한 考察." 『國防硏究』, 제25권, 제2호(1982. 12).

베이츠 길. "중국의 경제개혁이 방위산업에 끼친 영향: 중국 방위산업의 장단기 전망." 제임스 R. 릴리 외. 『중국 인민해방군, 지금 어디로 가고 있는가: 중국의 국방현대화를 중심으로』. 김형배 역. 서울: 홍익출판사, 1997.

송인영. "강택민의 군부장악실상." 『3사 논문집』, 제44집(1997. 5).

C 데니스 레인·마크 와이센불름·디몬 류. '서론' 제임스 R. 릴리

외. 『중국 인민해방군, 지금 어디로 가고 있는가―중국의 국
방현대화를 중심으로』. 김형배 역. 서울: 홍익출판사, 1997.

안치영. "북경에서의 자료수집." 정재호 편. 『중국정치연구론』. 서
울: 나남, 2000.

俞劍鴻. "중국경제지역주의와 7대군구." 『극동문제』(1992. 11).

윤정로. "미국의 국방 정책과 군수산업: 산업 정책으로서 국방 정책."
『경제와 사회』, 제32호(1996. 겨울).

이준희. "중국군의 경제활동과 그 영향." 『軍史』, 제28호(1994).

존 W. 가버. "중국의 대외 정책과 PLA의 영향력." 제임스 R. 릴리
외, 『중국 인민해방군, 지금 어디로 가고 있는가―중국의 국
방현대화를 중심으로』. 김형배 역. 서울: 홍익출판사, 1997.

朱建榮. "포스트 鄧小平과 중국군." 『극동문제』, 통권202호(1995.
12).

최명. "중공에 있어서 당과 군의 관계: 민군관계의 공산권 모델에
관한 일고찰." 『한국정치학회보』, 제17권(1983. 12).

최영. "등소평체제하의 중국의 안전보장." 서진영 외 편. 『현대중국
과 북한연구』.서울: 고려대학교 아세아문제연구소, 1987.

타이 밍 충. "중국의 기업가 PLA." 제임스 R. 릴리 외. 『중국 인민
해방군, 지금 어디로 가고 있는가: 중국의 국방현대화를 중
심으로』. 김형배 역. 서울: 홍익출판사, 1997.

平松武雄. "중국의 병기수출과 군사기술 도입." 김기석 역. 『국방과
기술』, 제117호(1988. 11)

胡鞍鋼. "중국의 分稅制, 그 평가와 제안: 실시 후 2년의 성과와 문
제점." 『극동문제』, 제214호(1996. 12).

황병무. "중국의 국방비와 군사력에 관한 통계분석." 서진영 편.
『현대중국과 북한 40년(Ⅲ): 통계자료분석』. 서울: 고려대

학교 아세아문제연구소, 1991.

황병무. "군수산업의 개혁과 인민해방군의 새로운 역할." 『전망』
(1992. 5).

황병무. "등소평 사후 정치변동과 군부의 역할 변화." 서진영 외.
『등소평과 중국(Ⅱ): 등소평 사후의 중국정치경제』. 서울:
고려대학교 아세아문제연구소, 2000.

(3) 신문·잡지

『한겨레』

『중앙일보』

『문화일보』

2. 영문자료

(1) 단행본

Abrahamson, Bengt. *Military Professionalism and Political Power.*
Beverly Hillis: Sage, 1972.

Adelman, Jonathan R. ed. *Communist Armies in Politics.* Boulder:
Westview Press, 1982.

Baum, Richard ed. *China's four modernizations: the new technological
revolution.* Boulder: J. C. B. Mohr, 1980.

Benewick, Robert and Wingrove, Paul ed. *China in the 1990s.*
London: Macmillan, 1995.

Bienen, Henry ed. *The Military and Modernization.* Chicago, Ⅲ. : Aldine · Atherton, 1971.

Brook, Timothy. *Quelling the People: The Military Supression of the Beijing Democracy Movement.* Oxford: Oxford University Press, 1992.

Byman, Daniel L. & Cliff, Roger. *China's Arms Sales: Motivations and Implication.* Santa Monica, CA. : RAND, 1999.

Cheng, Hsiao-Shih. *Party-Military Relations in the PRC and Taiwan: Paradoxes of Control.* Oxford: Westview Press, 1990.

Deane, Michael J. *Political Control of the Soviet Armed Forces.* New York: Crane, Russak & Company, Inc., 1977.

Finer, S. E. *The Man on the Horseback: The Role of Military in Politics.* 2nd ed. Baltimore: Penguin Books, 1975.

Folta, Paul Humes. *From Swords to Plowshares? Defence Industry Reform in the PRC.* Boulder, CO. : Westview Press, 1992.

Gittings, John. *The Role of the Chinese Army.* London: Oxford University Press, 1967.

Godwin, Paul H. B. ed. *The Chinese Defense Establishment: Continuity and Change in the 1980s.* Boulder, Colo. : Westview Press, 1983.

Goldman, Merle & Macfarquher, Roderick ed. *The Paradox of China's Post-Mao Reforms.* Cambridge, Massachusetts: Harvard University Press, 1999.

Goodman, David S. G. ed. *Groups and Politics in the People's Republic of China.* Armonk, New York: M. E. Sharpe,

Inc, 1984.

Gurtov, Mel & Hwang, Byong-Moo. *China's security: the new roles of the military.* Boulder: Lynne Rienner Publishers, 1998. [황병무·멜 거토브. 『중국 안보론: 인민해방군 역할의 분석』. 서울: 국제문제연구소, 1999.]

Harding. Harry, *China's Second Revolution: Reform after Mao.* Washington D. C. : The Brookings Institution, 1987.

Herspring, Dale R. and Volgyes, Ivan eds. *Civil-Military Relations in Communist Systems.* Boulder: Westview Press, 1978.

Huntington, Samuel P. *The Soldier and the State: The Theory and Politics of Civil-Military Relations.* Cambridge, Mass: The Belknap Press of Harvard University Press, 1957.

Huntington, Samuel P. *Political Order in Changing Societies.* New Haven: Yale University Press, 1968.

Janowitz, Morris. *The Military Conflict.* Beverly Hills: Sage, 1975.

Joffe, Ellis. *The Chinese Army after Mao.* Cambridge, Mass. : Harvard University Press, 1987.

Johnson, John J. ed. *The Role of the Military in Underdeveloped Countries.* Princeton N. J. : Princeton University Press, 1963.

Karmel, Soloman M. *China and People's Liberation Army: Great Power or Struggling Developing State?* New York: St. Martin's Press, 2000.

Kim, Samuel S. ed. *China and the World: New Directions in Chinese Foreign Relations.* Boulder, CO. : Westview Press, 2nd ed., 1989.

Lam, Willy Wo-Lap. *China after Deng Xiaoping: The Power Struggle in Beijing Since Tiananmen.* Singapore: John Willy & Sons, 1995.

Lam, Willy Wo-Lap. *The Era of Jiang Zemin.* Singapore: Simon & Schuster, 1999.

Lee, Suck-Ho. *Party-Military Relations in North Korea: A Comparative Analysis.* Seoul: Research Center for Peace and Unification of Korea, 1989.

Levy, Jr., Marion J. *Modernization and the Structure of Societies.* Princeton, N.J. : Princeton University Press, 1966.

Lilley, James and Shambaugh, David. *China's Military Faces the Future.* Armonnk, New York: M. E. Sharpe, 1999.

Mulvenon, James C. *Professionalization of the Senior Chinese Officer Corps: Trends and Implications.* Santa Monica. CA. : RAND, 1997.

Mulvenon, James C. & Yang, Richard H. *The People's Liberation Army in the Information Age.* Santa Monica, CA: RAND, 1999.

Perlmutter, Amos. *The Military and Politics in Modern Times: on Professionals, Praetorians, and Revolutionary Soldiers.* New Haven: Yale University Press, 1977.

Segal, Gerald & Yang, Richard H. eds. *Chinese economic reform: The Impact on security.* London: Routledge, 1996.

Stepan, Alferd ed. *Authoritarian Brazil: Origins, Policies and Future.* New Haven: Yale University Press, 1977.

Stockholm International Peace Research Institute. *SIPRI Yearbook*

1993: World Armaments and Disarmament. Oxford: Oxford
    University Press, 1992.

The International Institute for Strategic Studies. *The Military
    Balance 1995/96.* London: Oxford University Press, 1995.

White, Gorden ed. *The Chinese State in the Era of Economic
    Reform: The Road to Crisis.* Armonk, N. Y. : M. E.
    Sharpe, Inc., 1991.

Yang, Richard H. ed. *China's Military: The PLA in 1990/1991.*
    Sun Yat-sen University, Kaohsiung, Taiwan. distributed
    by Westview Press, Boulder, Colo., 1991.

Yang, Richard H. ed. *China's Military: The PLA in 1992/1993.* Chinese
    Council of Advanced Policy Studies, Taipei, Taiwan. distributed
    by Westview Press, Boulder, Colo., 1993.

(2) 논 문

"The PLA's business interests: A long-term source of extra revenue."
    Strategic Comments, Vol.3, No.10(December 1997).

Adelman, Jonathan R. "Origins of the Difference in Political Influence
    of the Soviet and Chinese Armies: the Officer Corps in the
    Civil Wars." *Studies in Comparative Communism,* Vol.10,
    No.4(Winter 1977).

Adelman, Jonathan R. "Toward a Typology of Communist Civil-
    Mililitary Relations." In Jonathan R. Adelman, ed. *Communist
    Armies in Politics.* Boulder: Westview Press, 1982.

Albright, David E. "A Comparative Conceptualization of Civil-

Military Relation." *World Politics,* Vol.32, No.4(July 1980).

Baum, Richard. "Political Stability in Post-Deng China: Problems and Prospects." *Asian Survey,* vol.32, no.6(June 1992).

Bi, Jianxiang. "The PLA: Mobilization for Economic Survival." *Issues & Studies,* Vol.33, No.8(August 1997).

Bickford, Tomas J. "The Chinese Military and Its Business Operations: The PLA as Entreprenrur." *Asian Survey,* Vol.34, No.5(May, 1994).

Bickford, Thomas J. "The Business Operations of the Chinese People's Liberation Army." *Problems of Post-Communism,* Vol.46, No.6(November/December 1999).

Bienen, Henry. "The Background to Contemporary Study of Militaries and Modernization." In Henry Bienen, ed. *The Military and Modernization.* Chicago, Ⅲ. : Aldine · Atherton, 1971.

Bullard, Monte R. and O'Dowd, Edward C. "Defining the Role of the PLA in the Post Mao Era." *Asian Survey,* Vol.26, No.6(June 1986).

Burns, John P. "China's Nomenklatura System." *Problems of Communism*(Sept. -Oct.).

Cavey, Paul. "Building a Power Base: Jiang Zemin and the Post-Deng Succession." *Issues & Studies,* Vol.33, No.11 (November 1997).

Chang, Parris H. "Chinese Politics: Deng's Turbulent Quest." *Problems of Communism,* Vol.30(Jan. -Feb. 1981).

Chang, Parris H. "Political Role of the People's Liberation Army: An Overview." 『중소연구』, 제10권, 제2호(1986 여름).

Chen, Qimao. "The Taiwan Strait Crisis." *Asian Survey,* Vol.36, No.11(November 1996).

Cheung, Tai Ming. "Disarmament and Development in China: The Relationship Between National Defence and Economic Development." *Asian Survey,* Vol. X X VⅢ, No.7(July 1988).

Cheung, Tai Ming. "Elusive Ploughshares: Chinese Defence Plants Turn to Civilian Production." *Far Eastern Economic Review,* 14 October, 1993.

Chung, Jaeho. "The Politics of Prerogatives in Socialism: The Case of Taizidang in China", *Studies in Comparative in Communism,* Vol.24, No.1(November 1991).

Colton, Timothy J. "The Party-Military Connection: A Participatory Model." In Dale R. Herspring and Ivan Volgyes, eds. *Civil-Military Relations in Communist Systems.* Boulder: Westview Press, 1978.

Ding, Arthur S. "The Streamlining of the PLA." *Issues & Studies,* Vol.28, No.11(November 1992).

Ding, Arthur S. "The Nature and Impact of the PLA's Business Activities." *Issues & Studies,* Vol.29, No.8(August 1993).

Ding, Arthur S. "China's Defence Finance. Content, Process and Administration." *The China Quarterly,* No.146(June 1996).

Dreyer, June Teufel. "Deng Xiaoping: The Soldier." *The China Quarterly,* No.135(September 1993).

Dreyer, June Teufel. "Serving Whose Interest?" *Current History,* Vol.93, No.584(September 1994).

Dreyer, June Teufel "The New Officer Corps: Implications for the Future." *The China Quarterly,* No.146(June 1996).

Fisher, Jr., Richard D. "Foreign Arms Acquisition and PLA Modernization." In James Lilley and David Shambaugh, eds. *China's Military Faces the Future.* Armonnk, New York: M. E. Sharpe.

Fitch, J. S. & Fontana, A. "Military Policy and Democratic Consolidation in Latin America." *Documento CEDES,* 58(1990).

Frankenstein, John and Gill, Bates. "Current and Future Challenges Facing Chinese Defence Industries." *The China Quarterly,* No.146(June 1996).

Gallagher, Joseph P. "China's Military Industrial Complex: Its Approach to the Acquisition of Modern Military Technology." *Asian Survey,* Vol.27, No.9(September 1987).

Gill, Bates. "Chinese Defence Procurement Spending: Determining Intentions and Capabilities." In James Lilley and David Shambaugh, eds. *China's Military Faces the Future.* Armonnk, New York: M. E. Sharpe, 1999.

Gill, Bates & O'Hanlon, Michael "China's Hollow Military." *The National Interest,* No.56(Summer 1999).

Godwin, Paul H. B. "Professionalism and Politics in the Chinese Armed Forces: A Reconceptualization", In Dale R. Herspring and Ivan Volgyes, eds. *Civil-Military Relations in Communist Systems.* Boulder, Colo. : Westview Press, 1978.

Godwin, Paul H. B. "Mao Zedong Revised: Deterrence and Defence in the 1980s." In Paul H. B. Godwin, ed. *The Chinese Defense Establishment: Continuity and Change in the 1980s.* Boulder, Colo. : Westview Press, 1983.

Godwin, Paul H. B. "'PLA incorporated' : Estimating China's military expenditure", In Gerald Segal and Richard H. Yang, eds. *Chinese Economic Reform: The Impact on Security.* London: Routledge, 1996.

Goodman, David S. G. "Corruption in the PLA." In Gerald Segal & Richard H. Yang, eds. *Chinese economic reform: The Impact on security.* London: Routledge, 1996.

Godwin, Paul H. B. "Party-Military Relations", In Merle Goldman & Roderick Macfarquher, ed. *The Paradox of China's Post-Mao Reforms.* Cambridge, Massachusetts: Harvard University Press, 1999.

Gurtov, Mel. "Swords into Market Shares: China's Conversion of Military Industry to Civilian Production." *The China Quarterly,* No.134(June 1993).

Herspring, Dale R. and Volgyes, Ivan "The Military as an Agent of Politicalization in Eastern Europe." *Armed Forces and Society,* Vol.3, No.2(Winter, 1977).

Herspring, Dale R. "Introduction." *Studies in Comparative Communism,* Vol.11, No.3(Autumn 1978).

Herspring, Dale R. "Samuel Huntington and Communist Civil-Military Relations." *Armed Forces & Society,* Vol.25, No.4(Summer 1999).

Hwang, Jin Hwoan. "Party-Military Relations Under Deng Xiaoping And Its Implication For Leadership: Focused on Military Modernization and Reforms." 『陸士論文集』, 제30집(86. 6)

Hyer, Eric. "China's Arm's Merchants: Profits in Command." *China Quarterly,* No.132(December 1992).

Iskenderov, A. "The Army, Politics and the People", In Henry Bienen, ed. *The Military and Modernization.* Chicago, Ⅲ. : Aldine · Atherton, 1971.

Jencks, Harlan W. "Civil-Military Relations in China: Tiananmen and After." *Problems of Communism,* Vol.XI, No.3, (May-June 1991).

Jencks, Harlan W. "COSTIND is dead, Long live CONSTIND! Restructuring China's Defence Scientific, Technical, and Industrial Sector." In James C. Mulvenon & Richard H. Yang, eds. *The People's Liberation Army in the Information Age.* Santa Monica, CA: RAND, 1999.

Joffe, Ellis. "The PLA and Succession Question." In Richard H. Yang, ed. *China's Military: The PLA in 1992/1993.* Chinese Council of Advanced Policy Studies, Taipei, Taiwan, distributed by Westview Press, Boulder, Colo., 1993.

Joffe, Ellis. "The PLA and the Chinese Economy: The Effect of Involvement." *Survival,* Vol.37, No.2(Summer 1995).

Joffe, Ellis. "Party-Army Relations in China: Retrospect and Prospect." *The China Quarterly,* No.146(June 1996).

Johnston, Alastair I. "Changing Party-Army Relations in China, 1979-1984." *Asian Survey,* Vol.24, No.10(October 1984).

Karmel, Solmon M. "The Maoist Drag on China's Military." *Orbis,* Vol.42, No.3.(Summer 1998).

Kemp, K. W. & Hudlin, C. "Civil Supremacy over the Military: Its Nature and Limits." *Armed Forces and Society,* Vol.21, No.2(1995).

Kolkowicz, Roman. "Interest Groups in Soviet Politics: The Case of Military." In Dale R. Herspring and Ivan Volgyes, eds. *Civil-Military Relations in Communist Systems.* Boulder: Westview Press, 1978.

Lang, Kurt. "The Military." *International Encyclopedia of Social Science,* Vol.10. New York: Macmillan Co., 1974.

Latham, Richard J. "China's Party-Army Relations after June 1989: A Case for Miles' Law?" In Richard H. Yang, ed. *China's Military: The PLA in 1990/1991.* Sun Yat-sen University, Kaohsiung, Taiwan, distributed by Westview Press, Boulder, Colo., 1991.

Levine, Steven I. "Sino-American relations: renomalization and beyond." In Samuel S. Kim, ed. *China and the World: New Directions in Chinese Foreign Relations.* 2nd ed. Boulder, CO. : Westview Press, 1989.

Lewis, John W. Di, Hua. and Litai, Xue. "Beijing's defence establishment: solving the arms-export enigma." *International Security,* Vol.15, No.4(Spring 1991).

Li, Nan. "Changing Functions of the Party and Political Work System in the PLA and Civil-Military Relations in China." *Armed Forces & Society,* Vol.19, No.3, (Spring 1993).

Li, Cheng & White, Lynn. "The Fifteenth Central Committee of the Chinese Communist Party: Full-Fledged Technocratic Leadership with Partial Control by Jiang Zemin." *Asian Survey,* Vol.38, No.3(March 1998).

Lilley, James & Ford, Carl "China's Military: A Second Opinion." *The National Interest,* No.57(Fall, 1999).

Mulvenon, James. "Military Corruption in China: A Conceptual Examination." *Problems of Post-Communism,* Vol.45, No.2(March/ April 1998).

Mulvenon, James & Bickford, Thomas J. "The PLA and the Telecom- munications Industry in China." In James C. Mulvenon & Richard H. Yang, eds. *The People's Liberation Army in the Information Age.* Santa Monica. CA. : RAND, 1999.

Murray, Brian. "Red Army Swords and Free Markets Plowshares." *Journal of Northeast Asian Studies,* Vol.10, No.2(Summer 1991).

Naughton, Barry "The Third Front: defence industrialization in the Chinese interior." *The China Quarterly,* No.115(Setember 1988).

Odom, William E. "The Party-Military Connection: A Critique." In Dale R. Herspring and Ivan Volgyes, eds. *Civil-Military Relations in Communist Systems.* Boulder: Westview Press, 1978.

Paltiel, Jeremy T. "PLA Allegiance on Parade: Civil-Military Relations in Transition." *The China Quarterly,* No.143(September 1995).

Perlmutter, Amos & Leogrande, William M. "The Party in Uniform: Toward a Theory of Civil-Military Relations in Communist Political Systems." *American Political Science Review,* Vol.76, No.4(Dec., 1982).

Pye, Lucian W. "Armies in the Process of Political Development." In John J. Johnson ed. *The Role of the Military in Underdeveloped Countries.* Princeton N. J. : Princeton University Press, 1963.

Sandschneider, Eberhard. "A Janus-Faced Army? The Military and Reform Policies in the PRC." In Gorden White, ed.

The Chinese State in the Era of Economic Reform: The Road to Crisis. Armonk, N. Y. : M. E. Sharpe, Inc., 1991.

Scobell, Andrew. "Why the People's Army Fired on the People: The Chinese Military and Tiananmen." *Armed Forces & Society,* Vol.18, No.2(Winter 1992).

Scobell, Andrew. "Military Coups in the People's Republic of China: Failure, Fabrication, or Fancy." *Journal of Northeast Asian Studies,* Vol.XIV, No.1(Spring 1995).

Segal, Gerald. "The Military as a Group in Chinese Politics." In David S. G. Goodman, ed. *Groups and Politics in the People's Republic of China.* Armonk, New York: M. E. Sharpe, Inc, 1984.

Shambaugh, David. "China's Defence Industries: Indigenous and Foreign Procurement." In Paul H. B. Godwin, ed. *The Chinese Defense Establishment: Continuity and Change in the 1980s.* Boulder, Colo. : Westview Press, 1983.

Shambaugh, David. "The Soldier and the State in China: the Political Work System in the People's Liberation Army." *China Quarterly,* No.127(September 1991).

Shambaugh, David. "China's Military in Transition: Politics, Professionalism, Procurement and Power Projection." *The China Quarterly,* No.146(June 1996).

Shambaugh, David. "The CCP's Fifteenth Congress: Technocrats in Command." *Issues & Studies,* Vol.34, No.1(January 1998).

Shambaugh, David. "China's Post-Deng Military Leadership." In

James Lilley and David Shambaugh, eds. *China's Military Faces the Future.* Armonnk, New York: M. E. Sharpe, 1999.

Solomone, Stacy. "The PLA's Commercial Activities in the Economy: Effects and Consequences." *Issues & Studies,* vol.31, no.3(March 1995).

Stepan, Alferd. "The New Professionalism of Internal Warfare and Military Role Expansion." In Alferd Stepan, ed. *Authoritarian Brazil: Origins, Policies and Future.* New Haven: Yale University Press, 1977.

Su, Chi. "Sino-Soviet relations of the 1980s: from confrontation to conciliation." In Samuel S. Kim, ed. *China and the World: New Directions in Chinese Foreign Relations.* Boulder, CO. : Westview Press, 2nd ed., 1989.

Valdecanas, Maria Christina. "From Machine Guns to Motorcycles." *The China Business Review,* Vol.22, No.6(Nov. -Dec. 1995).

Wang, Shaoguang. "Estimating China's Defence Expenditure: Some Evidence From Chinese Source." *The China Quarterly,* No.147(September 1996).

Woon, Eden Y. "Chinese Arms Sales and U. S. -China Military Relations." *Asian Survey,* Vol.ⅩⅩⅨ, No.6(June 1989).

Yang, Zhong. "Civil-Military Relations in Changing Communist Societies: A Comparative Study of China and the Soviet Union." *Studies in Comparative Communism,* Vol.24, No.1(March 1991).

Yang, Zhong, "The Gun and the Reform: Changes and Continuities in Civil-Military Relations in the People's Republic of

China." *Pacific Focus,* Vol.Ⅶ, No.1(Spring 1992).

Yeung, Godfrey Kwok-yung. "The People's Liberation Army and the Market Economy." In Robert Benewick and Paul Wingrove, eds. *China in the 1990s.* London: Macmillan, 1995.

Yu, Peter Kien-hong. "Regionalism and the Chinese Military Area Commands: A Preliminary Macro-Analysis." *The Korean Journal of Defence Analysis,* Vol.Ⅳ, No.2(Winter 1992).

Yu, Peter Kien-hong. "Potential Areas of Chinese Regional Military Separatism." *Contemporary Southeast Asia,* Vol.15, No.4(March 1994).

Yuan, Jing-dong and Zhu, Yuchao. "Sizing Up Chinese Military Build Up: The Limitations to Defence Modernization." *The Korean Journal of Defence Analysis,* Vol.8, No.1(Summer 1996).

Zagorski, Paul W. "Civil-Military Relations and Argentine Democracy." *Armed Forces & Society,* Vol.14, No.3(Spring, 1988).

(3) 신문·잡지

Business Weekly(China Daily)

China Daily

Far Eastern Economic Review

Inside China Mainland

Jane's Defence Weekly

New York Times

South China Morning Post

Standard

World News Connection(http://wnc.fedworld.gov)

3. 중문자료

(1) 단행본

『鄧小平文選, 第二卷』. 第2版. 北京: 人民出版社, 1994.

『鄧小平文選, 第三卷』. 北京: 人民出版社, 1993.

『毛澤東選集, 第一卷』. 第2版. 北京: 人民出版社, 1991.

『毛澤東選集, 第三卷』. 第2版. 北京: 人民出版社, 1991.

『毛澤東選集, 第四卷』. 第2版. 北京: 人民出版社, 1991.

康帕斯(Kompass). 『中國1999: 公司信息』. 北京: 中國國際信息服務
　　　有限公司, 1999.

庫桂生・姜魯鳴. 『中國國防經濟史』. 北京: 軍事科學出版社, 1991.

空軍後勤部軍需部　編. 『連隊業餘生産管理』. 濟南: 黃河出版社,
　　　1993.

國防大學黨史黨建政工敎硏室. 『新形勢下治軍問題硏究』. 北京: 國
　　　防大學出版社, 1998.

軍事科學院軍事歷史硏究部. 『中國人民解放軍的七十年』. 北京: 軍
　　　事科學出版社, 1997.

當代中國叢書編輯委員會　編. 『當代中國空軍』. 北京: 中國社會科學

出版社, 1989.

當代中國叢書編輯委員會 編. 『當代中國軍隊的軍事工作, 上』. 北京: 中國社會科學出版社, 1989.

當代中國叢書編輯委員會 編. 『當代中國軍隊的軍事工作, 下』. 北京: 中國社會科學出版社, 1989.

當代中國叢書編輯委員會 編. 『當代中國的兵器工業』. 北京: 當代中國出版社, 1993.

當代中國叢書編輯委員會 編. 『當代中國軍隊的政治工作, 上』. 北京: 當代中國出版社, 1994.

當代中國叢書編輯委員會 編. 『當代中國軍隊的政治工作, 下』. 北京: 當代中國出版社, 1994.

當代中國叢書編輯委員會 編. 『當代中國軍隊的後勤工作』. 北京: 中國社會科學出版社, 1994.

萬偉鋒. 『軍事統計學概論』. 北京: 國防大學出版社, 1997.

徐根初 主編. 『鄧小平軍隊後勤建設思想研究』. 北京: 國防大學出版社, 1997.

薛軍樓 編著. 『江澤民跨世紀治軍大事記』. 北京: 軍事誼文出版社, 1998.

隋東升. 『兵役制度概論』. 北京: 軍事科學出版社, 1996.

新華月報編輯部 編. 『新中國五十年大事記, 上』. 北京: 人民出版社, 1999.

新華月報編輯部 編. 『新中國五十年大事記, 下』. 北京: 人民出版社, 1999.

楊春長·肖顯社. 『學習江澤民同志關于軍隊與國防建設的論述』. 北京: 中共中央黨校出版社, 1997.

余用哲. 『後勤建設概論』. 北京: 軍事科學出版社, 1993.

吳國光·鄭永年. 『論中央·地方關係』. 香港: 牛津大學出版社, 1995.

姚延進·劉繼賢. 『鄧小平新時期軍事理論研究』. 北京: 軍事科學出版 社, 1997.

姚延進·劉繼賢·張全啓. 『江澤民軍隊建設論述研究』. 濟南: 黃河 出版社, 1998.

于學亭 主編. 『改革: 實現保障有力的必由之路』. 北京: 國防大學出版 社, 1998.

劉三省. 『軍隊企業改革管理縱橫』. 北京: 軍事科學出版社, 1997.

李霖·趙勤軒 編. 『新時期軍事經濟理論研究』. 北京: 軍事科學出版 社, 1995.

蔣寶琪·蔣一國·于連坤. 『鄧小平新時期國防經濟思想研究』. 北京: 軍事科學出版社, 1997.

張馭濤. 『新中國軍事大事紀要』. 北京: 軍事科學出版社, 1998.

張全啓·劉繼賢 主編. 『毛澤東軍事思想原理』. 北京: 解放軍出版社, 1995.

張振華 主編. 『黨的第三代領導集體關于軍隊建設的理論貢獻』. 北京: 解放軍出版社, 1998.

中共中央文獻研究室 綜合研究組·<黨的文獻編輯組> 編. 『三中全 會以來的重大決策』. 北京: 中央文獻出版社, 1994.

中共中央文獻研究室 編. 『十四大以來重要文獻選編, 中』. 北京: 人 民出版社, 1997.

中共中央文獻研究室 編. 『十一期三中全會以來黨的歷次全國代表大 會中央全會重要文件選編』. 北京: 中央文獻出版社, 1997.

中國局勢分析中心 主編. 『中共最高決策層: 十五大後的權力布局』.

香港: 明鏡出版社, 1997.

中國國情研究會 編. 『中國國情情報』. 北京: 中國統計出版社, 1998.

中國社會科學院工業經濟研究所. 『中國工業發展報告』. 北京: 經濟
　　　管理出版社, 1998.

中國人民解放軍總參謀部政治部宣傳部編. 『軍事集要』. 上海: 上海
　　　人民出版社, 1997.

中國統計出版社. 『中國統計年鑑, 1998』. 北京: 統計出版社, 1998.

陳炳福, 呂幼如, 錢建平, 焦春生 編著. 『軍隊企業統計學』. 北京: 經
　　　濟科學出版社, 1995.

秦耀祁・李鐵民・趙克舜. 『鄧小平新時期軍隊建設思想概論』. 北京:
　　　解放軍出版社, 1994.

總政治部組織部編. 『江主席'五句話'要點詳解』. 北京: 國防大學出版社,
　　　1994.

總政治部組織部編. 『政治合格: '建軍總要求'輔導講話之一』. 北京:
　　　國防大學出版社, 1994.

祝慈壽. 『中國現代工業史』. 重慶: 重慶出版社, 1990.

華明. 『跨世紀中國領導人手冊』. 香港: 明報出版社, 1998.

許江瑞・方寧. 『國防法概論』. 北京: 軍事科學出版社, 1998.

許忠敬, 張樹德 主編. 『毛澤東 軍事思想與新時期軍隊建設』. 北京:
　　　國防大學出版社, 1998.

(2) 논　문

江澤民. "關于講政治." 『求是』, 第13期(1996年 7月).

江澤民. "必須把思想政治建設擺在全軍各項建設的首位." 中共中央文

獻研究室 編. 『十四大以來重要文獻選編』. 北京: 人民出版社, 1997.

江澤民. "高擧鄧小平理論偉大旗幟, 把建設有中國特色社會主義事業全面推向二十一世紀." 『求是』, 第18期(1997年).

景來等. "軍方跨國企業成功奧秘." 『廣角鏡』(1994. 3).

魯競. "中共黨軍關係狀況分析." 『中共研究』, 第29卷, 第5期(1995. 5).

邵積平. "論江澤民對軍隊後勤現代化建設的戰略指導." 許忠敬, 張樹德 主編. 『毛澤東 軍事思想與新時期軍隊建設』. 北京: 國防大學出版社, 1998.

李守耕. "關于改革軍隊生産經營問題的思考." 于學亭 主編. 『改革: 實現保障有力的必由之路』. 北京: 國防大學出版社, 1998.

李宗林・吳先勝. "鄧小平對外經濟開放思想與軍辦企業的外向型經營." 李霖・趙勤軒 編. 『新時期軍事經濟理論研究』. 北京: 軍事科學出版社, 1995.

王俊英. "物價上漲對軍費分配和影響." 『軍事經濟研究』, 第15卷, 第4期(1994)

魏方巨. "試論江澤民關于軍隊建設與經濟建設協調發展的思想." 許忠敬, 張樹德 主編. 『毛澤東 軍事思想與新時期軍隊建設』. 北京: 國防大學出版社, 1998.

陳濯明. "共軍政工臨面的危機及其軍心士氣之硏析." 『中共研究』, 第29卷, 第6期(1995. 6).

秋實. "中國再裁軍50萬." 中國國情研究會 編. 『中國國情情報』. 北京: 中國統計出版社, 1998.

夏鎭九. "江澤民新時期軍隊後勤建設思想探要." 許忠敬, 張樹德 主編. 『毛澤東 軍事思想與新時期軍隊建設』. 北京: 國防大學出版社, 1998.

(3) 신문·잡지

『經濟日報』

『廣角鏡』

『明報』

『星島日報』

『人民日報』

『中國國防報』

『中國軍轉民報』

『解放軍報』

4. 일문자료

矢吹 晋. 『中國人民解放軍』. 東京: 講談社, 1996.

宇佐美曉. 『中國の 軍事力』. 東京: 河出書方新社, 1996.

平松武雄. 『中國の 國防と現代化』. 東京: 勁草書房, 1984.

平松武雄. 『中國人民解放軍』. 東京: 岩波書店, 1987.

平松武雄. 『鄧小平の 軍事改革』. 東京: 勁草書房, 1989.

平松武雄. 『江澤民と中國軍』. 東京: 勁草書房, 1999.

平松武雄. 『中國の 軍事力』. 東京: 文藝春秋, 1999.

• 저자 •

나 영 주   • 약력 •

　　　　　고려대학교 정치외교학과 졸업
　　　　　고려대학교 정치외교학과 석사
　　　　　고려대학교 정치외교학과 박사

　　　　　• 주요논저 •

　　　　　「중국 인민해방군에 관한 연구 현황과 발전 방향」
　　　　　「동북공정의 발전과정과 정치적 성격」
　　　　　「장쩌민 체제의 군사권력 구축과 당군관계의 변화」
　　　　　외 다수

中國 人民解放軍의 役割 變化

• 초판 인쇄	2005년 10월 20일
• 초판 발행	2005년 10월 20일
• 지 은 이	나영주
• 펴 낸 이	채종준
• 펴 낸 곳	한국학술정보㈜
	경기도 파주시 교하읍 문발리 526-2
	파주출판문화정보산업단지
	전화 031) 908-3181(대표) · 팩스 031) 908-3189
	홈페이지 http://www.kstudy.com
	e-mail(e-Book사업부) ebook@kstudy.com
• 등 록	제일산-115호(2000. 6. 19)
• 가 격	23,000원

ISBN 89-534-3367-3 93340 (Paper Book)
　　　89-534-3368-1 98340 (e-Book)